集人文社科之思　刊专业学术之声

集 刊 名：政治哲学研究
主　　编：江　畅
副 主 编：熊富标　李婉芝
主办单位：华中师范大学政治学部政治哲学研究中心

POLITICAL PHILOSOPHICAL RESEARCH Vol.1 (2023)

第一辑（2023）
集刊序列号：PIJ-2022-469
集刊主页：www.jikan.com.cn/ 政治哲学研究
集刊投约稿平台：www.iedol.cn

华中师范大学政治学部政治哲学研究中心　主办

集刊全文数据库（www.jikan.com.cn）收录

政治哲学研究

第一辑
（2023）

POLITICAL PHILOSOPHICAL RESEARCH
Vol.1 (2023)

江　畅　主　编

熊富标　李婉芝　副主编

社会科学文献出版社
SOCIAL SCIENCES ACADEMIC PRESS (CHINA)

发刊词

作为哲学的一个专门学科或特殊领域，政治哲学几乎与哲学同步诞生，其历史悠久，内涵丰富，蕴含着强大而持久的生命力。斗转星移，三千年来，政治哲学为推动人类政治文明发展和社会进步做出了重大贡献，发挥着其他形式的理论无法替代的作用，是人类政治智慧的耀眼结晶和升华，至今仍肩负着为人类政治事务提供规范和指导的重大使命。

然而，政治哲学的发展历经坎坷，在知识的景观中长期处于特殊地位。自诞生起，它就和政治科学（现代意义的政治学）密不可分，从未有过一个学科边界分明的政治哲学。尤其是近代以来，政治哲学越来越政治学化，缺乏应有的学术地位和学科地位。至今，学术界还在讨论政治哲学是属于哲学还是属于政治学的学科属性问题，这严重制约了政治哲学的深入推进和发展。

就我国而言，作为一门学科或专门研究领域的政治哲学，在改革开放十年后才出现。三十多年来，政治哲学学术研究在我国日益兴盛，呈现出视角多元化局面。学界已经翻译了大量西方政治哲学著作，出版、发表了大量研究西方古代和现代政治哲学以及中国传统政治哲学方面的著作和论文，还涌现出了许多原创性的重要理论成果。但是，与政治哲学同时诞生的伦理学已成为得到普遍认同的哲学八大学科之一，哲学的八大学科都拥有学界公认的权威期刊，而时至今日，政治哲学尚未创办一份正式的学术刊物。

鉴于此现状，本集刊应运而生。华中师范大学政治学部政治哲学研究中心希望通过创办这本《政治哲学研究》集刊，以引起学界和社会对政治哲学学科的重视，促进政治哲学学科的发展和繁荣。

《政治哲学研究》作为一份专业学术集刊，其宗旨在于为我国政治哲学研究提供一个探讨学术问题、推出研究成果、进行学术交流的园地和平台。集刊将坚持正确的政治导向和严格的学术标准，以“中西马”政治哲学的文本研究和现当代政治哲学的前沿问题探讨为重点，研究和回答我国与世界的重大现实问题，倡导理性而深入的学术研讨、规范而严谨的研究方法，力求通过此刊整合全国政治哲学的学术力量，发扬百家争鸣、兼容并包的精神，推出政治哲学研究领域富有真知灼见的最新成果，造就中青年政治哲学研究创新型学术人才，为当代中国特色政治哲学的构建和发展、中国政治哲学在世界学术界发出中国声音贡献一份力量。

《政治哲学研究》集刊是中国政治哲学学者的学术共同体，我们竭诚希望大家关心集刊的成长和发展，积极提供优质稿件，及时提出宝贵意见建议，鼎力襄赞，齐心协力把集刊打造成学术品质高、社会影响大的学术品牌。意在致远，砥砺而行。集刊也将积极热诚地约稿、编稿，采取科学严谨的工作态度，严把学术质量关，搭梯垒台，兴贤育才，全力为学界同仁的研究成果提供周到细致的编辑和推介服务，不断提升学术传播能力，力争把集刊建设成为政治哲学学者之家。

江畅

2023 年 4 月 18 日

集刊 政治哲学研究
第一辑（2023）
2023年8月出版

·特约专论·

·政治哲学原理·

·中国政治哲学·

·西方政治哲学·

集刊 POLITICAL PHILOSOPHICAL RESEARCH

Vol.1 (2023)
August 2023

· Special Monograph ·

· Principles of Political Philosophy ·

· Chinese Political Philosophy ·

·特约专论·

唯物史观与政治哲学

吴晓明*

（复旦大学哲学学院，上海）

摘要： 唯物史观无疑和政治哲学的主题有着非常密切的关系。文章试图讨论唯物史观如何能够作为基本的立场和方法在政治哲学的主题上积极地开展出来。从基本的立场来看，我们需要分辨的基本问题是：唯物史观是“历史科学”还是“意识形态神话学”？与作为“虚假观念”的意识形态相反，唯物史观将思想、观念、范畴等的本质性引导到人们的现实生活过程之中；因而在唯物史观的立场上，政治权利、政治制度以及政治观念等，都植根于社会—历史的现实之中。当今关于政治哲学主题的讨论，包括以“马克思主义政治哲学”为名的研究，还有不少仅仅立足于“自由”“正义”“公正”等观念来展开——这样的观念因此就变成了“神秘的趋势”“原始的意向”“天命的目的”；而仅仅立足于“神圣观念”之上的政治哲学研究，是与唯物史观的立场背道而驰的。唯物史观在政治哲学议题上的基本方法要求我们从抽象普遍性—外在反思的思维方式中解脱出来。真正的普遍性不是抽象的普遍性，而是能够深入到具体之中并且把握住具体的普遍性。这就要求诉诸社会—历史之现实的观点，要求普遍者根据特定的社会条件和历史环境实现具体化。唯物史观的具体化应当成为政治哲学主题展开的方法论指引。

---

* 吴晓明，复旦大学人文社科资深教授、哲学学院教授，教育部“长江学者”特聘教授，主要研究方向为马克思主义哲学史、科学哲学和比较哲学。

关键词：唯物史观；政治哲学；普遍性；具体化；社会—历史现实

关于唯物史观与政治哲学的关系问题，现在有许多讨论。我们的哲学界包括马克思主义哲学界，近年来对政治哲学主题给予了高度关注，并且在政治哲学领域、在马克思主义哲学领域都产生了一些学术性成果。这些成果是值得重视的，对于推进我们的哲学研究尤其是马克思主义哲学研究，都是非常有意义的。

对于马克思主义是不是有政治哲学，对于政治哲学和唯物史观有怎样的关系，学术界有不同的见解和争论。但我认为，这个问题不能单从某种定义或以形式逻辑的办法来解决。马克思的哲学或唯物史观，毫无疑问是与政治哲学领域有高度重叠的；至于我们是否把马克思的相关理论称为"政治哲学"，这无关紧要。因为，像政治国家、政治制度、政治斗争以及政治的观念形态等，毫无疑问属于马克思学说的范围。如果一部"政治哲学史"不提马克思，倒是难以想象的；换句话说，政治哲学领域无论如何是进入到唯物史观的视域中了；马克思学说所涉及的一些重要内容，即使对于纯粹的政治哲学来讲，也是意义极为深远的。所以在这个意义上，我们不必过于纠缠马克思的理论当中是不是有一部分叫作"政治哲学"。我们关于唯物史观和政治哲学的讨论，就涉及两者之间的关联；这种关联使得唯物史观在政治哲学中有广泛的内容和议题，并且有它自身的基本立场和见解。这一点我想是毫无疑问的。

在现在对于政治哲学的讨论（也有不少叫作"马克思主义政治哲学"的讨论）中我们所面临的问题是：唯物史观如何能够作为基本的立脚点或基本的方法，在政治哲学的主题上积极地开展出来。事实上，现在我所看到和接触到的所谓马克思主义的政治哲学，其研究主题主要是致力于探讨马克思关于"自由""正义""平等""公正"等观点，也比较多地考察马克思关于个人与社会、社会与国家之间的关系问题，并且试图使这样的研究能够和当代政治哲学的议题结合起来，以便形成理论上的对话。① 就这个

① 吴晓明：《论马克思政治哲学的唯物史观基础》，《马克思主义与现实》2020 年第 1 期。

方面来讲，我认为马克思主义哲学界还是作出了积极努力的；但是我还是认为，尽管唯物史观作为马克思政治理论的基础这一点可以说是众所周知的，但是由于现代性意识形态及其主导的知识样式（知性知识）所形成的强势遮蔽，唯物史观在政治哲学中的运用，往往遭受到了严重的阻碍，并且因而使马克思政治理论的诸多要义陷入到重重晦暗之中。为了从这样一种晦暗之中摆脱出来，我们不仅要求唯物史观的原则在以马克思之名的政治哲学的研究中贯彻到底，而且要求在这种贯彻中制定出明确的思想任务和理论路线，以便在同当代思潮形成批判性对话的同时，能够积极地阐明马克思在政治哲学领域中的基本立足点及其深刻的当代意义。① 所以，我认为，我们在政治哲学，尤其是在马克思主义政治哲学的开展方面虽然取得了一些积极的成果，但是，如何特别明确地阐述唯物史观在政治哲学领域或马克思主义政治哲学中所具有的基础性立场、观点和方法并使之得到充分的发挥，是我们所面临的一个重大的思想—理论任务。

一

今天分三个要点来讨论我们的主题。第一个问题是：唯物史观是“历史科学”还是“意识形态神话学”？我认为，争论的焦点不应局限于马克思有没有政治哲学；毫无疑问，政治哲学这个领域，马克思是涉及了的，而且是本质重要地涉及了的。至于我们是不是称其为马克思的政治哲学，这不具有实质意义；真正重要的是：唯物史观究竟是“历史科学”还是“意识神态神话学”？我这里用“意识神态神话学”作为“历史科学”的对立面来提示唯物史观的基本立脚点。马克思在《德意志意识形态》《关于费尔巴哈的提纲》中创立了自己的学说，而这一学说在开端上最关紧要的是以下两个方面：一方面是对唯物史观基本原理的积极阐述；另一方面是以唯物史观来对作为“虚假观念”的意识形态作出根本的、决定性的批判。唯物史观的确立和意识形态批判——这两个方面实际上是一回事：只有当唯物史观能够被确立的时候，一般意识形态（包括德意志意识形态）才在根本

① 吴晓明：《论马克思政治哲学的唯物史观基础》，《马克思主义与现实》2020 年第 1 期。

上受到了批判；同样，也正因为对德意志意识形态以及一般意识形态作出了根本上的批判，唯物史观的根基才决定性地显现出来。因此，我们讨论政治哲学与唯物史观的关系，不是纠结于是否用马克思的“政治理论”或“政治学说”来取代“政治哲学”一词，根本问题在于：唯物史观是“历史科学”还是“意识形态神话学”？

马克思在《德意志意识形态》中说，意识形态的根本立场是：“相信现实世界是观念世界的产物。”[①] 这是意识形态——无论是德意志意识形态还是一般意识形态——最基本的立场。如果说，黑格尔以绝对观念论完成了形而上学，那么，他的体系也构成了德意志意识形态的哲学后盾。不仅如此，马克思还指出，德国唯心主义与一般意识形态没有任何本质上的区别：“后者也同样认为思想统治着世界，把思想和概念看作是决定性的原则，把一定的思想看作是只有哲学家们才能揭示的物质世界的秘密。”[②] 这是德意志意识形态和一般意识形态本质。

在这个意义上，如果涉及政治哲学以及它所包含的领域，坚持唯物史观就意味着同一般意识形态的批判性脱离，意味着全面而彻底地解除思想、意识、观念等对现实世界的支配权和统治权；它还意味着从现实世界本身，也就是从人们的现实生活和现实关系出发来揭示和把握各种意识形态的本质。这一点是最为关键的也是最具决定性的。但是，我们现在许多以马克思之名开展的政治哲学讨论，特别是在涉及马克思关于“公平”“正义”“自由”“平等”等的讨论当中，一部分研究者在这些引人入胜的辞令中陷入了极大的混乱。无论这些辞令多么美妙多么动人，它们真正说来是什么呢？是观念、理念、范畴[③]；这样的观念、理念、范畴出自何方呢？它们出自人们的现实生活过程，出自这一生活过程本身的社会—历史现实。这就是马克思在《德意志意识形态》中以唯物史观的立场来批判“意识神态神话学”的根本立足点。如果我们仅仅局限于从上述的观念和范畴中（或以其为出发点）来谈论政治哲学的主题，那么，在这里出现的就是“意识形态神话学”，它的基础是唯物史观的反面，而不是什么马克思的政治哲学。

---

① 《马克思恩格斯全集》第 3 卷，人民出版社，1960，第 16 页。

② 《马克思恩格斯全集》第 3 卷，人民出版社，1960，第 16 页。

③ 吴晓明：《论马克思政治哲学的唯物史观基础》，《马克思主义与现实》2020 年第 1 期。

当我们在政治哲学的领域中开展理论活动的时候，是从这样的观念、理念、范畴出发，还是从它的另一端即人们的现实生活出发，这是一个根本问题，也是判断其立足点究竟是唯物史观的“历史科学”还是“意识形态神话学”的关键。现代性的意识形态实际上是抽象掉了像“自由”“公平”“正义”等观念的全部的历史内容，以便使其成为超历史的东西；它尤其隐瞒了观念立足其上的现代世界本身的社会现实，以便使之成为超社会的、自然的和永恒的东西。这样一来，意识形态的神秘化就制造出那种超社会超历史的，因而是永恒的观念、“神圣的”观念。在我们的许多政治哲学讨论中，这样的“神圣观念”现在似乎也要来支配马克思，并作为最高的原理或隐秘的原理，要来支配马克思的整个政治哲学领域。[①] 这是一种根本性的混乱与颠倒。这绝不意味着自由、平等、公平、正义等理念不能谈论，而是意味着究竟要在怎样的基础上来谈论，而这个基础恰好就是分辨唯物史观的“历史科学”和“意识形态神话学”的根本。

这里有一个非常明确的例子，就是马克思在《哲学的贫困》中对蒲鲁东的批判。蒲鲁东的整个“经济学形而上学”在哲学上立足于所谓的“平等”观念。马克思深刻揭示了“平等”在蒲鲁东的学说中是作为“神圣的观念”出现的（与之类似，在我们一般的政治哲学讨论中作为出发点、作为基石、作为同一等级上的神圣的观念，有“自由”“正义”“公正”等）。马克思指出，蒲鲁东以“平等”的神圣观念来构建政治经济学的整个神话学，在蒲鲁东的神话学中占统治地位的是观念、范畴、原理，它们是通过所谓普遍理性或人类理性被制作成非历史的、永恒的观念或原理。最后，那个统治一切的神圣观念就是“平等”。[②] 马克思就此指出，“平等”理念在蒲鲁东的经济学形而上学中扮演着这样的角色——它是“神秘的趋势”“原始的意象”“天命的目的”。我们在讨论政治哲学的主题时，“正义”“自由”“公正”等是不是也作为“神秘的趋势”“原始的意象”“天命的目的”来起作用呢？如果是，那么这是与唯物史观背道而驰的神话学；如果不是，请表明它们是从怎样的基础上得到理解的，这个基础是否同唯物史观相一致。在这里，“神圣的观念”究竟是平等、公平还是正义，这是无关

① 吴晓明：《论马克思政治哲学的唯物史观基础》，《马克思主义与现实》2020 年第 1 期。

② 吴晓明：《论马克思政治哲学的唯物史观基础》，《马克思主义与现实》2020 年第 1 期。

紧要的；重要的是，在哲学的根基上分辨唯物史观的“历史科学”和“意识形态神话学”。

二

面对罗尔斯等人的正义理论，面对一部分学者试图使之与马克思的政治理论相融合，上述的分辨就显得尤为重要。基于批判性对话的研究当然是非常值得去做的，而且确实会由此涉及当代政治哲学的突出问题。但问题的关键在于，如何去做？西方的科恩、亨特等学者对马克思的“隐含的正义观”作了很多发挥，于是我们的一些学者也开始来构造马克思关于道德、正义等的“隐性思路”了，似乎马克思也应当有一个类似的“正义论”。

那些在政治哲学中起着基本支撑作用的观念，如“自由”“正义”“公平”等，在马克思看来完全是非神圣的。唯物史观将这些观念的本质性导回到人们的实际生活过程中，也就是说，把这些似乎是神圣的观念导回到世俗的基础本身。不仅如此，马克思在《关于费尔巴哈的提纲》中指出，“世俗基础使自己从自身中分离出去，并在云霄中固定为一个独立王国，这一事实，只能用这个世俗基础的自我分裂和自我矛盾来说明”。[①] 虽说这段话主要用于宗教批判，但是它实际上标志着马克思整个意识形态批判的要义。因此，在唯物史观的立场上，如果说，“正义”只不过是特定社会的实体性内容之法的形式或观念的形式（这样的形式不能决定它的内容本身，相反却只是该内容在特定形式上的表现），那么，全部问题的核心就在于这个特定社会的实体性内容本身。

“自由”“平等”“公平”等理念同样如此，它们归根到底不过是特定社会之实体性内容的法的形式或观念的形式。对于马克思来说，全部问题的核心与本质就在于这种社会—历史之现实的内容本身。唯物史观的决定性立场就是把意识形态、政治的关系和法的关系建立在社会—历史之现实的基础之上。这个社会—历史之现实的核心，就是所谓的生活方式、生产方式。无论是意识形态还是意识形式，无论是政治形式还是法的形式，它

① 《马克思恩格斯选集》第1卷，人民出版社，2012，第138页。

们本身都是起作用的，甚至可能起至关重要的作用；但是它们的本质性却存在于人们的现实生活过程之中。这就是唯物史观的实质。马克思对于“正义”的阐述，首先将之揭示为特定社会之实体性内容的法的形式或观念的形式；这种形式，只要与特定的生产方式相适应、相一致，就是正义的；只要它与这种生产方式相矛盾、相抵触，就是非正义的。“在资本主义生产方式的基础上，奴隶制是非正义的；在商品质量上弄虚作假也是非正义的。”① 这里不存在任何由“神圣观念”而来的神秘的东西或难以理解的东西。资本主义生产方式并不是先天就是正义的或不正义的，当它不可避免地取代封建主义生产方式时，当它不可避免地被更高的生产方式所取代时，在其中起本质作用的，首先是社会历史现实的进程，是由这一进程所支配的正义观念的变迁。资本主义的内在矛盾如果在历史中不可避免地导致它的衰败，并且孕育着新的生产方式的可能性，那么，在现实的历史进程中同时也伴随着正义观念的变迁，伴随着旧的正义观念被新的正义观念所取代。

之所以在这里特别要讲“正义”，是因为它在当今的政治哲学中恐怕是最热的一个词。这个主题是不容回避的，但真正重要的是如何来讲，从哪里出发，站在怎样的基点上。总而言之，法的体系或所谓权利的体系，它的本质性在于“社会权力”。所谓“权利”（right），真正说来，乃是“社会权力”（social power）的观念表现、法的表现或理论表现。这就是唯物史观所深刻揭示的东西。不是社会生活立足于社会权利之上，而是，法的关系立足于社会权力（支配或统治）的关系之上。根据这一点，恩格斯早就讲得非常清楚了：“如果我们确信现代劳动产品分配方式……一定会发生变革，只是基于一种意识，即认为这种分配方式是非正义的，而正义总有一天一定要胜利，那就糟了，我们就得长久等待下去。梦想千年王国快要来临的中世纪的神秘主义者，就已经意识到阶级对立的非正义性。在近代史开始的时期，在350年前，托马斯·闵采尔已经向全世界大声宣布过这一点。”② 在另一处，恩格斯又写道：“这种占有③之所以能够实现，并不是由于人们认识到阶级的存在同正义、平等等等相矛盾，也不是仅仅由于人们

① 《马克思恩格斯全集》第46卷，人民出版社，2003，第379页。

② 《马克思恩格斯选集》第3卷，人民出版社，2012，第536页。

③ 此处是指生产资料的社会占有。

希望废除阶级，而是由于具备了一定的新的经济条件。”[①] 唯物史观是立足于这样一种生产方式的历史性变迁中的，而不是从与某种“神圣观念”符合或不符合的角度来理解问题和解决问题的。如果说，人们意识到阶级的存在同正义相矛盾并且因此希望废除阶级，那么，这种意识和希望的现实性就存在于社会现实自身的发展过程之中，存在于社会现实的矛盾之中，存在于由这种矛盾引起的社会变革之中。

现代性意识形态所具有的支配权和统治权在各个方面表现出来，在政治哲学的主题上尤为突出地表现出来。所以我们强调“唯物史观与政治哲学”议题的根本在于我们的立脚点和出发点，在于唯物史观是“历史科学”还是“意识形态神话学”。对此阿尔都塞曾经说过，当代思想史上最大的丑闻是：每个人都在谈论马克思，人文社会科学的所有人几乎都在说自己是个马克思主义者，但是谁曾经不怕麻烦地去仔细阅读过马克思，理解他的创新性并接受他的理论结果了呢?[②] 看来，阿尔都塞的这番感慨是有充分理由的。

三

接下来，我试图从唯物史观的方法论角度来谈论政治哲学这个议题。唯物史观和政治哲学的关联，或者说，唯物史观在政治哲学主题的领域中，不仅要作为基本的立场起作用，而且要作为决定性的方法来起作用。现代性的意识形态和占主导地位的知识样式一般地采取“抽象普遍性”及其“外在反思”的思维方式。力求决定性地超越抽象普遍性—外在反思的思想家首推黑格尔，而在这一点上马克思和黑格尔是高度一致的。因此，马克思在《资本论》中公开承认“我是黑格尔这位大思想家的学生”[③]；恩格斯说，黑格尔宏伟的历史观是唯物史观的直接的理论前提。这一点在方法论上是十分重要的。什么是“外在反思”？黑格尔对此的简要规定是：外在反思是作为一种忽此忽彼的推理能力，它从来不深入到事物的实体性内容之

① 《马克思恩格斯全集》第25卷，人民出版社，2001，第410页。

② 〔法〕路易·阿尔都塞：《黑格尔的幽灵——政治哲学论文集》［Ⅰ］，唐正东等译，南京大学出版社，2005，第348页。

③ 《马克思恩格斯全集》第44卷，人民出版社，2001，第22页。

中；但它知道一般原则，并且知道把一般原则先验地运用到任何对象、任何内容之上。这就叫外在反思。简单来说，这就是我们非常熟悉的“教条主义”。在中国革命时期，就有一部分中国的马克思主义者成了“教条主义的马克思主义者”。他们是早期的马克思主义理论家，他们把马克思主义的基本原理和俄国的经验运用到中国革命上去的时候，就是采用了“抽象普遍性的外在反思”的思维方式。他们没有深入到中国革命的实际当中去，没有去了解中国的社会现实；但他们知道一般原则，然后就把抽象的普遍性强加给中国革命了。这里出现的严重错误，既不是马克思主义的原理错了，也不是俄国的经验错了，他们错在把一般原理或外部经验当作抽象的普遍性先验地强加给中国革命。

“抽象普遍性的外在反思”属于主观主义，就像我们知道教条主义属于主观主义一样。黑格尔特别在知性的有限性上讨论了外在反思（知性反思）：知性范畴、知性规律等就被抽象化地加诸任何对象、任何内容之上。现代性的意识形态以及在现代占主导地位的知识样式就是以这种方式来运作的。“意识形态神话学”往往有很大的市场，因为它只需要“抽象普遍性的外在反思”，而消化马克思和黑格尔是困难的，因为这需要真正的辩证法。辩证法首先就意味着超越抽象的普遍性，意味着超出外在反思。在黑格尔和马克思的辩证方法得不到真正理解的地方，政治哲学领域的研究就只能局限于“抽象普遍性的外在反思”，就只能停留在主观主义—形式主义的范围之中。因而对于抽象的东西，特别是对于像“自由”“正义”“平等”等观念或范畴，就完全缺乏消化能力。“意识形态神话学”实际上得到了“抽象普遍性的外在反思”的极大支撑，它采取一种知性的方式；而知性范畴、知性规律等也是如此这般抽象普遍的东西。事实上，自黑格尔和马克思以来，这种思维方法就已经是时代错误了。

今天我们的哲学社会科学也面临同样的问题。极端地说来，比起教条主义的马克思主义，今天的哲学社会科学往往有过之而无不及。以前的教条主要是从苏联来的，今天的教条主要是从西方来的。但是，无论这样的教条——作为抽象的普遍性——来自何方，只要它们仅仅被先验地强加给任何对象、任何内容，它们就属于外在反思，就属于主观主义。黑格尔尖锐地批评主观主义和形式主义，他把外在反思叫作“诡辩论的现代形式”，叫作

“浪漫主义虚弱本质的病态表现”，并把仅仅知道外在反思的人叫作“门外汉”。这是完全正确的。拿破仑是500年一出的天才，法国和西班牙的差别很小，但是拿破仑做不到把法国的自由制度强加给西班牙。为什么做不到？因为从思维方式上来讲，这就叫外在反思；由于没有深入到西班牙社会生活的实体性内容当中，这样的主观想法就不可避免地会导致失败——这就是“抽象普遍性的外在反思”的局限性。

在现代性的意识形态和知识样式中，抽象普遍性占据着优越地位，而抽象普遍性仅仅适合于外在反思的运用。这种情况助长了在政治哲学领域中无法真正理解唯物史观的观点。我们很容易赞同抽象普遍性，并且仿佛抽象普遍性就可以被先验地强加给任何对象、任何内容。如果说，近代以来的知识样式一般都是如此运作的，那么，自黑格尔和马克思以来，这就已经是时代错误了。作为主观主义和形式主义的思维方法，“抽象普遍性的外在反思”必须被超越，黑格尔要求扬弃“主观思想”而进入“客观精神”的领域。在这一点上，马克思和黑格尔也是高度一致的；两者的决定性区别在于：当黑格尔把“客观精神”提升到“绝对精神”领域去的时候，马克思则把“客观精神”的本质性引导到人们的现实生活过程之中。所以《德意志意识形态》写道：“意识在任何时候都只能是被意识到了的存在，而人们的存在就是他们的实际生活过程。”①

超越抽象普遍性的方法就是辩证法，就是使普遍者具体化的方法（“从抽象到具体”），就是要求普遍者根据特定的社会—历史条件来实现其具体化。这里的关键内涵可以被称为“社会—历史之现实的观点”。这个观点对于唯物史观来说，是最为根本的观点：法、政治、国家的架构以及各种观念形态，均植根于社会—历史的现实之中。就马克思（黑格尔在某种程度上也是如此）而言，超越“抽象普遍性的外在反思”就意味着深入社会—历史之现实，就意味着普遍者在社会—历史之现实中得到具体化。这对于政治哲学的议题来说同样如此，唯物史观的方法不是抽象的普遍性起支配作用，而是要求进入到特定的社会—历史的现实之中，并依据这一现实来实现全面的具体化。下面，我可以具体地来谈一下社会—历史之现实的观点。

---

① 《马克思恩格斯全集》第3卷，人民出版社，1960，第29页。

首先是社会的观点。这个观点对于超越“抽象普遍性的外在反思”来说极为重要，因为特定社会有其自身的实体性内容，“抽象普遍性（包括知性范畴、知性规律、抽象的原则或原理）的外在反思”不是使深入这种内容成为可能，而是使之成为不可能（是抹杀或遮蔽这种实体性内容本身）。黑格尔在《精神现象学》讨论知性的有限性时特别清楚地表明了这一点。而在《法哲学原理》中，真正的出发点是社会。黑格尔在《法哲学原理》中决定性地摧毁了从“原子个人”出发的观点，摧毁了以原子个人为基础的“契约论”的观点。由于“原子个人”以及原子个人之间的“契约关系”被现代性的意识形态作为现成的前提来使用，所以它们几乎理所当然地占据了社会科学的每一个领域。为了说明人首先是社会的，黑格尔引用了一句阿拉伯短语说，这个人是“一个古莱希人的儿子”，意思是说，真正的出发点不是个人，个人是属于特定集团的，正是特定的集团首先给予他最根本的和最初的规定性。马克思在《〈政治经济学批判〉导言》中同样指出，被斯密和李嘉图当作出发点的单个的猎人和渔夫，只不过是 18 世纪关于鲁滨孙的毫无想象力的虚构；卢梭的契约论同样是建立在这种想象的虚构之上的。马克思和黑格尔一再引用亚里士多德的名言，“人是政治的动物”（或“人是社会的动物”）；它意味着，社会是人之为人的最低限度的现实性。

黑格尔在《法哲学原理》中将这一观点阐释得尤为清楚。一是“抽象法”，它作为外在的法起作用；二是“道德”，也就是主观的法；三是“伦理”，即实在的法。在黑格尔的法哲学体系中，后一个概念是前一个概念的真理；最后的概念是前述全部概念的完成。黑格尔的法哲学体系意味着什么？第一，法的任何一个部分都是在整体中被规定的；例如抽象法的原则必须符合特定的道德（主观法）状况和伦理现实（实在的法），然后才可能具有实际的效力。第二，道德也是法，是主观法；主观法不仅是法，而且是比抽象法更高的法。第三，无论是抽象法还是主观法，它的根基都在于伦理即实在的法当中。伦理是“家庭”、“市民社会”和“国家”活动的领域，也就是我们通常所说的社会生活的领域。黑格尔把抽象法和主观法的本质性引导到伦理的领域中，也就是说，引导到我们社会活动的领域。我们还可以来看一看黑格尔是怎样谈自由的，整部《法哲学原理》就是在谈自由，所以黑格尔在书中一开始就讲，这是一个自由意志的领域，它的基本主题就是自由。但黑格尔从来不把自由理解为抽象的普遍性，也从来不把它理解为任意或为所欲为；他说的是：自由（自由意志）在抽象法的领域中如何展开和实现，在主观法的领域中如何展开和实现，最后，在伦理的领域中，亦即在家庭、社会和国家的领域中如何展开并且实现。法、道德、伦理通常被我们看作自由的反面，但是黑格尔要说明的正是自由在这些领域中的展开和实现。

其次是历史的观点。恩格斯把黑格尔“凡现实的都是合理的”命题转化为“凡是现存的，都是应当灭亡的”。[①] 这就是历史的观点：历史的事物都有它的出生和成长，有它的鼎盛时期和文明贡献，也有它的衰老和死亡。这就是在黑格尔哲学中表现出来并且在马克思那里得到发扬光大的历史性原则。这一原则的意思听起来如此简单，但由于现代性意识形态和外在反思的重重阻挠，要实际地将它们贯彻到各门社会科学中却非常艰难，直到今天，一般的学术研究仍然没有真正把握历史的观点。因为只要历史性能够被牢牢地把握住，抽象普遍性就一天也不能生存。抽象的普遍性意味着“古往今来”“六合之内”皆当如此，但在人类社会中，除了那些自然的方面以外，根本就没有如此这般起支配作用的普遍者。黑格尔讲，世界历史中的普遍性不是抽象的普遍性，而是特定的民族在承担特定历史任务时所具有的“世界历史意义”，而作为这种意义的普遍性由此就不能不是历史的。马克思问的是：为什么“权威”的原理出现在 11 世纪，而“平等”的原理出现在 18 世纪？为了回答这一问题，就需要理解 11 世纪的人是怎样的，18 世纪的人是怎样的；他们各自是怎样生活和生产的，他们各自在生产中怎样交往并结成怎样的生产关系。在《哥达纲领批判》中，马克思还嘲笑了所谓“工资铁律”。他说：“如果我废除了雇佣劳动，我当然也就废除了它的规律，不管这些规律是‘铁的’还是‘海绵的’。”[②] 这意味着，上述那些观念、原理、规律都是历史的事物，都有它们的发生和发展，有它们的衰老和死亡，因而只有通过历史的观点才能真正地理解和把握它们。

“抽象普遍性的外在反思”的方法在唯物史观面前可以说是时代错误，

① 《马克思恩格斯全集》第 21 卷，人民出版社，1965，第 307 页。

② 《马克思恩格斯选集》第 3 卷，人民出版社，2012，第 369 页。

是不能真正持存的。在社会—历史之现实的观点起作用的地方，政治哲学的议题和讨论方式也将发生重大的改变："神圣观念"的立足点必须被废除，政治制度和政治观念等的本质性必须在社会—历史之现实中生根。在政治哲学中，就像在其他任何社会科学和历史科学中一样，普遍性无疑是存在的，但是普遍性只有经由特定社会—历史之现实的具体化才是真正的普遍性。黑格尔说，没有抽象的真理，真理是具体的；真正的普遍性不是抽象的普遍性，而是深入到具体之中并且能够把握具体的普遍性。例如，现代性在特定阶段的绝对权力中开辟了"世界历史"，以往的地域性的历史和民族性的历史被"世界历史"所取代。但是"世界历史"并不是一个空阔的舞台，每个民族都可以在上面自由地表演。"世界历史"不仅开启了世界性的普遍交往，而且建立起一种基本的支配—从属关系：它使农业的文明从属于工业的文明，使东方从属于西方。在这样的基本态势下，现代化就成为世界上每一个民族——如果它不想灭亡的话——普遍的历史性命运。但是，这种普遍的历史性命运在不同的地域和民族那里又无疑具有相当不同的表现形式；以至于可以说，除非普遍者可以根据特定的历史条件和社会环境实现具体化，否则的话，其就根本不可能实现自身最为普遍的东西，各民族也根本不可能开拓出自身的现代化道路。马克思曾明确指出，俄国道路只有根据俄国特定的社会条件和历史环境才可能被确定，当时一批先进的俄国知识分子设想通过英国的租佃方式来解决俄国"农村公社"的困境；而马克思说，俄国的农村公社是独一无二的，想用英国的方式来解决问题是完全徒劳的。这意味着，普遍性必须被具体化；只有当具体的社会条件和历史环境能够被把握住的时候，俄国道路的现实可能性才真正展示出来。这种根据社会—历史之现实而来的具体化，是唯物史观的核心方法（在这方面马克思和黑格尔有非常重要的联系），因而也是唯物史观处理政治哲学议题的基本立足点。

此次华中师范大学的"首届桂子山政治哲学专题讨论月"将讨论的主题确定为"中国特色的政治哲学构建"，这个主题也有具体化的含义。政治哲学确实包含非常重要的、普遍的东西，但自黑格尔和马克思以来，除非普遍者能够根据特定的历史条件和社会环境实现具体化，否则的话，它们就是非现实的，只是主观思想中的空洞的和虚假的东西。就我们的历史性实践来说，一方面，近代以来我们面临现代化的普遍任务；另一方面，我们的现代化同样只有根据特定的历史条件和社会环境被具体化，才能真正展开和实现。这样的具体化乃是唯物史观的生命线，它也经常被称为马克思学说的“活的灵魂”。马克思谈论普遍者的方法无非“从抽象到具体”。现代化的任务，中国革命的任务，都须根据中国特定的历史条件和社会环境来具体化；对于中国来说，这样的具体化就是“中国化”。就此而言，此次政治哲学专题讨论月的主题叫“中国特色的政治哲学构建”，是很有意义的。在唯物史观的引领下，我们就能很好地理解政治哲学的一般形式以及它在中国特定的社会—历史之现实中的具体化方式。在这方面有许多内容可以来探讨，有无限广阔的活动空间，我们期待这种具体化的研究在政治哲学领域中结出累累硕果。

本文系吴晓明教授在“首届桂子山政治哲学专题讨论月”上的演讲稿，略有修改。

·政治哲学原理·

无问西东：政治哲学建构的国家特色与问题属性

任剑涛*

（清华大学政治学系，北京）

摘　要：现代政治哲学的理论建构，是在民族国家的处境中展开，而在政治哲学家的政治根本问题的思考中呈现出来的。就前者言，一切政治哲学建构都会自然而然地带有它所自出的国家的具体问题烙印，打上一个国家处境中的政治哲学关怀印记。这就是政治哲学的国家特色所在。就后者言，政治哲学对所有问题的理解，都会在超脱实际处境的情况下，揭示其一般内涵、展示其共同面相、呈现其基本宗旨、揭橥其人类意涵。这是政治哲学建构的问题属性使然。对政治哲学建构来讲，任何仅仅强调国家特色或问题属性之一端的尝试，都是对现代政治哲学基本特征的轻忽。在民族国家处境中理解人的政治处境、遭遇问题与大致出路，是现代政治哲学的既定理论境遇。

关键词：政治哲学；国家特色；问题属性；人类关怀

清华大学 110 周年校庆时，拍了一部纪念性质的电影，让清华的老校歌广为颂唱。电影名叫《无问西东》，这个名字来源于 1923 年汪鸾翔先生撰写的清华校歌。其中第三段的第一句是“器识为先，文艺其从，立德立言，

* 任剑涛，清华大学政治学系教授，教育部“长江学者”特聘教授，主要研究领域为政治哲学、西方政治思想史、中国政治以及当代中国政府与政治 。

无问西东”[①]，大意是，在中西文化普遍交流的时代，一方面，我们要格物致知，通过自然科学来认识世界的事事物物，然后以文学、艺术这些人文的东西为其提供坚实的文化支撑。另一方面，要对中西或东西文化的精粹加以融汇，不要拘守东西文化的僵硬界限。中国传统文化有“三不朽”的说法，即“太上立德，其次立功，其次立言”。[②] 三者可以道德立规、建功立业、著书立说来理解。以三者言，都无须问东方和西方、国学与西学，才足以达成。对中西文化两大系统，我们都应当谦恭地去了解、去接受、去分辨、去转化、去创新，这样才足以成就不朽人生。可以说，在政治哲学的理论建构中，汪鸾翔先生的这句歌词，很具有方法论启示意义：对一个身处现代民族国家时代的政治哲学学者来讲，其研究带有现代民族国家的国家特色，似乎顺理成章。这是由一个政治哲学研究者的生活环境、所产生的具体政治哲学问题，以及对政治哲学问题进行求解的实际方式、由此产出的直接知识结果，以及它塑造的社会认知和政治行动方式所决定的。这看似与“无问西东”有些悖反，实则不然：虽说从政治哲学研究者的生活环境、面临的实际问题、求解结果来讲，其所建构的理论都会带有国家特色，但只要政治哲学研究者是在从事政治哲学思考，只要人们把这种思考和理论探究命名为政治哲学研究，那么就注定不同国度的研究者之间一定会面对政治哲学问题的共同属性。因此，政治哲学作为一种理论建构活动的国家个性，与政治哲学建构的相同问题共性具有相互写照的理论特征。换言之，现代政治学建构是与研究者所在国的国家个性和超出国家范围面对相类问题的共性交织在一起的。这从政治哲学何以被命名为政治哲学，政治哲学建构如何呈现国家特色或国家个性，政治哲学建构何以会面对相类问题并呈现切入问题的共性，以及在“无问西东”的处境中政治哲学建构的国家个性和问题共性何以嵌套式呈现等四个方面体现出来。

---

① 转引自翟奎凤《近现代大学校歌与儒家文化及大同精神——以南大、清华、浙大校歌为中心的讨论》，《东岳论丛》2018 年第 12 期。

② 原文为“太上有立德，其次有立功，其次有立言，虽久不废，此之谓不朽”。（《左传·襄公二十四年》）。孔颖达对三者进行了解释，“立德谓创制垂法，博施济众”；“立功谓拯厄除难，功济于时”；“立言谓言得其要，理足可传”。（《春秋左传正义》）

一　政治哲学的学统

从古至今，从东到西，政治哲学的研究都具有深厚的研究传统。这个深厚的研究传统，是由人的生活本质上是政治的生活所决定的。亚里士多德说，“人是天生的政治动物”。[①] 孙中山讲，“政治是众人之事”。[②] 这从两个基本角度凸显了人类生活本质上的政治属性：一是人不同于其他动物的根本特征就是其政治性，二是人因其属于群居动物而具有政治性。正是由于人类生活本质上的政治属性，决定了政治哲学思考与研究，作为一种绵延长久的学术传统，与人类的演进与思想的演变历程相伴随。

一部人类历史，划分为前国家历史与国家历史两个大的阶段。政治哲学是在国家状态下对政治基本价值、基本制度与生活模式展开思考的。从古今两个维度看，国家可以划分为两种基本类型，一是古代形形色色的帝国，二是现代的民族国家。笔者所确定的主题，也就是政治建构的国家特色与问题属性，所依托的国家类型，是民族国家而非古代帝国；所力求呈现的问题属性，是指跨越民族国家界限的政治哲学问题的共同属性。

民族国家时代的政治哲学建构，有其历史起点。将1500年作为现代化起点，是世界史的一个基本共识。但这还不是民族国家时代的政治哲学建构的起点，这一时间节点可从发生史的视角往前推，而从成型史的角度往后推：往前扩展到13世纪、14世纪，延续到16世纪，文艺复兴运动为现代政治哲学奠定了精神基础和思考方向，即人文主义或人本主义的现代政治哲学大方向；往后推，到三十年战争签下《威斯特伐利亚和约》塑就的民族国家体系，为现代政治哲学以民族国家为前提展开政治哲学思考提供了现实的政治背景条件。在17世纪这个“天才时代”[③] 全方位展现现代政

---

① 〔古希腊〕亚里士多德：《政治学》，颜一、秦典华译，中国人民大学出版社，2003，第4页。

② 孙中山对政治二字分别进行了界定，指出“政治两字的意思，浅而言之，政就是众人的事，治就是管理，管理众人的事便是政治”。载张磊、张苹编《中国近代思想家文库·孙中山卷》，中国人民大学出版社，2015，第309页。

③ 格雷林指出，“没有哪个时期像17世纪这样剧烈地改变了人类的宇宙观，因为这个转变发生在欧洲陷入持续战争、缺乏安全感和遭受压迫的时期，也是令人眼花缭乱的新思想体系挑战传统信条的时期，这种变革景象不仅非常有趣而且引人入胜”。参见〔英〕A. C. 格雷林：《天才时代：17世纪的乱世与现代世界观的创立》，吴万伟等译，中信出版社，2019，第5页。

治哲学面貌后，18 世纪启蒙运动将之推向世界范围，现代政治哲学正式挺立起来。

正是在这一为时数百年的漫长时期，现代政治哲学的研究传统，逐渐展现了它的大致轮廓：在现代观念上，神人分离成为作别千年中世纪的一个标志性事件。在知识建构上，现代政治哲学与古代的政治哲学研究呈现出重大的区别。一者，现代政治哲学关注的基本主题有了重大的变化，个人自由以及个人与国家关系作为政治哲学的母题凸显出来。而古代社会关心的是集体自由以及社群生活与国家权力之间的关系。① 二者，现代社会对于自由价值的基本理念与对立宪制度的基本结构的关怀，远胜于古代社会对于相关问题的关注。这种关注所驱动的，是广泛、真实而有效的社会政治参与，而不像古代的人们尤其是专制政治处境中的人们对政治所怀的冷漠态度与拒斥政治参与的行为。现代政治哲学所关怀的那些重大问题，按照罗尔斯的说法，就是对基本价值（basic value）和基本结构（basic structure）的关注。在传统社会尤其是中国古代社会，所谓“皇权不下县”，所谓皇权与民间的二元治理模式，都表明，国家权力政治对基层社会的态度，除征税以外，是不闻不问的②；相应的，基层社会对皇权也是疏远甚至是冷漠的。所谓“帝力于我何有哉”③ 的古老说法可为佐证。相比而言，现代国家权力的触角，伸展到社会的各个领域与不同层次。这自然是由现代国家权力的基本价值和基本结构的渗透性与扩张力决定的，但却是在古代社会做不到的。当下的一些政治哲学研究者，试图以自己的基本价值和现行的制度结构，来推断古代人有什么相应的想法，这在知识的努力上尚属可敬，而在实践引导上实属无益。原因在于，把现代的政治思考基本价值投射到古代，作为一种知识活动可以益智，但用来引导实践实在是不可行的。三者，古今

① 贡斯当指出，对今天已经实现现代转变的国家来讲，在其国内，“对他们每个人而言，自由只是受法律约束、而不因某个人或若干人的专断意志受到某种方式的逮捕、拘禁、处死或虐待的权利，它是每个人表达意见、选择并从事某一职业、支配甚至是滥用财产的权利，是不必经过许可、不必说明动机或事由而迁徙的权利。……古代人的自由在于以集体的方式直接行使完整主权的若干部分”。见〔法〕邦雅曼·贡斯当《古代人的自由与现代人的自由》，阎克文等译，商务印书馆，1999，第 26 页。

② 对“皇权不下县”的说法，今天还有争议，有学者争辩说，皇权不下县，皇权如何征税？所以说皇权不仅要下县的，而且非下县不可。

③ 这就是著名的《击壤歌》，“日出而作，日入而息。凿井而饮，耕田而食。帝力于我何有哉?”

政治哲学思考的基本主题有着重大的差别，如前所述，现代政治哲学思考的核心主题是个体，而古代政治哲学思考的核心主题是群体。政治哲学着重思考的究竟是个体还是群体，其间的差别，注定了政治行动中不同的主体定位、价值建构、制度设计、生活方式、政治后果。因此，现代政治哲学鲜明凸显了“古今之变”。

需要看到，现代政治哲学呈现一个起伏兴衰的发展过程。人们曾经认为，现代政治哲学催生了政治价值与制度的普遍共识，以至于存在像自然科学那样的一般原理，于是，对政治的思考，可以遵循像数学那样的研究规则去技术性对待政治活动，从而免除价值缠绕，使政治探究变成纯粹的知识活动。这便是政治哲学与政治科学划分出鲜明知识界限的动力。故在20世纪50年代，政治哲学就已经成为一个令人尴尬的话题。何以如此呢？首先是政治哲学研究者对这一研究的命名、主题、内涵、方法等方面，存在消解政治哲学研究理由的不同意见。人们对研究政治基本价值或观念、政治运行目的性这些政治深层次的问题，究竟命名为政治哲学还是政治理论抑或政治思想，都无法达成一致意见。因此对政治哲学、政治理论、政治思想与政治科学的理论差异与方法不同，更加无法形成一致意见。[①] 其次，政治哲学在美国大学体系中一般划归哲学系，如罗尔斯就供职于哈佛大学哲学系。而研究政治思想史的人，则多任教于历史系，比如剑桥学派的代表人物斯金纳就在剑桥大学历史系任教。不过在美国做政治哲学研究的学者，也有在政治学系任职的，比如桑德尔就供职于哈佛大学政治学系。但这与哈佛的特殊学科体制有关，哈佛的政治学系叫“Government Department”，主要从事的是基础性的政治学理论与方法研究。哈佛另设有肯尼迪政治学院（JKF，School of Government），主要从事的则是应用型或现实性的政治学与国际关系研究。中国将 government 翻译为政府，于是哈佛这两个机构就译成政府管理系和政府管理学院。这其实是一个误译。在现代政治学语境中，government 指的是国家层面，而不是一个专指狭义政府的词语。看看洛克的《政府论》，就知道这个词语是指广义的政府，即包括立法、行政与司法部门在内的国家权力体制，而非狭义的行政权意义上的政府或行政

① 参见〔美〕詹姆斯·A. 古尔德、文森特·V. 瑟斯比编《现代政治思想》，杨淮生等译，商务印书馆，1985，第2~8页。

管理机构。以此命名的学术机关，其实要研究或教授的是国家基本制度结构设计与运行的问题，这属于政治的范畴无疑。但也由此可知，政治哲学与政治科学之间的关系是一种“剪不断理还乱”的关系。

在学术研究上，政治哲学的边际亲缘关系很复杂：它首先跟哲学学科紧密相连。哲学学科有一般哲学、部门哲学与主题哲学之分。政治哲学属于部门哲学。有学者指出，政治哲学太重要了，以至于不能交给哲学家。为什么呢？因为政治哲学如果哲学化了，就没有政治属性了，就变成道德哲学或形而上学了。自罗尔斯《政治自由主义》以降，道德哲学与政治哲学的明确切割，已经成为一种知识划界方式。这不是说政治哲学要完全拒斥道德哲学，无视政治哲学的道德规范基础，而是说政治哲学研究的是政治的基本价值与制度，它不能被道德哲学所包办或裹挟。因此，政治学学者强调不能将政治哲学读作政治“哲学”，即重音不能放在哲学上，起码应当以同样的音调来读“政治哲学”这四个字，以示政治哲学中政治与哲学同等重要。否则，政治哲学便没有政治的主导空间和理论余地。这是政治学者更情愿将政治哲学称为政治理论的缘故。

在政治哲学的当代学谱中，政治哲学研究呈现出两种学术倾向，一是重政治哲学中的哲学性，二是重政治哲学中的政治性。前者最重要的代表是施特劳斯学派，以这一学派集体著述的《政治哲学史》两卷为标志性成果，其最具学派性的主张是政治哲学应回归“自然正当”（natural right）的古典政治哲学。在中国大陆，“中国的施特劳斯学派”是当下非常流行的政治哲学流派，其所说的政治哲学，最具特色的是主张“哲学王”式的古代政治哲学。后者最具声名的是剑桥学派。以进行所谓语境研究（the context study）而著称。两派实际上都擅长的是政治思想史研究。而以研究政治思想史出名的伯林，则更愿意将自己的政治学研究称为政治理论。在马克思主义的哲学脉络里，有一句名言，哲学就是哲学史，反过来亦如此。套用到政治哲学的研究脉络中，可以说政治哲学就是政治哲学史，反之亦然。这就是在当今大学的哲学系里，熟悉哲学史，似乎就是熟悉哲学的一个进路的缘故。当下大学将哲学系的学术分科分解为马克思主义哲学史、中国哲学史、西方哲学史，哲学史学科常常构成哲学系的主力，反倒是哲学概论、道德哲学或伦理学、科学哲学等学科并不是那么发达或强势。可见，

政治哲学研究，无论是在哲学领域，还是在政治学领域，都还存在有待廓清的知识与学科边界。当下命名为政治哲学的研究成果，基于其源自神学的绝对价值或如施特劳斯学派的仿神学绝对价值，将其命名为政治神学可能更为准确；源自政治的文学批判与诗性构想的研究，也应当以政治诗学称之，才更为适当；至于因循传统的政治哲学进路，将道德哲学与政治哲学做硬挂钩的研究，则是以道德哲学遮蔽政治哲学。[①] 但廓清政治哲学的理论边界，说则容易做则难，一者是因为各种以政治哲学的名目进行相关研究的人们乐意将之称为政治哲学，其他人也没有权力去干涉上述三类研究者的研究活动。二者按照费耶阿本德的科学哲学方法论，学术研究其实无严格的方法规则可守，这呈现为一种方法上的无政府主义。因此，任何人不能禁止别人以政治哲学的名义来研究问题。

但我们仍需要对什么是政治哲学做一个简单规定，才足以讨论政治哲学的国家特色与问题属性，否则就很难较为可信地指出那是在哪个学科的意义上所说的国家特色与问题属性。简单地讲，政治哲学指的是研究政治基本价值和政治基本结构的一门学问，它是建立在个体基础之上，以理性主义方式来讨论政治基本问题的专门学科。在政治生活中，政治哲学承认政治世界是一个冲突性的世界，因而人们必须诉诸协商、谈判、妥协、互助、共赢等方式来构建政治的合作机制。凡是研究这些问题的，我们就可以说它属于政治哲学的范畴。从学科特性上讲，政治哲学只能是实践科学而不可能是理论科学。当然，政治哲学似乎越来越趋近于理论科学而疏远实践科学，不过这种表现于研究者研究意图之中的冲动，可能是徒劳无功的。借用社会科学领域中一门重要科学即经济学的说法，脱离经济生活的科学化的经济学，势必要回归经验性学科的原初定位。政治哲学也肯定需要回到它作为实践科学的原初属性上去。

二　国家个性

政治哲学的研究本来是围绕政治基本价值与基本结构展开的研究活动，

---

① 参见任剑涛《思想的竞争：政治哲学的身份危机及其克服》，《中国人民大学学报》2021年第2期。

其何以会显现出国家特色或个性与问题属性或共性呢？这是两个需要分别加以分析的问题。先看政治哲学为什么会显现出国家特色。如果做一个简略回答，那么可以说，原因很简单，因为政治哲学作为一门实践科学，它不可能存在于一个具体实践群体之外，而只能存活于一个具体的实践群体之中。不管政治哲学是具有多么强烈原创性的个体研究，它所依托的生存群体，是它足以提出政治哲学研究的具体问题并依据实际的政治经验生活来加以阐释的先在条件。对任何原创性的政治哲学研究来讲，研究者所提出的问题，都不是在云端思考的、抽象的政治哲学教条，而是通过鲜活的政治实践、实际的政治生活、具体的政治遭遇，深刻刺激政治哲学家的心灵与大脑，促其调动已有的知识资源，进行原创性的脑力激发，并经过他的深沉思考而产出理论的果实。就此可以说，离开国家就无法进行政治哲学思考。这是一个不分古今的政治哲学运思处境。换言之，国家的存在是政治哲学运思的存在规定性，这不是一种可以任其意愿选择的认知情景。就古代社会言，如果不是“周礼尽在鲁矣”的生活氛围，孔子是不可能洞悉夏、商、周三代“损益可知也”① 的历史秘密，深察“周礼”所内蕴的人的意涵，从而建构起影响整个中国古代社会的仁学的。同理，如果不是对古希腊晚期城邦政治生活利弊的深刻领悟，苏格拉底、柏拉图与亚里士多德就不可能接力揭橥古希腊政治生活的政体结构与各自利病，并建构起理性主义的古希腊政治哲学体系。② 不过，古希腊的城邦国家、周代的分封国家，与封建国家、帝制国家（如秦以后的古代中国）不同，更与现代国家有着巨大差异。我们仅需在古今两端而舍弃中间长时段，来看国家的状态对政治哲学家相关思考的影响，就会知晓国家状态何以对政治哲学家的相关运思发挥重大影响。

首先需要对古今两端，即国家出现时期与现代国家建构时期的国家构成性特点进行一个概观，以期为勾画民族国家影响政治哲学家语境及学理建构的特色奠定基础。古代或传统国家难以尽述，其也不是笔者关注的主

---

① “子张问：‘十世可知也？’子曰：‘殷因于夏礼，所损益可知也；周因于殷礼，所损益可知也。其或继周者，虽百世，可知也。’”《论语·为政》。

② 参见〔英〕克里斯托弗·罗、马尔科姆·斯科菲尔德主编《剑桥希腊罗马政治思想史》，晏绍祥译，商务印书馆，2016，第 31 页。

要问题所在。但相对于古代或传统国家而言的现代国家，则是分析政治哲学国家特色的必然对象。这一方面需要刻画古代或传统国家相对于现代国家所缺少的东西，另一方面则需要呈现现代国家独具的结构与功能。就前者言，正如卡特利奇所指出的，“城邦（相对的）无国家形态表明，与近代、特别是近代自由的国家共同体的条件相较，它本身缺少一系列东西。在希腊，不存在不同于政府及其机构的、黑格尔意义上的市民社会，也没有正式的、制度化的权力分离。在希腊城邦中，无论是谁（不管是一个、部分还是全体）进行统治，他在立法、司法和行政领域都是如此。另一方面，虽然现代法学家试图从中发现法律‘主权’的观念，但为公民服从提供动力的主权，如果它确实存在过，也仍然是模糊的，那里没有近代意义的政党，所以也没有忠诚的反对者概念，没有合法的为反对而反对。那里没有适当组成的治安力量来维持公共秩序，如果有，最多也只是非常有限的力量，如雅典仅有由国家拥有的西徐亚奴隶弓箭手。因此，自助不仅可取，而且必然。当时对公民不服从的合法公众宽容，所以（如苏格拉底的审判最清楚地表现的那样）正直的反对者也从不诉求于这样概念。最后，那时没有个人的、天然的生命权和自由（如 18 世纪法国的《人权和公民权法案》所规定的那样）”。[①] 这些分析，枚举性地展现出古今国家的重大差异。人们可以说这只是对西方国家的古今结构的比较，未必适用于东方国家的古今差异。其实，只要衡诸东方国家的现代转变来看，其也几乎适用于概括东方国家的古今之变。像中国，除开家庭与家族力量明显比西方更加强大，国家即便是古代帝国也多属于家族式国家，加上朝代更迭之余的文化韧性极强外，古代国家相比于现代国家所缺少的东西，东西方国家如出一辙。因此，在古代国家所缺失的方面，也就显现出现代国家所独具特征的地方：国家、社会与市场的分流发展，让国家的总体结构在规模和复杂性上，已经远远超越古代；现代国家直接建立在主权的基础之上，发挥其对内保护、对外御敌的双重功能；国家运行于最高法或根本法即宪法、部门法的体系中，明确由国家保护公民合法权利并依法规范权力；国家聚集了远远超出古代国家的庞大资源，并用以发挥其必要的政治、经济与

① 〔英〕克里斯托弗·罗、马尔科姆·斯科菲尔德主编《剑桥希腊罗马政治思想史》，晏绍祥译，商务印书馆，2016，第 27～28 页。

社会功能；国家权力自身建立在三权或多种权力分立的制度体系中，限制一种权力对其他权力形式的侵蚀。建立在民族基础上的国家结构，生成了全球趋同的民族国家形式结构，也呈现了依宪治国的现代国家实质结构的主流。所有个体，几乎都被划归到不同国家的公民群体，被主权国家纳入其保护和管理范围。因此，现代国家的结构塑就了一切政治哲学家展开相关思考的刚性背景。这也正是现代政治哲学建构呈现出国家特色的根本导因。

其次则可以在现代政治哲学的国别呈现上，对政治哲学建构的国家特色进行一个枚举性描述。在国家结构相对于古代与中世纪而言发生巨大变化的现代国家处境中，政治哲学家致力建构的相关理论，确实与他们所处的国家状态紧密联系在一起。我们可以举出几个最重要的政治哲学家就可以对此留下清晰的印象。这样的枚举，大致沿循现代主权国家生成期、成熟期与扩展期的线索来展开，分别以马基雅维利（也可译作马基雅维里）、霍布斯、洛克与罗尔斯为代表。

现代政治哲学的开创者马基雅维利，处在主权国家生成时期。他的主要著作有两部，一部是以历史学著作面目出现的《论李维》，另一部则是对现代政治学兴起产生了重大影响的《君主论》。此外他还著有《兵法》《佛罗伦萨史》等。他在《君主论》一书中，论述了君主所应具有的政治技艺，即鼓励君主为了政治目的而不择手段，该论述推动了政治和道德的分流。这一主张的背后，大背景上他针对的是政教合一的、中世纪末期的政治结构，国家背景上针对的是意大利陷入四分五裂的状态，个人背景上针对的是他的切身处境及其改变热望。如果遵循从小到大的背景扩展来审视马基雅维利对政治哲学的阐释，可知一个兴起中的民族国家对政治哲学家理论阐释的具体影响：马氏曾作为外交官出使过法国，法国是欧洲第一个脱离基督教世界社会的民族国家，尽管在政体上法国是绝对意义上君主专制国，但它已经是法兰西民族建立的国家，而不属于基督教世界社会的一个组成部分。[①] 在15世纪和16世纪，法国在欧洲假教皇权力纵横驰骋，显示出令人羡慕的强大力量。出使法国的马氏羡慕不已。回观自己的祖国意大利，

① 参见〔德〕福尔克尔·赖因哈特《权力艺术：马基雅维利评传》，刁承俊译，广西师范大学出版社，2016，第315～320页。

国家四分五裂，且教皇国随意勾结其中的某个小国就可以形成满足自己利益诉求的政治联盟，并阻止意大利的统一。意大利的国家状态，让他将祖国的统一希望寄托于一个强健有力、统治术高超、敢于力排众议的君主身上。为此，他似乎相当自觉地激发起自己的民族主义情绪：他对意大利处在帝国边缘而不被重视深感不满，拒绝使用主流的拉丁文而用意大利文写作，身处江湖而心忧庙堂，全身心关注意大利政治建国的问题。这是他围绕君主的作为来写作《君主论》、围绕“罗马何以伟大和强盛”来写作《论李维》的决定性驱动力。由此可见，马基雅维利的政治哲学建构，是他所在的意大利及其国家状态直接推动的结果。

现代政治哲学的创立者霍布斯和洛克，生活于主权民族国家成熟时期。如果说马基雅维利奠定了现代政治哲学的精神方向的话，那么从政治哲学的系统理论上讲，霍布斯则是现代系统的政治哲学理论的奠基者。霍布斯像柏拉图一样，运用几何学的精确方法来研究政治，让他的代表作《利维坦》成为公认的现代政治哲学的奠基性著作。此后，很少有政治哲学著作能与其媲美。人们认为，和他差不多时代的洛克的《政府论》，尽管在现代政治哲学史上也极其重要，但其不过是常识的汇编，远无法在政治哲学理论高度上与《利维坦》一较高下。但两人在现代政治哲学史上的地位，却同样高不可攀：这是因为，霍布斯为现代国家建构确立了契约论的进路，确定了个人主义的方法，明确了依约治国的基调；洛克则明确地将个人主义、契约主义的方法用于国家结构设计，并将现代国家的基本政体确定为分权体制，将国家与社会的关系稳稳落在国家服务于社会，而社会可以颠覆国家的框架之中，进而将现代国家的轮廓极为清晰地呈现在世人面前。两人的政治哲学研究，在具体的进路与趣味上相当不同：在社会契约论方面，霍布斯认为自然状态是所有人对所有人的战争，社会遵循便利与安全的规则建立契约；洛克认为在自然状态中人是完全自由的，人与人处在和平宁静的状态，并为了便利与安全而订定契约，建立社会与国家。两人中一人倾向于君主政体，另一人倾向于立宪政体。二人在政治哲学上的差异，似乎会使人们对政治哲学家依托于国家阐释其理论的命题提出质疑：同样都生活在英格兰，为什么二人推出的契约论与政体论差异如此之大？难道现代政治哲学不应以国家特色来定位，而应由个人特色来认知？这确实是需要进一步分析的问题。

需要承认，任何一个政治哲学家的思考，都以他的个性化思考作为他进入思想史的理由。但也需要看到，政治思想史之所以把某一个政治哲学家纳入其中，并作为重要的、不可或缺的思想家来对待，是因为他不仅构成了现代政治哲学的重要理论环节，同时还成为现代主权民族国家的政治变迁象征性人物。因此，政治哲学家的个性表现自然需要重视，但他们所应对的国家变迁大局，所揭示的国家建构问题，既超越于他们的思想个性，也凸显出他们的国家特性。霍布斯和洛克所解释的政治哲学关键问题，就是国家的统一机制与国家权力的规范问题。这是两个与马基雅维利的国家必须统一命题相关的连贯性命题。[①] 而前两个问题，恰恰是 17 世纪英国国家建构的绝顶重要的问题：其时的英国，在处理基督教世界社会与国家主权关系上，存在普世教会与国教的紧张关系，建立国教成为英国脱离天主教控制的一出重头戏。同时，英国如何建立一个稳定的政治社会机制也就是国家机制，也成为国家发展的头等大事。英国短暂而动荡的共和建国尝试，让霍布斯与洛克深感统一、强大而规范国家建构的重要性。因此，立约建国，在某种意义上成为霍布斯与洛克都认同的国家建构大思路。在思想体系的构建上，今天人们习惯于将霍布斯称为唯物主义哲学家或经验论哲学家，而洛克也奠定了经验主义的认识导向，将这种思路用来理解两人的政治哲学建构，似乎成为一种理所当然的选择进路。故在理解二人思想过程中，有人试图对霍布斯和洛克的思想进行融贯论的解释，试图消解他们思想中的龃龉之处，让各个方面相互匹配。但这实际上是一种“强为人说愁”的做法。霍布斯的自然法观念、个人主义定位与君主制理念之间，矛盾是明显可见的；洛克的自然法信念与经验主义的哲学之间也殊难统一。因此，霍布斯和洛克的一般哲学归一般哲学、政治哲学归政治哲学的观点，是恰切理解他们思想的一个必要区隔。换言之，英国建国问题对霍布斯与洛克的政治哲学建构影响巨大，但对其一般哲学的理论建构产生的影响则不会如此巨大：一种免于恐惧的安全需要，恐怕对曾经都有逃亡到欧洲大

① 参见任剑涛《建国的三个时刻：马基雅维利、霍布斯与洛克的递进展现》，《社会科学战线》2013 年第 2 期。

陆经验的两人，有着更大、更直接的影响。①

罗尔斯则生活于主权民族国家的扩展时期。这一时期，主权民族国家的浪潮席卷全球。此时，关于政治理论如何体现国家特点，可以通过约翰·罗尔斯这一时代的典型人物的观点来一探究竟。其在 1971 出版的《正义论》，被称作当代规范政治哲学复兴的标志。罗尔斯凸显“公平的正义”（justice as fairness）在现代国家的绝顶重要价值，他将现代政治哲学的核心价值“自由”安排在词典序列的优先位置，但着意凸显的则是“公平的正义”之对于良序社会和立宪民主政治的决定性意义。“公平的正义”最为重要的构成内容是正义的两个原则。这两个原则常常被人解读为他重视分配正义的原则。尽管不能把罗尔斯的正义论降格为分配正义来对待。但其首次陈述的正义两原则和最后陈述的两原则表明②，罗尔斯确实既是一个高度关注自由之作为成熟立宪民主政制基础的人，也是一个高度关注利益与负担的公平分配的人。他不仅将自由安排在词典序列的优先位置，而且将机会平等安排在相对于结果分配与过程分配的优先位置。这样的安排，对任何一个国

① 伊安·汉普歇尔-蒙克指出，《利维坦》在出版前的三次修改中出现了变化，“一些变化显然是对于政治事件的回应”。而洛克撰写的《政府论》两篇，则是他直接卷入英国动荡政局的理论产物。参见〔英〕伊安·汉普歇尔-蒙克《现代政治思想史：从霍布斯到马克思》，周保巍等译，上海人民出版社，2022，第 4、97~99 页。

② 罗尔斯对正义两原则的首次陈述是“第一个原则：每个人对与其他人所拥有的最广泛的基本自由体系相容的类似自由体系都应有一种平等的权利。第二个原则：社会的和经济的不平等应这样安排，使它们①被合理地期望适合于每一个人的利益；并且②依系于地位和职务向所有人开放”。（〔美〕约翰·罗尔斯：《正义论》，何怀宏等译，中国社会科学出版社，1988，第 56 页）两个原则的最后陈述是，“第一个原则：每个人对与所有人所拥有的最广泛平等的基本自由体系相容的类似自由体系都应有一种平等的权利。第二个原则：社会和经济的不平等应这样安排，使它们：①在与正义的储存原则一致的情况下，适合于最少受惠者的最大利益；并且，②依系于在社会公平平等的条件下职务和地位向所有人开放。第一优先原则（自由的优先性）：两个正义原则应以词典式次序排列，因此，自由只能为了自由的缘故而被限制。这有两种情况：①一种不够广泛的自由必须加强由所有人分享的完整自由体系；②一种不够平等的自由必须可以为那些拥有较少自由的公民所接受。第二个优先规则（正义对效率和福利的优先）：第二个正义原则以一种词典式次序优先于效率原则和最大限度追求利益总额的原则；公平的机会优先于差别原则。这有两种情况：①一种机会的不平等必须扩展那些机会较少者的机会；②一种过高的储存率必须最终减轻承受这一重负的人们的负担。”（〔美〕约翰·罗尔斯：《正义论》，何怀宏等译，中国社会科学出版社，1988，第 292 页）从罗尔斯对正义两原则的精准表述来看，他对自由与平等的对等性价值是具有高度自觉与明确强调的。这里不厌其烦地引述出来，旨在帮助人们理解罗尔斯正义理论的基本关注点及其处理方式。

家都是一个奢侈的安排。原因在于，这不是一个立宪民主机制就可以完全实现的正义原则，它还需要高度发达的经济条件与秩序井然且公民间友好相待的社会。直到今天，高度发达的资本主义社会都还在围绕着自由与平等、效率与公正，展开广泛而尖锐的政治哲学争论。即使发达国家已进入生产高度发达、社会财富积累雄厚的时代，试图实现自由与平等、效率与公平的双重平衡，也并不是一件容易做到的事情。罗尔斯身处当今世界上综合实力最强的美国，才足以使他揭示一个富裕发达且建立了稳定的立宪民主机制的国家，如何兼顾自由与平等、效率与公平的问题，但在一个没有达到美国那样的发展程度的国家，相关问题很难浮现到台面并为政治哲学家所阐释。

从政治哲学产生一直到政治哲学向纵深发展的当代，政治哲学的理论建构，政治哲学家试图解决的具体问题、阐释的具体进路、采用的具体方法，可以说都显现出所在国的政治哲学家的国家特色。这个国家特色，不仅是指研究者隶属于具体的国家，其所显示出来的政治问题推动他去解释相关问题而显现出来的特色，也是指政治哲学家们遵循他们自己国家的权力体系与知识体系中可以呈现与比较的政治传统和知识传统所注定的醒目特点。仅以罗尔斯为例可知，他的理论不仅得益于美国高度发达而凸显的问题意识与解释余地，也得益于他知识视野的极度广阔，将康德的建构主义、卢梭的社会契约论和洛克的自由民主的基本理念加以整合，才得以建构一个庞大的正义系统理论。这固然与其个人的理论雄心有关，但在问题凸显与探究上，他确实是美国的政治哲学产儿。如果不是罗尔斯所说的良性社会和立宪框架，人们会很难理解罗尔斯是如何想象如此精致的正义两原则的。归纳起来说，所谓政治哲学建构的国家特色，是在以下几个意义上成立的：第一，具体的政治哲学研究者，在政治生活的氛围、知识传统的接受、研究问题的择定、解释问题的方式方法进路等方面，都受他所在国家诸条件的决定性影响；第二，政治哲学家阐释的具体命题，以及解释问题的知识传统和学术方式，所获得的理论建构的反响，受到所在国的知识圈与知识传统的塑造与挤压，从而可以期望产出与其相应的研究成果；第三，政治哲学家的研究总是受到所在国的政治运行及其影响力制约。

三　问题共性

强调政治哲学建构呈现出国家特色，并不意味着政治哲学仅仅是属于国家的学术研究与专门学科。这是因为，政治哲学研究，有着突破国家有限性的思想穿透力、问题共同性、知识相通性与学术评价通行标准。如果说思想具有穿越时空的强大力度，可以从古今思想的贯通与一国某一思想家的思想足以影响他国乃至于全球思想的力量上得到理解的话，那么人们就会同意，国家尤其是国家权力是不可能限制住思想的传播与影响的。如果说知识的相通性可以通过知识之谓知识所具有的打通人际、国度的认知价值来体现，那么政治哲学知识对不同国家所共具的认知政治生活的效力，就是一个毋庸赘述的常识。如果说各个国家从事政治哲学的研究者面向古代均会共同研习苏格拉底三代师生之学、会探讨孔孟老庄的政治主张的话，那么也就向人们表明，政治哲学思考具有跨越古今的共同推崇者；而政治哲学研究者对马基雅维利、洛克与罗尔斯的共同尊敬，则表明政治哲学具有跨越国度的共同价值。

政治哲学何以具有国家特色而不被国家所局限呢？主要原因在于，政治哲学尤其是现代政治哲学处理的问题具有某种共同属性。在政治哲学的建构中，研究者或阐释者大致是从政治深层问题这一共性出发来讨论问题的，譬如，无论一个政治哲学研究者生活在哪个国家，现代民族国家形式结构与实质结构的类同性，均刺激他们在现代政治哲学知识传统中来描述与分析国家与个人的关系问题。否则，他似乎就无法展开政治哲学思考，也会缺乏政治哲学的理论创造力。当今世界有二百多个国家和地区，真正能为整个人类贡献政治哲学成果且为政治哲学学术共同体所承认的学者与国家，并不多。这一方面是因为政治哲学的基本价值如自由和平等受到几乎所有国家不同程度的认同，没有必要另行主张一套完全不同于现代政治哲学基本价值与制度安排（如立宪民主、分权制衡机制等）的东西。另一方面则是因为，人们面对政治哲学研究的基本问题，尝试进行切合研究者亲证的阐释时，个体权利的既定性、分权制度的先在性，构成他们思考这些问题的共同前提。而国家问题，也因此成为政治哲学研究者解释权利与权力、权力与权威、个人与国家、国家与社会、自由与服从、自由与平等、公平与效率等问题的切入口。如果否认政治哲学的这一思考前提，那么它就不是现代政治哲学，而是尝试回归传统的抑或反对现代的政治哲学。前者的关注点在传统，而不是现代，因此它的思考基点不在国家与人类的现代处境上，而在传统的出路上；后者基于对现代缺陷的严重不满，将其关注点放在超越和颠覆现代的思考基点上，因此它的思考焦点在未来，而不是在当下。这两种政治哲学的思考路径，都是非经验的，与现实政治时空机制关联度不高甚至是无关的。因而，其思考成果，大致可以归为政治神学、政治诗学与道德哲学，但与政治哲学划出相当明显的界限。①

如前所述，现代政治哲学研究会以国家特色来呈现研究者的公民归属与问题催生背景，这是对在特定的民族国家时代与研究者总是具体生活于国家之中的两个意义上作出的判断。然而，一个政治哲学研究者如果对政治生活的深层次问题缺乏高度敏感的把握，他就不足以穿透人类所面对的政治生活的表象，也就无把握政治生活的根本特征，无法解释清楚民族国家时代的共同难题与人类政治生活的深沉困境。一个政治哲学家的研究，如果在基本制度和基本架构的设计上仅仅想解决本国的问题，那么他不会形成对全球范围内政治哲学共同体的知识影响力。在现代政治哲学的研究中，一些学者一定要把罗尔斯定位成只是属于美国的政治哲学家，认为罗尔斯的正义论仅仅是解释美国政治生活的限定性成果，这就等于取消了罗尔斯正义两原则超越国界的问题性、针对性与不同程度的有效性。这就像另一些学者一定要把洛克限定为英国“光荣革命”时期的政治哲学家，认定他只能解决当时英国的具体建国问题，而不具有理论的普遍针对性，这也就等于无视了洛克的契约论、国家与社会分流、权力的分割机制所具有的政治哲学普遍意义。又如一些人一定要把马基雅维利限定为意大利四分

① 在这里，人们只要看看美国的施特劳斯学派强调他们是自由民主的同路人，就知道他们在力图保持与政治经验生活的贯通性；而看看“中国的”施特劳斯学派一定要疏离现代政治哲学而维护古典政治哲学尤其是古典政治哲学的哲学王传统，就可以会心一笑，知晓他们所捍卫的是掌权者代表的所谓“高雅”政治。前者对权利哲学的最低限度认同，与后者对权力哲学的自觉捍卫，在政治哲学的趣味上恰相反对。参见任剑涛《人民的两个身体与政治神性的现代转移》，《社会科学战线》2018 年第 5 期。

五裂时期的政治哲学家，认定他不过是想在佛罗伦萨共和国被推翻之后，试图讨好美第奇家族而重出江湖，因此《君主论》不过是落魄之人的发奋之作而已，这就将马基雅维利所揭橥的权力秘密给隐匿起来，让人们看不到权力赤裸裸自我维护的真实面目。他们的政治哲学，确实与其生活的具体情景紧密相关，但绝对不被实际的生活情景所限定，这是他们的政治哲学思考能够穿越国界和时空，而具有力透纸背的思想力量的原因。人们在今天读马基雅维利、霍布斯和洛克，读卢梭、马克思，读约翰·罗尔斯时，并不会仅仅把他们的著作当作政治哲学的纯粹知识来欣赏，而会把他们的著作看作思考当今政治问题的极为重要的思想来源。他们是当今人们思考政治哲学问题的“牛虻”，是促使人们探讨政治世界深层秘密的推动者。一切在政治哲学史、政治思想史、政治理论史时间节点上出现的政治哲学家，只要他们有力地揭示了政治世界的基本价值与制度机理，其都具有无问西东而超越时空局限的理论意义。而他们所撰写的政治哲学著作，本身也蕴含着超越民族国家的普遍性意图：马基雅维利是从君主技艺的一般角度撰写《君主论》的，而不是着意撰写一部适用于一个国家的“意大利君主论”；霍布斯是从“整个人类”的角度撰写《利维坦》的，而不是在撰写仅仅基于英国经验的庞大海怪式国家；洛克是在一般的政治哲学视角撰写《政府论》的，而不只是要为英国的现代建国撰写一部实用的“英国政府论”；同理，罗尔斯尽管谦恭地将自己的著作命名为《一种关于正义的理论》（*A theory of justice*）[①]，但他绝不是执意为解决特定美国政治难题撰写的“美国正义论”。这是现代政治哲学的普遍主义取向跨越国界的普适性思想特征的体现，也是让他们的著作还具有政治哲学启发意义的方法理由。

验诸历史，可以进一步坐实上述断定。从古代政治哲学史讲，就西方历史而言的“言必称希腊”，就中国历史而言的“言必道先秦”，便是因为它们开启了人类的政治哲学思考端绪。雅斯贝尔斯（又译作雅斯贝斯）所写的《历史的起源与目标》，就揭示了公元前800～前200年这段历史何以成为人类历史上的第一个轴心期的思想原因：这一时期的一批大思想家为人类揭示了大写的人，实现了“人的突破”，从而影响了此后2000年的人

① 汉译罗尔斯此书，将之译为《正义论》，反而将罗尔斯的著述意图遮蔽了。

类历史发展。[①] 后来他在写脍炙人口的《大哲学家》的时候，则特意区分了思想范式的创建者、思辨的集大成者和原创性形而上学家三种思想家类型，将前者视为人类所有思想的重要源泉。他所列的这类思想家有苏格拉底、佛陀、孔子与耶稣四人[②]，这些思想家在今天被认作宗教与哲学的创始者，以及人类思想的清澈泉源。正如中国人所讲的，“天不生仲尼，万古如长夜”[③]，再如著名数学家、哲学家怀特海强调的，西方一部思想史就是柏拉图的注脚。这些大哲学家，不只有前述四人，还包括另外两类思想家如思辨的集大成者柏拉图、奥古斯丁、康德，以及原创性形而上学家阿里克西曼德、赫拉克利特、巴门尼德、柏罗丁、安瑟尔谟、斯宾诺莎、老子、龙树等，他们也同样揭示了雅斯贝尔斯所说的人的秘密。后两类人物代表了一条从古至今发展的思想史线索，也象征着人类的哲学思维高度，在相当程度上成为人类思考政治与人生问题的深层性标志。

将眼光转移到现代。自文艺复兴或人文主义运动兴起以来，西方国家脱离中世纪的神人关系轴心，在政治哲学上着力批判教会的政治哲学建构，痛斥教会与神职人员的贪腐与堕落，鲜明张扬人的价值。从此，世俗化的人文主义成为现代政治哲学的主导思想。如前所述，人文主义政治哲学的早期代表马基雅维利，现代国家的个体化政治哲学的创建者霍布斯与自由主义政治哲学的创建者洛克，以及成熟的现代国家的政治哲学阐述者罗尔斯，成为引导整个现代人类的政治哲学思考的标志性人物。他们之所以取得这样的政治哲学研究成就，不是因为他们的个人经历独特，也不是因为他们生活于那个时代具有代表性的国度，而是因为他们深刻解释了人类政治生活的重大主题，从而为人类在大致相通的处境中理解政治提供了宝贵的指引。

由上可知，在人类历史演进的两个重要阶段，一是轴心时期，二是现代阶段，都凸显了政治哲学揭破人的秘密所具有的极端重要性。虽然这两

① 参见〔德〕卡尔·雅斯贝斯《历史的起源与目标》，魏楚雄、俞新天译，华夏出版社，1989，第7~8页。

② 卡尔·雅斯贝尔斯指出，这四人一组的人物“是通过他们的现存在和人类存在的本质来确定历史的，没有任何其他人能像他们一样。这些人被证明了千余年来一直不断地在发挥着影响，直到今天，他们是苏格拉底、佛陀、孔子、耶稣。好像我们不可能再举出第五个人的名字，没有谁能跟他们有相同的历史影响力，也没有谁有像他们那样的高度”。〔德〕卡尔·雅斯贝尔斯：《大哲学家》，李雪涛主译，社会科学文献出版社，2005，第8页。

③ 《朱子语类》卷九十三。

个时期的哲学家、政治哲学家生活在不同地域和不同国度，但他们对“人”的理解的突破，对政治组织方式的设想，尤其是对现代国家的设计，影响了整个人类对相关问题的思考。如果我们只把这些作出重要思想突破的学者的观点，当作他们所生活的那个国家或地域范围的地方性知识（local knowledge），并将之视为缺少普遍内涵或知识普遍性表达的思想（global knowledge），那我们就没有办法看到他们思想的高度、问题的共性、相互的呼应、广泛的影响以及普遍的意涵。对现代政治哲学来讲，一些历史事件及其所催生的政治哲学价值理念与制度方案，为什么会穿越历史与国家的边界，成为全球认同的普遍价值或共同价值，就是因为这些历史事件所催生的政治哲学价值理念与制度方案，具有超出国界的全球性吸引力。其中尤为引人瞩目的代表性事件是法国大革命。对这场革命及其理念，无论是赞同者还是批评者，都认为它在现代政治史所获得的评价是一回事，它所书写的现代基本价值，也就是“自由、平等、博爱”是另一回事。这些基本价值，已经具有超出不同政治立场、民族国家范围和社会文化传统的普遍意义，这三个现代政治基本价值以及相应的共和政制的制度导向，既为马克思主义也为自由主义当然也为保守主义所共同赞赏，抑或为三者所共同批评。赞同也好、批评也罢，但法国大革命所揭示的现代政治基本价值与制度方案，已经成为现代政治思考的同心圆。这是现代政治变迁所助推的政治哲学建构的问题共同性面相。

按照马克思主义观点，人类进入自由王国依赖于三个条件。第一，物质生产的高度发展，达到物质极大丰富可以按需分配的程度，从而实现物的自由；第二，推翻剥削制度，真正实现人民当家做主，这是人类实现政治自由的表现；第三，个性全面而自由的发展，以此实现人的解放目标，这是全方位的自由状态。这些政治理想，其实是古今政治哲学家都以不同方式表述过的理想，也是现代西方国家的政治哲学家们所共同推崇的政治理想。这也正是汉娜·阿伦特认为马克思属于西方传统的知识人的理由，是她认定马克思跟亚里士多德的亲和性超过他跟斯大林的亲和性的理由之所在。[①]

---

① 参见〔美〕汉娜·阿伦特《马克思与西方政治思想传统》，孙传钊译，江苏人民出版社，2007，第6页。

四　东圣西圣，其揆一也

可以说，在现代政治哲学研究上，无论是东圣还是西圣，即无论是西方大学者还是中国大学者，对于政治哲学的基本价值与政治制度的基本结构是具有广泛共识的。这种共识的呈现，自然有赞同与批评两个进路。在赞同一端所体现的政治哲学广泛共识自无须细说，因为前面已有所述，已经大致呈现出来；即便是批评，也需要看到，不是说对自由、平等与博爱这些价值持一种批评态度，就是对它的严厉拒斥，甚至是对它的彻底颠覆；也不是说对立宪民主、分权制衡与选举政治的批评，就是对这些现代政治制度安排的明确排斥、着力颠覆与决绝对峙。赞同与批评的两种选择，恰恰构成现代政治哲学“无问西东”的某种共性，在现代政治哲学的知识建构上，势成主流的政治基本价值与制度方案，如果缺乏或严厉或温和的批评者，那么现代政治哲学基本价值、基本问题、基本制度安排，就缺少发展必不可少的另一重动力。人们知道，所谓事物发展的动力尤其是政治发展的动力，一方面有积极赞同的动力，另一方面也有消极批评的动力。所谓消极批评动力，不是没有任何作为的消极以待，而是以批评促成政治哲学研究与政治发展的进步。批评之所以成为政治发展的动力，就在于它有效促使主流的政治哲学自我改进或被迫改进。

现代政治哲学研究中关于民主的政治哲学是一个由批评者与赞同者共同建构的庞大政治哲学体系。古希腊政治哲学家亚里士多德阐释的民主，本是政体划分中依统治者人数多少区分出的其中一种政体形式，即一人统治的君主制或僭主制、少数人统治的贵族制或寡头制，多数人统治的共和制或民主制。在其时，民主制作为共和制的变体，是一种缺乏政治经验的大众一哄而上的混乱政治形式，其并不为苏格拉底三代师生所赞许，甚至受到他们或明或暗的批评。民主成为一种广为认同的政体形式，是在现代国家的发展进程中形成的。而现代民主起源于贵族民主。在1215年，英国贵族和国王展开政治斗争，达成《大宪章》，形成了一种明确限权的政治思维和制度安排。其时，并没有现代民主通行的普选权。社会底层与女性的民主投票权利，是19世纪中后期的产物。而现代民主的这种政治权力的扩张性发展，正是在批判者的持续努力下才落实的。在这方面，社会主义的种种政治理念、马克思主义对政治民主的大力推动，均发挥出很大的作用。[①] 如今，关于民主的政治哲学论证话题越来越多，论证越来越广泛，呈现的理论性越来越强，理论与实践的关联性也越来越明晰，民主理论本身在知识共同体中达成论证的基本规则也越来越明显，这正是民主的政治哲学在共同的问题属性上，促成不同价值偏好的研究者形成了广泛共识的表现。通过政治哲学的不同流派，现代政治相异的实践方案与跨越时空限制的民主理念发生经久不息的思想碰撞，从而让跨越古今和中西地域限制、鲜明凸显政治哲学建构的“无问西东”的普遍性民主政治哲学展现在世人面前。

对现代政治哲学建构来说，确立政治哲学研究的学术理想，是决定政治哲学研究是不是能够作出相应知识贡献的前提条件。笔者在开篇时引用了汪鸾翔先生所写的清华校歌，以“无问西东”来帮助我们理解政治哲学建构的国家特色和问题共性。可以说，汪鸾翔先生的“无问西东”不无方法上的提示作用，不无观念上的启发意义。对于政治哲学来说，价值上的开明姿态、知识上的开放取向，是研究者能够把政治哲学的知识共性和国家属性做恰当处理的观念条件。“无问西东”不是不问西东，而是不要拘执西东。就汪鸾翔先生这一整句歌词来讲，它就是问询东方尤其是中国深厚传统的结果。他所写校歌一经发表，就引起人们对他所写歌词太过和平主义的批评。他专门撰文进行了辩护，一方面他认为“故吾人虽心知武力一时不能废却，而亦不愿在诗歌中多所发表。此歌之不偏重于尚武方面者，盖有深心，非盲目也”。[②] 另一方面，他认定“今世最亟需之学术，尤莫亟于融合东西之文化”，因此明确强调“仅守固有文化，而拒绝外来文化者固非；而崇拜外来文化，以毁灭固有文化者，更无有是处也。本校之最大责任与目的，即是为本国及世界作此一件大事”。[③] 再一方面，他对东西文化何以会走向一统的理由进行了分析，指出，“地有东西之分，文有竖横之

---

① 参见〔匈〕乔治·卢卡奇《民主化的进程》，寇鸿顺译，广东人民出版社，2013，第111～113页。

② 转引自翟奎凤《近现代大学校歌与儒家文化及大同精神——以南大、清华、浙大校歌为中心的讨论》，《东岳论丛》2018年第12期。

③ 转引自翟奎凤《近现代大学校歌与儒家文化及大同精神——以南大、清华、浙大校歌为中心的讨论》，《东岳论丛》2018年第12期。

别，然而好美、恶丑、好善恶恶，人之心理，大略相同。由此可见众生之本性同一，所不同者，风俗习惯上之差别耳。本性既同一，则彼此之文化，皆易交换灌输。而况乎文与行交修，德与言并重，东圣西圣，固有若合符节者哉？吾人一旦观其会通，且身负介绍之任，其有无穷之乐也”。[①] 这三个方面，简直是对“无问西东”的政治哲学建构的问题共性所作的最好阐释：“无问西东”的文化理念，乃人们相信人文精神而非武力取胜的现代信念；中西融合乃政治哲学能够兼综东西方政治哲人智慧的先决条件；不分地域与国度地寻求相同的心、相同的理，乃现代政治哲学建构在价值与知识上的最高站位。据此，政治哲学为人类和平共处提供极高的政治智慧与指引，就一定是意料之中的事情。

“无问西东”是从中国传统思想中引导出来的、最益于培养中国人现代精神的理念。孟子在分析相差千年、离地千里的舜与文王，何以会有相同的仁政举措时，指出了“先圣后圣，其揆一也”的道理。[②] 之所以古代的圣人与后代的圣人会有同样的政治表现，就是因为他们都遵循着同样的原则或法度。在“无问西东”的主张中，人们完全可以依循先圣后圣的一致原则与法度使然的道理，推导出无论西方学者、学术与思想，还是东方学者、学术与思想，也都遵循同样的原则和法度的结论。前者是在时间先后意义上确认的普遍情景，后者是在不同空间中所认定的普遍状态。这正是一谈中国文化，言必道先秦的缘故；也是一谈西方文化，言必称希腊的理由。前引中国古代的立德、立功、立言的“三不朽”理想，相信也是可以“无问西东”的人生理想。西方似乎没有三不朽的说法，但其在宗教神性、道德责任意义上所强调的不朽观念，则是有目共睹的。深受西方文化熏陶的胡适，曾经倡导“社会的不朽”，其从超越小我、大我不朽的角度，对“不朽”进行了阐释。他指出，“我这‘社会的不朽论’的大旨是：我这个‘小我’不是独立存在的，是和无量数小我有直接或间接的交互关系的；是和社会的全体和世界的全体都有互为影响的关系的；是和社会世界的过去和未来都有因果关系的。种种从前的因，种种现在无数‘小我’和无数他种

---

① 转引自翟奎凤《近现代大学校歌与儒家文化及大同精神——以南大、清华、浙大校歌为中心的讨论》，《东岳论丛》2018 年第 12 期。

② 《孟子·离娄下》。

势力所造成的因，都成了我这个‘小我’的一部分。我这个‘小我’，加上了种种从前的因，又加上了种种现在的因，传递下去，又要造成无数将来的‘小我’。这种种过去的‘小我’，和种种现在的‘小我’，和种种将来无穷的‘小我’，一代传一代，一点加一滴；一线相传，连绵不断；一水奔流，滔滔不绝：——这便是一个‘大我’。‘小我’是会消灭的，‘大我’是永远不灭的。‘小我’是有死的，‘大我’是永远不死，永远不朽的。‘小我’虽然会死，但是每一个‘小我’的一切作为，一切功德罪恶，一切语言行事，无论大小，无论是非，无论善恶，——都永远留存在那个‘大我’之中。那个‘大我’，便是古往今来一切‘小我’的纪功碑，彰善祠，罪状判决书，孝子慈孙百世不能改的恶谥法。这个‘大我’是永远不朽的，故一切‘小我’的事业，人格，一举一动，一言一笑，一个念头，一场功劳，一桩罪过，也都永远不朽。这便是社会的不朽，‘大我’的不朽”。[①] 这可以说恰好切中“无问西东”的政治哲学建构的关键之处：政治哲学建构，终究只有在生活于一定地域和国家中的一个个具体的政治哲学家那里，经由他们的政治哲学理论建构，建基于切身的生活经验之上，切中人类政治生活的脉搏，才足以获得揭示“大我”的成功，才能够进入政治哲学史的思想殿堂。先圣后圣、东圣西圣，在政治哲学的最高阶价值与最基本制度探寻上，是具有高度一致性的。换言之，自由与平等的真精神，是现代政治哲学家们所共同揭示的人类真精神。

本文系任剑涛教授在“首届桂子山政治哲学专题讨论月”上的演讲稿，略有修改。

① 胡适：《不朽——我的宗教》，载耿云志编《中国近代思想家文库·胡适卷》，中国人民大学出版社，2015，第618页。

辩护与规范：基于当代实践的中国特色政治哲学构建*

沈湘平**

（北京师范大学哲学学院，北京）

摘　要：中国特色政治哲学构建就是要使政治实践中自在的政治哲学达到自觉、理性形态，基于当代中国实践是马克思主义政治哲学的绝对命令，是当今中国政治实践的呼唤，但迄今为止政治哲学研究还未真正切入当代中国实践。基于实践的辩护与规范是中国特色政治哲学的双重功能，两者的平衡以及执政者的政治哲学与公共政治文化的政治哲学之间的张力是中国政治哲学进步的动力。“中国特色”呼唤对政治哲学进行更本原、本体的理解，即基于对哲学人类学、存在论的理解，可以将马克思的政治哲学理解为基于共在的、以人类解放和幸福为旨归的关于“诸个体的共同活动方式”的哲学。当代政治哲学的文化公共性、社会反思性特征表明其日益体现为一种基于公共性问题的共同体生存策略。基于当代世界和中国的实践，中国特色政治哲学至少具有五个方面的特色规定：人类社会政治哲学的总体格局；凸显生命至上和美好生活的目的善；在秩序优先框架内讨论自由、正义；呈现权利政治、生命政治、生活政治和德性政治叠加状态；本质、核心和枢纽在于政党政治哲学。

关键词：中国特色政治哲学；规范；马克思

---

* 本文系国家社会科学基金重大项目“全人类共同价值研究”（21&ZD014）的阶段性成果。

** 沈湘平，北京师范大学哲学学院教授，北京师范大学全球化与文化发展战略研究院院长，研究方向为一般哲学理论、马克思思想、价值与文化、人的哲学。

今天关于政治哲学的讨论十分火热，在构建中国特色政治哲学之际，我们需要追问一个看似幼稚实则要害的问题：中国现在有政治哲学吗（我们是在凭空构建吗）？如果有的话，它存在于哪里？是在马克思等经典作家著作的阐释中？是在西方政治哲学著作的阐发中？是在中国的政治实践中？还是在对中国政治实践的哲学反思中？我想，初步的回答也许是，当代中国的政治实践有其目前主要以自在方式存在的政治哲学——这包括执政者层面的政治哲学和作为公共政治文化的政治哲学，即便丢掉全部的政治哲学著作，这两种意义上的政治哲学也会存在，或者说它们会从政治生活实践中不断再生出来。这也就是说，构建中国特色政治哲学不是从无到有、无中生有，或是空降什么秘籍，引进什么灵丹妙药，其目的就是要在凸显中国主体性的同时，使自在着的政治哲学达到自觉、理性的形态，全部的（无论中西马）典籍式研究都必须服务于这样的目的。这无疑把中国特色政治哲学与理论、实践的关系问题推向了前台。

一　中国特色政治哲学必须基于中国当代实践进行建构

在中国特色政治哲学与理论、实践关系中，与实践的关系是最为重要也是目前探讨最为薄弱的，构建中国特色政治哲学的当务之急与艰难之处就在于其必须奠基于中国当代实践。

（1）政治哲学特别是马克思主义政治哲学的特点，决定了实践性是其生命线。在当代中国，中国特色和社会主义互为特点，马克思主义的指导地位决定了中国特色政治哲学的根本属性，实践性是马克思主义政治哲学的绝对命令。

（2）当今中国的政治实践强烈呼唤政治哲学为其进行理论奠基与升华。“理论在一个国家实现的程度，总是取决于理论满足这个国家的需要的程度。”① 今天中国生动的政治实践渴求讲清楚其中的“道理学理哲理”，和整个哲学社会科学一样亟须“建构中国自主的知识体系”，使自在的政治哲学能自觉其为政治哲学。这也是中国特色政治哲学建构之极端重要性所在，

① 《马克思恩格斯文集》第1卷，人民出版社，2009，第12页。

是近年政治哲学研究大热的重要深层动力因之一。

（3）政治哲学研究大多还未真正切入中国实践。一些人奉行学术研究的“价值中立”，“自觉”与中国实践隔离，事实上做的是“政治哲学学”甚至是“西方政治哲学学”“西方政治哲学在中国”的研究。有些人则视既有的西方政治哲学为唯一合理范式，在西方政治哲学中寻找中国政治哲学的前途，甚至有人提出中国要在西方政治哲学流派中进行抉择，要么施特劳斯，要么罗尔斯。实事求是地说，这种观点本身倒是具有强烈的实践意识与关怀，但不屑于对中国真正的政治实践进行研究或简单否定中国的政治实践，其采取的是一种对实践不负责任的轻佻态度，只是一种基于西方信仰式的纯粹实践理性诉求（无条件、与感性经验无关）。还有些人，认识到构建中国特色政治哲学必须基于中国政治实践，但由于缺乏对中国政治实践的深入了解而采取一种迂回的办法，即从中国实践是马克思主义指导下的实践的实际出发，对马克思、恩格斯等经典作家的著作进行政治哲学的深入阐发，但这种极为重要的工作却大多表现为一种“原教旨主义”的追溯，往往在“深度耕犁”中陷入文本、版本歧义的争论，更离其实现“中国化、时代化”以落实到真正的实践有较大距离。总的结果就是，中国政治哲学研究，要么不存在与中国实践结合的意志（甚至有相反的意志），要么“存在着结合的意志，但缺少结合的能力”[①]，其所表现出来的解释力、前瞻性都大大不够，总体落后于现实的政治话语和实践。这对于中国的政治哲学研究而言是很尴尬的事情。

二 基于实践的辩护与规范是中国特色政治哲学的双重功能

构建中国特色政治哲学与中国实践的关系问题，首先涉及一个立场问题或者是初衷、初心问题。总体而言，包括政治哲学在内的所有哲学乃至人文学术研究应该是百花齐放、百家争鸣的。但“中国特色政治哲学”这

① 《马克思恩格斯文集》第1卷，人民出版社，2009，第193页。

一专有名词本身又表明是“以中国为方法”[①] 的政治哲学，这种方法归根到底要肯定性地立基于中国实践。因此，只要我们确认了构建中国特色政治哲学的目的，就应该毋庸讳言地宣布为中国实践特别是为中国政治实践进行辩护，讲清楚其中最基本的“道理学理哲理”是题中之义，增进其合理性、合法性是辩护之基本功能。

（1）与国内一些学者忌惮于与政治有涉不同，西方政治哲学家倒是认为为现实政治辩护是自然之理。例如，罗尔斯在开讲政治哲学史时，明确表明政治哲学有四个功能，前三个功能都是辩护性质的：一是探讨分歧背后的共识基础，以使社会合作得以保持（他称其为实践功能）；二是所谓导向功能，引导一个民族超越个人、家庭、社团的目标，而进行整体性思考；三是所谓和解功能，抚慰失望和愤怒，让人们相信“我们社会的制度从哲学的观点看是合理的，而且，这些制度通过较长时间的发展才达到了目前这种合理的形态”。[②]

（2）中国当代实践不仅渴望得到政治哲学辩护而且值得政治哲学辩护。新中国成立70多年特别是改革开放40多年的历史所创造的世所罕见的经济快速发展和社会长期稳定两大奇迹世所公认，这是其成功政治实践的明证。其成就与贡献不仅是历史性的，也是世界性的。同时，面对世界百年未有之大变局，一直以“负责任”形象示人的西方发达国家要么反应迟钝，要么无暇顾及，要么固守原来的教条，缺乏一种把握全球性时代问题的敏感和提供创新性方案的智慧。只有中国共产党自觉站在人类高度把握时代脉搏，反映时代精神，不仅以实践成功走出了中国式现代化道路、创造了人类文明新形态，而且在全球社会中、世界舞台上为时代鼓与呼，提出、践行和推动弘扬全人类共同价值、构建人类命运共同体等。这些主张和实践不仅提升了中国的主体性，而且体现了人类性、普遍性。因此，中国真正

---

① 参见〔日〕沟口雄三《作为方法的中国》，孙军悦译，生活·读书·新知三联书店，2011。汪晖指出，“这种方法要求认识者将自身转化为一个‘能动的主体’，即将自身或自身所代表的利益关系置于政治分析的棋局之中，进而产生出政治性的召唤”。“它并不试图以边缘回应中心，而是酝酿着一种强烈的普遍性关怀。”参见汪晖、杨北辰《“亚洲”作为新的世界历史问题——汪晖再谈“亚洲作为方法”》，《电影艺术》2019年第4期。

② 〔美〕约翰·罗尔斯：《政治哲学史讲义》，杨通进等译，中国社会科学出版社，2011，第9~10页。

意义上的政治哲学探讨，无论是基于头脑还是良心，都不能无视这样的实践，都应该首先努力为这种实践提供一个自洽的哲学解释。在很大程度上，不能扎根于中国实践、不能解释中国实践的政治哲学就不是真正的政治哲学，至少不是中国所需要的中国特色的政治哲学。

这里蕴含着一个中国政治哲学学者如何对待现实政治话语的问题（亦具有更为广泛的意义），个人认为，首先要排除“逆着讲”，其次也不能“照着讲”，当然也很难“接着讲”，而是必须“顺着讲”“往深了讲”。正是在“顺着讲”“往深了讲”的过程中，也就是让其自在的政治哲学自觉为政治哲学的过程中，中国特色政治哲学的规范性功能就凸显出来了——毕竟理性思维总是具有普遍性的冲动，沟口雄三所谓“作为方法的中国”就意味着一种普遍性的关怀，“中国特色”中的“马克思主义指导”也意味着一种普遍性的规范。这也就是要发挥罗尔斯所谓政治哲学的第四个功能：“把政治哲学视为现实主义的乌托邦”，“探讨实践政治之可能性的极限”及足够理想的状况是什么样的。[①] 事实上，政治哲学之为政治哲学，规范性是其本质性的规定。传统上认为，政治哲学就是围绕着寻找最好政体（regime，也有译作政制）而展开的（关于各种政治制度安排的正当性问题）。在现代的意义上，甚至可以将政治哲学简单分为“什么样的政府是好政府”“什么样的社会是好社会”两个关联问题的探讨。“好的”就意味着是理想的，对一种理想创制的超越就意味着对政治现实的一种牵引与范导。“光是思想力求成为现实是不够的，现实本身应当力求趋向思想。”[②] 政治哲学就是要规范政治实践，使之始终朝向“有原则高度的实践”。

政治哲学的辩护与规范功能并非完全对立，在二者之间取得辩证平衡是政治哲学理论自身的必然考虑。罗尔斯在阐述其政治哲学时，提出过所谓“反思平衡”。他认为，在“原初状态”“无知之幕”中获得的政治共识必须与日常生活中人们深思熟虑的判断进行对照，以进行修正，达到一种平衡。“它是一种平衡，因为我们的原则和判断最后达到了和谐；它又是反

① 〔美〕约翰·罗尔斯：《政治哲学史讲义》，杨通进等译，中国社会科学出版社，2011，第10页。

② 《马克思恩格斯文集》第1卷，人民出版社，2009，第13页。

思的，因为我们知道我们的判断符合什么样的原则和是在什么前提下符合的。”[①] 倡导理性主义政治哲学的欧克肖特也曾指出，政治哲学就是要在“理性”和“政治生活事实”之间取得平衡。其实，几千年前的孔子就讲过：“可与共学，未可与适道；可与适道，未可与立；可与立，未可与权。”（《论语·子罕》）孟子继而提出“反经行权”的思想。这些论述本质上是一致的。的确，在政治实践中表现为政治智慧的东西在哲学的意义上就朝向一种政治哲学，反之亦然。任何真正的政治哲学都必须在理想与现实、规范与辩护的张力中为实践提供标准、准则，必须超越形而上学的空中楼阁（现代政治哲学本身具有反形而上学性质，也取代形而上学成为第一哲学）。在中国，这样一种平衡和统一还特别体现为现代政治哲学本质上关涉每个人，民众的政治意识、公共政治文化的期待和理想诉求，构成了执政者政治哲学的一种合法性规范。执政者的政治哲学自觉以人民、公共利益为价值标准进行实践和自我辩护，而且这种辩护还包括对民众进行各种宣传、教化——邓小平就强调“我们一定要经常教育我们的人民，尤其是我们的青年”。[②] 其实，两者的紧张关系是中国政治哲学进步的动力，两者的趋近或“共识”是中国政治哲学从理论到实践的始终追求。

三　“中国特色”呼唤对政治哲学更本原、本体的理解

那么，在当代中国，作为辩护与规范统一的中国特色政治哲学又是如何可能的呢？辩护不是简单地认为天然合理（就是好，就是好），规范也不是简单地以“民意”为标准、以经典为依据，更不是将“他者”包括西方政治哲学奉为圭臬，简单拿过来在现实中以“找不同”的方式找差距。辩护和规范都是一种建立在自信基础上的真理性追求，但这种真理性又绝不是一种纯粹认知理性的，而是面向事情的原始发生，找到一个将现有各种政治哲学理解为一种特殊形态的普遍性（高于具体政治哲学）的视域、彻底的原初的分析框架（提供一种本体性的座架），然后再运用这样的视域和分析框架，基于当代实践重新审视各种政治哲学，理解它们的合理性。循

① 〔美〕约翰·罗尔斯：《正义论》，何怀宏等译，中国社会科学出版社，1988，第18页。

② 《邓小平文选》第3卷，人民出版社，1993，第110页。

其本而后为用，先抽象后具体，清理好地基、打扫好房子再请客，庶几可以跳出各种具体政治哲学特别是西方政治哲学理论的无间纠缠。与霍布斯、卢梭等的“自然状态”和罗尔斯的“无知之幕”思想实验不同，我们要抵达的是哲学人类学的存在论基础。我们将看到这也是马克思主义及其基于存在历史性的政治哲学所要求的“抓住根本”的“理论彻底性”要求。在很大程度上，我们要首先从人类存在的角度将政治和政治哲学作为一种人类现象，进行一种本原、本体性的思考。而马克思主义政治哲学也不应该是在与“他者”相异的维度一一对应地展示自己的特点，而应该从人类存在的根柢处开始自己的理论叙事。

任何一种哲学都是人类把握世界的独特方式，都是一种人类现象。人类“用以努力去理解自身存在的各种概念，的确对其存在的自我实现有着一种决定性的力量。人关于他本身的各种观念成了指引并塑造他的理想。……人类（anthrōpos）的概念含有人类学的意思，这不仅仅是随意的、理论上的思考，它来自于一个存在物必须塑造自己，并因此需要一种供遵循的具有倾向性的模式和榜样（leitbild）这一最深刻的必然性”。[①] 海德格尔更是认为，“只有一种哲学人类学才能接受为真正的哲学、为下属形而上学奠基的工作”；“某物只有当它找到了某种人类学的解释时，才被认识、被领会。”[②] 人类为什么需要权力？权力的合法性何在？权力如何分配？权利又是什么？如何保障权利？这些答案背后的根据又是什么？所有这些经常被提到的政治哲学问题都要从人类存在之根柢处作出原初发生的说明——也就是首先要以存在来看待政治和政治哲学。

回到最原初的起点，在世是人最基本的状态。假定人可以单独在世，那么就不存在政治现象的诞生。确实如阿伦特所说，“政治的基础在于人的复数性这一事实”“政治在人们之间产生，完全超出了单数的人的范围。因此单数的人并不具有真正的政治本质。政治从人与人之间产生，并且是作为关系被建立起来的”“政治从其最开端处把处于绝对差异中的人们组织起

① 〔德〕M. 兰德曼：《哲学人类学》，阎嘉译，贵州人民出版社，2006，第9页。

② 孙周兴选编《海德格尔选集》（上），生活·读书·新知上海三联书店，1996，第99、100页。

来”。[①] 孙中山也指出过：“政治两字的意思，浅而言之，政就是众人的事，治就是管理，管理众人的事便是政治。”[②] 不过，众人的事不等于众人各自之事的简单相加，而是因为众人间关系的结构化，产生了公共的事——阿伦特所谓政治处理的是“众人以及众人之间产生出来的世界”[③]，要想处理好这些公共的事就必须寻求一定的社会制度——且不管这些制度是契约的还是暴力斗争产生的，关于对什么是好的社会制度（政体）的追寻就直接进入了政治哲学的范围。问题在于，所谓好的政体的终极标准是什么？这与对政治之必要的初心、初衷的追问是一致的。那就是作为复数的人的诉求，即人们共同的存在以及好的存在（美好）。“人伦并处，同求而异道，同欲而异知。”（《荀子·富国》）“人之生不能无群”，而道无常名；历史不断变迁，而知在变化。但只有古今中外概莫能外的共在与美好的欲求是不变的。其他的标准，如自由、民主、公平、正义等都需要在这一同欲同求的“大共心”（钱穆）中得到合法性的说明，而不是相反。比之于西方思辨理性，中国传统文化具有天然的人类学性质，拥有大道至简的精到，“生生”作为最高价值非常明确地成为政治及其制度合法性的标准。荀子云：“礼以顺人心为本，故亡于礼经而顺于人心者，皆礼也。”在政治实践中其认为为了合经也可反经，而标准就在于生：“权者反于经，然后有善者也。权之所设，舍死亡无所设。行权有道，自贬损以行权，不害人以行权。”（《公羊传·桓公·十一年》）

其实，上述原初性的理解，在马克思的唯物史观（或哲学人类学）中也有契合之论述。马克思指出，“全部人类历史的第一个前提无疑是有生命的诸个体的存在”[④]（原译“有生命的个人”中的“个人”的德文原文是“Individuen”，为复数形式，翻译为“诸个体”更恰当）。而且，保障这一前提的“生命的生产，无论是通过劳动而生产自己的生命，还是通过生育而生产他人的生命，就立即表现为双重关系：一方面是自然关系，另一方面是社会关系；社会关系的含义在这里是指许多个人的共同活动……一定

① 〔美〕汉娜·阿伦特：《政治的应许》，杰罗姆·科恩编，张琳译，上海人民出版社，2016，第92、93、94页。

② 《孙中山选集》（下册），人民出版社，2011，第719页。

③ 〔美〕汉娜·阿伦特：《政治的应许》，杰罗姆·科恩编，张琳译，上海人民出版社，2016，第134页。

④ 《马克思恩格斯文集》第1卷，人民出版社，2009，第519页。

的生产方式或一定的工业阶段始终是与一定的共同活动方式或一定的社会阶段联系着的，而这种共同活动方式本身就是‘生产力’”。[①] 在马克思看来，作为人类历史前提的有生命的诸个体从来都是共同活动的，而且这种诸个体共同活动还形成了一定的方式即诸个体共同活动方式，只要个人存在就一定以某种共同活动方式共在；诸个体共同活动方式是一种区别于生产方式、经济关系的社会关系模式，不能还原为生产方式；一定的共同活动方式对应着一定的社会阶段，生产方式发展的历史乃至人类历史也是共同活动方式的历史；不同历史条件下诸个体共同活动的方式和目的是不同的（这里的“活动”与阿伦特所说的“行动”接近，而有别于劳动、生产和工作）。[②] 马克思的政治哲学可以理解为基于共在的以人类解放和幸福为旨归的关于“诸个体的共同活动方式”的哲学。

也就是说，从唯物史观的角度看，政治及其政体、制度本质上是诸个体的共同活动及其方式，政治就意味着找到和维持一种广义的社会制度即共同活动方式，“建构一个在当时当地可能实现的社会秩序”[③]，从而能使“有生命的诸个体的存在”即人们的共同存在和向好存在成为可能。所谓政治哲学，一方面要从提供正当性证明的方面对这种共同活动方式进行辩护，另一方面着眼于更好的共同活动方式也即在共在基础上实现可持续共在、好存在（well being）对政治实践进行理想规范。因此，①任何个人从一开始就以复数方式也即共同活动方式存在，不存在一个先于群体即共同体而独立的个体的历史。②诸个体共同活动的范围随着历史变化形成了不同层次，从家庭、氏族、民族、国家到整体人类，而不止于民族国家。③诸个体共同活动方式从横向看有社会性的差异，从纵向看有历史性变化，其合法性标准始终是人的存在，包括第一前提——有生命的诸个体的存在——的底线保障和理想追求——幸福美好的存在状态，直至“每个人的自由发展是一切人自由发展的前提”。其他标准例如正义、理性都是从这样人的存在中生长出来的，正如马克思在《哲学的贫困》中阐述的，不存在非历史

① 《马克思恩格斯文集》第1卷，人民出版社，2009，第532～533页。

② 参见沈湘平、赵婧《马克思“诸个体共同活动方式”理论及其启示——关于“全部人类历史的第一个前提”的再思考》，《北京师范大学学报》2019年第6期。

③ 〔法〕高宣扬：《当代政治哲学》（下卷），人民出版社，2010，第880页。

的永恒的正义标准和无人身的理性。④基于人类的共在，不同的共同活动方式之间的关系一如诸个体之间的关系一样，是一个政治问题（公共性）。在经由后现代性之后的现代性时期，从共时性角度看，当代政治哲学事实上越来越是一个文化公共性的问题，即在一个多元、差异的时代如何获得一种公共善、公共正义的问题，而日益不再是以往追求普遍、永恒的善和正义的问题。或者说，当今时代的政治哲学难题是既要基于又要超越“谁之正义”，在诸善之间寻找重叠共识，在多元的合理性之间寻找横向理性、公共理性。从历时性的角度看，当代政治哲学的本质问题事实上是一个社会反思性的问题，或曰当代政治哲学更恰当的称呼是社会政治哲学。吉登斯就明确指出现代性内蕴着社会学的性质。在一个高度复杂、风险化的时代，反思性地对社会控制技术进行敏感修正是当代政治的重要内容，这表明：当代政治日益体现为一种基于公共性问题的共同体生存策略。或者说，如果当代政治哲学还有某种形而上学性质的话，那就是一种以人的存在为基础的存在论的形而上学（元共识）。①

四　基于当代实践理解中国政治哲学的特色规定

在当下中国谈当代实践事实上包括相互联系的两个大局的实践，即在百年未有之大变局中解决人类何去何从的实践和以中国式现代化推进中华民族伟大复兴的实践。习近平总书记从中国式现代化（政治现代化是题中之义）特点的角度指出，我国现代化是人口规模巨大、全体人民共同富裕、物质文明和精神文明相协调、人与自然和谐共生、走和平发展道路的现代化。② 这为我们理解当今中国实践的特点提供了重要启示。同时，理解当代实践还有两点显见：一是中国是以马克思主义为指导思想的社会主义国家，中国特色社会主义道路是中国式现代化道路的本质所在；二是中国有着5000多年文明及其孕育的历史文化，这是当代中国实践深深植根的沃土。

① 参见沈湘平《马克思主义政治哲学理论建构的三个问题》，《南京大学学报》（哲学·人文科学·社会科学）2017年第5期。

② 习近平：《高举中国特色社会主义伟大旗帜 为全面建设社会主义现代化国家而团结奋斗——在中国共产党第二十次全国代表大会上的报告》，人民出版社，2022，第22~23页。

正如习近平指出的，“每个国家和民族的历史传统、文化积淀、基本国情不同，其发展道路必然有着自己的特色。一个国家的治理体系和治理能力是与这个国家的历史传承和文化传统密切相关的”。[①] 事实上，以缄默方式发挥基因、本能作用的传统文化，成为现实政治及其制度和实践的先在、先验力量，是它们在以历史的方式筛选各种政治思想、力量和评估政治制度、政治实践，而不是相反。而且，马克思主义基本原理与中华优秀传统文化相结合，不仅是一种应然的规范，也是基本的历史经验和贯彻于实践的重要原则。基于这些认识，与其他特别是西方政治哲学比较起来，我们构建的政治哲学应该重视和突出如下内容以进行有效辩护和理想规范。

一是人类社会政治哲学的总体格局。在西方，“人的多样性被融合于同一的人类个体（one human individual）之中”[②]，即人是原子式个人，这是其市民社会的基础。与之相应，迄今西方的政治哲学尽管也存在某些世界主义的元素[③]，但其在根基处首先假定了一个民族国家的边界，其所说的社会、政治是指一个国家单元内部的社会、政治，政治哲学事实上就长期表现为一种国家哲学。正如汤因比晚年指出的，“罗马帝国解体后，西方的政治传统是民族主义的，而不是世界主义的”。[④] 马克思主义的政治哲学不是同这种自由主义政治哲学的后果对立，而是同自由主义政治哲学的立脚点对立：“旧唯物主义的立脚点是‘市民’社会，新唯物主义的立脚点则是人类社会或社会化的人类。”[⑤] 今天中国，不少人自觉不自觉地仅仅以民族（伟大复兴）为立脚点，恰恰既不够马克思主义也不够中国传统，既不能与西方诸政治哲学区分开来，也大大抑制了其解释力。马克思主义世界历史、人类社会或社会化的人类的理论格局，传统文化天下观念与情怀的基因传承，都以原则高度要求对纯粹以民族复兴为目的的政治哲学的纠偏。今天

① 习近平：《牢记历史经验历史教训历史警示 为国家治理能力现代化提供有益借鉴》，《人民日报》2014 年 10 月 14 日。

② 〔美〕汉娜·阿伦特：《政治的应许》，杰罗姆·科恩编，张琳译，上海人民出版社，2016，第 94 页。

③ 参见〔澳〕兹拉特科·斯科瑞比斯、伊恩·伍德沃德《世界主义：观念的使用》，张进、聂成军译，知识产权出版社，2021。

④ 〔英〕A. J. 汤因比、〔日〕池田大作：《展望二十一世纪——汤因比与池田大作对话录》，荀春生等译，国际文化出版公司，1985，第 288 页。

⑤ 《马克思恩格斯文集》第 1 卷，人民出版社，2009，第 506 页。

的中国被认为比以往任何时候都更接近“民族伟大复兴”，真正的马克思主义政治哲学就要求我们必须认真考虑“后复兴”时代的政治哲学并以此来范导今天中国乃至整个人类的公共生活。现实政治中“人类命运共同体”“全人类共同价值”等观念的提出可以说是一种端倪和起步。本质上说，马克思主义政治哲学应该是以人类社会为基础，以人类解放为旨归的世界政治哲学、全球政治哲学或人类政治哲学。于是，超越西方政治哲学神圣民族国家的视野，在全球政治视野中政治哲学获得了更为复杂也更为真实、有效的解释。以国家与社会的关系为例，这一视野便带来以往政治哲学涉及甚少的系列全新问题。例如，什么样的人类社会（全球社会）是好的人类社会（全球社会），或说什么样的“天下”才是好的“天下”；什么样的世界制度才是好的世界制度；从人类社会来看一个什么样的国家（政府）才是好的国家（政府）、什么样的国内社会是好的国内社会；作为他者的其他国家、社会对于我们的现实政治生活发挥着怎样的作用——马克思当年称为一个民族的内部交往与外部交往的关系问题；等等。而终极的问题是：人类理想的公共生活是怎样的，我们今天该如何朝向它。这正是现实政治中“世界怎么了，我们怎么办”即“人类社会何去何从”“人类往何处去”的所谓世界之问、时代之问的政治哲学表达。

二是凸显生命至上和美好生活的目的善。众所周知，近代以来政治哲学基本上将政治的本质理解为基于权利政治的权力配置。不过，近些年福柯等人的生命政治观点也几成常识：当代社会，生命而不是权利成了政治斗争的目标，现代国家将生命国家化，主动负担起了生命的责任，积极对生命进行整体调节，保障生命安全、健康、质量成为生命权力的重要出发点。“好，一切从生存到生存得舒适，一切能够在生存之外引出生存得舒适的东西，让个人生存得舒适成为国家的力量。”① 生命政治理论本是对西方（资本主义）现代性的一种批判，其更多从国家治理术的角度而未从生存本体论和当代人类危机现实的角度进行理解。相反，在中国，积极意义的生命政治恰恰是其政治哲学自觉彰显的价值体现，也是其政治哲学奠基于生存本体论的彻底性体现。中国一方面秉持了马克思主义从“有生命的诸个体”的

① 〔法〕米歇尔·福柯：《安全、领土与人口》，钱翰、陈晓径译，上海人民出版社，2010，第292页。

全部人类历史第一个前提出发，最终实现人民自由幸福的逻辑；另一方面继承传统文化崇生、厚生、民本的基因，在实现马克思主义基本原理同中华优秀传统文化相结合中，以人民为中心，强调人权首先是生存权，实施一系列民生兜底工程。特别是在抗击新冠疫情中明确了人民至上、生命至上的价值原则，把人民生命安全和身体健康放在第一位，认为“现代化最重要的指标还是人民健康，这是人民幸福生活的基础”。[①] 这些并非简单的国家治理术，而是与执政党的世界观、价值观和立党初心完全一致——其始终将为人民谋幸福作为自己最根本的初心和使命，始终将实现人民对美好生活的向往作为自己的终极奋斗目标，并以脚踏实地的战略步骤加以逐步实现。也可以说，中国特色的政治哲学把人民的生命—共在作为底线，将人民的生命的理想状态—美好生活或幸福作为终极目的，其他一切都被视为手段。同样，在中国提出的和平、发展、公平、正义、民主、自由的全人类共同价值中，六个具体价值固然具有其自身价值，但相对全人类的共在与美好而言，这些价值都体现为手段价值（手段善）。

三是在秩序优先框架内讨论自由、正义。与西方政治哲学自由先于秩序的先验理解与架构不同，中华民族独特的历史经历和文化想象，“经验变先验”地形成“六合同风，九州共贯”的“大一统”主流观念（《汉书·王吉传》），安居乐业、国家稳定、天下太平的集体诉求已经内化为整个民族的一种心理基因、“心灵秩序”和文化本能。这也是所谓超稳定结构的基础所在（李约瑟也指出：中国社会始终存在自发的自我平衡，欧洲则具有海盗式的不稳定品质）。放眼世界，没有一个国家像中国这样注重政统、道统、文统乃至治统、法统、学统以及各种各样的“源”“魂”“根”“脉”“气”“运”，以生生为德，以传统连续为善，以千秋万代为追求。即便吸收现代文明成果之后，这样的先验框架依然未曾动摇。从理论的彻底性角度看，当代中国政治哲学确实不应该抽象地讨论所谓正义问题，而应该系统思考秩序与正义、自由优先性的问题。在我们“进口”的政治哲学中，秩序毫无疑问是其所定义的良序，是自由秩序，是按照政治自由主义原则建构的秩序。对于罗尔斯，不少学者满足甚至痴迷于其基于“无知之幕”的正义理论，而很少反思在

① 《为中华民族伟大复兴打下坚实健康基础——习近平总书记关于健康中国重要论述综述》，《人民日报》2021 年 8 月 7 日。

复杂、具体的东方大国中这种正义、自由秩序何以可能。因为仆从于西方政治哲学或忌惮于中国现实政治的敏感，很多人一方面对现实生活中各种“维稳”现象只诉诸感性的抨击，另一方面对中国政治生活中已经信奉和遵循30多年的“稳定压倒一切”的原则——党的二十大还指出“国家安全是民族复兴的根基，社会稳定是国家强盛的前提”① ——几乎没有进行过真正有效的政治哲学研究——无论是辩护还是批驳——也就是基于中国现实对秩序、正义、自由的优先性问题的研究。其实，问题不在于我们是否要追求自由秩序，而在于基于普遍的存在论和具体的历史文化（在一个风险时代）的一种自由秩序是如何可能的。在“饱尝”自由的当代西方，一些有识之士重新注意到这样的“前现代”问题。例如霍耐特，他在哈贝马斯的主体间交往理论的基础上，把政治哲学推进到首先作为一种承认的政治哲学，对传统自由主义那种从原子个体出发的消极自由进行超越，强调法定自由、道德自由都需要社会自由的扬弃，需要在社会秩序中得到说明，从而突出了民主的伦理和自由的合法性问题。这样的问题在近年疫情下的西方政治生活中体现得日益明显。

四是呈现权利政治、生命政治、生活政治和德性政治叠加状态。现代政治与传统政治的重要差异体现在对权利政治与德性政治的认识上——当然如上所述近年来生命政治亦凸显，这正是西方政治哲学中一个化约式教条。对中国而言，这一教条的优点不在于其理论的真理性，而在于其突出短板的针对性；其缺点依然是其非历史性。事实上，诸多面相的叠加状态才是复杂中国现实政治状况的事实。无疑，中国已有比较清晰的权利—权力结构系统，但权力掌有者的民本情感、贤能标准、道德要求和所谓法治、德治的统一，无不清晰显示传统德性政治的延续。在积极意义上，生命政治对权利政治的超越，其实也可以理解为人们自觉不自觉地将生命权利化，在此基础上生命才能国家化、权力化。中国所强调的“人权首先是生存权”其实就蕴含着这样的意思。更为重要的是，在高度现代性的今天，更具人类学意义的生活政治日益凸显。吉登斯揭示的生活政治（Life Politics）实际上着眼于“我们如何生活”，其是生活决策的政治，本质上是一种个人自我

① 习近平：《高举中国特色社会主义伟大旗帜 为全面建设社会主义现代化国家而团结奋斗——在中国共产党第二十次全国代表大会上的报告》，人民出版社，2022，第52页。

实现的政治，是每个人的政治。个人生活选择之所以也是政治的，是因为现代性时期意向性（intentionality）与外延性（extensionality）之间交互强相关——用马克思的话说就是，个人成为世界历史性的存在。也正因为此，生活政治给那些受现代性核心制度所压制的道德和存在问题赋予重要性，吁求社会生活的“再道德化”。于是，我们在否定之否定的意义上看到了德性政治的叠加影子。当然，正因为意向性与外延性的交互强相关深刻影响到我们的“存在”，再道德化也就具有了看护存在的意义，生活政治与德性政治的吁求再次抵达了政治的原初基础。这种叠加状态并不像“薛定谔的猫”那样最终揭晓的只有一态，也不应该绑定到一种西化的“魔鬼的床”只见其一态，中国特色的政治哲学必须全面考虑这种复杂的叠加态。

五是本质、核心和枢纽在于政党政治哲学。达致政治共识（人们关于政治价值信仰、政治活动程序、政治政策措施的共识）是现代政治哲学的重要实践任务。毫无疑问，这种政治共识是一种后形而上学的，是通过公共性辩驳达到的。因此，在基础层面，政治哲学体现为公共政治文化的政治哲学。这在从西方借鉴过来的政治哲学中有成熟的范式。不过，在这些达成政治共识的思想中，都蕴含着一种主体理性和自由、平等的前提预设（如罗尔斯就强调重叠共识、公共理性只有在良序社会中，在合乎理性的具有完备性的学说之间才能达成）。回归现实，这样的主体恰恰不是先验的，而是需要培育的。彻底的政治哲学都必须回答这样的前提是如何可能的问题，或者说必须回答在缺失这一前提的情况下政治共识如何可能及其合法性的问题。毫无疑问，中国的公民与其国家都在走向成熟的路上，这并不符合西方政治哲学的规范描述，但其却以历史磨合的方式在实践中较好地解决了共识问题。显见的事实不仅在于实践的业绩，而且在于西方观测视野下的政府好评度——全球最大公关咨询公司艾德曼调查数据显示，2021年中国民众对政府信任度高达91%，蝉联世界第一。[①] 中国政府为什么好？答案离不开中国共产党能！这就触及中国政治最大的实际。政党政治是现代政治的核心，一个现代国家总是通过政党行使国家政权的，而中国共产党的领导是中国特色社会主义最本质特征，是中国特色社会主义制度的最

① 《二〇二二全球政府信任度排行榜 中国继续稳居榜首》，《人民日报》（海外版）2022年2月11日。

大优势，党是整个现代化事业的领导核心，解决中国的问题关键在党。由于政党、国家、民族、人民、公共利益的这种整体关系，共产党永葆先进性的问题（自我革命）不仅是一个政党自身的问题，而且是一个中国特色政治哲学的问题。放眼未来，执政党必须始终代表公共利益，必须以各种制度保障最大限度地趋近于公共政治文化中的共识，这就是执政党政治哲学的重要规范。无论如何，离开对执政党的政治哲学研究，就不可能有中国特色的政治哲学。

以上简单列举的几个方面，只是试图说明，要构建中国特色的政治哲学，就需要基于中国社会、历史、文化情境，基于中国既定的文明形态和政治实践样式，展现其辩护与规范的功能。西方自 100 多年前的罗素开始就有不少有识之士认识到中国不是西方意义上的政治实体，而是一个文明实体。2022 年习近平总书记说："西方很多人习惯于把中国看作西方现代化理论视野中的近现代民族国家，没有从五千多年文明史的角度来看中国，这样就难以真正理解中国的过去、现在、未来。"① 我们在进行中国特色政治哲学构建时也需要以此为鉴。

本文系沈湘平教授在"首届桂子山政治哲学专题讨论月"上的演讲稿，略有修改。

① 习近平：《把中国文明历史研究引向深入，增强历史自觉坚定文化自信》，《求是》2022 年第 14 期。

论政治哲学的性质

江　畅*

（华中师范大学政治学部，武汉）

摘　要： 大家都公认政治哲学是一门有独特学科性质的学问，但具体对政治哲学性质的看法则见仁见智。其实，政治哲学是研究政治本性及其实践要求的哲学学科，它围绕政治本性及其实践要求从基础、原理和应用三个层面展开探讨，所体现的是人类的美好希冀及使之得以实现的政治智慧。其旨趣在于通过对现实政治及其本质的反思批判揭示政治的本性及其要求，论证和阐明政治的终极目的在于运用政治权力使人类基本共同体成为为其全体成员过上好生活提供必要资源的好社会。其根本使命是通过反思和批判现实政治（包括政治理论），揭示政治的本性及其实践要求并据此规导现实政治。政治哲学主要具有批判、构建、规导和诊疗四个主要功能，它可以为人类构建合理的社会治理体系提供根本理念和基本原则，为人类消除社会政治腐败和异化提供思想武器，为人类追求永久和平和普遍幸福指明方向，为人类先进政治文化确定价值取向并赋予其实质内涵。政治哲学不属于现代意义上的政治学，而是属于哲学，是哲学的一个专门学科或特殊领域，政治学属于政治哲学的反思、批判和规导的对象。

关键词： 政治哲学；政治学；政治；国家

---

* 江畅，华中师范大学政治学部教授，哲学博士，教育部“长江学者”特聘教授，主要研究方向为价值论、伦理学、政治哲学。

作为哲学的一个专门学科，政治哲学有其独特的学科性质。一般地说，政治哲学是关于政治的哲学学说，其研究对象是政治。但政治是一种复杂的人为事物，有很多学科都研究它。要使其与其他学科区别开来，需要明确政治哲学研究政治的什么方面、它的旨趣和使命是什么（学科结构）以及它具有什么样的意义，尤其是需要弄清楚与它最相近的政治学或政治科学的关系怎样。

一　政治哲学性质辨析

对政治哲学性质的看法体现了学者的政治哲学观，但 20 世纪以前的思想家几乎都没有对自己所研究的政治哲学作出明确界定，他们对政治哲学性质的看法隐含在他们的研究成果之中。即便是亚里士多德，虽然他撰写了人类历史上第一部以“政治学”（被公认为政治哲学的经典著作）为书名的著作，其也没有对政治学作出明确的界定。最早对政治哲学作明确界定的是美国哲学家列奥·施特劳斯，他在对历史上的政治哲学研究进行反思后提出了他的政治哲学观。总体上看，学者对政治哲学的理解有两种情形：一种是学者给自己从事的政治哲学研究做一个界定，或者规定一个或几个主题，这种界定或规定通常不完整，不一定反映了学者自己的政治哲学观；另一种是对政治哲学做一个一般性的界定，以表达自己对政治哲学的看法，这种界定通常是对政治哲学本身进行反思后作出的，所表达的是学者的政治哲学观。前一种情形的界定或规定属于政治哲学原理研究的一个部分，这种情形自古至今一直存在；后一种情形的界定则具有元政治哲学的性质，不属于政治哲学原理研究，而属于元政治哲学研究，所表达的是政治哲学，这种情形严格说来是从施特劳斯开始的，今天有越来越多的学者在做这方面的工作。

从到目前为止的有关文献看，关于政治哲学性质的观点有很多，几乎每一位政治哲学学者都有自己与别人不尽相同的看法，其中以下五种应是比较具有代表性的。持这五种观点的学者并不一定明确地表达了他们的政治哲学观，但他们的研究隐含着对政治哲学是什么问题的回答。而且，他们持某一种看法，并不意味着他们认为政治哲学只是研究某一方面的问题，倒不如说，意味着他们认为政治哲学应重点研究某一问题，最终是要研究解决某一问题。

一是认为政治哲学是研究理想社会的。这种观点非常流行，理想社会也是政治哲学研究最早关注的问题。中西政治哲学最初就起源于对理想社会的构想。在西方，柏拉图虽然没有对政治哲学作出明确的界定，但他将政治哲学看作研究最佳政体即理想国的观点是很明确的，他的整个政治哲学可以说都是围绕理想国是什么以及如何构建理想国展开的，而且他也将理想社会与作为制度的最佳政体（“哲人王”和“次佳政体”）联系起来研究。柏拉图对政治哲学研究的这种定位对后世产生重要影响，斯多亚派创始人芝诺曾针对柏拉图的《理想国》也写了一本《理想国》，另一位斯多亚派重要代表克律西波写了《论〈理想国〉》，后来西塞罗又写了一本《论共和国》的书。至于隐含地把政治哲学看作研究理想社会的思想家更多，如西方的空想社会主义者、启蒙思想家、马克思和恩格斯，中国的孔子、老子、董仲舒等。有一种观点与上述观点相近，认为政治哲学是研究社会终极价值和根本原则的。比如，李石教授认为，与对自然界的探索类似，有一些问题通过对人类社会各种现象的调查、访问和统计都无法得到最终答案，而只能依靠人们思辨性的推理和论证来求证。“所以，以推理和论证的方式探寻人类社会的根本原则和人类社会的终极价值的学说，就是政治哲学。”①

二是认为政治哲学是研究最佳政体或政制（regime）的。最早明确把政治哲学看作研究最佳政体的是亚里士多德。他认为，如果一门科学不限于事物的部分而是以事物的整体为对象，那么事物的部分就应由它来研究。他据此提出，对政体的研究也应属于同一门科学。“它研究什么是最优良的政体，以及若是没有外部的干扰，什么性质的政体最切合我们的意愿，什么政体与什么城邦相适合。”他接着又进一步补充说，“什么政体对一切城邦最为适宜”。② 这就是说，政治哲学所研究的最佳政体具有普遍适用性。亚里士多德对城邦的理解有两个方面或层次。其一把它理解为共同体：“政

① 李石：《政治哲学导论》，中国人民大学出版社，2022，第1页。

② 〔古希腊〕亚里士多德：《政治学》，苗力田主编《亚里士多德全集》第9卷，颜一、秦典华译，中国人民大学出版社，1994，第118、119页。

体是一种共同体，它必须要有一个共有的处所，一个城市位于某一地区，市民就是那些共同分有一个城市的人。"① 其二把它理解为共同体中的制度："一个政体就是关于一个城邦居民的某种制度或安排。"② 显然，亚里士多德所说的政治哲学研究什么是具有普遍性的政体，既有最佳社会或理想社会的含义，也有最佳社会制度或政治结构的含义。

三是认为政治哲学是研究政治的本性以及优良政治秩序的。施特劳斯就持这种观点，他指出："政治哲学是用关于政治事物本性的知识取代关于政治事物本性的意见的尝试。"又说："政治哲学是一种尝试，旨在真正了解政治事物的本性以及正当的或好的政治秩序。"③ 我国当代哲学家陈晏清教授也持这种观点。他明确说："作为一种特殊形式的哲学，政治哲学是对政治事物的内在本性进行形而上的反思，对政治事物进行善恶好坏之别的价值判断，它为人类的政治活动提供理念支撑，即为合理的社会秩序的建构提供理念基础。因此，可以说政治哲学是一种人类应该怎样生活的智慧。"④

四是认为政治哲学是研究公共权力与个人权利关系的。万俊人教授最为系统地表达了这种观点。他认为，政治哲学的基本问题关乎市民社会和国家（政府）两大领域，其核心概念是公民权利和国家权力，"简而言之，权利与权力实乃政治哲学的关键概念"。⑤ 韩冬雪教授持与万俊人教授相似的观点，认为政治活动与哲学思维的不同规定性决定了政治哲学的理论范畴和学理结构。这就是："首先，它要探讨人类社会出现政治现象的根源，即人性与公共权力之间的内在联系问题。其次，它要研究公共权力的合理性与合法性的基准，也即人们服从公共权力的价值依据。而从对上述问题的回答中，还将自然地引申出政治的性质、目的和功能等结论。同时，由此推导而来的政治原则和政治制度，不仅将强制地规定着人们之间的社会

---

① 〔古希腊〕亚里士多德：《政治学》，苗力田主编《亚里士多德全集》第9卷，颜一、秦典华译，中国人民大学出版社，1994，第31页。

② 〔古希腊〕亚里士多德：《政治学》，苗力田主编《亚里士多德全集》第9卷，颜一、秦典华译，中国人民大学出版社，1994，第73页。

③ 〔美〕列奥·施特劳斯：《什么是政治哲学》，李世祥等译，华夏出版社，2019，第3页。

④ 见陈晏清等《政治哲学的当代复兴》，中国社会科学出版社，2011，第76页。

⑤ 万俊人：《关于政治哲学几个基本问题研究论纲》，《天津社会科学》2004年第2期。

关系和价值分配原则，而且还将作用于人们的思想和行为方式，影响着人们对于生活的目的、意义等问题的价值认知和道德判断。”① 吴根友教授也持这种观点，他给政治哲学作了这样的界定：“政治哲学是对政治权力的来源及其行使的正当性，以及理想社会模式等问题从根本处进行思考的一门学问。它涉及的对象包括国家的起源与组成原则、个人与国家的关系、国家制度及制度的根基等问题，但核心问题是关于权力与理想社会的思考。”②

五是认为政治哲学是研究社会正义（公正）的。这种观点在罗尔斯的著述中得到了典型的体现。罗尔斯在谈到他写《正义论》一书的意图时说，他的目标是要确立一种正义论以替换那些长期支配西方社会的传统政治哲学理论。他之所以要这样做，是因为“正义是社会制度的首要价值”③，而“一个社会，当它不仅被设计得旨在推进它的成员的利益，而且也有效地受着一种公开的正义观管理时，它就是组织良好的社会”。④ 在《政治自由主义》中，罗尔斯又将《正义论》所提出的公平正义学说转换为一种适应社会基本结构的政治的正义观念，重新阐发作为政治观念的各构成性理念，从而构成公平正义的完备学说。他自己明确说：“《正义论》和《政治自由主义》力求勾画出适合民主政体的较合乎理性的正义观念，并为最合乎理性的正义观念提出一种预选观念。”⑤ 罗尔斯并没有明确提出政治哲学就是研究正义的，但他给自己的政治哲学规定的主题是西方民主社会中的正义问题。

以上五种观点都各有道理，学者在提出或表达自己的观点时也都提供了论证，或者按照自己对政治哲学的理解构建了自己的政治哲学体系（如柏拉图、罗尔斯）。但是，它们也都各有其局限，而且对政治哲学性质问题难以作出一般性的精准回答，因而也就难以使人们包括政治哲学学者对这一问题形成基本共识，难以对政治哲学有一个整体的把握，难以形成政治哲学的完整体系或“完备学说”（罗尔斯语）。综合历史上和当代各家的观点，笔者尝试对政治哲学的性质提出一种初步界定，即政治哲学是研究政

① 韩冬雪：《政治哲学论纲》，《政治学研究》2000 年第 4 期。
② 吴根友：《政治哲学新论》，《江西社会科学》2009 年第 11 期。
③ 〔美〕约翰·罗尔斯：《正义论》，何怀宏等译，中国社会科学出版社，1988，第 1 页。
④ 〔美〕约翰·罗尔斯：《正义论》，何怀宏等译，中国社会科学出版社，1988，第 3 页。
⑤ 〔美〕约翰·罗尔斯：《政治自由主义》，万俊人译，译林出版社，2011，导言第 45 页。

治本性及其实践要求的哲学专门学科。

这一界定首先明确了政治哲学是以政治为研究对象的哲学专门学科，而不是政治学或政治科学的学科，也不是政治学与哲学的交叉学科。政治哲学作为哲学学科，它通过对政治学以及政治实践的反思和批判对它们进行规范与指导，而不是为政治学和政治实践提供论证与辩护。既然政治学是政治哲学反思、批判、规范和指导的对象，政治哲学当然就不是政治哲学与政治学的交叉学科。政治哲学与政治学都以政治为研究对象，但政治哲学主要不是研究政治作为人为事物的各种理论和实践，而是着眼于人类本性和社会本性研究政治的本性，体现为政治的应然本质。这种应然本质不是从现实政治（包括历史和当下的政治）背后揭示出来的实然本质，而是现实政治应致力于构建的实然本质。这是政治哲学研究的基础部分。政治的本性或应然本质有其实践要求，包括人民至上、法律统治、道德导向、清正廉洁、个人幸福、社会公正等方面的应然要求。对政治本性及其实践要求的研究构成了政治哲学原理研究的部分。政治哲学还研究政治应然本质要求实现的基本原则和基本路径，以及实现过程中出现的重大问题。这些构成了政治哲学研究的应用部分。总体上看，政治哲学就是从基础、原理和应用三个层面探讨政治本性及其实践要求并展开研究的哲学学问，所体现的是人类的美好希冀及使之得以实现的政治智慧。

提出这一界定的主要根据或理由主要有两个方面。其一，这一界定体现了政治哲学的哲学性质。政治哲学作为哲学，它不是屈从现实的，而是反思和批判现实。这种反思和批判不是破坏性的，而是建设性的，即它要使现实政治体现政治的本性要求或政治的应然本质。这种应然本质因源自人类本性和社会本性，甚至有更深厚的宇宙本体根基，而能够使人类本性和社会本性得以实现，从而使人类普遍过上幸福生活。其二，这一界定大致上可以涵盖以上关于政治哲学性质的五种不同观点。政治哲学研究政治事物本性，而人类创制政治事物是有目的的，这种目的就是使基本共同体（社会）的成员普遍过上好生活。这种目的从根本上决定着政治的本性，研究这种让其成员普遍过上好生活的社会就是研究理想社会。政治本性的根本要求就是构建理想社会，而理想社会必定是秩序优良的社会，秩序优良只有通过社会正义或公正才能实现。社会需要治理，治理是通过治理体系

（政体）实现的，只有最佳政体才能治理好社会，使之达到理想的状态。最佳政体有许多规定性和标准，而能否处理好公共权力与个人权利之间的关系是判断政体最佳与否的基本标准。由此看来，关于政治哲学性质的五种观点所体现的不过是政治本性及其实践要求的不同方面。

二 政治哲学的研究对象和旨趣

政治哲学的研究对象无疑是政治，但政治是极为复杂的社会事物，今天有很多学科都在研究政治，如政治学、法学、公共管理学、国际政治、马克思主义理论等。那么，政治哲学研究政治的哪一部分或哪一方面呢？政治哲学所要研究的这个部分就是政治哲学研究的对象范围，而要了解这一点，需要追溯政治哲学是怎样产生的，它的初衷或目的是什么。

自古以来对政治这一复杂事物的理解可谓见仁见智。归纳起来，对于政治的理解主要有六种观点，它们也可以说是六种政治观。其一，政治是对于一种社会价值的追求，是一种规范性的道德。孔子就说过："政者，正也。子帅以正，孰敢不正？"（《论语·颜渊》）这里的"正"，就是一种道德规范。亚里士多德也持这种观点："所有共同体中最崇高、最有权威并且包含了一切其他共同体的共同体，所追求的一定是至善。这种共同体就是所谓的城邦或政治共同体。"① 其二，政治是对权力的追求和运用。韩非就直言不讳地说"先王所期者咋也，所用者力也"（《韩非子·外储说左上》）②，这里的"力"指的是权力。马克斯·韦伯也认为"'政治'意指力求分享权力或力求影响权力的分配"。其三，政治是公众事物的管理活动。孙中山就曾用公众管理来界定政治："政治两字的意思，浅而言之，政就是众人之事，治就是管理，管理众人之事，便是政治。"③ 美国政治学家杰弗里·庞顿和彼得·吉尔也表达了类似的观点："政治是与社会事务的治理以及个人

---

① 〔古希腊〕亚里士多德：《政治学》，苗力田主编《亚里士多德全集》第9卷，颜一、秦典华译，中国人民大学出版社，1994，第3页。

② 转引自〔美〕艾伦·C. 艾萨克《政治学：范围与方法》，郑永年等译，浙江人民出版社，1987，第21页。

③ 《孙中山选集》（下），人民出版社，1956，第661页。

和群体对这种治理所具有的控制力的相关的制度安排。”[①] 其四，政治是对社会共同体的利益进行分配的决策及其实施活动。意大利政治学家让·布隆代尔说：“政治是共同体中并为共同体的利益而作出决策和将其付诸实施的活动。”[②] 其五，政治是一种具有公共性的社会关系，其根本问题是国家政权问题。马克思恩格斯认为，“人们的政治关系同人们在其中相处的一切关系一样自然也是社会的、公共的关系”。[③] 作为一种重要的社会关系，现实政治及其载体（即国家）“总的说来还只是以集中的形式反映了支配着生产的阶级的经济需要”[④]，而国家政权是满足这种经济需要的关键，所以国家政权问题“是全部政治的基本问题，根本问题”。[⑤]

以上是自古至今学者对政治的种种不同看法，但从人类历史事实看，政治事物从最初出现直到今天具有以下五个特点。其一，政治最初是适应统治者统治被统治者的需要产生的。在基本共同体（社会）复杂化的情况下，社会成员有统治阶级（亲人），还有被统治阶级（生人）。社会矛盾的尖锐，需要有专门社会治理者治理社会，政治就是适应治理社会的需要产生的。其二，政治的主体是统治阶级。社会治理者就是政治的主体，政治主体不是全体社会成员，而是占人口少数的统治阶级。在通常情况下，统治阶级中最有实力的家族出任最高治理者（君王），但也有统治阶级内部其他家庭或被统治者篡夺王位的情形。其三，政治的主要目的是维护和扩大统治阶级的利益。统治阶级进行社会治理为的是维护和扩大自身的利益，防止被统治阶级的反抗。当然，为了统治阶级利益，也要适当兼顾被统治阶级的利益，维护社会的稳定和秩序。其四，政治的手段是基于暴力机器的权力。社会治理者不是单凭基于血缘关系的个人威望，而主要是运用以暴力机器为后盾的政治权力（即“政权”，近代以来通常称为“公共权力”）进行社会治理，对于不服从统治的一切行为，社会治理者都可以运用

① 〔美〕杰弗里·庞顿、彼得·吉尔：《政治学导论》，张定淮等译，社会科学文献出版社，2003，第9页。

② 〔英〕戴维·米勒、韦农·波格丹洛主编《布莱克维尔政治学百科全书》，邓正来译，中国政法大学出版社，1992，第583页。

③ 《马克思恩格斯全集》第4卷，人民出版社，1958，第334页。

④ 《马克思恩格斯选集》第4卷，人民出版社，2012，第258页。

⑤ 《列宁全集》第37卷，人民出版社，1986，第60页。

权力进行打压和惩罚。其五，政治的载体和范围是国家。政治的载体在中国称为“国家”或“王国”[①]，在古希腊罗马称为“城邦”，今天在汉语中一般都统称为“国家”。[②] 国家也是政治治理的范围或疆域，超出国家范围政治治理就会失效。总之，政治是在人类基本共同体日益复杂化的条件下，统治阶级为了实现自身利益和维护社会秩序，凭借以暴力机器为后盾的权力对社会实行治理的活动及其方式。在人类历史上，运用政治权力进行社会治理是政治的最显著标志。

史实表明，并不是人类社会有政治后很快就有对它的哲学研究，而是在政治出现很长一段时间以后才有以它为对象的哲学思考。人类社会的政治事物最早是什么时间出现的，似乎没有定论。列奥·施特劳斯认为人类一在地球上诞生就有了政治思想。他说：“政治思想同人类一样古老；第一个讲出诸如‘父亲’一词或‘汝不应（thou shalt not）……’短语的就是第一位政治思想家；但政治哲学出现在有史可载的过去中的一个可知年代。”[③] 施特劳斯的这一说法似乎很随意，他没有提供任何论证。政治思想必定以政治事物存在为前提，当然政治事物作为人为事物也要以思想为前提，应该说它们的产生是互为前提的。如果说人类政治思想同人类一样古老，那就意味着人类一诞生就有政治事物。显然，施特劳斯的这种观点是值得商榷的。但可以肯定的是，政治在历史上出现后有很长一段时间（至少 4000 年以上）没有任何学问研究它，到了轴心时代才有哲学（其中包含政治哲学）从总体上研究它。自 19 世纪下半叶开始，才从哲学中分离出了政治科学（现代政治学），后来又分离出了不少研究政治的学科。经过 100 多年的分离，政治哲学研究的范围越来越小，它不再对政治进行包罗万象的研究，包括实然性研究和应然性研究，而限定在对政治进行应然性研究的有限范围，或者说以应然性政治为对象，政治哲学也因此越来越显现出它的哲学本性和特色。应然性政治就是政治哲学研究的特定对象，政治哲学的这种

① 《尚书·立政》中就已有了这两个概念：“继自今立政，其勿以人，其惟吉士，用劢相我国家”；“太史，司寇苏公，式敬尔由狱，以长我王国”。

② 需要注意的是，中国古代的“国家”“王国”与古希腊罗马的“城邦”不同：前者没有明确的疆域边界，所以也称为“天下”，即所谓“天子之国”；后者则是有明确的疆域边界，如古希腊最多时约有 200 个城邦，希腊半岛上的城邦是彼此接壤的。

③ 〔美〕列奥·施特劳斯：《什么是政治哲学》，李世祥等译，华夏出版社，2019，第 4 页。

研究对象的确定，是以人类政治的早期兴起和发展为前提的，而与人类政治哲学最初创立的目的或初衷直接相关。

从人类历史看，人类有很长一段时间（约300万年）生活在原始人群和氏族公社之中，这是人类的两种基本共同体形态。这两种基本共同体有一个共同特点，即它们都是以血缘关系为纽带维系的，共同体的成员之间的关系是亲属关系。原始人群基本上像动物一样生活，共同体很小而且人类意识不发达，基本情形是上辈猿人带着子辈猿人主要凭借本能以及在以原始思维为主要特征的原始意识支配下共同生存，这时无所谓社会管理。到了氏族公社阶段（约10万年前），人类主要在以形象思维为主要特征的原始意识支配下生活，出现了原始家庭性质的共同体——氏族，氏族由具有权威的长辈管理。氏族的绝大多数时间是由母亲管理的，即所谓母系氏族。当父亲取代母亲成为氏族管理者即出现了部落时（约1万年前），人类已经有了以逻辑思维为主要特征的意识，这是一种自我意识与社会意识相统一的意识，社会开始从原始社会过渡到文明社会。部落（类似于家族）人口增多、地域扩大，部落下面的多个氏族（类似于家庭），也就需要有专人进行管理，其管理者通常被称为“首领”，亦称“酋长”等。部落中由于有多个氏族和多位男性家长，就存在由哪个氏族的家长担任首领的问题。这时，部落内部出现了贫富差别，那些富有的氏族的“家长”最有可能被推举出来担任首领，当然也有纯粹凭借德性和才能被推举出来或被前任首领选中作为接班人的首领（如尧选舜）。随着部落的发展，主要是适应战争的需要（战争通常是为了占有更多的土地、人口和财富），后来又出现了部落联盟。

部落联盟早期是松散的，后来联系越来越紧密，于是就有了中国的“邦国”、古希腊罗马早期的“城邦”，同时也就开始有了专门进行社会管理的管理者，其首领产生的情形与部落差不多。部落联盟仍然是亲人社会，其内部成员之间有一定的亲情关系，首领不过是更大家族的家长。他主要依赖血缘关系、凭借本氏族或本部落的实力以及个人的威望进行部落联盟管理，而不是凭借武力。这种社会管理总体上看属于家族管理。但是，当一个部落联盟去侵略别的部落或部落联盟时，在战争中获胜的部落联盟成为社会的统治者，而战败的部落或部落联盟成为被统治者，基本共同体也就由亲人社会走向了生人社会。获胜者夺取了战败者的土地、财富和人口，并对被统治者实行统治，这通常会引起战败者的反抗。在这种情况下，获胜部落就不能再像亲人社会那样单凭基于血缘关系和首领的个人威望来进行社会管理，而必须凭借武力（当时主要是军队，后来发展成“暴力机器”[①]）来管理生人社会。这种凭借武力进行社会管理的管理方式，是不同于家族管理的国家管理，于是，政治就出现了。政治最初是凭借暴力机器管理社会的管理方式，这种管理方式现在通常称为“治理”，即具有统治性质的管理。

进入文明社会后，原始社会末期的部落联盟之间的战争演化为国家之间的战争（古希腊城邦之间的战争）和国家内部的争斗（中国的改朝换代，如周代商），其直接后果是生灵涂炭、社会混乱、百姓苦难不堪。战争和争斗持续不断，其灾难性的社会后果也就无休无止。当人类文明进化到轴心时代时，思想家产生的社会条件业已成熟，在古代中国和古希腊同时产生了一大批思想家（统称为“古典思想家”）。其中一些思想家面对人世间的灾难开始探索其根源并寻求走出灾难的出路。他们注意到，国家之间的战争是国家为了扩大本国利益而发生的，实质上是国家统治者运用手中掌握的政治权力操作的结果；国家内部的争斗则是统治阶级内部的不同家族或不同利益集团为了争夺国家的最高统治权力以最大限度地实现自身利益的结果。而这一切都只不过是获取政治权力和运用政治权力的政治活动及政治现象。于是，古典思想家开始反思和批判政治，试图弄清楚政治为什么会导致如此普遍且连续不断的社会灾难，这些社会灾难是不是政治运作的必然结果，这就需要追问政治的本性及其实践要求。正是这种深度追问差不多同时在古代中国和古希腊催生了政治哲学。

由此看来，政治哲学最初是思想家为了寻求解决政治导致的灾难性社会问题而产生的，其目的是要揭示政治的真实本性及其要求，擘画政治本性的要求得以实现的方案。轴心时代思想家确立和追求实现的政治哲学的目的就是政治哲学的根本旨趣，尽管后来随着时代的变迁思想家对政治哲学的旨趣有不同的表达，甚至有完全不同的观点，但轴心时代思想家的规

① 过去我们经常将“暴力机器”与国家联系起来，这是不正确的，因为中国进入文明社会并不是进入到了国家，而是进入了“王土”，这是一种由君王统治的无明显边界的天下。

定是原初的规定，不仅具有根本性，而且具有普适性。政治哲学在发展的过程中可以根据时代和实践的需要丰富其目的和旨趣的内涵，但如果丢掉初衷和旨趣，政治哲学就不再是政治哲学了，其使命、功能和意义也就无从谈起。

根据政治哲学的初衷以及后来的发展，我们可以给政治哲学的旨趣作出这样的概括：政治哲学的旨趣在于通过对现实政治及其本质的反思批判揭示政治的本性及其要求，论证和阐明政治的终极目的在于运用政治权力使人类基本共同体成为为其全体终极成员（即所有个人）过上好生活提供必要资源的好社会。这里说的“政治”指一切政治事物，包括政治活动、政治制度、政治文化等，但政治活动是基本的，政治制度和政治文化都是政治活动的产物。这里说的“人类基本共同体”在当代指国家，但随着人类全球化的发展和人类命运共同体构建的推进，其范围将会扩展到人类一体的基本共同体——世界。推进人类一体的基本共同体构建是当代政治哲学的最重要任务之一。这里说的“必要资源”是指能够使全社会所有个人都能过上好生活所需要的社会资源，包括为他们提供条件、创造机会、搭建平台，但这并不意味着确保社会中的每一个人都过上好生活，因为每一个人的好生活除了客观条件之外还需要个人的主观条件，尤其是个人自己的作为或奋斗。简言之，政治哲学的旨趣就在于为政治创造好社会提供理论依据和实践规导。

政治哲学的旨趣也就进一步明确了政治哲学的对象范围，这就是政治的本性及其实践要求。需要注意的是，政治的本性并不是现实政治事物的实然本质，而是政治哲学家根据人类本性和社会本性揭示的或者不如说引申的应然本质。政治哲学的研究对象就是政治的本性或应然本质及其实践要求，这也就是前文谈到的应然性政治的实质内涵。正是这一对象范围，把政治哲学与所有其他以政治为研究对象的学科区别开来。

三　政治哲学的使命、功能和意义

政治哲学之所以会产生，尤其重要的是，之所以能够产生后一直存在下来，在当代还呈兴盛之态势，是因为政治哲学对人类社会具有其他学问不可替代的重要意义，而这又是由它可以履行的特殊使命和可能发挥的特有功能决定的。这些使命和功能所体现的是政治哲学旨趣即政治的本性及其实践要求，而不是政治哲学家随心所欲地规定的，因而具有应然性。中西历史上思想家构建了许多政治哲学体系，但并非所有政治哲学体系都坚守政治哲学的初衷和旨趣，并在此前提下发挥其应具有的功能并履行其应有的使命。相反，历史上有不少思想家，尤其是那些御用思想家，忽视或忘却了政治哲学的初衷和旨趣，或者走入了误区，或者走上了歧途。他们的政治哲学也就不可发挥政治哲学的应有功能、履行其应有使命，相反导致了严重的社会后果，也影响了政治哲学的社会声望。政治哲学只有坚守其初衷和旨趣，才能发挥应有的功能、履行应有使命，才会成为政治哲学真理，这种真理才会真正对社会和人类具有意义。

关于政治哲学的使命任务，不同学者因对政治哲学性质及旨趣的理解不同而有不同的看法。例如，孙晓春教授明确提出："政治哲学之所以有意义，是因为它与现实的政治生活密切相关，政治哲学的价值就在于它在更深刻的层面上对现实政治负责。"首先，它承担着对现实政治生活进行合理性论证的责任；其次，它向社会输出价值观念；最后，它构建现实政治生活的评价标准。① 在这里，笔者根据轴心时代思想家研究政治哲学的初衷和旨趣以及近2000年来思想家的丰富发展，结合当代的时代精神及其要求，指出政治哲学的根本使命是通过反思和批判现实政治（包括政治理论），揭示政治的本性及其实践要求并据此规导现实政治，使之体现和彰显政治的本性，从而不断走向完善。政治哲学的这种根本使命具体体现在以下五个方面，其中前四个方面属于理论问题研究，最后一方面属于现实问题研究。

第一，根据人类本性和社会本性，研究回答政治的本性及其实践要求问题，尤其是政治的人民性问题。在人类政治哲学史上，不少思想家尤其是近代以来的西方思想家从政治现象入手得出了政治本质上是以不道德的手段防范和惩罚人类恶性导致恶行的工具的结论，导致人们形成了"政治是以恶制恶黑手"的观念，这是一种错误的政治哲学观念。政治哲学需要像古典思想家那样着眼于宇宙本体，立足于人类本性和社会本性来揭示政

① 参见孙晓春《政治哲学的使命及其当下意义》，《天津社会科学》2016年第6期。

治的真正本性，阐明政治的现实本质并非政治的本性或应然本质，阐明政治的本性或应然本质是什么，阐明政治的应然本质有哪些实践要求。① 这是政治哲学的根本使命，履行这种使命，可以为人们戴在政治头上的种种污名正名，改变人们对政治的种种误解，形成正确的政治观，从而更好地彰显政治一切为了人民、一切依靠人民的人民性本性，充分发挥政治对社会美好和人类幸福的决定性作用。

第二，根据政治本性，研究回答社会中所有人都过上好生活的理想社会及其实现的问题，尤其是政治目的的合理性问题。在政治哲学诞生之前的文明社会，社会治理者主要凭借经验而不是按照某种得到理论论证的方案来构建和治理社会，其结果是社会不仅战乱不已、百姓苦难不堪，国家也不断改朝换代。古典思想家创立政治哲学的初衷就是要从根本上改变这种状态，于是他们着眼宇宙本体揭示人类本性和社会本性，构建取代当时社会的理想社会并设计其实现方案。从政治哲学史看，思想家提供的理想社会蓝图其共同特点，就是让所有社会成员都能够过上好生活，只是他们对好生活的理解不尽相同。今天看来，任何一个社会都不可能让所有社会成员都过上尽善尽美的生活，而只能为他们过上好生活提供条件、创造机会和搭建平台。政治哲学就是要从理论上阐明政治在理想社会构建方面应承担的责任。

第三，根据构建理想社会的要求，研究回答构建社会治理体系及其运行机制的根本理念、基本原则问题，尤其是制度的合法性和治理的公正性问题。历史上的政治哲学家都意识到，理想社会不可能自然而然地形成，而必须主动构建并且与时俱进，这就需要社会治理者掌控的社会治理体系及其运行机制发挥作用。这项使命在 19 世纪下半叶以前是由政治哲学和政治科学一体的政治学承担的，但政治科学和政治哲学发生分离之后，就由政治科学和政治哲学共同承担。从现代社会看，研究社会治理体系及其运行机制（如政体、机构、制度、政策等）是政治学及相关学科肩负的使命，政治哲学的使命则在于为政治学及相关学科的构建提供根本理念和基本原

① 从当代看，这些政治应然本质的实践要求有人民是国家的主人、政治权力来自人民并接受人民的监督、政治权力只能保护和扩大公民权利而不能损害和侵犯公民权利、政治权力在体现人民意志的法律之下运行等。

则，如自由、平等、民主、法治、公正等。这些根本理念和基本原则既是政治学及相关社会科学的基本遵循，是社会政治实践的基本遵循，也是人们评价政治实践好坏优劣的主要标准。

第四，根据构建社会治理体系及其运行机制的需要，研究回答政治权力的起源、根据及其载体问题，尤其是权力的正当性问题。政治是依赖权力存在的，没有权力就没有政治，政治的本义就在于运用权力进行社会治理。人类历史上的社会都是运用权力治理的，这是经验事实，但什么样的权力才能使社会治理实现理想社会，这样的权力来自哪里、合理性根据是什么，由谁掌握权力，这就是权力的正当性问题。政治哲学的使命主要不在于论证权力存在的必要性，而是在肯定权力对于社会治理必要性的前提下探讨什么样的权力才能使社会治理实现理想的社会，也就是什么样的权力才是正当的。从人类历史看，政治权力是有载体的，到目前为止政治权力的载体都是国家，只是国家的情形有所不同，如有四大文明古国、古希腊罗马城邦、现代国家等。权力由国家掌控似乎是不言而喻、理所当然的事情。然而，在全球一体化、科技化、信息化的当代，政治权力的载体不仅涉及与国家的关系，还涉及与作为人类基本共同体的世界的关系。这就需要政治哲学研究回答权力与世界共同体构建的关系问题，为人类命运共同体构建提供理论支持。

第五，根据政治哲学的原理、理念、方法，研究回答当代社会中存在的各种重大现实问题，尤其是权力的正当性问题。政治哲学是实践哲学，必须研究和回答现实生活中的重大政治问题，为现实政治服务，这一点在当代尤其重要。当代与日俱增的重大社会现实问题已引起了各门学科的普遍关注，各门学科都积极参与这些严重威胁人类存在的重大问题研究，政治哲学作为哲学中与现实社会直接相关的专门学科尤其要参与研究，并提供政治哲学的解决方案。政治哲学不仅要关注各学科普遍关注的战争、饥饿、环境污染、恐怖主义等全球性问题，也要关心国家内部的政治专制、社会不公、权力腐败、公民不服从、权利受权力挤压等诸多与政治直接相关的问题。政治哲学不能仅仅出于现实政治的需要去研究这些问题，而是要运用政治哲学特有原理、理念和方法，尤其是其特有的反思、批判精神从深层次上揭露其根源，从社会治理体系及其运行机制上提供长效对策。

关于政治哲学的功能，罗尔斯在《政治哲学史讲义》中谈到政治哲学有四种功能：一是为人们在彼此分歧的问题上达成共识寻求某种基础；二是通过为政治问题的公共讨论提供概念框架，引导人们扮演公民角色；三是通过说明他们的社会为什么是（或有潜力变成）一个适合于自由而平等之公民的公平的社会，引导人们与社会实现和解；四是思考一个理想的民主社会究竟应当是什么样子。[①] 罗尔斯关于政治哲学功能的看法是对自由主义政治哲学功能的看法，而不是对一般意义上的政治哲学功能的看法，具有明显的偏狭性。我国学者王岩认为，政治哲学对社会产生的功能主要体现在三个方面：一是政治哲学可以以其特定的政治世界观和方法论来阐释现实政治社会的“是其所是”，并根据政治实践的价值指向进行自我完善和自我修复，从而维护其隶属阶级的根本利益；二是政治哲学可以围绕着主流意识形态对现实政治生活的干预和渗透的要求，对非主流意识形态和现实政治实践进行同化和否定，具有批判性和整合性特点；三是作为主流意识形态的目的性和价值性诉求，政治哲学可以以其特有的思辨风格、深厚的理性底蕴和鲜明的价值导向协调政治生活中的利益冲突，规范政治实践的发展方向，构想未来社会的理想模式，展示政治生活的“应然性”。[②] 王岩教授谈的是主流政治哲学的功能，但不是政治哲学的一般功能。实际上，谈到政治哲学的功能应考虑政治哲学应具备的一般功能，而不能局限某一特定政治哲学学派或特定政治哲学体系的功能。从这种意义上看，政治哲学具有以下四个主要功能。

一是批判功能。对现实政治进行以反思为前提的批判，是政治哲学研究的首要功能。作为哲学，政治哲学不是从观察现实政治入手运用科学方法找出其本质和规律，而是从批判政治现实入手运用思辨方法揭示政治的本性或应然本质及其实践要求，并运用所揭示的政治应然要求批评现实政治，力求使现实政治达到应然要求，从而使之得到改进和完善。这个功能是政治哲学的首要功能，也是政治哲学的一种危险功能，思想家可以因为

① 〔美〕约翰·罗尔斯：《政治哲学史讲义》，杨通进等译，中国社会科学出版社，2011，译者前言第8～9页、第9～10页。需要注意的是，罗尔斯这里谈的政治哲学功能实际上是他所主张的自由主义政治哲学的功能，而非一般意义的政治哲学功能。

② 王岩：《政治哲学论纲》，《哲学研究》2006年第1期。

其政治哲学具有这个功能而惹来杀身之祸，苏格拉底就因是一只“牛虻”而被社会治理者毒死。

二是构建功能。在反思批判现实政治的基础上借助哲学本体论、知识论和价值论的原理构建理想的政治蓝图，也是政治哲学的核心功能。政治哲学家不是无政府主义者，他们都肯定政治的必要性，但不满足现状，尤其是对由政治导致的苦难现实社会不满，于是他们出于强烈的社会责任感和大爱的人类情怀，着眼于社会更美好勾画理想的社会蓝图及其实现路径。因此，政治哲学反思和批判现实政治的初衷和主旨不是破坏性的，不是要损毁现实政治，更不是否定任何政治，而是建设性的，旨在改造或者重建现实政治，用它所构建的理想政治蓝图批判和取代现实政治模式，使之趋向理想政治。

三是规导功能。如同哲学及其他哲学分支一样，政治哲学也是成体系的，只是体系的外延有大有小。大致上说，政治哲学体系包括理论、观念、原则和方法几个方面或层次，所有这些方面都对与政治相关的学科尤其是作为社会科学的政治学研究有直接的规范和指导作用。比如，当代中国政治哲学所确立的“人民至上”原则就应该成为当代政治学理论研究的基本遵循和评价其正确与否的基本标准。政治哲学尤其是其观念和原则对现实政治事实上也发挥着这样的规导作用。例如，今天任何一个国家都不敢公开宣称反对自由、平等；一个丈夫如果实施家暴就会遭到普遍谴责。这一切都是因为得到政治哲学论证的平等原则已经深入人心。政治哲学的观念和原则对于社会个体（包括个人、家庭、社会组织）以及国际社会也具有规导意义。

四是诊疗功能。政治哲学是实践哲学，这几乎是哲学界的一种共识。这种共识正确与否暂且不论，但它表明大家都承认政治哲学十分关注现实的政治生活。这不仅体现在其反思、批判现实政治，试图以自己构建的理想社会取代现实社会方面，而且也体现在它十分关注现实生活中存在的社会问题，并为其解决提供诊疗方案方面。政治肩负着对整个社会进行治理的责任，因此社会中发生的任何重大的或具有普遍性的问题都可以说是政治问题。政治哲学历来都关注社会现实问题，而不只是在当代才如此。孔子曾针对社会贫穷等问题提出了“均无贫，和无寡，安无倾”（《论语·季氏》）的对策。这一对策就表达了一位政治哲学家对社会现实问题的关切。

政治哲学的意义是指它对特定基本共同体（社会）的意义以及对整个人类的意义。关于政治哲学的意义，也有不少学者论及。这里从政治哲学的旨趣、使命和功能的角度，提出政治哲学对于社会和人类至少具有的四种重大意义。

其一，它致力于探索政治本性及其实践要求，为人类构建合理的社会治理体系提供根本理念和基本原则。政治哲学的首要使命就是根据哲学本体论、知识论和价值论原理和观念，根据人类本性和社会本性探求政治的真正本性，为人类构建治理体系提供根本价值理念。根本价值理念是构建社会治理体系的价值取向、价值目标和最高原则，从根本上决定着社会治理体系的合理性和生命力。政治哲学在揭示政治本性的基础上还要进一步阐明其基本实践要求，这些基本实践要求作为政治本性的体现就是构建社会治理体系的基本原则。这些基本原则也是构建社会治理体系所不能违背的，否则其价值目标就难以实现。历史事实证明，社会治理体系的构建缺乏政治哲学提供的根本理念和基本原则，就不可能是合理的，也必定是短命的。当然，政治哲学提供的根本理念和基本原则本身也只有体现政治的本性和实践要求才可能是合理的，据此构建的社会治理体系也才会合理并有生命力。

其二，它致力于反思和批判现实政治，为人类消除社会政治腐败和异化提供思想武器。政治哲学诞生于对现实政治的反思和批判，其存在也依系于此。对政治现实不断进行反思和批判是政治哲学的基本功能，也可以说是政治哲学的独特存在方式和生命力源泉。政治哲学的反思批判可以划分为两个层次：一是为揭示政治本性及其政治要求进行的反思和批判，这是构建政治哲学根本理念和基本原则乃至理论体系的切入口；二是以所确立的政治哲学根本理念和基本原则为思想武器，揭露和批判现实政治中存在的种种腐败和弊端，尤其是政治异化的问题。很多学科乃至常人都可以对社会政治的腐败和异化进行批判，政治哲学与所有这些批判不同。一方面，它是建立在运用哲学思辨的方法对政治进行深刻反思的基础之上的深度批判，可以揭露这些政治问题的深层次根源，指明彻底消除它们的根本路径；另一方面，它依据自己确立的根本政治理念和基本政治原则进行反思批判，所指向的是改造或革新，即通过重新建立或改造社会治理体系彻底铲除腐败产生的土壤。所以可以说，政治哲学是人类反对政治腐败和异化的利器。

其三，它致力于勾画人类理想社会蓝图，为人类追求永久和平和普遍幸福指明方向。政治哲学的重要使命之一是基于对政治本性及其实践要求的揭示为人类构建理想社会的方案。完整的理想社会方案既包括理想社会的图景，也包括理想社会的构建。虽然有不少思想家提供的理想社会方案并不完整，但也有些思想家提供的方案是完整的，更为重要的是将不同思想家提供的方案整合起来就能构成完整的方案。不同思想家对理想社会蓝图的设计有很大的不同，有人设计的是近期就可实现的理想社会，有人设计的是远期才能实现的理想社会；有人设计的是整体方案，有的人设计的是局部方案。但是，将历史上所有思想家设计的方案整合起来，就可以发现其中的“重叠共识”，这就是它们都指向世界的永久和平和人类的普遍幸福。正是这种理想社会蓝图指明了人类进化的正确方向，即使人类在前行的过程中会发生某些曲折和挫折，但有智慧的人类最终会走上政治哲学规划的正确征程。

其四，它致力于探索政治真理，为人类先进政治文化确定价值取向并赋予其实质内涵。政治哲学作为知识，所追求的是真理，是政治哲学意义上的政治真理。作为客观存在的政治事物在当代可以成为许多学科研究的对象，这些学科也都致力于从不同层次、不同维度揭示政治的真理，但它们都是从现存的政治事物入手揭示它们的实然本质和规律。与其他学科不同，政治哲学所致力于揭示的是体现政治事物本性的应然本质和规律，其根据主要不是现存的政治事物，而是人类本性和社会本性，从人类本性和社会本性的要求引申政治本性及其要求。政治的本性是一以贯之的，但其实践要求是与时俱进的，政治哲学就是要一方面不断加深对政治本性的认识，另一方面又要根据时代精神和实践要求阐明新时代政治本性的新实践要求。这种对政治本性的揭示和对新时代政治本性的新实践要求的阐明是所有政治理论的根基，也是政治实践的基本遵循，它们也就因此代表了作为理论和实践相统一的政治文化的发展方向，构成了政治文化的实质内涵，具有时代性和先进性。

正因为政治哲学具有上述重大意义，所以它一经诞生就被公认为社会治理不可缺乏的根本性指导思想和理论依据，是一切政治事物的灵魂。人类文明史表明，缺乏政治哲学社会就会步入歧途，误用或滥用政治哲学社会就会变质或发生异化，并必然导致人间灾难。

四　政治哲学与政治学

政治哲学与政治学（指现代意义上的政治学或政治科学）的关系问题是在19世纪80年代才提出的，此前两者之间没有明确的区别，而是混在一起的。

从西方看，虽然在苏格拉底尤其是柏拉图那里有政治哲学和政治科学方面的内容研究，但既无这两个术语，更没有两者的区分，两者是完全一体的，柏拉图的《国家篇》《政治家篇》《法律篇》等都如此。亚里士多德虽然对伦理学与政治学作了区分，并且第一次有了用这两个词作书名的著作，但他的《政治学》也没有对政治哲学与政治学作出区分。亚里士多德之后，无论是古希腊罗马的斯多亚派，中世纪的奥古斯丁、托马斯·阿奎那，还是近代的马基雅维里（又译作马基雅维利）、霍布斯、洛克、卢梭、约翰·密尔，他们虽然都有政治哲学和政治学两方面的思想，但都没有在两者之间作出区分。通常认为，1880年美国哥伦比亚大学根据政治学家J. W. 柏吉斯的倡议成立的“哥伦比亚大学政治研究院”是政治科学从传统的政治学中独立出来的标志，从此，作为社会科学分支之一的现代意义上的政治学获得独立学科地位[①]，政治哲学与政治科学（也就是现代意义上的政治学）成为有明显区别的两个学科。

在中国，从老子、孔子首创政治哲学一直到20世纪前，中国既有政治哲学研究也有政治学研究，但两者之间也从未被区分过，更没有政治哲学和政治学的概念。现代汉语中的“政治”、“哲学”以及“政治哲学”的译名，最早皆由日本学人译定。在日本1884年出版的《哲学字汇》（改订增补版）中，“Philosophy”被译定为“哲学”；“Science”被译定为“理学、科学”；“Politics”被译定为“政治学”；“Political Science”与“Political

---

① 参见王浦劬等《政治学基础》，北京大学出版社，2018，第27页。

Philosophy”皆被译为“政理学”。[①] 19 世纪末到 20 世纪初，“政治学”“政治哲学”跟“政治”“哲学”等术语一起，经由中国学人（其中包括留学生、晚清士人、先进知识分子）的使用和译介传入中国。他们翻译的书籍被认为是“最早向中国系统介绍西方政治学和法学的著作”。[②] “政治哲学”的译名，正是通过《译书汇编》刊载的政治类书籍首次传入中国。1901 年《译书汇编》（第二期）翻译并刊发了英国学者斯宾塞所著的《政法哲学》（第一、二卷），此译本可以说是现代汉语学界第一部关于“政治哲学”的译著。1902 年由王阑编著的《泰西学案》在内容上分为哲学学案、教育学案、（法律）政治学案、经济学案四个部分，这里有了“政治学”概念，并使用了“法律政治哲学”的概念。[③] 这时的“法政哲学”或“政法哲学”是“政治哲学”的先行概念。如果说《政法哲学》是中国第一本政治哲学译著，那么 1903 年由冯自由翻译的《政治学》是中国第一本政治学译著。由此看来，在中国从传统社会向现代社会转型的过程中，政治哲学与政治学就已经有了明确的区分，而且这种区分在改革开放后被延续下来。[④] 但在今天的中国，政治学属于一级学科，而政治哲学不是一级学科，甚至连二级学科都不是，只能算作一个研究领域。政治学属于社会科学的一个学科已得到广泛认同，而政治哲学在学科性质上属于政治学一级学科还是属于哲学一级学科仍存在很大的争议。

今天，关于政治哲学与政治学的关系，中外政治哲学界的一种比较流行的观点认为，政治学是对政治进行描述性研究，而政治哲学是对政治进行规范性研究。我国翻译出版的《西方哲学英汉对照辞典》的作者说：“政

① 转引自吴根友、汪日根《现代汉语“政治哲学”的语言和观念史考察》，《湖北大学学报》（哲学社会科学版）2023 年第 2 期。

② 熊月之：《西学东渐与晚清社会》，上海人民出版社，1994，第 643 页。

③ 转引自吴根友、汪日根《现代汉语“政治哲学”的语言和观念史考察》，《湖北大学学报》（哲学社会科学版）2023 年第 2 期。

④ 中国改革开放后，政治学肯定比政治哲学在中国出现得早。有考证表明，新中国成立后，一直到 1985 年“政治哲学”一词才在商务印书馆出版的美国詹姆斯 · A. 古尔德等编的《现代政治思想：关于领域、价值和趋向的问题》（杨淮生等译）中第一次出现，该词是该书收入的列奥 · 施特劳斯的《什么是政治哲学?》的关键词。但是，这篇文章当时没有引起学界注意，再到 1993 年列奥 · 施特劳斯等主编的《政治哲学史》由河北人民出版社出版后，政治哲学才逐渐引起学界重视。参见刘擎《汉语学术界政治哲学的兴起》，《浙江学刊》2008 年第 2 期。

治哲学不同于政治科学，其原因在于政治科学是经验性的和描述性的，它解释一个政府实际上是如何运作的，而政治哲学则是规范性的，它确立那些规定政府应如何运作的准则或理想的标准。”① 我国学者孙晓春也赞成这种观点，认为“政治哲学区别于政治科学的关键点，即在于政治科学是实证的和描述性的，其任务是要说明现实生活中的什么（to be），而政治哲学则是有关社会政治生活的应然性判断，在政治哲学领域里，所有讨论都围绕‘我们应该（ought to be）有什么样的社会政治生活’展开的”。② 这种观点应是大多数学者的共识，但在两者的关系上存在一个重大的分歧：政治哲学是属于哲学的分支学科，还是属于政治学的分支学科，抑或两者的交叉学科？

列奥·施特劳斯在考察了西方政治哲学的历史演变后首先明确提出，政治哲学是哲学的分支，而非政治科学的分支。他说：“政治哲学是与政治生活、非哲学生活和人类生活最近的一个哲学分支。”③ 他不仅对政治哲学与政治科学作出了鲜明的区分，而且认为它们是对立的。“科学——自然科学和政治科学——坦白说都是非哲学的。它们只需要一种哲学：方法论或逻辑。但这些哲学学科显然与政治哲学没有什么共同之处。‘科学的’政治科学实际上与政治哲学水火不相容。”④ 国内不少学者赞同这种观点。罗予超教授甚至比列奥·施特劳斯说得更明确：“政治哲学以政治世界的普遍本质和规律作为自己的研究对象。当我们用哲学反思的方法来把握这种本质和规律的时候，我们所获得的知识就是政治哲学。政治哲学是一门真正的哲学学科，是一种政治世界观。政治哲学作为政治世界观，是一般哲学世界观的重要组成部分。”⑤ 欧阳英教授也明确把政治哲学看作“哲学的一部分，而不是政治学的一个分支”。⑥

有不少学者不赞成施特劳斯的观点，认为政治哲学是政治学的分支。

① 〔英〕尼古拉斯·布宁、余纪元编著《西方哲学英汉对照辞典》，人民出版社，2001，第774页。

② 孙晓春：《政治哲学的使命及其当下意义》，《天津社会科学》2016年第6期。

③ 〔美〕列奥·施特劳斯：《什么是政治哲学》，李世祥等译，华夏出版社，2019，第3页。

④ 〔美〕列奥·施特劳斯：《什么是政治哲学》，李世祥等译，华夏出版社，2019，第5~6页。

⑤ 罗予超：《政治哲学论纲》，《湖南师范大学社会科学学报》2001年第6期。

⑥ 欧阳英：《走进西方政治哲学：历史、模式与解构》，中央编译出版社，2006，第5页。

美国学者史蒂芬·B. 史密斯明确说：“就某种意义来说，政治哲学只是政治科学的一个分支或‘子领域’。……政治哲学旨在澄清各种塑造了政治探究的基本问题、基础概念与范畴。在此意义上，与其说它是政治科学的一个分支，不如说它是这门科学的根基或基石。”① 英国学者乔纳森·沃尔夫对这种观点作了较系统的阐述：“一般来说，从事描述性政治研究的是政治科学家、社会科学家和历史科学家，例如，有些政治科学家提的问题是关于某个特定社会里利益（goods）的实际分配状况。在美国谁拥有财富？在德国谁掌握着权力？像我们这样的研究政治哲学的人当然也有充分的理由对这样的问题感兴趣，但是他或她更关心的是其他一些问题：利益的分配应该遵循什么样的原则？政治哲学家探询的不是‘财产是怎样分配的’，而是‘怎样分配财产才是正义或公平的’；‘不是人们享有哪些权利和自由’，而是‘人们应该享受哪些权利和自由’；一个社会应当用什么理想的标准或规范来指导利益的分配。”②

我国不少学者也持政治哲学是政治学的分支的观点。万斌教授最早明确提出政治哲学是哲学政治学，属于政治理论的最高层次。他说：“政治哲学是广义政治理论的分支学科，居于政治理论体系的最高层次广义政治理论，是以政治和一切政治现象、政治关系为研究对象的科学体系。”他依据认识主体的需要和主体认识所涉及的政治现象的性质、层次和范围，将政治理论大致划分为通俗政治学、应用政治学、理论政治学、哲学政治学（亦可称元政治学）四个依次递进的层次。③ 俞可平教授也大致持这种观点：“政治哲学是政治学的一个分支学科，它主要研究政治价值和政治实质。政治哲学属于政治理论的范畴，它是关于根本性政治问题的理论，是其他政治理论的哲学基础。”他进一步阐述说，政治哲学是一种规范理论，它主要不是关于现实政治的知识，而是关于现在政治生活的一般准则以及未来政治生活的导向性知识，即主要关注政治价值，为社会政治生活建立规范和评估标准。换言之，它主要回答“应当怎样”的问题。④ 臧峰宇教授通过解

① 〔美〕史蒂芬·B. 史密斯：《政治哲学》，贺晴川译，北京联合出版公司，2015，第1页。

② 〔英〕乔纳森·沃尔夫：《政治哲学导论》，王涛等译，吉林出版集团有限责任公司，2009，第3页。

③ 万斌：《略论政治哲学》，《政治学研究》1987年第3期。

④ 俞可平：《民主与陀螺》，北京大学出版社，2006，第41~42页。

析政治哲学的英语表达来证明政治哲学属于政治学，认为政治哲学是“元政治学”。他说：“从政治哲学的概念构成角度看，政治哲学（political philosophy）是‘政治的哲学’，而不是‘关于政治的哲学’（philosophy of politics），因而主要是一种‘元政治学’，而不是以探究政治知识为要务的政治认识论。”① 这种元政治学立足当代、指向现实，它引导现实政治的走向并反映政治发展的轨迹，力图将面对现存世界的政治理想转换为一种全新的现实格局。

我国也有一些学者认为政治哲学是哲学与政治学的交叉学科。宁骚教授根据休谟关于科学与哲学的分野判定，“政治哲学是哲学与政治学的交叉学科；其研究对象是政治现象，就此而言它属于政治学；其研究方法与哲学相同而与政治科学大异其趣，哲学方法即沿着直觉和思辨指引的方向发现真理的方法的运用使得政治现象脱离具象而达到向意境的全面提升，从而获得对政治的内在本质的超验的普遍认识。就此而言，政治哲学属于哲学体系的一个组成部分。政治哲学是政治思想体系中最高层次的理论形态”。② 在他看来，政治哲学在整个政治学中具有基础的和指导的作用，其进展对整个政治学的研究水平和发展状况都有着深刻的影响，并对社会变迁、社会发展、社会整合和社会的有序运动具有不可替代的作用。

也有不少学者没有在政治哲学与政治科学之间作出区分。比如，姚大志教授认为政治哲学是一种实践哲学，它所关注的问题有三个方面：政治价值、政治制度和政治理想。“政治价值涉及的是政治哲学的价值理论，政治制度涉及的是国家理论，而政治理想涉及的是传统上所说的乌托邦理论。”③ 这里所说的三个方面的内容基本上是从传统政治学意义上讲的，因为这些问题不仅为政治哲学所关注，也都是政治科学涉及的。

从以上考察中可以看出，关于政治哲学与政治科学（现代政治一学）的关系，在它们的基本区别方面学者基本达成了共识，即政治学是经验性学科，而政治哲学是规范性学科。他们的分歧主要在于政治哲学是属于哲

---

① 臧峰宇：《政治哲学的“规定”及其当代性》，《江苏大学学报》（社会科学版）2013 年第 6 期。

② 宁骚：《政治学·政治哲学·政治科学——〈中国现代科学全书·政治学卷〉总序》，《江汉石油学院学报》（社会科学版）2002 年第 3 期。

③ 姚大志：《什么是政治哲学》，《光明日报》2013 年 9 月 24 日，第 11 版。

学还是属于政治学上，而这种分歧在列奥·施特劳斯开始对政治哲学本身进行反思和批判之前并不存在，他的反思开启了这一分歧，也开启了两者之间关系的讨论。从总体上来看，上述三种观点是其主张者站在不同的立场上形成的。站在哲学立场尤其是古典哲学立场上看政治哲学，就会把政治哲学看作属于哲学；站在政治学的立场上，就会把政治哲学看作属于政治学；而站在交叉学科的立场上，就会把政治哲学看作属于哲学与政治学的交叉学科。从这个角度看，三种主张各有道理，这就是他们在这个问题上难以达成共识的原因。不过，在两者的关系上的三种观点实际上表达的是三种不同的哲学观，它们不可能都是对的，否则就无法在政治哲学问题上形成基本共识。

在笔者看来，如果说政治哲学的旨趣在于为政治活动创造好社会提供理论依据和实践规导，而其根本使命是通过反思和批判现实政治揭示政治的本性及其实践要求并据此规导现实政治，那么政治哲学显然不属于政治学，而是属于哲学，是哲学的一个专门学科或特殊领域。不是政治哲学属于政治学，相反政治学亦应属于政治哲学的反思、批判和规导的对象。政治学只有接受政治哲学的规导才能成为有助于实现人类理想社会的学问，否则就可能成为政治弊端尤其是政治异化的帮凶。如果认为政治哲学属于政治学，那就意味着政治哲学是直接为政治学服务的，它就必须站在政治学的立场上，为之提供依据、论证和辩护，政治哲学和政治学就可能都会成为现实政治的御用工具。把政治哲学作为哲学，就会对政治学以及政治现实都持反思和批判态度，政治哲学与政治学就会存在一定的张力关系。由于同样的原因，政治哲学显然也不是哲学与政治学的交叉学科，而且它们不仅研究方法不同，研究对象的范围也不同。政治学研究现实政治事物，政治哲学研究政治事物的一般本性及其在一定时代的实践要求。我们更不能将政治哲学理解为应用学科，这是因为政治哲学和道德哲学是哲学本身的两个关注人性两大特性的专门学科或特殊领域，它们是和哲学一起产生的，而且本身就具有实践性，根本不存在与其他学科交叉的问题，正如我们不能说伦理学是哲学与道德社会学的交叉学科一样。

非政治的政治哲学

李义天*

（清华大学高校德育研究中心，北京）

摘　要：作为一种以哲学的方式来理解政治生活、讨论政治事务，从而得出关于政治现象的哲学学说，政治哲学仅仅认识到自身在方法论层面的规范性并不够。研究者还需意识到，政治哲学的研究对象是人类社会的一种特殊活动，即围绕公共权力的获得、配置、掌控和使用而进行的人类活动；它表现为谋位、建制和立国等三种主要形态。政治活动的特殊性，同时意味着它造就了人类社会在政治活动与非政治活动之间的区分。家庭与社会层面的平凡生活构成非政治活动，它是人类生活的首要阶段和主要部分，对于政治活动的存在样态和评价更替具有决定作用。政治活动应当以适应、看护和促进非政治活动为旨归。政治哲学正是通过设定和建构规范的政治活动方案，来保护和实现非政治活动的理想与逻辑的。

关键词：政治哲学；政治活动；非政治活动；平凡生活

近30年来，政治哲学成为中国学界的一门显学。我们不仅积极译介了西方政治哲学的很多重要作品，也重新开掘了中国传统文化的不少思想资源。更重要的是，我们是在当代中国的语境下，面对当代中国的社会结构和基本问题而开展这项研究的。这意味着，除了专门的思想史或哲学史梳理，我们的政治哲学研究更应立足于当代中国的具体实际，通过自主的问

* 李义天，清华大学高校德育研究中心教授，教育部“青年长江学者”，主要研究方向为马克思主义伦理学、美德伦理学、政治哲学。

题意识和明确的思维线索来思考和串联东西方文明已有思想，让它们“为我所用”，成为我们自主知识体系的一个组成部分。

当然，这并不是说，我们关于政治哲学基本问题的圈定以及围绕这些问题而进行的论证，就必定是标新立异甚或唯我独尊的。恰恰相反，哪些问题才是政治哲学的基本问题，这些问题又有哪些值得重视的典型观点，对此，我们仍需尊重既有的学科范式和学术脉络。只不过，作为当代中国学人，我们不能停留于此，而是必须从更广阔的学术视野和更务实的社会实践出发，对这些问题给予进一步的理解和更具批判性的回答。为此，笔者试图在已有的研究基础上，围绕理解政治哲学的特征、对象和根基等最基本问题进行更深入细致的思考，并通过“非政治的政治哲学”概念来阐明笔者所认同的政治哲学的治学立场和理论取向。

一 政治哲学的规范性

任何对政治哲学感兴趣的人，都会问自己这样一个问题：“什么是政治哲学?”其实，以哲学的方式来理解政治生活、讨论政治事务，从而得出关于政治现象的哲学学说，这样的研究并不是当代才有的，而是早在人类文明的轴心时期就已经开始了，甚至当时就已经达到了一个高峰。我们可以在柏拉图的《理想国》、亚里士多德的《政治学》、西塞罗的《论共和国》，可以在中国的《尚书》《老子》《论语》《孟子》《韩非子》等古典文献中清楚地看到这一点。但是，当古代哲学家开展这方面研究的时候，他们会认为自己是在从事“政治学”（politics）研究，而不是“政治哲学”（political philosophy）研究，他们也没有提出所谓专门的“政治哲学”概念。如果你去问柏拉图、亚里士多德、孔子或孟子：“你们是在研究政治哲学吗?”他们可能觉得非常奇怪；他们会认为，自己只是在研究关于政治的知识或学问，而不是一门“政治哲学”。

但这不是因为他们缺乏哲学知识，恰恰相反，这是因为他们用于理解政治生活的求知工具纯然就是哲学的。对他们来讲，哲学的方法几乎是思考和理解人类生活（包括政治生活在内）从而获得相关知识或真理的主要甚至唯一方式。因此，古代的学者，由于并不拥有现代人所拥有的其他成熟的科学方法——无论是成熟的社会科学方法，还是成熟的自然科学方法——所以他们很难想象，除了采取基于理性的哲学思辨和讨论，还能有什么其他方式可以构成针对政治生活与政治现象的有效考察。在这个意义上，当他们运用哲学的方法去研究政治时，他们会认为这就是关于政治的全部研究。而他们由此得到的政治学，在实际上，也等同于我们今天所说的政治哲学。只不过，他们无须专门强调这门学问的“哲学”性质。因为，此时的“哲学”并不是人类知识门类中的一个（跟“科学”相对的）分支或部门，而是（跟“意见”相对的）人类知识本身。

相应的，人类思想史的发展也告诉我们，只有当研究政治事务的其他方式日趋成熟或成型，以至于相关的科学范式（比如人类学、心理学、社会学、经济学、生物学等）已经足够成熟，相关的科学研究成果已经壮大到能够与哲学的探讨模式相抗衡或相对应的情况下，“政治哲学”才会作为一个独特的知识门类而获得有效的概念化。这就是我们今天讨论的“政治哲学”。而我们之所以要特别强调它是“政治哲学”，而不是一般“政治学”，就是为了把它跟如今涌现的“政治科学”区分开来。[①]

在当代学术语境中，与政治科学相比，政治哲学最大的方法论特征就在于，它不是经验性或实证性的研究，而是一门针对政治事务的规范性研究，它需要对人类的政治生活作出规范性的原则设立和价值评判。关于这点，列奥·施特劳斯（Leo Strauss）在他的那篇名作《什么是政治哲学》中讲得非常清楚。他说：“政治事务依其本性就是赞成或反对，选择或拒绝，歌颂或谴责的对象。正是基于其本质，它们不是中立的”，所以“如果人们不按照好或坏、正义或不正义的判断标准来认真对待它们的或明确或隐晦的主张，也就是说，如果人们不按照某种善或正义的标准去衡量它们，人们也就不能理解政治事务究竟是什么”。[②] 因此，政治哲学不可能回避规范性的层面，它必须“争取获得有关这些标准的真正知识”，亦即，发现或建构某种善的或正义的政治状态。

施特劳斯关于政治哲学的规范性的判断，几乎得到了当代西方政治哲

---

① 李义天：《“政治哲学”何以成为问题?》，《武汉大学学报》（哲学社会科学版）2019 年第 5 期。

② Leo Strauss, “What is Philosophy?”, *Journalof Politics*, Vol. 19, No. 3, 1957: 344 – 345.

学的所有主流哲学家的认可。比如，罗尔斯（John B. Rawls）就认为，政治哲学显然需要表达特定的政治价值，为那些根本性的政治原则和政治理念提供基础和论证，构成社会公共文化的组成部分，并向公民传递关于个体和社会的某些特定的政治理念。因此，政治哲学具有如下四个方面的规范功能：①解决重要的政治分歧和政治冲突；②将社会作为整体以及将个人作为公民来思考；③对社会制度采取恰当的合乎理性的论证与辩护；④以现实主义乌托邦的精神探讨一种合宜的政治秩序的可能性。[①] 在这个意义上，“政治哲学最主要的工作，是要发展出一套有效的方法论，运用我们的道德直觉及各种经验性知识，建构出一套最能符合我们深思熟虑的判断的正义体系”。[②] 类似地，米勒（David Miller）也明确表示，政治哲学的核心依然是要研究生活价值及其实现手段的问题。[③] 他说，今天的政治哲学家尽管可以将证据建立在更坚实的经验主义基础之上，“但他们工作的本质仍然是……吸纳我们关于人类社会的知识并弄清人们被统治的方式，然后探究根据那些目标和价值，最好的政府形式会是什么”。[④] 与之相比，金里卡（Will Kymlicka）则显得更为激进。他直言不讳地指出：“政治哲学是一种道德论证，而道德论证又得诉求我们深思熟虑的直觉。……政治哲学的中心目标之一，就是要为那些相互竞争的正义理论进行评判，并进而评估这些理论为自己的立场所作辩护的力度和融贯度。”[⑤]

强调政治哲学的规范性，或者说，在定义上，把政治哲学界定为一种针对政治事物的规范性研究——这当然是正确的，也是有必要的。然而，它在什么意义上是正确的或必要的呢？回答是：它是在把政治哲学区别于政治科学的意义上，是正确的或有必要的。这种区分和界定意味着，对于那种被我们称作“政治”的人类活动，我们（至少）有两种不同的方法来分析和理解它：一种是强调经验性和实证性的“科学”研究，它试图发现人们在政治生活和政治事务中的因果关系或实然规律；另一种是强调规范

---

① 〔美〕约翰·罗尔斯：《政治哲学史讲义》，杨通进等译，中国社会科学出版社，2011，第9~10页。

② 应奇主编《当代政治哲学名著导读》，江苏人民出版社，2018，第5页。

③ 〔英〕戴维·米勒：《政治哲学与幸福根基》，李里峰译，译林出版社，2008，第8页。

④ 〔英〕戴维·米勒：《政治哲学与幸福根基》，李里峰译，译林出版社，2008，第15页。

⑤ 〔加〕威尔·金里卡：《当代政治哲学》（上），刘莘译，上海三联书店，2004，第13页。

性和评价性的“哲学”研究，它试图揭示人们在政治生活和政治事务中的价值诉求或应然原则。只要我们有效区分科学的方法与哲学的方法，那么，我们似乎就能够有效地理解“何谓（区别于政治科学的）政治哲学”。

但是，当我们采取这种方式来回答“什么是政治哲学”时，我们其实仅仅作了一半的工作。因为，这样的回答方式蕴含着一种预设，即，我们对于政治哲学的研究对象已经很清楚了，我们都知道什么是“政治”，只是还不清楚什么是“哲学”，所以，我们要通过对哲学和科学进行区分而搞清楚什么是区别于政治科学的政治哲学。根据这种预设，当我们研究政治时，我们的研究对象并没有发生改变，而只是研究的方法、视角和路径发生了改变。仿佛我们不需要探究什么是“政治”，而只需要探究什么是“哲学”，以及，通过“哲学”这种方法和视角，我们在观察和理解政治时又会得到哪些与“科学”的方法和视角所带来的内容不尽相同的东西。

然而，我们对于政治哲学的研究对象真的了解吗？作为一种特殊而真实的人类活动和实践方式，“政治”到底是什么？如果我们不搞清楚研究对象而仅仅停留在研究方法上，仅仅停留在是更抽象的研究还是更具体的研究，是更规范的研究还是更实证的研究上，那么，这就还没有完整地理解政治哲学的内涵。此时，我们不再是针对政治哲学的研究路径进行提问，而是针对政治哲学的研究对象进行提问；我们不再是在区别于政治科学的意义上来追问“什么是政治哲学”，而是在区别于其他哲学部门的意义上来追问“什么是政治哲学”。如果我们不能对这门知识的研究对象有准确的把握，而仅仅围绕它的研究方法展开分析，那么，我们关于“什么是政治哲学”这个问题的回答就仍是不完整的。

二　作为特殊人类活动的政治

什么是政治？作为一种人类活动方式，如果它确实具有特殊性，那么它的特殊性究竟表现在哪里？为此，让我们首先援引西方哲学史上几种有代表性的说法来加以考察。

第一种观点来自亚里士多德。在亚里士多德看来，人天生就是政治的动物。因为，人天生就会为了实现某种目的或追求某种善而结合、群居、共同活动。所以，人出于天性而组成家庭，然后由家庭组成村社，从村社组成城邦。但是，与家庭和村社生活不同的是，只有在城邦生活中，人才可以实现最高善。因为，在这种生活中，人不仅没有失去家庭和村社的生活，而且能够继续实现自己在家庭和村社的生活层面的善，更重要的是，他还会通过对公共事务的参与和自由的论辩，从而实现一种人之为人的最高的存在方式，即“政治”的存在方式。[①] 作为古典政治哲学的代表，亚里士多德把“政治”理解为道德平等的自由公民之间的一种关系，在其中，他们依靠辩论和同意，围绕内政、外交、军事等重大公共事务展开交往，从而实现一种不同于家庭或村社的更高层次和更广范围的伦理活动。可以说，在追求和实现善的意义上，政治活动与非政治活动具有一致性，但是，在追求和实现不同层面、不同内容的善的意义上，政治活动又跟非政治活动有着明显的区别。

第二种观点来自马基雅维利（又译作马基雅维里）。如果说亚里士多德是根据善的实现程度和范围的差异性而把政治活动同非政治活动（家庭、村社）区别开来，那么，马基雅维利则是通过对善的剥离和抛弃而刻画了政治活动的独特本质。也就是说，在亚里士多德那里，政治仍被列为人类（追求/实现）善的实践方式之一，但在马基雅维利这里，政治之所以区别于非政治，其特殊性不在于它能够实现最高善，而是在于它必须掌控和运用与善无关（甚至相悖）的权力。马基雅维利认为，政治的根本问题是统治权，因而，参与这项活动的行动者（尤其是统治者）必须以夺取和保持统治权作为根本甚至唯一的目的。对于大权在握的统治者来说，他们肩负着保存自己国家的任务。为此，他们必须采取有力的行动，巩固自己的实力，维系自己的统治权，并对周围那些可能觊觎和颠覆这种权力的其他行动者保持极大的警惕性。[②] 于是，围绕统治权而展开的政治活动，不仅会因为其特殊的活动内容而将自身同那些非政治活动（与统治权的夺取和维系无关）区别开来，而且会因为同样的理由而“超脱”普通人的道德标准，甚至在必要的情况下，它可以允许或鼓励统治者采取不道德的手段

① 〔古希腊〕亚里士多德：《政治学》，吴寿彭译，商务印书馆，1983，第4～8页。

② 〔意〕尼科洛·马基雅维里：《君主论》，潘汉典译，商务印书馆，1985，第24～26页。

去达成自己的目的。[①]

第三种观点来自霍布斯。他关于“一切人反对一切人的战争”的说法众所周知。但是，所谓“一切人反对一切人的战争”并不是对政治状态的描述，而是对政治状态之前的自然状态的描述。换句话说，政治不是存在于生存战争之中，而是开始于生存战争的结束之际。霍布斯相信，当人们为了自身安全而让渡战争权利的那一刻起，他们才真正步入了政治的领域。在这个意义上，“政治”乃是处于自然状态的个体通过让渡自然权利，形成共同权力，从而避免战争或维系和平的制衡关系。相比于自然状态，政治当然可以被视为一种进步。但是，这个意义上的政治同样不再蕴含亚里士多德所期待的那种最高的善；相反，它拥有的只是“最高的恶，即死亡……人聚集在社会里不是为了达到一种共同的善，而是为了避免可能来自相互之间或来自自然的恶。……整个现代哲学试图把人的政治存在不是建立在德行上，而是只建立在必要性上”。[②] 概言之，政治不是为了实现共同的卓越和光荣，而是为了避免伤害以求每个人能够存活于世；为此，每个人才不得不交出自己的权力，赋予“利维坦”。而“利维坦”之所以不能被随便推翻，也主要是为了避免战争和伤害，使人不要重新回到一切人反对一切人的自然状态中。可见，尽管霍布斯不像马基雅维利那么直白或冷漠，但他对于政治的界定，依然跟非政治的普通生活之间存在显著的区分：前者是为了实现和维系后者而不得不设置的“保险硬壳”。

第四种观点来自马克思。在某种意义上，马克思对待“政治”时的冷静程度绝不亚于霍布斯，甚至不亚于马基雅维利。在早年写就的《论犹太人问题》里，马克思指出，以国家形式存在的政治共同体是作为社会存在物而追求普遍利益的人的联合。当时，他意识到政治国家与市民生活之间存在断裂，并且认为前者在一定程度上构成对后者的弥合和诊治。他说：“前一种是政治共同体中的生活，在这个共同体中，人把自己看做社会存在物；后一种是市民社会中的生活，在这个社会中，人作为私人进行活动，

---

① 〔意〕尼科洛·马基雅维里：《君主论》，潘汉典译，商务印书馆，1985，第83~85页。

② 〔法〕雷米·布拉格：《面对现实》，薛军译，参见哈佛燕京学社、三联书店主编《理性主义及其限制》，生活·读书·新知三联书店，2003，第75页。

把他人看做工具，把自己也降为工具，并成为异己力量的玩物。"① 显然，马克思这里对政治活动与非政治活动的区分，以及对于政治的功能和特殊性的肯定，有着很明显的黑格尔的影子。在这个时候，马克思的"政治"概念或"政治国家"概念还不完全是消极的，它们在某种意义上能够被用来规避市民社会因追求私利而出现的弊端。但是，当他后来的思想更加成熟以后，当他能够更加熟练地运用历史唯物主义去分析人类社会生活包括政治生活以后，马克思的结论就不一样了。在《法兰西内战》里，他指出，"国家政权更集中更有组织，并扩大国家政权的范围和特权，增加它的机构，提高它对现实社会的独立性，加强它对现实社会的超自然控制"，所谓的"国家利益"越来越成为"独立于社会而且与社会对立的利益，这种国家利益由担任严格规定的、等级分明的职务的国务祭司们管理"。② 此时，政治国家不再强调也不再允许人在其中发现或表达自己的社会性。相反，"国家无非是一个阶级镇压另一个阶级的机器"。③ 作为阶级统治的工具，国家是对社会生活进行严格管控和约束的手段，而不再是社会生活的凝结或升华。因此，无产阶级的革命对象"不是哪一种国家政权形式——正统的、立宪的、共和的或帝制的，而是国家本身这个社会的超自然怪胎。……它是为了粉碎这个阶级统治的凶恶机器本身而进行的革命。"④

无论是区别于家庭村社的"政治"，还是区别于普通人善恶抉择的"政治"，无论是区别于自然状态的"政治"，还是区别于市民社会的"政治"，上述观点无疑都在告诉我们，政治确实是一种特殊的人类活动。或者说，政治确实是人类活动中一个特殊的部门，具有相对独立的内容、系统和功能。与经济活动、道德活动、宗教活动、艺术活动相比，政治活动最大的特殊性就在于，它是围绕公共权力（public power）的获得、配置、掌控和使用而进行的人类活动。可以说，是否或多大程度上涉及公共权力，构成了一项人类活动是否或在多大程度上堪称政治活动的基本条件。我们不妨将这样的活动大致划分为三种类型。

---

① 《马克思恩格斯文集》第1卷，人民出版社，2009，第30页。

② 《马克思恩格斯文集》第3卷，人民出版社，2009，第191页。

③ 《马克思恩格斯文集》第3卷，人民出版社，2009，第111页。

④ 《马克思恩格斯文集》第3卷，人民出版社，2009，第193～194页。

第一种类型可以被概括为“谋位”，亦即，围绕最高统治权力的获得、维系和操纵而进行的人类活动。毫无疑问，在公共权力中，最重要的就是统治权，尤其是最高统治者所掌握的统治权。对于这种权力的争夺或继承、巩固和延续、筹划和算计，百分之百属于政治活动，而且是最狭义、最典型的政治活动。但正因如此，这种政治活动的参与者其实是有限的。因为，它仅仅涉及也只可能涉及那些有可能实际获得、维系和操纵最高统治权的个体或群体，比如，作为大位的候选人或控制集团而登上历史舞台的皇族、贵族、军阀或党派等（相比之下，普通百姓甚至一般官僚阶层都不可能染指其中）。针对这样的政治活动及其参与者，无论在东方还是西方，都有一些著述专门加以研究和讨论，并对（最高）统治权的候选人或持有人提出相应的指引、要求和规范。比如，中国先秦时期的《商君书》，西方近代马基雅维利的《君主论》以及时人撰写的《独裁者手册》等。

第二种类型可以被概括为“建制”，亦即，围绕最主要的统治/治理制度的设计、建构和运行而进行的人类活动。“谋位”固然是政治活动的关键环节，但无论君主制还是民主制，获得最高统治权的统治者永远无法依靠一己之力来推动和保障公共权力的全面实施。此时，关于公共权力的最基本的分配模式，或者说，关于最基本的政治制度的合理设置，便成为更重要的政治议题。其中包括最根本的选举制度和选拔制度，最根本的立法制度和司法制度，以及最根本的行政制度和治理制度。通过对这些制度的设计和建立，公共权力的配置和分布将会变得明确，政治共识的内容和取向将会得到承认；通过对这些制度的执行和实施，不仅最高权力的拥有者，而且那些分有权力的制度参与者也都被纳入政治之中。相应地，政治共同体也就能在更大程度上实现稳定的持存。针对这种政治活动及其参与者，同样有一些著述专门研究和讨论，并对制度的设计者、建构者和执行者提出了相应的指引与规范。比如，中国西汉时期的《礼记》、古希腊亚里士多德的《政治学》以及当代学者罗尔斯的《政治自由主义》等。

第三种类型可以被概括为“立国”，亦即，围绕最基本的权力关系（在整个政治共同体内部）的界定、分布和置换而进行的人类活动。如果说“建制”还只是关系到“政体”，那么“立国”则已然关系到“国体”。这种政治活动表现为重大政权变革之际的权力替换，重大社会变迁之际的权力划分，以及针对统治者与被统治者、精英与大众之权力关系的思考和辩论。比如，它会涉及“是君为本还是民为本”，统治者的权力“是来自天赋还是来自民意”，整个政治共同体的公共权力的重心“是在下还是在上”等方面的讨论和实践，也会涉及公共权力如何让渡、继承或转移等基本原则的设计与实施。在很多情况下，这些活动具有一般性、整体性的特点，但也正因如此，它所牵涉的政治参与者的范围也更广：不仅是最高统治者或统治集团，也不仅是设计、建构和执行基本制度的政治精英或官僚阶层，而且包括政治共同体中与公共权力相关的所有人。因此，从政治哲学的角度来讲，相比于“谋位”或“建制”，“立国”活动才更根本，它构成了政治哲学尤其近现代政治哲学（如《政府论》《社会契约论》《正义论》等）最常见的研究主题。

概言之，与公共权力的内在而直接的关联，使得政治成为一种特殊的人类活动。也正因这种关联，政治不仅身份特殊，并且变得真实而具体。既然政治哲学（如前所述）是一门规范性的研究学科，那么，它就应该是针对这些特殊、真实而具体的人类活动的规范性研究，而不仅仅是针对抽象的政治价值、原则或概念的规范性研究。直接围绕公共权力而展开的这种人类活动，才是政治哲学的对象和前提。政治哲学就是要通过哲学式的反思、批评和建构，来探究这种活动的本质，并对可能最佳的活动方案作出规范性的判断。

三　政治哲学中的非政治维度

既然政治是直接围绕公共权力而展开的人类活动，那么，毫无疑问，权力属于政治最核心的要素，也构成了政治的底色和最根本的真相。但这是否意味着，我们的政治哲学研究便要就权力考虑权力，就政治考虑政治？这当然是一条可行的路径，却不是唯一可行的路径。因为，一旦意识到并揭示出政治活动的独特本质时，我们实际上也同时承认了非政治活动的特殊性及其实存性。我们会发现，作为一种特殊的人类活动，政治尽管真实，但它只是全部人类活动中的一部分；尽管它很重要，甚至会带来巨大的冲击力或压迫感，但它永远只是人类生活的一个部分。因此，既然政治哲学是从规范性的层面来反思、批判和建构政治活动的，那么，除了思考政治活动内部的规范原则和最佳方案之外，我们同样也必须思考政治活动外部（即从政治与非政治之关系的角度）的规范要求和最佳状态。甚至，在相当大的程度上，前者的具体内容及其合理性都是要通过后者来规定和证成的。

如果政治是直接围绕公共权力而展开的人类活动，那么，从逻辑上，我们可以说：非政治就是不直接围绕甚或不围绕公共权力而展开的人类活动。但这种回答依然非常“单薄”和形式化。因此，进一步地，我们有必要借用黑格尔与马克思对人类社会（尤其是现代社会）的基本划分，从而对非政治活动的具体内涵有更充分的理解。

在黑格尔看来，人的全部活动及其现实是在如下三种场所中进行的——家庭、社会、国家——它们在表象上是人类生活的三种模式，但在本质上则是人类存在的三种伦理实体。[①]“家庭”是男女通过自然结合而形成的亲缘共同体，是生殖繁衍和生产劳动的基本单位。“社会”是人类物质利益的获取和使用的主要场所；在其中，通过分工、生产、分配、交换和消费，人类结成具有一定关系结构和规则模式的大规模的交往群体。而“国家”，则是公共权力的获取与使用的主要场所，是迄今为止人类政治活动的主要形态，也是截至目前人类政治共同体所采取的基本建构方式。

家庭是社会的细胞。家庭虽然不同于社会，但相比于它同国家/政治之间的关系，家庭明显距离社会更近。相应地，社会与家庭之间的密切程度，也比它同国家/政治之间的密切程度更高。之所以如此，本质上是因为，在家庭与社会中发生的活动，绝大部分都不是直接围绕公共权力而展开的政治活动，而是围绕着人口与物质利益的生产交换而展开的非政治活动。一方面，家庭与社会不是公共权力的主要运行场域，而是受制于公共权力的基本对象；但另一方面，它又是生长和制约公共权力的存在基础与价值旨归。于是，在区别国家/政治的意义上，我们不仅可以把家庭与社会视作一个与之对应的整体，而且还可以承认，这种由家庭和社会所构成的“非政治活动”，同那种由国家构成的“政治活动”之间既有联系更有张力。

---

① 〔德〕黑格尔：《法哲学原理：或自然法和国家学纲要》，范扬、张企泰译，商务印书馆，1961，第41页。

对于政治与非政治之间的关系，马克思和恩格斯也许是最透彻的洞察者。在《〈政治经济学批判〉序言》中，马克思通过一段经典表述，揭示出非政治作为政治之基础的重要地位。他说："人们在自己生活的社会生产中发生一定的、必然的、不以他们的意志为转移的关系，即同他们的物质生产力的一定发展阶段相适合的生产关系。"① 正因如此，非政治还进一步改变了政治的目标和动力机制。比如，恩格斯就指出，工业革命创造了前所未有的财富，"财产、物升格为世界的统治者"，而"财产的统治必然要首先反对国家，瓦解国家，或者……至少也要挖空它的基础"。自从亚当·斯密在1776年发表《国民财富的性质和原因的研究》以后，国家经济不再"仅仅被看做全部国家事务中的一个部门，从属于国家本身；亚当·斯密……把国家经济提升为国家的本质和目的。他把政治、党派、宗教，即把一切都归结为经济范畴，因此他认为财产是国家的本质，致富是国家的目的。"② 这就是说，随着生产力在近代的飞速发展，社会（经济）从国家（政治）中赢得独立位置，成为人类生活的新的基础和目标。此时，以国家为形态的政治活动，往往会因为局限于对公共权力的诉求而形成自身的保守性和顽固性，进而跟以社会为形态的非政治活动发生矛盾冲突。马克思说："如果一个国家越强盛，因而政治性越强，那么这个国家就越不愿意认为社会缺陷的根源就在于国家的原则……就越不愿意理解社会缺陷的普遍原则。政治理智之所以为政治理智，就因为它是在政治范围以内思索的。它越敏锐，越活跃，就越没有能力理解社会缺陷。"③

如果马克思恩格斯关于政治与非政治之间关系的判断是基本正确的，那么，沿着这条思路，我们可以作出进一步的推论。第一，非政治活动是人类生活的首要阶段。任何个体都是从"家庭"开始自己的经验活动，通过教化和训练从而进入"社会"的。在这个意义上，非政治活动是一个人展开自身存在状态的第一步，而且，是不可避免的第一步。与之相比，政治活动对于他来说不但是后发的，而且不是必然的。一个人完全有可能不（以主体的身份）介入任何政治活动，也完全可能根本没机会介入政治活

① 《马克思恩格斯文集》第2卷，人民出版社，2009，第591页。
② 《马克思恩格斯文集》第1卷，人民出版社，2009，第105页。
③ 《马克思恩格斯全集》第3卷，人民出版社，2002，第387页。

动；尤其是“谋位”和“建制”的政治活动，在许多情况下，终生都与普通百姓的生活无关。第二，非政治活动也是人类生活的主要部分。因为，我们所施行的绝大部分的人类行为——饮食、生育、生产、交换、消费、教育、文化、艺术、信仰——都是在家庭和社会的非政治领域中完成的。换言之，吃喝拉撒、衣食住行、声色犬马……正是这些方面构成了一个人的主要的生活内容。即便其中会介入一定的政治因素，但也可能只是被动地、局部地介入，而仅仅构成其全部经验活动及其现实生活的某些片段。人们既不希望也没有必要一定将这些非政治活动灌注或赋予十足的政治意义，将其完全解释为某种政治活动的映像。第三，非政治活动对于政治活动的存在样态具有根本的决定作用。尽管国家的政治活动可以凭借对公共权力的运用和行使，在具体情境中影响、制约家庭—社会的非政治活动，然而，一个政治共同体究竟需要采取怎样的制度形态和权力格局，在根本上，仍然受制于组成这个政治共同体的人们所形成的经济利益关系以及他们所传承的自然组合方式。无论是从逻辑上证明，还是从历史上观察，我们都可以找到大量的证据来论证，前者在根本上由后者的存在方式所决定，并随后者的发展变迁而变迁。[①] 第四，非政治活动对政治活动的评价更替具有根本的决定作用。什么是好的政治活动？什么是正当、合理的公共权力配置及其运作？这些问题的答案在根本上都取决于，政治的公共权力对非政治的家庭和社会是否有所适应、看护和促进。如果政治活动仅仅着眼于自己的权力诉求，没有将这种权力用于服务非政治活动，没有给予家庭和社会领域很好的适应、看护和促进，那么，小则引起社会不满，中则引起权力旁落，大则引起整体的社会变革。这些深刻的教训在历史上屡见不鲜。

从这些意义上来讲，相对于政治活动而言，非政治活动其实更根本、更基础、更普遍。它由我们绝大多数人在绝大多数生活境况中所必然切身经历的那些经验活动组成，从而构成了具有如下特征的“平凡生活”——①实践上的日常性（dailiness）。非政治活动涉及的是普通人的生老病死、吃喝拉撒等最自然的生存常态，以及他们的柴米油盐、衣食住行等最基本的物质需求。这种生活既不在于庙堂之高，也不处于江湖之远，而就在市井城乡、

① 〔加〕威尔·金里卡：《当代政治哲学》（上），刘莘译，上海三联书店，2004，第4～5页。

寻常巷陌之中，往往表现为普通民众最为日常的市井生活。②观念上的一般性（generality）。非政治活动的基本价值和普遍观念不是由政治精英或知识精英规定的，而是由一般民众所营造的。非政治活动，从整体上向我们展示的，是普通人的喜怒哀乐所反映出来的一般偏好。③情感上的丰满性（abundantness）。非政治活动所涉及的事项类型是多样的，人们对此类事项首先作出的是感性的情感反应。其中蕴含着人们一般性的伦理观念。这些情感因为应对对象的多样性而变得丰富，也因为应对资源的一般性而变得饱满。④组织上的宽松性（looseness）。非政治活动预设了一个相对独立的自我观念。它可以生存于某种伦理实体，可以接受政治国家的训诫和教化，但是，它不会无条件地受制于任何政治共同体、市场共同体、家庭共同体、知识共同体。①

综上而言，体现为家庭和社会的平凡生活的非政治活动，才是人类生活的最根本、最优先的含义。它蕴含着特定的规范要求和伦理标准，囊括着我们所持守的积极价值和美好事物，也充当着我们人类经验的主要乃至首要部分，构成了我们的基本生活空间。我们在这个空间中生老病死，也在这个空间中接受教化、学以成人，然后，我们才有可能进入到政治活动的思考与实践之中。当然，非政治活动的基础地位并不代表它就强悍有力。恰恰相反，正因为它没有与权力保持内在的直接联系，因此，它很容易受到资本的力量、权贵的力量、命运的力量的拉扯、压迫和蹂躏。而身处其中的普通人，也恰恰因为组织上的宽松性和情感上的丰满性而显得分散、脆弱、不堪一击。所以，要维系这样的生活，我们就需要有组织的健康的公共力量来应对上述同样有组织的压迫性力量。如果缺乏这样的力量，那么，非政治领域就容易通过自发组织而形成难以控制的蛮力和风暴。

因此，政治活动应该以适应、看护和促进非政治活动为旨归。我们关于政治的规范性思考——政治哲学——正是通过设定和建构某种规范的政治活动方案，来保护和实现人世间那些非政治活动的逻辑与理想。在这个意义上，我们围绕政治而展开的理解和筹划，恰恰需要我们跳出政治看政

① 李义天：《理解平凡生活——新冠肺炎疫情时期的双向伦理反思》，《学习与探索》2020 年第 9 期。

治，需要我们从政治与非政治之间的辩证联系中去反思政治的特殊性，思考如何善用这种特殊性，从而让政治活动回归其根基，不忘其本意。毕竟，好的政治活动的标准，其奥秘都藏在更加日常、更加一般、更加丰满、更加宽松的非政治活动之中。任何从事政治哲学思考乃至从事政治活动实践的人，都不可不察。

走向和平：政治哲学视界下暴力的正当合理性辨析

谢惠媛　海　翔*

（北京航空航天大学马克思主义学院，北京）

摘　要： 暴力与和平相对而存。从政治哲学的视角审视暴力问题，其目的在于有效减少暴力，维护世界和平。对暴力问题不应停留在简单的口诛笔伐层面，而应揭示现象背后的问题症结，并予以具针对性的引导。鉴于此，本文围绕政治暴力的正当合理性论题，剖析其概念内涵、表现形式和当代特征，在此基础上明晰其证成性与正当性，进而寻求化解暴力与维护和平的有效途径。

关键词： 和平；暴力；证成性；正当性；政治哲学

和平与发展是当今世界两大主题。这既反映历史的发展趋势，也表达全世界人民的共同期盼。与此同时，应当承认，一些妨碍和平和发展的问题尚未得到有效解决，诸如暴力等现象在当代仍时有发生，甚至有愈演愈烈的迹象。① 因此，作为一门致力于把握政治本质、追求好生活与健全知识

---

* 谢惠媛，北京航空航天大学马克思主义学院教授、博士生导师，主要研究方向为政治哲学、伦理学；海翔，北京航空航天大学马克思主义学院硕士研究生，主要研究方向为马克思主义基本原理。

① 近期，哥伦比亚广播公司（CBS）公布的一项民意调查表明，64% 的美国人认为未来几年该国的政治暴力将会增加。美国《科学》杂志网站援引加利福尼亚大学的一项调查研究称，在近 9000 名受访者中，有一半的人预计未来几年美国会发生内战，而且其中许多人希望参加。当中，约 1/5 的受访者表示，如果自己认为暴力能推进重要政治目标，就可能会携带枪支。约 7% 的参与者表示，愿意在这种情况下杀人。参见王晓雄、郑可《美国进入“政治暴力时代”?》，《环球时报》2022 年 9 月 20 日。

的学问[①]，政治哲学理应正视与直面暴力问题，将其纳入关注重点，而非回避与该目标相悖的难题；理应深入剖析问题症结，而非停留在口诛笔伐层面。从政治哲学的角度反思暴力问题，其目的在于走出暴力、走向和平。这不仅需要做事实层面的问题澄清，而且需要做规范层面的价值引导，“不仅要追问政治事务本身的技术合理性和政治合法性问题，还要追问政治事务——包括政治行为尤其是政治家的行为——的政治合目的性和道德正当性等深层的政治伦理意味”。[②] 鉴于此，有必要从政治哲学的角度审视政治暴力问题，由此寻求化解暴力与维护和平的有效途径。

一

根据世界卫生组织的《世界暴力与卫生报告》，暴力被界定为这样一类行为，它“蓄意地运用躯体的力量或权利，对自身、他人、群体或社会进行威胁或伤害，造成或极有可能造成损伤、死亡、精神伤害、发育障碍或权益的剥夺”。[③] 可见，暴力不仅影响个人，而且对社会产生冲击；不仅危及身体健康，而且也严重威胁心理健康、精神健康，侵犯包括人格尊严、财产和生命在内的基本权利，破坏人的完整性。[④] 尽管暴力带来的伤害极具冲击力，但在人类社会发展的历史长河中，暴力行为形形色色，暴力事件并不鲜见。对此，利科（Paul Ricoeur）指出：“只要考察帝国如何兴起和衰败，个人威望如何确立，宗教如何分裂，财产和权力如何继承和转移，思想家的权威如何增强，精英的文化享受如何建立在被剥夺者的辛劳和痛苦

① Leo Strauss, *What is Political Philosophy? And Other Studies*, Illiois: The Free Press of Glencoe, 1959.

② 万俊人：《我们为何需要政治哲学》，转引自梁晓杰《德法之辨：现代德法次序的哲学研究》，上海人民出版社，2007，第4页。

③ 〔瑞士〕克鲁格等编著《世界暴力与卫生报告》，唐晓昱主译，人民卫生出版社，2002，第19页。学界对政治暴力概念的探讨，可详见左高山《政治暴力批判》，中国人民大学出版社，2010。日常生活中对暴力概念的运用比较泛化，它有时被用于指称肢体暴力，有时用于形容言语、经济、思想等方面的粗暴性，即语言暴力、经济暴力、意识形态暴力等。有必要澄清的是，本文所指的暴力对象（受体）主要涉及身体及与之相关的基本权利。

④ 在各种冲突中，除直接参与者以外，因暴力事件而丧生的平民不在少数。根据蒂利（Charles Tilly）统计，20世纪90年代，在战争中失去生命的平民占总死亡人数的90%。参见查尔斯·蒂利《集体暴力的政治》，谢岳译，上海人民出版社，2006。

之上，就足以发现暴力无时不在，无所不在。”[①] 在政治生活中，暴力似乎已成为一种让人望而生畏但又难以割舍的力量。

就表现形式而言，政治暴力主要表现为起义、暴乱、暗杀、军事政变、革命、包括内战和国际争端在内的战争、恐怖活动、极权统治、种族清洗、宗教信仰冲突等。就所涉主体而言，政治暴力涉及国家之间的军事战争或不同地区的相互冲突，政府与国内民众或武装力量之间的冲突，以及基于教派或种族、民族等问题而引发的矛盾等。就所涉场域而言，可划分为国家内部的政治暴力和国家之间的政治暴力。从华尔兹（Kenneth Waltz）对武力的比较性分析可管窥两者的区别。在他看来，国家使用武力的目的和表现均有所不同。“在国内，政府运用武力是以正义和权利为旗号的。而在国际领域，武力的使用则是为了保卫国家自身及其利益。叛乱对政府享有的权威提出挑战，对统治合法性提出质疑。而国家间的战争并不能解决权威与权利问题，它只能解决竞争者之间的损失与收益的分配，并在一定时期内确定谁是更强者。在国内，得到建立的是权威关系；而在国际上，建立的则是权力关系。在国内，私自使用武力对抗政府是对统治系统的威胁。而从国际视角来看，国家——一个公共实体——对武力的使用也属于对武力的私自使用，但是并不存在可资推翻的政府，或是可资夺取的政权。如果不希望建立全球霸权，那么对武力的私自使用并不会对国际系统构成威胁，而只是会威胁到某些国家。战争使一些国家自相残杀，而它们都是构成彼此的实体。”[②] 鉴于目的指向和行为表现等方面的差异，有必要区分两种不同场域的暴力行为，从而使言说更有针对性。相应地，从研究论域来看，可划分出国内语境中的政治暴力和国际语境中的政治暴力。随着科学技术不断发展，当代政治暴力呈现一些新特征。如，形式更加多样化，杀伤力越来越大，技术影响的不确定性增加，作为手段的暴力具有压倒目的的危险，暴力与国家力量不成比例，等等。[③] 诚如阿伦特指出的，暴力工具的技术进步已然使得“没有一种政治目标能与它们的毁灭潜力相比，也没

---

① 〔法〕保罗·利科：《历史与真理》，姜志辉译，上海译文出版社，2004，第224页。

② 〔美〕肯尼思·华尔兹：《国际政治理论》，信强译，上海人民出版社，2003。

③ 从9·11事件可以看出，即便国力比较弱小的国家也能以暴力的方式宣泄对国力较强的国家的愤恨。

有一种政治目标能证明它们在武装冲突的实际应用是否得当”。摧毁一个国家无须动用大量武器，“少量的武器就能顷刻间摧毁一个国家能力的所有来源”，诸如制作成本低的生物武器、未来战场上的机器战士等。“技术的进步在众多情况下似乎直接导致了灾难，特别是那些远不止仅仅威胁到某些失业阶层而且还威胁到整个国家、甚至全人类的生存技术与机械的激增。”①除此以外，在经济全球化的大趋势下，诸如恐怖主义等与暴力相关的安全问题已非一国能独立解决，而是需要世界各国共同应对的难题。

二

由于暴力给个体、群体和社会带来不可忽视的威胁或伤害，因而，人们通常对暴力持怀疑或反对态度。但即便如此，政治生活中始终存在暴力现象的事实暗示了，政治暴力问题具有复杂性，不应一概而论，简单否定或刻意回避问题的做法难以称得上是明智的。恰当的做法或许是，辩证地剖析其由以产生的原因，并在此基础上辨析行为的合理性。

针对暴力的成因，一些思想家认为，暴力与秩序之间存在紧密关联，暴力既能破坏旧秩序，同时也有可能是建立或捍卫新秩序的必要手段，因此对秩序的诉求内在地需要诉诸暴力。马克思恩格斯开创的无产阶级革命学说把暴力革命视为创造新秩序、实现无产阶级解放的基本方式。首先，暴力为社会新秩序的生成提供必要条件。从历史唯物主义的角度出发，马克思指出，征服、奴役、劫掠、杀戮等暴力的作用是巨大的，“所有这些方法都利用国家权力，也就是利用集中的、有组织的社会暴力，来大力促进从封建生产方式向资本主义生产方式的转化过程，缩短过渡时间。暴力是每一个孕育着新社会的旧社会的助产婆。暴力本身就是一种经济力”。② 换言之，暴力在资本主义初期是推动经济发展的重要动力。其次，暴力的生成逻辑起始于资产阶级的剥削与压制。“世界上几乎所有国家的无产阶级的

① 〔美〕以塞亚·伯林等：《一个战时的审美主义者：〈纽约书评〉论文选》，高宏译，新世界出版社，2004，第41、45～46页。

② 《马克思恩格斯文集》第5卷，人民出版社，2009，第861页。

发展都受到有产阶级的暴力压制，因而是共产主义者的敌人用暴力引起革命。”[①] 因此，无产阶级应以统治阶级的资格，用暴力消灭旧生产关系，“用暴力推翻资产阶级而建立自己的统治”。[②] 更重要的是，暴力革命是无产阶级赢得解放的唯一可行途径。在观察巴黎工人起义等的基础上，马克思和恩格斯认识到，在反抗反革命暴力的过程中，革命暴力是行之有效的方式。“用和平方式进行革命是不可能的，只有通过暴力变革现有的反常关系，根本推翻门阀贵族和工业贵族，才能改善无产者的物质状况。”[③] 这意味着，暴力革命是确立政治新秩序唯一可行的方式。

进一步地，韦伯不仅把暴力看作确立秩序的手段，而且认为它是维护秩序的必要保障。在他的国家观理论中，暴力是内嵌于国家的重要组成，是国家得以存在与维持的前提条件。“从根本上说，站在社会学的角度给近代国家下定义，只能根据它——就像任何其他政治团体一样——所特有的手段，即暴力的使用。”[④] 因此，他赞同托洛茨基关于国家以暴力为基础的说法，认为如果不能理解暴力的作用，就无法把握国家的本质。

与强调秩序的视角不同，有部分思想家立足于对人本性的理解，由此论证暴力产生的必然性。雅斯贝斯（又译作雅斯贝尔斯）把暴力看作人性缺失的表现。他指出，人性是“仅仅在某些条件下才存在的。当这些条件暂缺时，动物式自私的野蛮就表现为为了维护自己的生命而不惜牺牲他人的代价。这种情形在极端的自我暴露的时刻就发生在人与人之间。在这样的时刻，它同样也发生于国与国之间”。[⑤] 易而言之，人性的缺失将导致野蛮暴力。不管是发生在个体间的暴力，还是发生在国家间的暴力，都是发挥人性作用的条件消失了的结果。

与雅斯贝斯把人性看作积极存在并把暴力归咎于人性缺失的观点不同，现实主义者对人性的理解较为消极，认为暴力是人性作用的必然结果。卡尔（Edward Carr）、摩根索（Hans Morgenthau）、华尔兹和克劳德（Inis

① 《马克思恩格斯全集》第42卷，人民出版社，1979，第378页。

② 《马克思恩格斯文集》第2卷，人民出版社，2009，第43页。

③ 《马克思恩格斯全集》第3卷，人民出版社，2002，第411页。

④ 〔德〕马克斯·韦伯：《学术与政治：韦伯的两篇演说》，冯克利译，生活·读书·新知三联书店，2013。

⑤ 〔德〕卡尔·雅斯贝斯：《时代的精神状况》，王德峰译，上海译文出版社，2003，第111页。

Claude）等现代国际政治理论家发展了现实主义的国际政治观，论证了政治暴力等行为的必然性。在《国家间政治：权力斗争与和平》一书中，摩根索总结政治现实主义的六大原则。此六大原则源于他对现实生活中人的各种不当行为的观察，植根于他对政治领域恶之必然性的确信，以及对理性主义的反感与批判。在他看来，政治只能做到两害相权取其轻，诸如暴力等既是必要的恶，同时也是难以摆脱的恶，相应地，政治伦理与关于恶的伦理有着内在关联，道德勇气并非表现为征服恶，而是体现为意识到政治行动之恶无法避免却依然采取行动。① 与之相似，华尔兹同样强调人本性中的邪恶成分，但不同的是，他聚焦战争的根源，并把论说的重心从权力和国家利益转向均势和世界秩序。依他之见，国内政治和国际政治的区别不在于是否运用武力，而在于它们处理暴力的组织模式有所不同。② 可以说，尽管现实主义者注意到暴力引致的负面影响，但并没有完全否定道德在处理国际事务中的作用，他们始终关注人行为中恶的一面，对道德主义和理想主义保持高度警醒，主张立足于国家目的和利益把握国际局势，谋求顺应时势的外交决策。由此，他们以不同方式论证政治暴力的正当合法性，在国际政治事务中为暴力预留了一个相当重要的位置。

对人性之恶的确信使思想家对暴力的理解平添一份以恶制恶、以暴抗暴的色彩。从法农（Frantz Fanon）等思想家的相关论述中不难发现，暴力不仅是人之劣根性必然挑起的恶，同时也是对抗恶的必要手段。在为法农的《全世界受苦的人》一书作序时，萨特强化了这一点。他指出，暴力不仅能让人改变身处底层的处境，而且能“像阿基琉斯的长矛，能使长矛刺

① 摩根索概括的六大原则包括，政治受到植根于人性的客观法则的支配、作为国际政治领域的主要路标和普遍适用的客观范畴之权力界定的利益概念、政治行动的道德意义、拒绝把特定国家的道德愿望等同于普适的道德法则、现实主义和其他派别之间真实且深刻的差异。参见〔美〕汉斯·摩根索《国家间政治：权力斗争与和平》，徐昕等译，北京大学出版社，2006，第 28 ~ 41 页。值得注意的是，摩根索也看到了暴力带来的伤害，意识到纯粹政治的考量有可能招致的风险，因此，其对国际政治中的道德给予了一定程度的关顾。对道德诉求与政治成功之间的张力的洞见以及对特殊国家的道德法则和支配世界的道德法则之间的区分，均体现摩根索对极端的非道德主义国际政治倾向的忧虑，这在某种程度上是对道德狂热与激进政治的调和。

② 〔美〕肯尼思·N. 华尔兹：《人、国家与战争：一种理论分析》，倪世雄等译，上海译文出版社，1991，第 171 ~ 192 页；〔美〕肯尼思·华尔兹：《国际政治理论》，信强译，上海人民出版社，2017。

的伤口结痂”。① 其结果是，即便是有志于实现和平的国家或地区也不得不被动地加入战争等政治暴力事件当中。

上述对政治暴力何以产生的原因分析折射出，虽然意识到暴力是危险的、有害的，但基于对人性、秩序和国家的理解，一些思想家坚持认为暴力与政治紧密相连，政治暴力是政治概念的题中之义，因此也似乎成为政治的一部分。②

三

关于政治暴力生成原因的解释一定程度上构成论证其合理性的依据。然而，值得注意的是，合理性不等同于正当性，前者证成政治暴力，但却无法由此自然而然地推断出暴力具有正当性的结论。③ 那么，接下来的问题是，假如某政治暴力行为可以被看作正当的，那么它至少应当满足哪些条件？

赞成政治暴力具有正当合理性的辩护理由首先围绕目的的正当性展开。就目的和手段的关系而言，目的引导与规范手段，手段服务于目的。作为实现特定政治目标的手段，政治暴力不是也不应当是自身的目的，亦即说，它无法自我证成，而需要借助更高位的目的来说明自身的合理性。有可能获得正当性说明的政治暴力往往指向良善的公共目的，为暴而暴的行为必定是不合理的、非正义的。正因如此，为政治“脏手”“为了行善而作恶”等行为辩护的理由，更多地强调目的的合理性和正当性。而让评价者感到为难的也恰恰是，放弃邪恶的手段就无法实现良善的目的。可以说，目的的正当性是判断政治暴力之正当性的首要条件。

---

① 〔法〕弗朗兹·法农：《全世界受苦的人》，万冰译，译林出版社，2005，第31页。

② 但不少学者不赞同韦伯等人的观点，或者说，他们认为至少韦伯的论证是不充分的。比如，阿伦特似乎认为韦伯混淆了暴力和权力。虽然两者有很多相似之处，但在她看来，权力而非暴力才真正是政府的本质。因为权力可以自身为目的，而暴力却是实现目的的手段。“暴力本是工具性的；像所有手段一样，需要目标的引导并将它证成。而如果需要他物予以证成，它就不可能是任何事物的本质。”参见〔英〕以塞亚·伯林等《一个战时的审美主义者：〈纽约书评〉论文选》，高宏译，新世界出版社，2004。

③ 关于正当性和证成性之间的区别，参见周濂《现代政治的正当性基础》，上海三联书店，2021。

然而，目的的正当性并不必然说明作为手段的政治暴力同样是正当的。比如，政治暴力无助于实现目的，又或者并非实现目的的唯一手段。因此，除了目的的正当性以外，辩护者还诉诸行为的有效性理据。有学者认为，与谈判等和平方式相比，直接暴力能节省时间，降低在人力、物力、财力上花费的成本，并有可能成功地实现公共目的或政治目标。然而，此种辩解理由并非无懈可击。以实施暴力的载体为例。在大多数情况下，国家运用暴力的载体包括军队和军事防御体系，而对它们的维护需要付出一定代价。一方面，组建军队与建构军事防御体系要耗费高额的成本，如国家在服役人员的补贴、社会福利、医疗健康、再培训等方面支付的费用。另一方面，一些军事组织有可能发动政变而成为篡夺权力与压迫人民的力量。如作为特殊兵种，雇佣军成员并非出于爱国或维护公共利益而参与战斗，而是基于对金钱和名利的渴求，或者为了在战争杀戮中获得快感等目的而受雇作战。鉴于此，当有利可图时，他们有可能倒戈相向，篡夺雇主国的政权，压迫其原应保护的人民。但雇佣军的危害并非最为可怕的，相比之下，外国援军给被援助国带来的威胁更大。历史上的多次战争表明，外国援军常常垂涎于被援国的政权和资源，时常策划更权易主的阴谋，使被援国陷入被奴役的屈辱当中。故而，雇佣军和外国援军均非维护国家防务的可靠力量。① 另外，一些生产规模较大的军备制造商和从军火买卖中获利的军火商对政治的影响，在某种意义上也反映唯金钱或权力是瞻的军事组织的潜在威胁。可见，从有效性的角度来为政治暴力辩护的理由同样是不充分的，需要借助更多条件。

除目的的正当性和行为的有效性以外，论证政治暴力之正当性的理据

① 透过詹诺蒂（Donato Giannotti）、帕特齐（Partizi）、圭奇阿迪尼（Francesco Guicciardini）和马基雅维利（Nicclò Machiavelli）等人文主义者的政治主张和军事政见，便能更深入地体会雇佣兵和外国援军的潜在威胁。在《论李维》和《兵法》等著作中，马基雅维利曾多次强调，把国家的命运托付给国外援军和雇佣军的做法极为危险。在比较执政官统治下的罗马军队与十人团统治下的罗马军队之战绩的基础上，他指出，虽然两个时期的军队拥有相同的德行（virtù），但由于后者更依赖于雇佣军，因此他们无法取得昔日的辉煌战果。而佛罗伦萨与比萨交战期间，前者的进攻计划因雇佣兵首领们集体叛变而被迫搁置的事实，也让马基雅维利更清楚地认识到，雇佣军毫无忠义、贪生怕死、只求军饷，更有甚者，他们随时会因急功近利而反过来对雇主国构成致命性颠覆。基于上述认识，马基雅维利一再重申，假如一国的防务完全依赖于外国援军，那么，它离覆灭也就不远了。参见《君主论》第12章、第13章，《论李维》第2卷第20章，《佛罗伦萨史》第5卷第7章。

主要聚焦“防御性”和“必要性”两方面。“防御性”意味着，政治暴力针对的是实际发生或可合理预见其将会发生的侵权行为，目的在于预防或阻止此类行为的发生，或者当行为发生时予以抵抗与制止。比如，在对方已然挑起战事或极有可能发动战争的情况下，基于防卫而参与战争，抵御外来侵略。如同怀特菲尔德所指出的那样：“毫无疑问，如果没有这些玩意儿（带有暴力性质的自卫抗击），世界会变得更加美好，而我们终有一日能废止之。但关键问题是，如今，我们没有选择。我们酷爱某些游戏规则：但如果我们遵循着板球的规则而另一方却以武器—枪支的规则来玩游戏，那就毫无意义了。”① 自卫目的在很大程度上证成作为手段的政治暴力行为。而这正是大多数思想家论证暴力正当性的重要依据。比如，西塞罗在《国家篇》中曾鲜明地指出：“一个理想的国家从不从事战争，除非是维护自己的荣誉或安全。……那些不是由于有人挑衅而发动的战争是不正义的。因为只有出于复仇或防御而进行的战争才可能是实际上正义的。……除非是公开宣布和宣告的战争，或除非已首先提出了赔偿，没有任何战争是被认为正义的。”②

而“必要性”侧重说明，除非运用暴力，否则无法避免遭受伤害，或者如不采用政治暴力手段就有可能引致更大的伤害。由于必要性反映出政治暴力是有效制止侵害与避免情况进一步恶化的唯一方式，因此，采用政治暴力成为万不得已的次优选择，是孤注一掷式的最后办法（last resort）。值得注意的是，社会科学与自然科学有所不同：在大多数情况下，由于社会并非一个理想的实验场所，它难以通过各种具有比较性的社会实验来进行决策，因此，所谓的万不得已并不是指，只有当尝试各种可能性选择并以失败告终时才能诉诸暴力。更贴切的意思是，决策者应当认真思量：除政治暴力以外，是否还存在其他可行且有效的方法能解决问题。假如有，就应当避免或中止政治暴力。进一步地，必要性维度还体现在行为限度方面。在以暴抗暴过程中，应尽可能采用危害较小的方式，同时针对不法侵害所施行的暴力行为也不应当超过必要限度，并且在侵害终止后应尽快停止对抗性的暴力行为。

---

① John Whitfield, *Machiavelli*, New York: Russell & Russell, 1965, p. 68.

② 〔古罗马〕西塞罗：《国家篇 法律篇》，沈叔平、苏力译，商务印书馆，2009，第104～105页。

证成性有别于正当性。即便某些暴力行为事出有因、能证成自身，但这并不必然说明行为具有正当性。目的的良善性以及行为的有效性、防御性和必要性构成论证政治暴力之正当性的主要理据。它们共同揭示出，一项暴力行为之所以能被称作正当的，至少应满足几个条件，即指向好的目标，借助合乎道德的方式无法实现目的，有限度的暴力是实现好目标的唯一手段。

四

论证政治暴力之正当合理性的条件和理据具有规范意义上的普遍性，是判断与评价具体暴力行为的重要依据。这些条件与理据蕴含一定的价值理念与取向。对此，值得进一步追问，支撑上述理据的价值理念取向是否无可置疑？假如其背后的理念取向本身尚存有待澄清的地方，那么行为的正当性说明或许很难被看作完全意义上的。

就防御性和必要性而言，不难发现，论证政治暴力之正当性的理据在某种意义上源于自保意识。究其实质，这种意识预设了跟自我相对的他者，同时立足于个体自我存在的根本性和绝对性，展现出一种向内“收缩”而非向外“舒展”的姿态。在政治暴力中，自我与他者不仅相对而存，而且相互对抗。施密特把这种对抗关系阐释为敌—我关系。身份差异滋生的敌意和仇恨是战争等暴力事件发生的缘由。然而，对暴力行为的质疑，并非针对此种身份意识。确切来说，它更多的是指向在“自我—他者”或“敌—我”关系中确立起来的非对称责任意识，彰显出自我的绝对性和优先性。换而言之，我对自身及与我同一族类的责任高于对他者及其族类的责任。当两者发生冲突时，为保护前者而放弃甚至侵犯后者的权益是无可厚非的。

但有必要指出，自保意识更多的是一种意念性的立场，而非拥有不证自明、无可挑剔的自在性。以自保为至上理由，其造成的困境将一如雅斯贝斯所揭示的“深层的恶”。雅斯贝斯指出，“人们开始认为自己的生命毫无疑问地比他人的生命更为重要，而且是世上唯一真实的东西；人们无法做到把自己置于别人的地位而不背叛自己的自我；渴求安全的恐惧致使人们只能以拥有胜过所有他人的暴力的方式找到安全；强烈的权力欲以及自欺欺人的态度导致生活没有希望的混乱，这源于对错误观点的盲目执着以及受到未经批判的热情的支配——直到除了诉诸暴力似乎别无出路时为止”。[①] 这使得战争、暴力与和平之间构成异化关系，并陷入难以摆脱的恶性循环。“如果你想得到和平，就要备战。获得和平的唯一方法是对潜在的侵略者构成威慑。因此，你必须扩军，并且清楚地表明，你的政策并不必然排除任何特定规模的战争。这就不可避免地要求你要清楚地表明，你既准备打有限度的战争，又在某些情形下，你不但会触及而且会跨越核战争的边界。否则，你无法避免战争，同时也将被打败。”[②] 受保持均势才能避免恃强凌弱、弱肉强食的观念支配，在理性考量基础上所作出的抉择，其结果却是集体的非理性：全球军备竞赛不断升温。[③]

与此同时，关于“自我—他者”或“敌—我”的身份意识，以及对“自我”的绝对性与优先性的强调，有可能导致无法实现以暴制暴的预想目标，“自我”的幻象终将破灭。具体而言，以自我为着眼点的思维方式极有可能滋生与纵容暴力倾向，使以暴抗暴的行为超过必要的限度。诸如自卫战争等常常会激起不必要的暴力倾向。“即便设想战争的种种原因将被消除（这些原因可以通过条约而在经济上受到控制和制约），但仍很难说，在人的心中就没有一种制造战争的隐晦、盲目的意志和一种寻求变化的冲动。这种冲动希望摆脱日常生活的常规、摆脱人人熟识的状况的稳定性。它类似于一种死亡意志，即一种毁灭和自我牺牲的意志，一种建立一个新世界

① 〔德〕卡尔·雅斯贝斯：《时代的精神状况》，王德峰译，上海译文出版社，2003，第111页。

② Alasdair MacIntyre, *After Virtue*, Notre Dame: University of Notre Dame Press, 1981, p. 6.

③ 尽管人们的批评之声不绝于耳，但全球军备竞赛依然激烈。从伦敦国际战略研究所的年度报告中可以看出，各国的军费不断攀升，水、陆、空和极地等方面的争夺此起彼伏。这与全球经济的整体衰退形成了鲜明对比。详细资料请参见 http://www.iiss.org/en/publications。如今，参与军备竞赛的国家不仅包括英国、美国和日本等发达国家，而且印度、伊朗、巴西等国也参与其中。而科技的日新月异更是飞速地加剧了这种另类的竞赛。美国研发的智能武器，如智能潜艇、智能机器人、智能无人战机等能覆盖海、陆、空领域。此外，“机器战士”和机器人军团在战场中的应用更是引发了新一轮的争议。这似乎再次印证了雅斯贝斯早在1931年时所作出的论断：“今天的战争似乎已经历了一种意义的转变：它不是一场宗教的战争，而是一种利益的战争……不是人与人的战争，而是机器之间以及所有机器与不战斗的人口之间的技术战。”参见〔德〕卡尔·雅斯贝斯《时代的精神状况》，王德峰译，上海译文出版社，2003，第107页。

的朦胧的热情。甚至还可能存在一种为战而战的浪漫的骑士热情。”① 假如缺乏公认且行之有效的国际规约和行之有效的引导，那么，暴力极有可能在行为上或心理上超越必要的限度。鉴于自保意识暗含对自我之绝对性和优先性的肯定，从自保立场出发来界定目的性、有效性、防御性和必要性等条件，进而论证某暴力的决定正当性是值得质疑的。

除此以外，透过目前学界对政治暴力正当性的论证，不难发现，当中潜藏着一个重要的前提预设，即理性人假设。可以说，已有的论证逻辑主要建立在理性主义基础上。不过，建基于此的论证是否必定可靠呢？在理性主义传统中，人被看作理性的动物。包括功利主义者和义务论者在内的许多思想家大都相信，人能够且应该通过理性计算与权衡，在纷繁复杂的矛盾关系中找到解决问题的最佳方式，进而有效地实现预期目标。但实际上，现实生活中的人并非纯然理性的。如今，恐怖活动已然由局部地区性波及至全球性范围。在很大程度上，诸如“人肉炸弹”等伤及他人性命的行为，打破了传统国际关系中损人必应利己的行为原则，突破了弱者只能坐以待毙的思维定式，成为弱者打击强者的有力武器，体现一种近乎玉石俱焚的非理性。

就此而言，赵汀阳对恐怖主义等暴力行为的解读颇具启发性。在他看来，思考暴力的正确方向并非功利主义者所强调的最大化原则。“关键问题不在于思维方式是否理性（我们已经假定大家都是理性的，尽管有时会出现思维不理性的时候，比如说一时冲动，但这不是问题，因为人们至少是尽量理性的），问题应该在于我们思考的内容或对象是什么样的。我们是否准确地了解我们理性地所思考的对象？当理性地思考着非理性的事情会怎么样？当理性地思考着忍无可忍的事情会怎么样？虽然我思（cogito）是可放心的，但是所思（cogitatum）是不可放心的，会怎么样？我们的思考方式是理性的，但理性所考虑的对象往往是非理性的东西，比如欲望、价值、趣味等。所思永远超出我思的控制能力，问题就在这里。”故而，一个重要的问题是，“如何使得暴力不成为任何一方的最佳策略”，而这恰恰是一条

① 〔德〕卡尔·雅斯贝斯：《时代的精神状况》，王德峰译，上海译文出版社，2003，第 108 ~ 109 页。

"反最大化原则"。[①] 博弈原理并非何时何地都成立，而博弈参与者也不一定都是理性人。博弈结果的可预测性建立在理性分析和抉择基础上。当一般人遵循常理预测、选择与行动时，非理性行为往往干扰甚至扰乱博弈规则，使结果出乎意料。这意味着，唯有当参与游戏的各方都认同某种或某些基本规范时，理论预测才有可能。共识越多，结果的可预测性就越大。进一步地，经由理性考量而得出的"为实现目的而不择手段"的命题有时恰恰是一项反理性的命题。为了让对方精神上蒙受创伤而采取以卵击石的方式打击报复，又或是"明知山有虎偏向虎山行"式的偏执，往往在激进的民族主义或宗教激进主义所组织的恐怖活动中表现得尤为突出。反理性的行为大大超出普通人的想象，而且它们的发生频次和影响都是难以预料的。理性的"不在场"常常使得抉择上的利益最大化预期以失败告终。

自保意识所遭遇的困境与理性主义本身的困难反映了，论证政治暴力正当性的理据并非无可置疑。尽管在特定时刻，在迫不得已甚或极为紧急的情况下，有必要采用适度的暴力来达到维护正当权益免受侵犯的目的，但假如它会伤害无辜者，那么行为本身仍然难以称得上是正当的，而行为者依然难辞其咎。在这种处境下，理所当然、毫无顾忌地采用暴力手段更难以让人接纳。

五

显然，任何试图从绝对意义上论证政治暴力的正当合理性都不切实际。政治暴力本身及其带来的负面影响使得每一次暴力行动都理应受到极为严格的伦理审查——即便它满足上述正当性条件。与此同时，对该问题的审视还可以从与之相对的另一条进路入手，在比照中反观政治暴力在当代社会的必要性。

与花大量笔墨讨论暴力本身之正当合理性的做法有所不同，诸如夏普（Gene Sharp）、朱恩斯（Stephen Zunes）、赫尔维（Robert Helvey）、亚历山大（Andrew Alexandra）、切诺维斯（Erica Chenoweth）和史蒂芬（Maria

① 赵汀阳：《没有世界观的世界》，中国人民大学出版社，2005，第191、194页。

Stephan）等学者更着力于探究政治暴力是否在特定情况下是唯一可行或有效的手段等问题。[①] 他们更警惕政治暴力所附带的成本与所导致的消极后果，而不是关注它所带来的好处，更致力于揭示非暴力运动实现良善政治目的的可能性和可行性。

非暴力运动是与政治暴力相对的一种行为方式。利用这种方式，参与者可以动员公众反对或支持特定组织，证明对手是不合法的，以及消除或限制对手的权力资源。发生在不同国家的多起历史事件表明，与暴力运动相比，非暴力运动更有可能获得成功。[②] 通过考察发生在 1900～2006 年的 323 起暴力抵制运动和非暴力抵制运动，史蒂芬和切诺维斯建立起关于非暴力与暴力冲突结果的数据集合（Nonviolent and Violent Conflict Outcomes，NAVCO）。根据该数据集合，56% 的非暴力运动（nonviolent campaigns）可以算得上是成功的，而暴力运动的成功率则仅有 26%；就完全成功地实现既定目标的运动数目而言，非暴力运动是暴力运动的 6 倍。[③] 由此，他们得

---

① Gene Sharp，*The Politics of Nonviolent Action*（3 vols.），Boston：Porter Sargent，1973；Stephen Zunes，"Unarmed Insurrections against Authoritarian Governments in the Third World：A New Kind of Revolution，" *Third World Quarterly*，Vol. 15，No. 3，1994：403－426；Robert Helvey，*On Strategic Nonviolent Conflict：Thinking about the Fundamentals*，Boston：Albert Einstein Institution，2004；Andrew Alexandra，"Political Pacifism，" *Social Theory and Practice*，Vol. 29，No. 4，2003：589－606；Erica Chenoweth & Maria J. Stephan，*Why Civil Resistance Works：The Strategic Logic of Nonviolent Conflict*，New York：Columbia University Press，2011.

② 非暴力的方式可以体现在政治、经济、社会、行为和心理等方面。它主要包括抵制、罢工、抗议、说服、不合作，以及非暴力的干预等。夏普曾经列举了 198 种非暴力行为的方式。它们可归为六大类：①抗议与说服（以公共演说或书信等形式作出正式声明，以口号、旗帜、报刊、媒体等方式与范围更广的观众沟通，以集团游说、纠察或模拟选举等方式的集团代表制，通过颜色、名字、声音、手势等方式作出具有象征意义的公共行为，通过纠缠或嘲弄官员、结为深交、监视等做法向个人施加压力，利用音乐或戏剧的方式，游行，给予死去的人以荣誉，集会，撤退与弃权）；②社会不合作（排斥某人，表现为暂停社会或体育活动、抵制社会事件、学生罢课、社会不服从、退出社会机构等的不合作，退出社会体制）；③顾客、工人或生产者、中间商、所有者或经营者、拥有财政资源的人或政府等作出的经济上的抵制行为；④罢工；⑤政治上的不合作（表现为不再效忠、拒绝公共支持、以文字或演说的方式表达抵抗的反对当局，表现为抵制立法机构、竞选、政府任命等的公民与政府不合作，公民有选择性地服从，表现为有选择性地拒绝政府帮助、司法上或行政上的不合作、反叛等政府中的个人行为，表现为以合法借口拒绝或拖延等国内性的政府行为，拖延和取消外交事件、退出国际组织等国际性的政府行为）；⑥经济、政治、心理、社会、行为等方面的干预。

③ Maria Stephan & Erica Chenoweth，"Why Civil Resistance Works：The Strategic Logic of Nonviolent Conflict，" *International Security*，Vol. 33，No. 1，2008：7－44.

出与大多数人的直观看法不同的结论：如果要抵制对方的镇压，那么，与非暴力的方式相比，采用暴力运动的方式更难获得成功。除此以外，史蒂芬和切诺维斯还从案例分析的角度，综合考察了 1988～1999 年的东帝汶、1986 年的菲律宾和 1988～1990 年的缅甸的各种运动情况，在此基础上，他们总结出以暴力形式展开的运动之所以更难获得成功的两个原因：从内部来看，参与运动的成员容易发生动摇，他们可能改变原来的态度，转而忠诚于采用非暴力的另一方；从外部来看，国际组织难以提供物质援助或制裁他们的对手，而对手在遭受暴力的情况下更易团结一致。这使得暴力运动于内于外都容易陷入困境。与之相似，亚伯拉罕（Max Abrahms）也在比较基础上说明，采用恐怖主义的方式能成功实现目标的概率比非暴力行动要小得多。①

研究结果之所以有悖于人们通常的直觉，是因为承诺用非暴力方式有可能带来更加积极且正面的影响。在国内，它能赢得人心，鼓励更多人支持本方，增加对手的压力，削弱对手在政治、经济方面的主要资源；在国外，它能赢得国际的支持，促使国际组织谴责或制裁对手。相比之下，暴力方式更容易产生事与愿违的不良后果，比如，更容易使对方阵营凝聚起来等。因此，以非暴力的方式理应更能成功地实现既定目标。

同样，非暴力运动以外的其他和平方式也越来越引起人们的关注。在现代社会，随着公众对军队等组织的理解逐步发生变化，和平主义的主张及其防御体系日渐得到认可。② 和平主义（Pacifism）又称为非战主义。其核心主张是反对战争或暴力，追求和平和非暴力。历史上曾经产生一定影响的和平主义主张包括，中国传统中墨家的兼爱非攻思想、印度圣雄甘地的“非暴力”的哲学与实践，以及美国民权运动领袖马丁·路德·金的

① Max Abrahms, “Why Terrorism Does Not Work,” *International Security*, Vol. 31, No. 2, 2006: 42－78; Donald Stoker, “Insurgencies Rarely Win—and Iraq Won't Be Any Different (Maybe),” *Foreign Policy*, No. 158, 2007.

② 比较激进的和平主义主张体现在纳维森（Jan Narveson）的观点中。他认为，和平主义不仅把暴力看作邪恶的，而且认为使用武力来抵抗、惩罚或阻止暴力也在道德上是错误的。参见 Jan Narveson, “Pacifism: A Philosophical Analysis,” in *War and Morality*, Belmont: Wadsworth, 1970, p. 63。“一场以崇高的道德原则的名义进行的战争在没有获得全胜之前是不会提前结束的。”引自〔美〕西摩·马丁·李普塞特《一致与冲突》，张华青等译，上海人民出版社，1995，第 316～317 页。

"非暴力"社会变革法。

通过分析，我们至少可以从以下四个方面把握和平主义防御体系及其获得越来越多关注的原因。首先，从和平防御机构的职能特征来看，它主要负责向公众提供非暴力方面的培训。这种训练不仅有助于帮助公众应对矛盾冲突等情况，而且有利于激发与培养他们对暴力的反感，并积极参与政治管理和权力监督。此外，由于它是不具有强制力的机构，故而难以使用武力推翻与取代合法的政治权威。其次，从经济成本来看，和平防御体系无须在生产与购买军备武器、维持军事组织的运作等方面支付高额费用，其大部分经费主要用于培训等方面，耗费的成本低于军事防御体系。再次，从目前西方国家的军队组建情况来看，随着冷战结束后国际政治环境的变化、高端网络信息技术的影响，以及新自由主义观念在决策精英中的崛起，人们对国家角色的理解发生了从"统治"向"治理"的改变，即尽管国家依然有责任提供各种服务，但它的作用主要是监督服务的提供情况，而不是通过自身直接分配服务。这部分地体现在军队人数的缩减、军队结构的调整，以及私营军事企业和安保公司的兴起等方面。① 最后，和平主义已对公众产生了较广泛的影响。总而言之，和平主义已不再像以往那样，仅仅被看作象征性地表达意见的方式，而是被看作能具体产生实际效果的手段。和平主义的当代影响有利于营造和平氛围，有助于减少不必要的暴力行为。

时至今日，和平与发展已成为世界人民共同追求的目标。热爱和平并不意味着要回避暴力问题。相反，恰恰是对和平的珍爱与捍卫，赋予人们

---

① 亚历山大分析了美国军队的状况。从军备人数来看，尽管过去十年，它牵扯进伊拉克和阿富汗的主要冲突中，但它的军备人口比例比"二战"前的任何时候都小（目前大约0.5%的人在军队中，而"二战"时的比重是9%，而越南战争时的比重大概是2%）。在伊拉克和阿富汗战争中，即便在获得公众压倒性的支持时，军队还是很难招募到足够的士兵。为此，美国调整招募士兵的方案，其中包括明显增加财政激励，比如提供入伍奖金、奖学金、贷款援助、面向少数族裔、包容非公民（截至2006年，有3万非公民在美国军队服务），以及降低标准等。值得注意的是，招募活动强调登记带来的个人好处，而不是为共同体服务，这种做法至少能部分地防止父母阻挠子女登记入伍。此外，从军队结构来看，军队成员的服务时间比上一代人更长，他们从整体上也不那么美国化——不成比例地来自南部乡村，他们的父辈可能在军队服役，家境不太可能非常贫困或者非常富裕。与此同时，美国私营的军事和安保公司的工作范围越来越广，原本由国家武装力量承担的职能转至这类机构。详见 Andrew Alexandra，"Political Pacifism，" *Social Theory and Practice*，Vol. 29，No. 4，2003：589－606。

以正视与直面暴力的勇气、力量与理由。在世界处于百年未有之大变局、人类文明走到新的十字路口这一历史关头，对暴力问题的把握应持有更加审慎的态度、更全面的视角、更合理的思维范式，以共商共建共享的全球治理观共同应对。

现代儒家政治哲学三种理论形态合论

——以《大同书》《仁学》《政道与治道》三本著作为例

吴根友　汪日宣*

（武汉大学哲学学院，武汉）

摘要：现代儒家可从康有为、谭嗣同、梁启超等人算起，他们在传统儒家思想的基础上，有选择地吸收现代西方的诸思想，活化传统儒家固有的思想创造出现代儒家的政治哲学理论。康有为的《大同书》以传统气本论为形上学，汲取现代西方平等、自由等观念，构建出康氏的新“大同”的政治哲学理论。谭嗣同则化用西方的“以太说”，在其《仁学》一书中构造出“仁通—以太—平等”的政治哲学理论，描绘出其“地球之治”的理想社会。牟宗三的《政道与治道》一书，在辩证考察中西政治思想和文化的基础上，分析出两种不同的政治理性展开方式，提炼出“政道”与“治道”两个重要的政治哲学范畴，提出了儒家式民主的理想政治模式。现代儒家在古今中西的交汇点上，熔铸新旧，建构出既是中国的，也具有世界意义的政治哲学诸理论，这些思想为当代中国政治哲学理论的再建构提供了可贵的思想启迪。

关键词：现代儒家；政治哲学；《大同书》；《仁学》；《政道与治道》

---

* 吴根友，武汉大学哲学学院教授，文明对话高等研究院院长，教育部“长江学者”特聘教授，研究方向为明清哲学、先秦道家、中国政治哲学、比较哲学；汪日宣，武汉大学哲学学院博士研究生。

回溯近百年中国政治哲学的发展历史，从语言的角度上来看，现代学科意义上的“政治哲学”译名于20世纪初才进入中国，而作为正式学科的“政治哲学”的形成还要推迟到20世纪20年代。但是，具有现代意味的汉语政治哲学理论则在19世纪末就已经出现。换句话说，现代意味的政治哲学理论的出现从时间上要早于作为现代汉语的“政治哲学”。如果从学术史的角度看，自20世纪初“政治哲学”进入中国以来，百年现代汉语政治哲学的发展历程大体上沿着两条大道展开：一条是政治哲学史的书写，另一条是政治哲学理论的构造。前者的主要内容是以现代政治哲学，尤其是西方政治哲学的思维与概念对传统中国政治思想资源进行整理与研究；后者的主要内容则是中国思想家利用中外政治哲学的思想资源，尝试建构新的汉语政治哲学理论。如果说中国政治哲学史的书写意在“返本”，那么中国政治哲学的理论建构则意在“开新”。“返本”并非简单的“复古”，“开新”亦非凭空创造。这百余年的现代汉语政治哲学理论，既回应现代中国与世界的重大社会政治问题，亦以理论的思维方式重建中国人的社会秩序观和世界秩序观，以理论自主与自信的方式参与当代社会的建设与当代世界的秩序建设。

本文选择三部具有代表性的现代汉语政治哲学理论著作，即康有为的《大同书》、谭嗣同的《仁学》、牟宗三的《政道与治道》来考察现代儒家政治哲学理论建构的基本轮廓，进而为当代中国政治哲学的理论建构提供思想的前缘。

一 康有为的《大同书》

鸟瞰现代汉语政治哲学发展的两条道路，并结合现代汉语政治哲学的学术史来看，梁启超的《先秦政治思想史》可谓中国政治哲学史书写的开端，而其师康有为的《大同书》则是中国政治哲学理论建构的先导。萧公权曾经指出：《大同书》为清末之第一部政治哲学著作。①

如众所知，康有为发挥孔子的“春秋三世”说，融合现代西方进化论的思

① 萧公权：《中国政治思想史》（下册），商务印书馆，2011，第810页。

想，提出了人类社会进化的“三世说”——据乱世、升平世、太平世（大同之世）。依此“三世说”，他认为，过往千年的人类不过是“一大杀场大牢狱”[①]的据乱世，而当时的欧美世界也不过是略近“升平世”而已，距离理想中“公理”流行的世界仍然甚远。他自述其既生于乱世，又目睹人道凋敝，百姓疾苦的现状，覃思以救之，故而要构建“大同之道”，希冀以成“大同之世”。

众所周知，“大同”是儒家政治哲学的最高理想，千百年来为无数儒家学人所向往。但真正对“大同”理想作出系统的理论阐发的，则康有为实为第一人。[②]《大同书》是康有为政治理想之结晶，其在核心思想观念上以孔子思想为宗，以《礼记·记运》篇的“大同”理想为原型，以今文经学“春秋三世”为框架，以传统气本论为其政治哲学的形上基础，初步吸收了西方天赋人权、个人主义、享乐主义、进化论、柏拉图的乌托邦乃至傅立叶、欧文的空想社会主义等诸多西方学说，构建出一个杂糅中西古今的康式“大同之道”，以之作为“大同世界”的社会政治建设方案。与宋明儒家“一体之仁式”大同理想社会相比，康式的“大同之道”包含现代资产阶级的平等、独立、自由诸新观念，这是康式“大同之道”超越中国传统固有政治哲学观念的地方，此点必须予以高度重视。

作为一本充满理想性色彩的政治哲学著作，《大同书》的内容极其丰富，具有非常大的阐释空间。但就其基本的思想结构与核心内容而言，大体上包含三个方面的内容，一是以元气论或气本论为基础的大同之道。二是合乎“大同之道”要求的人类生活的基本原则是“去苦求乐”。此一点继承了明末清初以来的反宋明理学“重理轻欲”的理欲观，体现了带有现代意味的享乐主义人生观与晚明以来中国内生的新思想之关系。三是结合中国化佛教与现代平等思想观念，提出了去一切界别的社会政治理想，大到民族国家，小到男女性别与个人之间的等级之界别。

康有为的“大同之道”以“元气论”或“气本论”为其哲学的形上学根据。在康氏看来，“气”具有物质和精神的两种属性，世界之物质与生灵之精神皆本于“元气”。从物质性上看：

---

① 康有为撰《大同书》，汤志钧导读，上海古籍出版社，2019，第2页。

② 张载在《正蒙·乾称篇》中提出的“民吾同胞，物吾与也”的“一体之仁”的北宋新儒家理想社会，相对于《大同书》而言，是十分简陋的“大同”理想社会。

> 吾既有身，则与并身之所通气于天、通质于地、通息于人者，其能不绝乎？……夫浩浩元气，造起天地。天者一物之魂质也，人者亦一物之魂质也；虽形有大小，而其分浩气于太元。①

从精神性上看：

> 夫神者知气也，魂知也，精爽也，灵明也，明德也，数者异名而同实。有觉知则有吸摄，磁石犹然，何况于人；不忍者吸摄之力也。故仁智同藏而智为先，仁智同用而仁为贵矣。②

在康氏看来，人的物质性与精神性是同时共在的统一体，由于有精神性上的觉知之智，于是有其觉知的发用——吸摄之仁。从逻辑上说，人的知觉先于仁爱，但从价值的轻重角度看，人的知觉显用的“仁爱”比“知觉”本身更可贵、更重要，如他说：

> 人绝其不忍之爱质乎，人道将灭绝矣。灭绝者，断其文明而还于野蛮，断其野蛮而还于禽兽之本质也夫！③

康有为将“不忍之爱”看作人类群居相植的人道和文明的本质，而不是将个人的自由、人权看作人道和人类文明之本，这表明康氏“大同”理想的根本还是中国儒家的，是原始儒家与宋明新儒家思想在现代初期之延续与新发展。但他的“大同之道”与人道的根本原则在于“去苦求乐”。这又表明他与宋明新儒家提倡的克尽私欲、天理流行的道德理想主义的仁爱思想，有了一些实质性区别，而具备了现代资产阶级享乐主义的一些思想要素，因而具有了一定的现代气息。

基于元气论的形上学基础，康有为认为，一切天地生灵皆秉气而生，皆有知灵，与物接触则知适宜与否，适宜则精神快乐，不适宜则精神痛苦。

---

① 康有为撰《大同书》，汤志钧导读，上海古籍出版社，2019，第3页。
② 康有为撰《大同书》，汤志钧导读，上海古籍出版社，2019，第3页。
③ 康有为撰《大同书》，汤志钧导读，上海古籍出版社，2019，第3页。

而人类的知灵尤其精微清明，所以与物接触，适宜与否之感尤为显著。因此，就人类而言：

> 适宜者受之，不适宜者拒之，故夫人道只有宜不宜，不宜者苦也，宜之又宜者乐也。故夫人道者，依人以为道。依人之道，苦乐而已，为人谋者，去苦以求乐而已，无他道矣。①

他甚至认为，即便世上那些苦修不厌的人，也是以“求乐”为最终目的的。这一泛化的求乐论思想，与传统儒家的人生论与社会政治哲学颇不相同。“人道无求苦去乐者”，这可以说是康有为功利主义人性论与幸福观的经典命题，也是其“大同之道”的基本原则。按照人道“去苦求乐”的这一根本原则，康氏将“人道”分为三等：“立法创教，令人有乐而无苦，善之善者也，能令人乐多苦少，善而未尽善者也，令人苦多乐少，不善者也。”② “人道三等”对应于“春秋三世”。“苦多乐少”乃是不善的据乱世，“乐多苦少”乃是善而未尽善的升平世，“有乐无苦”乃是至善的太平世、大同世。

因此，要想实现人类社会的进化，关键就在于如何让人类在世俗的现实生活中实现“去苦求乐”的最大化目标。《大同书》将追求人生的现世快乐作为大同世界里所有人的目标，而不是传统大同世界“一道而同风的良序社会”，也不是现代资产阶级的个人自由与平等的“风俗画”（恩格斯语），应该说多多少少体现了康有为“大同之道”的理论特色。

要实现“去苦求乐”的人生目标，首先应知晓有哪些人世之苦。于是，康有为列出“人世六苦”——人生之苦、天灾之苦、人道之苦、人治之苦、人情之苦、人所尊尚之苦。③ 其次要了解致苦的原因。于是，康有为将“人世六苦”之根源归结于“九界”：一曰国界、二曰级界、三曰种界、四曰形

---

① 康有为撰《大同书》，汤志钧导读，上海古籍出版社，2019，第6页。

② 康有为撰《大同书》，汤志钧导读，上海古籍出版社，2019，第7页。

③ “人世六苦”具体如下：人生之苦（投胎、夭折、废疾、蛮野、边地、奴婢、妇女）；天灾之苦（水旱饥荒、蝗虫、火焚、水灾、火山、屋坏、船沉、疫疠）；人道之苦（鳏寡、孤独、疾病无医、贫穷、卑贱）；人治之苦（刑狱、苛税、兵役、有国、有家）；人情之苦（愚蠢、仇怨、爱恋、牵累、劳苦、愿欲、压制、阶级）；人所尊尚之苦（富人、贵者、老寿、帝王、神圣仙佛）。载康有为撰《大同书》，汤志钧导读，上海古籍出版社，2019，第9~10页。

界、五曰家界、六曰业界、七曰乱界、八曰类界、九曰苦界。接下来“救苦之道”就在于破除“九界”：一曰去国界，合大地也；二曰去级界，平人民族也；三曰去种界，同人类也；四曰去形界，保独立也；五曰去家界，为天民也；六曰去产界，公生业也；七曰去乱界，治太平也；八曰去类界，爱众生也；九曰去苦界，至极乐也。因此，“破除九界”的具体举措和方法，就构成了《大同书》的主体内容，而康氏政治哲学与政治学的核心精神和颇具现代特色的社会治理思想，亦得以充分地展现出来。下面择要概述其破国界、级界、形界、家界四个方面的内容，以体现其“大同之道”的激进主义特色和现代气息。

破国界为“破九界”之首。康氏认为，国家竞立，战争不止，为祸最烈，乃人类最大之痛苦。“今欲救生民之惨祸，致太平之乐利，求大同之公益，其必先自破国界去国义始矣。”[①] 如何解决这一旷世难题呢？在进化论思想的影响下，康有为提出了一个循序渐进的方法。他认为，今欲“去国靡兵”，实现人类政治大同，必须分三步走，逐步以三种政治体制实现人类的大同：

> 今欲至大同，先自弭兵会倡之，次以联盟国纬之，继以公议会导之，次第以赴，盖有必至于大同之一日焉。夫联合邦国之体有三：有各国平等联盟之体；有各联邦自行内治而大政统一于大政府之体；有削除邦国之号域，各建自立州郡而统一与公政府之体。[②]

具体而言，“各国平等联盟之体”乃“据乱世之制”；“联邦受统治于公政府之体”乃“升平世之制”；“去国而世界合一之体”乃“大同”“太平世之制”。在三种政体中，“初设公议政府为大同之始”，“立公政府以统各国为大同之中”。从“公议政府”到“公政府”，各国主权进一步削弱，大同之世初步形成，其政体近乎联邦体制。此时的政治体制之要旨在于：废国、废君、废兵、同文、共历。[③] 三世政体的具体异同，康有为详解其内容

① 康有为撰《大同书》，汤志钧导读，上海古籍出版社，2019，第74页。
② 康有为撰《大同书》，汤志钧导读，上海古籍出版社，2019，第76页。
③ 萧公权：《中国政治思想史》（下册），商务印书馆，2011，第683页。

并制成表格来呈现其纲领要旨，又有“辛部：去乱界治太平”一章专言大同太平世的具体政治与文化，甚为详细，故兹不赘述。

“破级界”是大同政治制度确立后，进一步讨论大同社会的制度和价值秩序的问题。康氏认为，大同世界以平等为第一价值，而人类社会之不平等莫过于“男女，人种，阶级”三大类，故必须破之去之。“阶级”的本义就意味着不平等，而“级界”之中，贱族、奴隶和妇女三种级界，最为不平等，也是最为惨烈的。“破级界”则必破除一切之不平等。而与“破级界”最密切相关的是“破形界”。康氏在“形界”里总论妇女之苦，以为男女不平等为天下最奇骇、最不公平、最悖公理之事。此章颇具篇幅，论述和批判尤为深刻彻底，亦最具有现代意味。实可以视之为李贽以来解放妇女思想之激进而系统的表达。康有为深刻地批判了古代与他自己所处时代女子在社会政治生活中的种种不平等遭遇，如不得仕宦、科举，不得充议员、为公民、预公事、为学者，不能自立、自由等；又论女子为囚、为刑（裹脚缠腰）、为奴、为男子私产和工具之种种苦难。他主张女子最有功于人道，男女之贵贱不在身体脑度之大小而在于才智之高低，还分析了女子被屈之缘由在于男子挟强凌弱和繁衍人类之不得已。因此，“破形界”必须破男女不平等。康氏根据“天生男女”和“天赋人权”的理论，大倡男女平等之义，以“女子升平独立之制”拯救女子之苦，破除男女不平等之事。

“破家界”部分专论家庭形成之自然及其利害，认为以私立家而有害于至公大同。“破家界”以人皆天生，故直隶于天的理论，来破除家庭、家族之义对个人的束缚。“破家界”之具体之做法在于逐步废除私养、私教、私恤而代以公养、公教、公恤，进而实现人的个性独立。

要而言之，“破除九界”，以成至仁、至公、至平的“大同之世”，是康有为实现大同理想的具体操作方法与实现的路径。其中包含很多空想的成分，但立意高远，想象力丰富，既具有理想主义的卓识，又富有强烈的现实主义的批判精神，是现代中国初期古典儒家士大夫在接触了现代西方社会、政治哲学、科学思想之后，以富有强烈民族情怀和人类主义的政治情怀，创作出的一本杰出的政治哲学著作。如果将其称为现代汉语政治哲学中的《理想国》，相信柏拉图不会起诉我们命名方面的侵权，而康有为也会微颔一笑。

二 谭嗣同的《仁学》

谭嗣同，近代中国历史和思想史上一位伟大的改革家、思想家。戊戌维新变法失败之后，他以身殉道，与梁启超诀别时说道："各国变法，无不从流血而成，今中国未闻有因变法而流血者，此国之所以不昌也；有之，请自嗣同始。"① 这一气壮山河、视死如归的大无畏精神，让百年之后仁人志士读之，莫不心灵震荡，血脉偾张。谭嗣同去世后九十日，梁启超将其遗著《仁学》一书在自己主办的《清议报》上全文刊发，并给予了高度的评价：

> 《仁学》，以宗教之魂，哲学之髓，发挥公理，出乎天天，入乎人人，冲重重之网罗，造劫劫之慧果，其思想为吾人所不能达，其言论为吾人所不敢言，实禹域未有之书，抑众生无价之宝。②

而且梁启超还预言，《仁学》一书将会像"一声春雷，破蛰启户，自此以往，其必有仁人志士，前仆后继，以扶国家之危于累卵者"。③

与《大同书》欲建构儒家式的理想国目标在形式上稍有差异，谭嗣同的《仁学》一书则希望建立一个"仁—通"的理想社会。④ 这一"仁—通"的理想社会，按照其开篇"仁学界说"的二十七条内容来看，大体上包含五个方面的内容，即"所以通之理、之具"、"通之象"、"通之方法"、"通之效"与"通之名"，即通之语言表达。

"所以通"是谭嗣同"仁—通"社会理想的形上学的部分，它可以析为"所以通之理"与"所以通之具"两个层面。"所以通之理"，即"仁"。其具体内容可以从"界说"的第十一、十二、十三、十七条来认识"仁"：

> 十一、仁为天地万物之源，故唯心，故唯识。

① 梁启超：《谭嗣同传》，《清议报》第 4 期，1898 年。

② 梁启超：《本馆第一百册祝词并论报馆之责任及本馆之经历》第 100 期，1901 年。

③ 梁启超：《横滨清议报叙例》，《清议报》第 1 期，1898 年。

④ 按照梁启超的说法，《仁学》"将以光大南海之宗旨，会通世界圣哲之心法，以救全世界之众生也"。《谭嗣同集》（下册），浙江古籍出版社，2018，第 399 页。

十二、仁者寂然不动，感而遂通天下之故。

十三、不生不灭，仁之体。……

十七、仁一而已；凡对待之词，皆当破之。[①]

“所以通之具”即是“以太”（Ehter）。

一、仁以通为第一义。以太也，电也，心力也，皆指出所以通之具。

二、以太也，电也，粗浅之具也，借其名以质心力。[②]

所谓借“以太”之名“以质心力”，即是说通过“以太”的质料性将抽象的、虚化的“心力”具体化、物质化。谭嗣同还不懂得历史唯物主义的基本思想，但欧洲17世纪的牛顿力学知识已经传到中国。[③] 牛顿力学之“力”是一种物质性的力量。谭嗣同将千百万普通大众的意志、心愿也理解成一种具有某种客观性的物理之力量。具体地说，所谓心力，类似于力学家之凹凸力，其表现为“人类赖以办事者是也”，心力越大越能办事，其力可分为十八种：永力、反力、摄力、拒力、总力、折力、转力、锐力、速力、韧力、拧力、超力、钩力、激力、弹力、决力、偏力、平力等。[④]

“通之象”，即是“通”的具体观念形式和具体的社会秩序与样态，其总象即是“平等”：“七、通之象为平等。”“二四、平等者，致一之谓也。一则通矣，通则仁矣。”[⑤] 而其别象则“四通”：中外通、上下通、男女内外通、人我通。[⑥]

“通之方法”，即是通过什么样的手段去实现“仁—通”的理想目标。在此一层面亦包含方法论的原则和总精神与具体的方法和手段。就方法论

① （清）谭嗣同：《仁学》，张维欣导读，张玉亮汇校，浙江古籍出版社，2021，第4～5页。

② （清）谭嗣同：《仁学》，张维欣导读，张玉亮汇校，浙江古籍出版社，2021，第4页。

③ 李善兰所译《重学》《谈天》分别于1858年和1859年刊印，其中已将牛顿三定律，以及万有引力进行了译介。详见戴念祖《经典力学在中国的传播》，《力学与实践》1980年第1期。

④ （清）谭嗣同：《仁学》，张维欣导读，张玉亮汇校，浙江古籍出版社，2021，第158页。

⑤ （清）谭嗣同：《仁学》，张维欣导读，张玉亮汇校，浙江古籍出版社，2021，第6页。

⑥ （清）谭嗣同：《仁学》，张维欣导读，张玉亮汇校，浙江古籍出版社，2021，第4页。

的原则和总精神而言，是“破对待”。“界说”第十七条认为仁为一体，故一切对待必当破之。故“界说”十八云：“破对待，当参伍错综其对待。”“二十、参伍错综其对待，然后平等。”①

通的具体方法即是“学之通”。“界说”第二十五条提出学通的基本要求：

> 凡为仁学者，于佛书当通《华严》及心宗、相宗之书；于西书当通《新约》及算学、格致、社会学之书；于中国书当通《易》、《春秋公羊传》、《论语》、《礼记》、《孟子》、《庄子》、《墨子》、《史记》，及陶渊明、周茂叔、张横渠、陆子静、王阳明、王船山、黄梨洲之书。②

在“学通”的具体方法范围内，谭嗣同又提出了两个最低的要求，如“二六、算学即不深，而不可不习几何学，盖论事办事之条段在是矣。二七、格致即不精，而不可不知天文、地舆、全体、心灵四学，盖群学群教之门径在是矣”。③

“通之效”即界说第八：“通则必尊灵魂，平等则体魄可为灵魂。”④ 依此界说，我们似乎可以反推，不通，则必不尊灵魂，不尊灵魂则人的体魄就不可以为灵魂。“界说”第九云：“灵魂，智慧之属也；体魄，业识之属也。”⑤ 作为“业识之属”的体魄如果不能变成灵魂，即不能变成智慧。不能变成智慧的“业识”极有可能变成机心。

“通之名”，在“界说”第三条，谭嗣同认为，“通之义，以‘道通为一’为最浑括”。“道通为一”虽出自《庄子·齐物论》，但在《仁学》里，主要是指“四通”的状态，其实质性的精神内容即是“平等”之意。

依据上述我们对《仁学》一书基本结构的理解，下面笔者将集中阐述其中最富新意的“仁—通”理想的“所以通之具”、“通之象”和“通之方法”三个方面的内容。

从整体来看，《仁学》全书是以“仁—通”为核心理念而建构起来的

---

① （清）谭嗣同：《仁学》，张维欣导读，张玉亮汇校，浙江古籍出版社，2021，第5页。
② （清）谭嗣同：《仁学》，张维欣导读，张玉亮汇校，浙江古籍出版社，2021，第6页。
③ （清）谭嗣同：《仁学》，张维欣导读，张玉亮汇校，浙江古籍出版社，2021，第6页。
④ （清）谭嗣同：《仁学》，张维欣导读，张玉亮汇校，浙江古籍出版社，2021，第4页。
⑤ （清）谭嗣同：《仁学》，张维欣导读，张玉亮汇校，浙江古籍出版社，2021，第4页。

"现代儒家"的理想国。这一理想国有其自己的形上学内容、具体表现形象和实现其理想的具体方法。其形上学所以通之理——仁，不必多说。因为此理即蕴含在具体的"通之象"之中，如盐在水，可以味之而不可以名言说之。如果落在具体的咸之味的感觉之上，则非仁之意矣。而"所以通之具"——以太，则是谭嗣同从现代西方科学知识体系里借用的一个概念。此概念代替了中国传统哲学中的"气"的概念，而让"仁之通"具有一种物质性的凭借，使得其"仁—通"的政治哲学观念具备了现代性气息。《仁学》的内容十分丰富，其中许多论证还显得比较粗糙，而且很多论证与思考均具有强烈的现实指向性，如变法、通商、战争等内容，但它的最终价值目标是指向一种理想的社会政治形态，即"地球之治：大同之道"。因此，将《仁学》看作中国现代儒家当中一部可与《大同书》相媲美的政治哲学的理论著作，并不为过。

"以太"原是古希腊哲学家亚里士多德解释世界的五大物质元素之一，至17世纪起，西方近代物理学的兴起而转化为一个科学的概念，表示充满宇宙且渗透万物的物质，其特性是可以作为声、光、电、热、风、雨、霜、雪等形式能量的传导介质。"以太说"在19世纪极为兴盛，为谭氏所吸收后，改造为自己哲学的本体论概念。谭氏强调："学者第一当认明以太之体与用，始可与言仁。"① 即"以太"又可以从"体""用"两个方面来加以认识。

从体的方面看，"以太之体"是一种物质也是一种介质。"遍法界、虚空界、众生界，有至大、至精微，无所不胶粘、不贯恰、不管络而充满之一物焉，目不得而色，耳不得而声，口鼻不得而臭味，无以名之，名之曰'以太'。"② 它极广大而至精微，无所不在又无从感知，是宇宙万物得以形成的基础，也是宇宙万物在本质上相通的根本原因。"以太之体"不生不灭、恒动不已。以太的不生不灭是指其永恒连续的"微生灭"。所谓"微生灭"即"生与灭相授之际，微之又微，至于无可微；密之又密，至于无可密。夫是以融化为一，而成乎不生不灭。成乎不生不灭，而所以成之之微生灭，固不容掩焉矣"。③ 也就是说，"以太"不是一种静态的永恒的物质，而是在动态的永恒无间的"微生灭"中不断地新陈代谢。因此，它既是永

① （清）谭嗣同：《仁学》，张维欣导读，张玉亮汇校，浙江古籍出版社，2021，第11页。
② （清）谭嗣同：《仁学》，张维欣导读，张玉亮汇校，浙江古籍出版社，2021，第9页。
③ （清）谭嗣同：《仁学》，张维欣导读，张玉亮汇校，浙江古籍出版社，2021，第54页。

恒的生灭，也是永恒的不生不灭。追溯最初的“微生灭”，虽然难以言说，但总归有一个开始，所以“天地万物之始，一泡焉耳”。[①] 在谭氏看来，“微生灭”是“以太之体”自身内在的“动机”。“以太之动机，以成乎日新之变化，夫固未有能遏之者也。”“以太不新，三界万法皆灭矣。”[②] 也就是说，以太的本性就是恒动不已和永恒的自我更新。宇宙万物的生生不息和变化不已的根本原因就是由于以太恒动的本性。

从用的方面看，体现在不同学说和在社会生活中所表现出的“仁”之观念和行为，乃是“以太之用”，此种作为以太之用的“仁”以“通”为第一义。从不同学说的角度看：

> 其显于用也，孔谓之“仁”，谓之“元”，谓之“性”；墨谓之“兼爱”；佛谓之“性海”，谓之“慈悲”；耶谓之“灵魂”，谓之“爱人如己”、“视敌如友”；格致家谓之“爱力”、“吸力”，咸是物也。法界由是生，虚空由是立，众生由是出。[③]

从具体的物质世界特别是生物界、人在社会生活的角度看，仁的作用极其深广，“夫仁，以太之用，而天地万物由之以生，由之以通”。[④] 万物之“生”与“通”皆是“仁”的作用。两者之间，“仁以通为第一义”。[⑤] 谭嗣同以中医之麻木为例，指出通塞之别即是仁与不仁之辨。一身之塞，则麻木不仁，虽伤而无知觉。人之所以能知其根本在于“仁—通”，所以说“智慧生于仁”[⑥]，“知不知之辨，于其仁不仁。故曰：天地间亦仁而已矣，无智之可言也”。[⑦] 谭氏认为，不仅身之通络有塞，心之通络亦有塞。心之塞的原因在于私和名，导致妄生分别，统治者复利用之，进而“制名成教”以塞天下人之心。若身心俱塞，再推之于无垠，则以塞宇宙万物。反之，自

① （清）谭嗣同：《仁学》，张维欣导读，张玉亮汇校，浙江古籍出版社，2021，第 85 页。
② （清）谭嗣同：《仁学》，张维欣导读，张玉亮汇校，浙江古籍出版社，2021，第 67、62 页。
③ （清）谭嗣同：《仁学》，张维欣导读，张玉亮汇校，浙江古籍出版社，2021，第 9 页。
④ （清）谭嗣同：《仁学》，张维欣导读，张玉亮汇校，浙江古籍出版社，2021，第 17 页。
⑤ （清）谭嗣同：《仁学》，张维欣导读，张玉亮汇校，浙江古籍出版社，2021，第 4 页。
⑥ （清）谭嗣同：《仁学》，张维欣导读，张玉亮汇校，浙江古籍出版社，2021，第 4 页。
⑦ （清）谭嗣同：《仁学》，张维欣导读，张玉亮汇校，浙江古籍出版社，2021，第 18 页。

身心之“仁通”推之以无垠，则可以达到“仁者通天地万物人我为一身”的大通境界。如具体言之，谭氏认为“通”之义有四：曰上下通、曰中外通、曰男女通而终括其义曰人我通。人我既通，则人我为一，所以谭氏认为：“通之象为平等……平等者，致一之谓也，一则通矣，通则仁矣。”因此，“仁—通”最终以“平等”为价值之旨归。

作为通之具的“以太”，谭嗣同有时也会冒出相反或游移不定的说法。如关于以太之体，他说“仁为天地万物之源，故唯心，唯识”，“以太者，亦唯识之相分，谓无以太可也”。这在根本上否定了以太作为本体的意义。关于以太之用则更为复杂，除了最主要的“仁—通”之用，一切的自然现象、道德伦理、精神意志、宗教信仰统统都归之于以太之用。将声光电气、雨露霜雪、原质能量、仁元性无、兼爱慈悲、灵魂博爱等一切物质的精神的、东方的西方的揉成一团，让“以太之用”囫囵吞下，自行消化，却对它们之间秩序、关系、转化过程等语焉不详，或未有涉及。这些具体性的论述表明，《仁学》作为现代初期新儒家的政治哲学理论并不成熟，带有很多附会、杂糅的思想内容。

从“通之象”——平等和四通的角度看，《仁学》的政治论和社会论以平等为价值核心，以追求四通为具体目标，而以追求“地球之治，大同之道”为最终目标。其政治论的内容可分为政治批判论和政治理想论两大部分。而政治理想论包含社会论中以平等为核心价值的具体内容。

谭氏的“政治批判论”主要针对“名教”，并主张以“平等”的精神改造旧伦理。他说：

> 俗学陋污，动言名教，敬若天命而不敢渝，畏若国宪而不敢议。嗟乎！以名为教，则其教已为实之宾，而决非实矣。又况名者由人创造，上以制其下，而不能不奉之，则数千年来，三纲五伦之惨祸烈毒，由是酷焉矣。君以名桎臣，官以名轭民，父以名压子，夫以名困妻，兄弟朋友各挟一名以相抗拒，而仁尚有少存焉者得乎？……中国积以威刑钳制天下，则不得不广立名为钳制之器。①

① （清）谭嗣同：《仁学》，张维欣导读，张玉亮汇校，浙江古籍出版社，2021，第24～25页。

谭氏主张“名为实宾”，认为“名”作为人造概念是对真实存在的思维反映，而非真正的实体，并且其内涵和价值也常受到人为因素的影响而变化。以名为教，实际上是对真实世界的虚假歪曲。谭氏揭露出专制统治者以名教（三纲五常）的意识形态制约人身更钳制人心，歪曲真正的伦理精神，使得人我之间始终横亘着无法逾越的鸿沟。于是，谭氏大力批评“名教”祸乱“仁通—平等”，希望破除“名教”以为新的道德伦理铺路。而欲破名教，必首破君民、君臣之间的政治纲维和道德伦理。他说：

> 呜呼，盍亦反其本矣！生民之初，本无所谓君臣，则皆民也。民不能相治，亦不暇治，于是共举一民为君。夫曰共举之，则非君择民，而民择君也。夫曰共举之，则其分际又非甚远于民，而不下侪于民也。夫曰共举之，则因有民而后有君，君末也，民本也。……夫曰共举之，则且必可共废之。君也者，为民办事者也；臣也者，助办民事者也。赋税之取于民，所以办民事之资也。如此而事犹不办，事不办而易其人，亦天下之通义也。……君亦一民也，且较之寻常之民而更为末也。民之于民，无相为死之理；本之与末，尤无相为死之理。……止有死事的道理，决无死君的道理。①

谭氏在明末黄宗羲的思想基础上，进一步提出“民本君末”的思想来解构君主政治的权威及其正当性。在这一理论中，谭氏指出无论是君、臣还是税收等政治设施，其本质的唯一目的皆是“为民办事”。君是人民“共举”出来“为民办事”的政治代理人，根据办事的好坏，人民对君在天然法理上不仅有“共举之”的权利，还有“共废之”的权利。更可贵的是，谭氏还原了君臣作为普通人的本质，并且由于其产生的根本原因和本职任务都在于服务人民的生活，所以更是人民中地位较低下的成员，即所谓“末民”。谭氏的这一理论打破了中国3000年来的君贵民贱的思想传统，极具思想启蒙意义。从学术思想上来说，谭氏对君主政治的批判，主要吸收了墨子的理论原型、黄宗羲的批判思想和西方民主政治的精神，尽管他并

① （清）谭嗣同：《仁学》，张维欣导读，张玉亮汇校，浙江古籍出版社，2021，第106～107页。

没有对如何“共举”“共废”进行更多的理论设计，但他对君主专制的理论批判始终贯彻着平等、民主（尤其是民治）的政治精神，并且，从黄宗羲的“民主君客”论，发展出“民本君末”论，可以说中国传统的民本思想在此进一步向现代的民主政治思想方向转化。

此外，谭氏还进一步批判了君主专制政治中作为意识形态的“忠”观念，还原了“忠”作为自然公正的本义：“古之所谓忠，中心之谓也。抚我则后，虐我则仇，应物平施，心无偏袒，可谓中矣，亦可谓忠矣。”①

至于父子之纲，谭氏以父子皆为天之子而大倡父子平等，又以仁为天地万物之源，而大倡天人平等。至于夫妻之纲，谭氏则举平等之精神痛批包办婚姻的荒谬和男女不平等的残酷。谭氏除了批判旧伦理的恶毒，同时也发掘了旧伦理中的宝贵精神。他认为，五伦中唯有“朋友之伦”最为可贵，原因在于朋友之道：“一曰‘平等’，二曰‘自由’，三曰‘节宣惟意’。总括其义，曰不失自主之权而已矣。兄弟于朋友之道差近，可为其次。余皆为三纲所蒙蔀，如地狱矣。”② 因而，他主张以朋友之道来改造旧伦理，“夫朋友岂直贵于余四伦而已，将为四伦之圭臬，而四伦咸以朋友之道贯之，是四伦可废也”。③

清末之时，谭氏是第一个敢于在思想学理上彻底批评名教（三纲五常）的思想家，其批判思想极具进步意义，在当时可谓石破天惊！谭氏除了批判名教和君主专制政治之外，还重新审查了与名教相关的其他伦理道德。其中有崇动抑静，崇新抑旧，揭露古代以淫杀人等进步思想，但亦有崇奢抑检，为官妓和娼妓制度辩护④，为列强侵华辩护⑤等幼稚和偏激的思想。这些都是需要摒弃的思想渣滓。

从“通之方法”的角度看，其“破对待”的最终目的是要将“通之象——平等”在现实社会政治中加以落实。往近处说，则首在变法自强，通

① （清）谭嗣同：《仁学》，张维欣导读，张玉亮汇校，浙江古籍出版社，2021，第109页。
② （清）谭嗣同：《仁学》，张维欣导读，张玉亮汇校，浙江古籍出版社，2021，第129页。
③ （清）谭嗣同：《仁学》，张维欣导读，张玉亮汇校，浙江古籍出版社，2021，第131页。
④ “娼妓亦其一事焉。明知万不能绝，则胡不专设一官，经理此事？”（清）谭嗣同：《仁学》，张维欣导读，张玉亮汇校，浙江古籍出版社，2021，第169页。
⑤ “故东西各国之压制中国，天实使之，所以曲用其仁爱，至于极致也。”（清）谭嗣同：《仁学》，张维欣导读，张玉亮汇校，浙江古籍出版社，2021，第117页。

商、通政等，往远处说则是要达成“仁之四通”的境界，即实现平等自由的“地球之治：大同之道”。因此，在这里，我们将“通之方法”与其政治理想论放在一起讨论。

谭氏根据《易》之卦理作“逆三世”与“顺三世”之说以解决人类社会历史的发展规律的问题。所谓“逆三世”，即太平（元统，洪荒太古）—升平（天统，三皇五帝）—乱世（君统，三代）的历史发展过程。所谓“顺三世”即再由乱世（君统，由孔子以至于今）—升平（天统）—太平（元统）的未来发展过程。当历史循环上升发展到“顺三世”之“元统太平世”时，就达到了谭氏心中众生自由平等的“地球之治”：

> 地球之治也，以有天下而无国也。……治者，有国之义也；在宥者，无国之义也。……“在宥”，盖“自由”之转音。旨哉言乎！人人能自由，是必为无国之民。无国则畛域化，战争息，猜忌绝，权谋弃，彼我亡，平等出；且虽有天下，若无天下矣。君主废，则贵贱平；公理明，则贫富均。千里万里，一家一人。视其家，逆旅也；视其人，同胞也。父无所用其慈，子无所用其孝，兄弟忘其友恭，夫妇忘其倡随。①

谭氏所勾勒的理想社会是一副完全自由、平等、均富、独立、和平、友好的大同世界。在这个理想的地球之治中，谭氏提出了颇具浪漫和幻想色彩的社会构想。他认为“地球之教”以佛教为尊；“地球之政”之特征在于“有天下而无国”的真正自由，在制度上则依民主之制而行井田之法；“地球之学”则尽改象形字为谐声，以合天下学术。②

欲实现“地球之治”，在物质基础方面，谭氏强调农业为本，通商两利，重视机械化生产和科学技术的发展对人类物质生活以及人类自身改善的积极作用，其中不乏合理性的要素。

在社会政治和精神文化方面，“地球之治”的核心在于平等。欲实现

---

① （清）谭嗣同：《仁学》，张维欣导读，张玉亮汇校，浙江古籍出版社，2021，第 167 ~ 168 页。

② （清）谭嗣同：《仁学》，张维欣导读，张玉亮汇校，浙江古籍出版社，2021，第 135 页。

“仁通—平等”，其总方法就在于“破对待”。如何“破对待”，谭氏从认知和心理两大方面进行了说明：

> 欲破对待，必先明格致；欲明格致，又必先辨对待。有此则有彼，无独有偶焉，不待问而知之，辨对待之说也。无彼复无此，此即彼、彼即此焉，不必知亦无可知，破对待之说也。辨对待者，西人所谓辨学也，公孙龙、惠施之徒时术之，“坚白异同”之辩曲达之，学者之始基也。由辨学而算学，算学实辨学之演于形者也；由算学而格致，格致实辨学、算学同致于用者也，学者之中成也。格致明而对待破，学者之极诣也。[①]

破对待的另一法门在于“心力”。谭氏认为，“夫心力最大，无不可为”而“格致盛而愈多难穷之理”[②]，因而彻底破对待的关键在于“心力”。正如前文所述，谭氏借由以太的物质性，将人类的意志化为某种客观性的可以改变世界的物理力量。对此，谭氏一方面提出“心力挽劫，变法自强”的主张，另一方面则更加注重对“心力”的引导，使它成为实现“地球之治”的重要手段：

> 是以孩提无梦，意识未盛也；愚人无梦，藏识不灵也；至人亦无梦，前五识不受染也。……凹凸力之为害，即意识之为害也。今求通之，必断意识；欲断意识，必自改其脑气之动法。外绝牵引，内归易简，简之又简，以至于无，斯意识断矣。意识断，则我相除；我相除，则异同泯；异同泯，则平等出；至于平等，则洞澈彼此，一尘不隔，为通人我之极致矣。[③]

谭氏吸收道家和佛教的修炼方法，希望通过意识的训练使“心力”朝

① （清）谭嗣同：《仁学》，张维欣导读，张玉亮汇校，浙江古籍出版社，2021，第59~60页。
② （清）谭嗣同：《仁学》，张维欣导读，张玉亮汇校，浙江古籍出版社，2021，第146页。
③ （清）谭嗣同：《仁学》，张维欣导读，张玉亮汇校，浙江古籍出版社，2021，第161~162页。

向“仁通”发用，从而达到人我相通的平等境界。而且，他认为“盖心力之实体，莫大于慈悲”，慈悲则人我平等并且相互无畏无危。[①] 所以，通过意识训练使得仁通发用，慈悲呈现，以此自度而度人，锲而不舍，并最终达到自由平等、世事无争害的“地球之治”。在今天看来，这显然是天真烂漫的幻想。

概括地说，谭嗣同的《仁学》一书，紧紧抓住儒家哲学的核心价值“仁”的观念，在“通”的新观念里构建了“仁—通”的新政治理想，从而与康有为的“大同”政治理想并时而成为现代早期儒家政治哲学理论的两面旗帜。《仁学》一书在三教融通、中西融贯的基础上，通过“以太”作为“仁—通”的质料性之具，建立起以“仁通—以太—平等”为逻辑主干的现代儒家的政治哲学理论，古老的儒家“仁学”焕发现代的思想气息，并由此生发出具有现代性又有超现代性的“大同之世”或“地球之治”的社会政治理想。李泽厚曾认为：“改良派变法维新的经济政治思想到谭嗣同这里算是达到了最高的哲学升华。梁启超的《变法通义》强调了一个‘变’字，康有为的公羊三世说，突出了进化发展，然而只有在谭嗣同这里，所有这一切才被抽象概括为‘仁—通’的宇宙总规律。”[②] 而冯友兰则认为：“谭嗣同回答了时代提出的问题，指明了时代前进的方向，就这两点上说他不愧为中国历史中的一个大运动的最高理论家，也不愧谓中国历史中一个代表时代精神的大哲学家。”[③] 这些评论都各有自己的特殊视角，但在一定程度上都较为真实地揭示了谭嗣同在现代汉语政治哲学理论上所取得的巨大成就。

三　牟宗三的《政道与治道》

20 世纪现代汉语政治哲学理论的诸形态当中，现代新儒家的政治哲学理论内容亦十分丰富。唐君毅、牟宗三、徐复观和张君劢等人，均有属于他们自己的政治哲学思想体系。按照郭齐勇教授的概括，现代新儒家政治

---

① （清）谭嗣同：《仁学》，张维欣导读，张玉亮汇校，浙江古籍出版社，2021，第 147 页。

② 李泽厚：《中国近代思想史论》，人民出版社，1986，第 198 页。

③ 冯友兰：《中国哲学史新编》，人民出版社，1989，第 148 页。

哲学的整体特点是：

> *以现代民主政治为参照深入反省传统政治思想的不足与缺陷，认为民主政治是儒学进一步发展的内在要求；同时又以儒家整全的人文精神为背景，批评现代民主政治所包含的诸多弊病，并寻求克服之道。*[①]

为了叙事方便，我们在此处选择牟宗三的《政道与治道》一书为典型，考察现代新儒家的政治哲学理论。

牟宗三的《政道与治道》一书主要探讨了两个中心问题："一为政道与治道之问题，而主要论点则在于政道如何转出。二为事功之问题，用古语言之，即为如何开出外王之问题。"[②] 为讨论并解决这两个中心问题，牟宗三建构了两个核心工作术语，即"理性之架构表现"和"理性之运用表现"。"理性之架构表现"术语对应的是"政道"概念，"理性之运用表现"术语对应的是"治道"概念。由两个工作术语和两个政治哲学概念而建构起来的牟氏政治哲学理论体系大门的两个立柱的基座与上方的门框，就成为我们理解其政治哲学理论体系的"不二之门"。

何谓"政道与治道"？在牟宗三看来，"政道是相应政权而言，治道是相应治权而言"[③]，这是一个一般性也是根本性的定义。"政道者，简单言之，即是关于政权的道理。"[④] 而治道"就是治理天下之道，或处理人间共同事务之道，其本质就是'自上而下'的"。[⑤] 何谓政权呢？牟氏根据现代民族国家的特性，将"政权"定义为："政权者，笼罩一民族集团而总主全集团内公共事务之纲维力也"，并规定政权的本性在于其作为一定常的形式的实有（第一义制度、宪法）并为全民族共同持有。[⑥] 因此，根据政权的本

① 郭齐勇：《现当代新儒学思潮研究》，人民出版社，2017，第442页。

② 牟宗三：《政道与治道》，广西师范大学出版社，2006，第1页。

③ 牟宗三：《政道与治道》，广西师范大学出版社，2006，第1页。从学术与政治的关系角度看，牟氏的"政道"与"治道"的两个概念与孙中山先生关于区分"政权"与"治权"的政治哲学思想有直接关系。牟宗三写道："吾常言中国传统政治只有治道而无政道。所谓政道治道是相应孙中山先生所说的政权治权而言。"

④ 牟宗三：《政道与治道》，广西师范大学出版社，2006，第1页。

⑤ 牟宗三：《政道与治道》，广西师范大学出版社，2006，第23页。

⑥ 牟宗三：《政道与治道》，广西师范大学出版社，2006，第17页。

性而言："政道者，政治上相应政权之为形式的实有、定常的实有，而使其真成为一集团所共同地有之或总持地有之之'道'也。"[①] 而就政治的本性而言，"治道者，在第二义之制度下措施处理共同事务之'运用之道'也"。[②]

在初步把握了牟氏政治哲学的核心工作术语和核心概念的基础上，我们来进一步地理解其政治哲学的理论背景与具体内容。

就其理论背景来看，牟氏政治哲学有两重背景，一是中西政治哲学理论异同之比较的广阔文化背景，二是站在中国现代社会历史现实之上瞭望的现代西方民主政治和理论的观念背景。

基于第一个背景，他将中西政治哲学理论中的文化元素从哲学上加以明确的区分，认定中国文化偏重在理性之内容表现与理性之运用表现上，而西方文化则偏重在理性之架构表现和理性之外延表现上。基于第二个背景，他将"理性之架构表现"看作现代西方民主政治之实质。换句话说，只有现代西方民主政治才有"政道"，而非现代西方民主政治则"无政道"，而至多有"治道"。后一重背景，使得牟氏的政治哲学的"政道"与"治道"概念所应有的理论普遍性大大降低，同时也导致了他的政治哲学严重地贬低了中国传统哲学的理论高度，因而也无法很好地解释中国传统政治现象及其固有的思想资源。

就中西政治文化异同之比较方面而言，他认为，中国文化是"综合的尽理之精神"之文化，其特点是"圆而神"；而西方文化则是"分解的尽理之精神"之文化，其特点是"方以智"。中国文化的"综合"就是指"上下通彻，内外贯通"[③]，是天与人相通彻、精神价值与礼仪规范相贯通；"尽理"即是"尽心、尽性、尽伦、尽制，统概之以尽理"[④]，所尽之"理"乃是"道德理性"。西方文化的"分解"则包含三层意思："一、含有抽象义。一有抽象，便须将具体物打开而破裂之。二、含有偏至义。一有抽象，便有舍象。抽出哪一面，舍去哪一面，便须偏至哪一面。三、含有使用概念，遵循概念之路以前进之义。"[⑤] 其相应的"尽理"主要尽的是"理论理性"

① 牟宗三:《政道与治道》，广西师范大学出版社，2006，第 19 页。
② 牟宗三:《政道与治道》，广西师范大学出版社，2006，第 22 页。
③ 牟宗三:《历史哲学》，广西师范大学出版社，2007，第 151 页。
④ 牟宗三:《历史哲学》，广西师范大学出版社，2007，第 151 页。
⑤ 牟宗三:《历史哲学》，广西师范大学出版社，2007，第 154 页。

或“观解理性”，内容上主要是逻辑、数学、科学、基督宗教等。两种不同精神特质的文化生命展开出不同的理性表现。因此，“理性之运用表现”和“理性之内容表现”是“综合的尽理之精神”下的理性表现方式。因而构成传统中国政治哲学之特色。而“理性之架构表现”和“理性之外延表现”是“分解的尽理之精神”下的理性表现方式。因而构成西方社会政治哲学之特色。而中国文化之所以没有发展出西方的民主政治和科学，其根本原因就在于缺乏“分解的尽理之精神”及其理性展开的方式。牟氏从中西文化的角度讨论中西政治制度的差异，有其深刻性的一面。但若要进一步追问，为什么中西文化有如此大的差异呢？在《政道与治道》一书中，牟氏并没有给我们提供答案。①

牟氏还试图分析中西理性展开方式差异的内在原因。他指出西方政治之所以发展出“理性之外延的表现”，其本质的因缘是他们形成智的文化系统之“概念心灵”，而现实的因缘则是他们历史现实中的“阶级斗争”。②西方人在不断的阶级斗争中为阶级谋取公利，其中内含了争取正义、公道、人权与自由等理念，并通过基督宗教改革和自然法的天赋人权运动两个关节实现其理性之外延的塑造。反观中国，牟氏认为中国政治之所以发展出“理性之内容的表现”，其本质原因是中国文化系统之“实际的直觉心灵”，而现实原因在于中国以前的政治活动的事实只是那样自然的演变，人因才、德、能而有“位”而尽其“分”，没有阶级斗争，政治就实际生活一起全部敞开而承认之，政治就是生活。③ 牟氏对中西政治理性展开方式的追问和回答具有其独特的理论价值，但是也掩盖了或逃避了关键性的问题，一方面他在一定的程度上揭示了西方政治形成的文化思想特色和社会的现实基础，另一方面又未能真切地把握中国政治历史的真实形态及其复杂性。

由于牟宗三是参照现代西方政治的现实与理论，来讨论“政道”与“治道”问题的，因此，他的政治哲学并没有把主要精力放在政道与治道的

① 《政道与治道》，广西师范大学出版社，2006，第40页。案：对此问题，牟氏说：“在我的《历史哲学》中，我曾以‘综合的尽理之精神’说中国文化，以‘分解的尽理之精神’说西方文化，现在可说‘理性之运用表现’是‘综合的尽理之精神’下的方式，‘理性之架构表现’是‘分解的尽理之精神’下的方式。”

② 《政道与治道》，广西师范大学出版社，2006，第124页。

③ 《政道与治道》，广西师范大学出版社，2006，第110～112页。

理论探讨方面，而是以现代西方民主政治的现实与理论为参照系，探讨中国社会如何从自己的文化传统中开出现代的民主政治形式。因此，他花费了大量的笔墨分析中国传统政治文化的特点、缺陷与不足，以及如何通过“曲通”的方式实现自我的创造性转化。

牟氏认为，“政道是一架子，即维持政权与产生治权之宪法轨道，故是一‘理性之体’；而治道则是一种运用，故是一‘智慧之明’。有政道之治道是治道之客观形态，无政道之治道是治道之主观形态，即圣君贤相之形态”。[①] 而中国的传统政治属于后者。在治道与政道相须相存的问题上，牟氏认为，中国以前的治道“已进至最高自觉境界，而政道则始终无进展”。[②] 因此，中国以往的政治运用往往是“以治道之极来济政道之穷”。[③] 由此，他严厉地批评了中国传统政治在理论与实践上所造成的缺陷。牟氏认为，中国传统的政治（指儒家政治）全是“理性之内容的表现”的路数。所谓的“理性之内容的表现”，意思是说：在政治的结构上没有表现出理性，“对政治一概念本身既没有客观地表现其理性，以成就此概念之自性，复没有在具备客观的内容与外延之政治概念自性下以表现其理性，而单就生活实体上事理之当然，自‘仁者德治’之措施与运用上，以表现其理性，故为‘理性之内容的表现’”。[④] 更具体地说，中国传统的政治没有发展出政权、主权、自由、权利等形式概念（理性之架构的表现），“它只有以才、能、德所规定的人格价值之观念，以及顺在人民的实际生活上，达成其‘存在的生命个体’之事理所应有者，一起予以承认而尊重护持之”。[⑤] 因此，凡能使人民“各适其性，各遂其生”之所需要、所当有的，皆必须肯定与尊重，皆是政治上的内容。由此，“中国儒家的政治思想，全幅是由这‘实际的直觉心灵’而抒发，就实际的生活（存在的生命个体）上事理之当然，而为理性之内容的表现。在儒者的政治思想上，生活是第一位的。……而政治思想上的‘理性之内容的表现’……就事理之当然，而为周匝圆转，无远弗

① 牟宗三：《政道与治道》，广西师范大学出版社，2006，第22页。

② 牟宗三：《政道与治道》，广西师范大学出版社，2006，第1页。

③ 《牟宗三先生全集》第10册，台湾联经出版事业有限公司，2003，第54页。

④ 牟宗三：《政道与治道》，广西师范大学出版社，2006，第123页。

⑤ 牟宗三：《政道与治道》，广西师范大学出版社，2006，第110页。

届，无微不至，全幅予以实际的、内容的处理”。[①] 从“得天下”的角度来看，儒家政治思想中的“天与”“人与”等观念，又模糊了“公天下”的政治理想，让“家天下”变成合理的政治形式，而不能正视“家天下”在制度和道义上的不合理性。就“治天下”的角度看，一方面“仁者”可遇不可求，导致了“人存政举，人亡政息”的后果，另一方面则又让“治者”的负担过重，使其被寄予过高的期望。

从学术的角度看，牟宗三将中国传统的“治道”分为三种类型：一是儒家德化的治道，二是道家的道化治道，三是法家物化的治道。并指出：“中国文化在以前只顺治道方面想，是不够的，必须转出政道来，对于政权有安排，始可以推进一大步，别开一境界。而现在亦只有本儒家骨干始能做出此番事业来。”[②] 因此，如何让中国文化转出“政道”，就成为牟宗三接下来要解决的核心问题，而这一问题的解决最终落在了“政治理性”的部分。

关于政治理性的探讨，是《政道与治道》的主体内容。他指出，中国传统政治“治道至极而无政道”，“中国文化如何转出政道”是传统政治文化向现代转化的一大关键。解决这一问题，代表了中国文化发展和前进的方向，也是新儒家的历史责任。对此，牟总三提出运用“理性之架构”的现代民主政治方式来改造中国传统政治文化的主张。他说：“政道之转出，事功之开济，科学知识之成立，皆源于理性之架构表现与外延表现。”因此，问题的关键在于：“如何能从运用表现转出架构表现，而得其竟委？如何能将架构表现统摄于运用表现，而得其本源？（内容表现与外延表现亦类次）。此贯通开合之道，既足以贞定各层面之独立性，又足以得其关联性。”[③]

牟氏是大学里的教授，不是握有现实政治权力的政治人物，甚至也不是胡适那样居于政府高官位置的参政者，因此，对于如何实现中国传统政治文化的现代转化，他给出的具体方案是“曲通”，即一种“转折和突变”。他认为，以往儒家由内圣“直通”外王，却不知外王自有其相应的内在结

① 牟宗三：《政道与治道》，广西师范大学出版社，2006，第112页。
② 牟宗三：《政道与治道》，广西师范大学出版社，2006，第57页。
③ 牟宗三：《政道与治道》，广西师范大学出版社，2006，第1~2页。

构。[①] 这就是说，内圣是外王的必要条件，而非充分条件。因此，由内圣开外王，并非逻辑推理的“直通”，而应该是转折、突变的“曲通”。而“曲通”的转折突变建立在“逆”的意义上。所谓“逆”，就是实践理性与观解理性的矛盾性，前者追求价值，后者需要中立。而“曲通”就是在价值由“主观实现”走向“客观普遍实现”中消融这种“矛盾”。也就是在外王中，为了追求价值的客观普遍实现，实践理性必须让开一步，转为观解理性以建立其客观的体制。这一客观的部分就是政体，而政体所依据的道理和所要实现的价值就是政道。实际上，“曲通”的本质就是分离内圣与外王的直接顺承关系，在分离道德与政治的情况下，以道德引导和架构政治，但不干涉政治的客观独立性，从而避免道德的弥漫而导致“泛道德主义”，进而也避免政治的扩大化而导致“泛政治主义”。

《政道与治道》是一部内容极其丰富的政治哲学著作，远非本文所能涵盖。从学术的角度看，该书的第三和第四部分在讨论政治的基础问题时，涉及了政治神话、政治科学以及政治与道德等诸多问题。在“政治神话”的问题上，他将法国学者都特关于政治神话“是人格化的集体欲望”的说法，修改成政治神话是“人格化的集体愿望”的表达式，进而解释某些政治运动中一些表达了“公共、客观的集体愿望”，为何能爆发出惊人的破坏力和创造力的原因。他还由“政治神话”的问题衍生出古代英雄主义和近代集体主义的政治形态问题，并由此出发集中但不正确地批评了社会主义和共产主义理论。不过，他基于“政治理性”的基本观念而对各种政治神话的命运作出了自己的预言，则颇有见地。

在“政权与政道”和“治权与治道”的关系上，牟氏既理论化地说明了政权依据政道、治权依于治道的一般性原则，也以之作为一种哲学理论来解释中国传统政治之缺陷，以及其为何不能发展出现代的民主政治之原因。例如，他认为，任何政权的本性都要合乎“政道”，而所谓的“政道”，即是“政治上相应政权之为形式的实有、定常的实有，而使其真成为一集团所共同地有之或总持地有之之‘道’也”。[②] 依此从“政道”的标准来看，中国以往的封建贵族政治与君主专制政治都违背了“政权的本性”。因

① 牟宗三：《政道与治道》，广西师范大学出版社，第48页。

② 牟宗三：《政道与治道》，广西师范大学出版社，第19页。

为这些政权皆为个人或一家所窃取，他们“蓄德储力”的目的在于打江山（受民）、取政权，而违背了“政权为全民族共有之本性”。这样，所取得的“政权”与治权不能相结合，取得政权后以“宗法世袭制”为法度，而“继体之君”又不能一直有德有能而合乎君理，遂使政权不能真正实现“形式的实有”和“静态的实有”。这一说法，与明末清初顾炎武、黄宗羲、王夫之等人从“公天下”的政治理想出发，批评传统封建制和郡县制的自私性质，具有某种学理上的一致性（尽管牟氏本人并未揭示这一政治思想史的内在联系）。

牟宗三虽然高扬“理性之架构”的作用与意义，推崇现代西方的民主政治体制，但作为现代新儒家，他继承了儒家的仁爱思想特别是宋明诸儒学发展起来的“一体之仁”的思想，又吸收了近代以来康有为、谭嗣同等人依托儒家思想所发展出的世界主义的政治理想，因此，其对现代民主政治对内造成虚无现象、对外造成野蛮现象的双重弊病，还是有清醒的认识的。他认为，西方社会历史由于阶级斗争、宗教、自然法与天赋人权而建立起诸如法律、契约、权利等外在的形式的理性的概念架构和纲维之力，成就了民主政体，恢复了政治自性。但这种外在的形式的纲维之力，使得个人主观生命难以顺势调畅，使得整个世界“一方面外在地极端技巧与文明，一方面内在地又极端虚无与野蛮”，遮蔽了政治世界的可靠基础。这一批评，虽然未能触及建立于资本主义经济基础之上的民主政治的实质性弊病，但毕竟没有完全陷入对现代西方民主政治的盲目崇拜之中，而挺立了中华文化的自主性，表现了中华文明在身陷历史艰难之际而仍然能保持一种对外来文化的鉴别力与取舍能力，从而能展示出文化的自信。这是作为现代新儒家代表的牟宗三所具有的可贵的精神品质。而他从古今中西一般的政治现象出发，析出“政道”与“治道”两个概念，以之分析人类政治理性的两种不同表现形态，对于现当代政治哲学的理论建设，特别是对现代汉语政治哲学的理论建设而言，无疑是贡献了一份不可多得的理论遗产。

结　语

相对于龚自珍、魏源及他们以前的儒家思想家而言，康有为、谭嗣同等人应当属于现代儒家。由于现代学术界使用的“现代新儒家”概念有特定的内涵，故本文暂使用现代儒家的概念囊括自康有为以来的现代所有儒家思想者，现代新儒家只是现代儒家的一个子集。本文不是全面地讨论一个思想家的政治哲学思想，而是着重从政治哲学的理论建构这一特殊视角来考察现代儒家政治哲学理论的代表作，以展现他们的政治哲学的理论形态，同时也是从政治哲学的角度侧面地回应了中国有没有哲学的大问题。当代中国学术话语体系的建构，是一个宏大的事业，而理论形态的建构是学术话语体系建设的一个核心工作。如何建构当代中国政治哲学的理论新形态，回顾近百年来中国政治哲学固有的理论遗产，显然是一项基础性且十分重要的学术史清理工作。本文在此只是一个初步的尝试，后面还会有相关的研究成果陆续发表。

诸葛亮政治哲学论析

吴成国　王秦江*

（湖北大学历史文化学院，武汉）

摘　要：诸葛亮的政治哲学，是我国优秀传统文化的重要组成部分，其基本内容包括兴复汉室、继承汉统的正统观，遵循道统、德法兼治的道统观，选贤举能、仁礼相待的君臣观，安民为本、以礼教民的民本观，审时度势、应权通变的战略观。诸葛亮政治哲学的形成，既建立在他对个人学习经历与周遭环境评估等人生阅历的积累之上，也得益于他对先秦秦汉各家政治哲学理论的研习与汲取。诸葛亮政治哲学的影响较为深远，不仅服务于蜀汉的建立与国家治理等方面，也是中国政治哲学发展史上具有承上启下作用的重要一环，乃至成为中国当代政治发展的重要思想文化源泉。

关键词：诸葛亮；政治哲学；蜀汉

诸葛亮（181～234 年）是三国时期杰出的政治家、军事家，被后世誉为"智圣"。在他的辅佐下，刘备成功称帝，蜀汉成为三国时期的重要割据政权之一，蜀汉的政治、经济等各方面也获得了恢复和发展。虽然蜀汉最终二世而亡，并未实现诸葛亮"兴复汉室"的愿景，但在蜀汉政权的建立与治理中，贯穿着他对政治哲学的思考。本文将对诸葛亮政治哲学的基本

---

* 吴成国，湖北大学历史文化学院教授，湖北大学高等人文研究院副院长，主要从事中国古代史、社会史、文化史、道教与宗教文化、荆楚及湖北地方历史、伦理学史等研究；王秦江，湖北大学历史文化学院博士研究生。

内容、来源及其影响进行探讨。

一 诸葛亮政治哲学的基本内容

诸葛亮的政治哲学是以蜀汉的建立与发展为目的的。东汉兴平二年（195 年），14 岁的诸葛亮和弟妹投奔襄阳刘表，定居在襄阳城西二十里的隆中，开始了躬耕生活。建安十二年（207 年），刘备前往隆中三顾茅庐，诸葛亮向刘备陈说“隆中对策”，随即出山辅佐刘备。这就是著名的“三顾茅庐”和《隆中对》（又名《草庐对》），杜甫“三顾频烦天下计”即咏此。记载于《三国志·诸葛亮传》中的《隆中对》，随之成为经典名篇、千古佳作，被誉为“蜀汉立国的指导纲领”[①]，“最全面、最精确、最完美的决策典范”。[②]《隆中对》和诸葛亮传世的其他作品，结合其治理蜀汉过程中所表现出来的具体思想，是研究诸葛亮政治哲学的基本史料。

在诸葛亮的成才路上，刘备对他有知遇之恩。刘备是汉景帝之子中山靖王刘胜的后代，汉献帝的皇室远宗，年少时虽“不甚乐读书”“好结交豪侠”[③]，然“弘毅宽厚，知人待士，盖有高祖之风，英雄之器焉”，又“折而不挠”[④]，深得人心。刘备还陆续参与了多项政治活动，如组织乡勇参与讨伐黄巾起义被任命为县尉、投奔公孙瓒在陶谦病死后据有荆州、依附曹操为豫州牧、反曹失策全军覆没、投靠袁绍屡次战败、投奔刘表屯新野防曹操南下，等等。从讨伐黄巾军到拜访诸葛亮，刘备已经从 24 岁胸怀大志的青年成长为年近半百而有髀肉之叹的中年，从名微众寡之人成长为“信义著于四海”的皇室宗亲。在这样的条件下，诸葛亮的好友徐庶向刘备举荐了他，遂跟随刘备创业。

最初刘备拜访诸葛亮时，二人在草庐的对话，让诸葛亮找到了自身政治哲学与刘备志向的契合点。刘备言：“汉室倾颓，奸臣窃命，主上蒙尘。孤不度德量力，欲信大义于天下，而智术浅短，遂用猖（獗），至于今日。

---

① 朱大渭、梁满仓：《诸葛亮大传》，中华书局，2007，第 395 页。

② 杨德炳：《〈隆中对〉的魅力——曹、孙、刘三方决策对比研究》，《襄樊学院学报》2007 年第 6 期。

③ 《三国志》卷 32《先主传》，中华书局，1959，第 871 ~ 872 页。

④ 《三国志》卷 32《先主传》，中华书局，1959，第 892 页。

然志尤未已，君谓计将安出？”[①] 在这一提问中，刘备首先指出东汉王朝的现状，东汉王朝统治衰败，董卓、曹操等盗用皇帝名义，曹操更将汉献帝迁入自己的控制区域。在语言述说上，刘备使用了“奸臣”“主上”这样的词语，表现出自己对汉朝的拥护。对于今后的计划，刘备言“欲信大义于天下”，应该指他作为皇室远亲需要取信于天下，特别是刘备还参与了“衣带诏”事件，承担起“兴复汉室”的责任，所以，向诸葛亮请教“计将安出”。诸葛亮通过一篇《隆中对》赢得了刘备的赏识和信任，正式登上了政治舞台，他的政治哲学即发端于《隆中对》，而随着蜀汉政权的建立，诸葛亮政治哲学也就有了可以实施的平台。

具体而言，诸葛亮政治哲学的基本内容大致包括以下五个方面。

（一） 兴复汉室、继承汉统的正统观

正统观是王权确立的根本价值判断。[②] 在“汉室倾颓，奸臣窃命，主上蒙尘”之际，刘备前往草庐拜访诸葛亮，请教为了挽救汉室，自己能够做些什么。[③] 诸葛亮在《隆中对》中给予了回答，他认为：“将军既帝室之胄，信义著于四海……则霸业可成，汉室可兴矣。”[④] 诸葛亮提出，刘备应该凭借自身优势，以继承汉统为名去成就霸业，而霸业的终极目标则为复兴汉室。所以，兴复汉室、继承汉统已经成为诸葛亮正统观、蜀汉正统性的体现，也是他为蜀汉不断谋划而终生奋斗的目标。

在诸葛亮的其他作品中，也多可体现出其兴复汉室、继承汉统的正统观。建兴五年（227 年），后主刘禅准备出师伐魏，诸葛亮代为下诏，诏令中言：

> ……曩者汉祚中微，网漏凶慝，董卓造难，震荡京畿。曹操阶祸，窃执天衡，残剥海内，怀无君之心。子丕孤竖，敢寻乱阶，盗据神器，更姓改物，世济其凶。当此之时，皇极幽昧，天下无主，则我帝命，陨越于下。昭烈皇帝体明睿之德，光演文武，应乾坤之运，出身平难，

① 《三国志》卷 35《诸葛亮传》，中华书局，1959，第 912 页。

② 乔新娥：《诸葛亮政治思想中的正统观与治理观探究》，《临沂大学学报》2019 年第 4 期。

③ 《三国志》卷 35《诸葛亮传》，中华书局，1959，第 912 页。

④ 段熙仲、闻旭初编校《诸葛亮集》卷 1《草庐对》，中华书局，1960，第 1 ~2 页。

> 经营四方……奉顺符谶，建位易号，丕承天序，补弊兴衰，存复祖业，诞膺皇纲，不坠于地。……朕以幼冲，继统鸿基，未习保傅之训，而婴祖宗之重。六合雍否，社稷不建，永惟所以，念在匡救，光载前绪，未有攸济，朕甚惧焉。是以夙兴夜寐，不敢自逸……龚行天罚，除患宁乱，克复旧都，在此行也。①

诸葛亮在进行北伐前以后主的名义下诏，对讨伐曹魏的合理性进行了解释。在诏书中，诸葛亮首先对汉末的情况进行了叙述，认为董卓、曹操等人的行为造成了东汉末年政局的动荡，特别是曹操一派“怀无君之心”，其子曹丕还篡汉为帝，致使汉王朝的命数衰落。继而，诸葛亮对昭烈皇帝刘备继位的合法性进行叙述，他强调，刘备顺应天地之运，在如此危难之际挺身而出，肩负起了平息汉王朝灾难的责任；刘禅继位后，更是“念在匡救”，希望通过北伐实现惩处曹魏政权、平息战乱、恢复旧都的理想。诸葛亮还强调，蜀汉政权继承汉之大统，意在复兴汉室，这也是他对蜀汉政权正统性的表达。此外，诸葛亮在《前出师表》中亦指出，蜀汉出师伐魏的目的在于“攘除奸凶，兴复汉室，还于旧都”。② 青龙二年（234 年）秋，诸葛亮在第五次北伐途中病死于五丈原。从诸葛亮于建安十二年（207 年）因《隆中对》而追随刘备服务于蜀汉政权开始，他的一生始终以“兴复汉室，还于旧都”为奋斗目标，而这也是蜀汉政权从始至终的立国之本——政权合法性的由来。

（二）遵循道统、德法兼治的道统观

遵循道统是治国的重要要求，统治者要将维护道统作为重要的治国任务。道统是儒学的重要组成部分，诸葛亮强调儒学的重要性，认为治国犹如治家，要做到正本才能清源，强调遵循先王之道统礼法，才是治国之道。所以，“为政不失其道，万事可成，其功可保”③，为政者要做到遵循道统，才能确保万事可成，功业长久。

---

① 段熙仲、闻旭初编校《诸葛亮集》卷1《为后帝伐魏诏》，中华书局，1960，第2~3页。

② 段熙仲、闻旭初编校《诸葛亮集》卷1《前出师表》，中华书局，1960，第5页。

③ 段熙仲、闻旭初编校《诸葛亮集》卷3《便宜十六策·治乱》，中华书局，1960，第71页。

为了达到遵循道统的目的，为政者还应注重内修文德，做到以德治国。“治世以大德，不以小惠。”① 诸葛亮认为，为政者不能仅仅依靠施以小恩小惠治国，应该以德治国。至于如何才算以“大德”治世，诸葛亮也阐述了自己的理论。他认为，君主治理国家要从自身做起，只有先修身才能够治人。具体而言，要注重自身的言行举止，做到“非法不言，非道不行”，因为国君的一言一行，都被众人看在眼里，正所谓“身不正则令不从，令不从则生变乱”。② 同时，国君要善于反省，通过不断地自我反思，才能够加深对自身的认识，实现“觉悟其意”。③ 诸葛亮认为，国君为政也有两个原则需要遵守，一是循序渐进；二是思近虑远。循序渐进指治国要讲究先后次序，如“先理纲，后理纪；先理令，后理罚；先理近，后理远；先理内，后理外；先理本，后理末；先理强，后理弱；先理大，后理小；先理身，后理人”④，如此才能实现国家强盛、政通人和。思近虑远指为政者要懂得深谋远虑，学会用发展的眼光看待自己职责范围内的问题，只有“视微知著，见始知终”⑤，才能避免祸患的产生。诸葛亮还对为将者的德行作了规定，认为有才德的君子应“威而不猛，忿而不怒，忧而不惧，悦而不喜”⑥，以树立威信，便于治国；并提出为将之道的“八弊”“八恶”，将贪而无厌、富不济穷等无德的行为作为为将的忌讳，只有“仁爱洽于下，信义服邻国”⑦ 的将领才能协助国君治理天下。

诸葛亮在注重德治的同时，也将法治融入其中。《将苑·威令》：“若乃上无刑罚，下无礼义，虽贵有天下，富有四海，而不能自免者，桀、纣之类也。”⑧ 诸葛亮举桀、纣的例子，认为他们国家的灭亡是将帅没有刑罚、部下没有礼义的结果，认为将法治与德治结合，才有利于国家的发展。同样，在《答法正书》中，诸葛亮对刘焉、刘璋统治益州之时的状况进行了

---

① 段熙仲、闻旭初编校《诸葛亮集》卷2《答惜赦》，中华书局，1960，第50页。

② 段熙仲、闻旭初编校《诸葛亮集》卷3《便宜十六策·教令》，中华书局，1960，第72页。

③ 段熙仲、闻旭初编校《诸葛亮集》卷3《便宜十六策·阴察》，中华书局，1960，第75页。

④ 段熙仲、闻旭初编校《诸葛亮集》卷3《便宜十六策·治乱》，中华书局，1960，第71页。

⑤ 段熙仲、闻旭初编校《诸葛亮集》卷3《便宜十六策·思虑》，中华书局，1960，第75页。

⑥ 段熙仲、闻旭初编校《诸葛亮集》卷3《便宜十六策·喜怒》，中华书局，1960，第71页。

⑦ 段熙仲、闻旭初编校《诸葛亮集》卷4《将苑·将器》，中华书局，1960，第79页。

⑧ 段熙仲、闻旭初编校《诸葛亮集》卷4《将苑·威令》，中华书局，1960，第101页。

描述，认为这时的益州已经“德政不举，威刑不肃”[①]，这也从反面说明诸葛亮对“德政”与“威刑”的重视。魏太和二年（228 年），街亭之战中蜀国失败，诸葛亮将失败的原因归于自己“不能训章明法，临事而惧”[②]，还强调“孙吴所以能致胜于天下者，用法明也。是以扬干乱法，魏绛戮其仆。四海分裂，兵交方始，若复废法，何用讨贼耶!”[③] 将领要做到严明军纪，以法治军，才能达到“夫一人之身，百万之众，束肩敛息，重足俯听，莫敢仰视者”[④] 之效。

（三）选贤举能、仁礼相待的君臣观

君臣观是诸葛亮政治哲学的一个重要内容。关于君臣之道的理想模式，诸葛亮言：“君臣之政，其犹天地之象，天地之象明，则君臣之道具矣。”[⑤] 诸葛亮认为，君与臣的关系就像天与地之间的关系，厘清二者之间的关系才能更好地彰显出君臣之道。为了达致“君臣之道”，君臣之间应彼此分工，密切合作。

作为君主，首先要学会选贤举能。对此，诸葛亮提出了自己的见解，认为“治国犹于治身，治身之道，务在养神，治国之道，务在举贤；是以养神求生，举贤求安。故国之有辅，如屋之有柱；柱不可细，辅不可弱；柱细则害，辅弱则倾。故治国之道，举直措诸枉，其国乃安”。[⑥] 选贤举能之于国家，犹如养神之于健身，选举贤能之人参政，有利于国家安定。他还提出了选举贤能之法，认为贤能之臣应该具有直言极谏的品德，正所谓“有道之国，危言危行”[⑦]，治理有道的国家，臣子都是直言不讳的。为了贤能之臣更好地发挥治国之用，他强调为君者也要注重“设官职之全，序爵禄之位”[⑧]，官职体系与爵位俸禄制度都要完备，特别是对待贤臣要给予高官、厚赏，与此同时也应实施考黜之政与赏罚之政，注重儒法兼用。君主

① 段熙仲、闻旭初编校《诸葛亮集》卷 1《答法正书》，中华书局，1960，第 17 页。
② 段熙仲、闻旭初编校《诸葛亮集》卷 1《街亭自贬疏》，中华书局，1960，第 14 页。
③ 段熙仲、闻旭初编校《诸葛亮集》卷 2《论斩马谡》，中华书局，1960，第 48 页。
④ 段熙仲、闻旭初编校《诸葛亮集》卷 4《将苑 · 威令》，中华书局，1960，第 101 页。
⑤ 段熙仲、闻旭初编校《诸葛亮集》卷 3《便宜十六策 · 君臣》，中华书局，1960，第 61 页。
⑥ 段熙仲、闻旭初编校《诸葛亮集》卷 3《便宜十六策 · 举措》，中华书局，1960，第 65 页。
⑦ 段熙仲、闻旭初编校《诸葛亮集》卷 3《便宜十六策 · 纳言》，中华书局，1960，第 62 页。
⑧ 段熙仲、闻旭初编校《诸葛亮集》卷 3《便宜十六策 · 君臣》，中华书局，1960，第 61 页。

还要做到不以疑政授臣，坚持正道治国。

君臣之间只有相互合作才能达到国家大治的理想模式，具体有两个需要遵循的观念。一是“君以施下为仁，臣以事上为义”。《便宜十六策·君臣》载：“君以施下为仁，臣以事上为义。二心不可以事君，疑政不可以授臣。上下好礼，则民易使，上下和顺，则君臣之道具矣。”[①] 诸葛亮认为，臣子对君主以义相待，建立在君主施行仁政的基础之上。君主和臣民都尊奉礼法，百姓便会服从，君臣和顺，便具备君臣之道。二是“君以礼使臣，臣以忠事君”。《便宜十六策·君臣》载：

> 君以礼使臣，臣以忠事君。君谋其政，臣谋其事。政者，正名也，事者，劝功也。君劝其政，臣劝其事，则功名之道俱立矣。是故君南面向阳，著其声响；臣北面向阴，见其形景。声响者，教令也，形景者，功效也。教令得中则功立，功立则万物蒙其福。[②]

臣子能够忠心侍奉君主，是因为君主能够以礼待臣。而“忠”是为臣的重要条件，“人之忠也，犹鱼之有渊，鱼失水则死，人失忠则凶。故良将守之，志立而名扬”。[③] 君臣之间以礼、忠相待，君主才能专心为政，臣子也会尽心效力。君主勤于政事，臣子勤于辅佐，才可以成就霸业；君主向南发号施令，臣子向北尽人臣的义务，君臣之间只有这样彼此配合，各司其职，国家才会强盛并福泽万物。

（四）安民为本、以礼教民的君民观

诸葛亮君民观的核心要义是以安民为本。为政者要善于倾听民意，倾听民意的目的是体恤百姓“听察采纳众下之言”。[④] 诸葛亮将百姓与君主的关系比作心之于身，强调百姓之于国家的重要性。《便宜十六策·视听》中，诸葛亮引用老子《道德经》中的言论：“圣人无常心，以百姓为心”[⑤]，

---

① 段熙仲、闻旭初编校《诸葛亮集》卷3《便宜十六策·君臣》，中华书局，1960，第61页。
② 段熙仲、闻旭初编校《诸葛亮集》卷3《便宜十六策·君臣》，中华书局，1960，第61页。
③ 段熙仲、闻旭初编校《诸葛亮集》卷2《兵要》，中华书局，1960，第41页。
④ 段熙仲、闻旭初编校《诸葛亮集》卷3《便宜十六策·视听》，中华书局，1960，第62页。
⑤ 段熙仲、闻旭初编校《诸葛亮集》卷3《便宜十六策·视听》，中华书局，1960，第62页。

借《道德经》之言，来增强自身观点的可信度。他认为，为政之道在于能够看到不被重视的问题，听到不为人知的意见，而这些问题与意见，很大一部分源自庶民。此外，《便宜十六策·察疑》中提及的“明君之治，不患人之不己知，患不知人也”①，再次强调，圣明的君主不害怕百姓不懂自己的为政之苦，而是担心自己不懂民意。总之，民意才是赢得万民拥戴的条件，在《为后帝伐魏诏》中，诸葛亮指出国君为政要善于体察民情，做到下情上达，才能像昭烈皇帝刘备一样，让“百姓与能，兆民欣戴”。②

在施行政策时，君主要征求民意并善于采纳百姓的意见。诸葛亮认为，政策的施予要因天顺民，以民意为依归，才能巩固国本。要为百姓创设良好的生产生活环境，减少不利于百姓生活生产的因素。例如，对百姓横征暴敛的皂服小吏要废黜；对压迫百姓的官员要罢免，反之则给予升迁奖赏；要做到顺民四时，让百姓各司其职，有充足的精力投入对农业的生产中，以达到“丰年不奢，凶年不俭，素有蓄积，以储其后”③ 之效，让百姓满足，使国家富强。蒋琬为广都（今成都市南部）县令时，因不理政事惹怒刘备，刘备想要治罪于蒋琬时，诸葛亮言道：“蒋琬，社稷之器，非百里之才也。其为政以安民为本，不以脩饰为先，愿主公重加察之。”④ 诸葛亮为蒋琬开脱的理由，除了认为蒋琬是“社稷之器，非百里之才”外，还有一条“其为政以安民为本”，在诸葛亮的悉心培养下，蒋琬成为蜀汉重臣，诸葛亮去世后，蒋琬继其执政。

君主还应该以德义教化百姓，教民众明辨是非。《便宜十六策》有《治人》篇，“治人之道”即“治民之道”，其文载：“陈之以德义而民与行，示之以好恶而民知禁。”⑤ 以德义教化百姓，百姓就不会悖德忘义；教民以是非之辨，百姓行为就有分寸。具体应该如何教民，诸葛亮引《礼记》言：“立爱自亲始，教民孝也；立敬自长始，教民顺也”⑥，他认为，君主要用自

① 段熙仲、闻旭初编校《诸葛亮集》卷3《便宜十六策·察疑》，中华书局，1960，第63页。
② 段熙仲、闻旭初编校《诸葛亮集》卷1《为后帝伐魏诏》，中华书局，1960，第2页。
③ 段熙仲、闻旭初编校《诸葛亮集》卷3《便宜十六策·治人》，中华书局，1960，第65页。
④ 段熙仲、闻旭初编校《诸葛亮集》卷2《又称蒋琬》，中华书局，1960，第50页。
⑤ 段熙仲、闻旭初编校《诸葛亮集》卷3《便宜十六策·治人》，中华书局，1960，第64页。
⑥ 段熙仲、闻旭初编校《诸葛亮集》卷1《上言追尊甘夫人为昭烈皇后》，中华书局，1960，第11页。

身的行动来教化百姓，如君主应该孝敬父母，应该崇尚恭敬。乃至古人误将《范纯仁集》（范纯仁系北宋范仲淹次子）中遗表语“约己便民，达孝道于精微，扩仁心于广远”① 当作诸葛亮的临终遗表，正是诸葛亮“教民孝”“教民顺”“达孝道”“扩仁心”的思想深留百姓心间的体现。

（五）审时度势、应权通变的战略观

审时度势指决策者应评估时事的特点和变化，在复杂的现实状况中把握时机。兵无常势，诸葛亮特别强调对时机的把握，“善将者，必因机而立胜”②，认为好的将领懂得掌握时机、克敌制胜。对恰当时机的把握，大致包括以下三个要点。首先，应该追求天、地、人的整体和谐。诸葛亮在论述治国之道时指出：“倡始者，天地也，应和者，万物也”③，天地是万物之本，人事活动顺从于天才能没有祸患，要通过观测天象、祭祀活动、礼乐教化等来做到务天之本、务地之本、务人之本。在具体的印证上，“天失其常，则有逆气；地失其常，则有枯败；人失其常，则有患害”④，人要遵循常法，才能避免祸患。这种天人合一的理念运用到军事中，就要求为将者做到“上知天文，中察人事，下识地理”⑤，并强调“夫用兵之道，在于人和，人和则不劝而自战矣”。⑥ 达到天、地、人的和谐，即意味着能够“审天地之道，察众人之心”，对用兵之“时”能够做到精准的把握。其次，应该居安思危，做到有备无患。“豫备无虞”⑦ 指做好戒备就没有忧患，这是古代政治清明的重要表现，也是出兵作战的重要条件。只有做到有备无患，战士作战才能勇猛，不然，即使人数再多也不可依靠。最后，作战还要讲求出奇制胜。《将苑・应机》：“夫必胜之术，合变之形，在于机也。非智者孰能见机而作乎？见机之道，莫先于不意。”⑧ 作战能够必胜的战术，在于能够在多变的形势中把握战机、见机而作，而见机行事的最佳办法，就是

---

① 段熙仲、闻旭初编校《诸葛亮集》卷1《自表后主》，中华书局，1960，第1～14页。
② 段熙仲、闻旭初编校《诸葛亮集》卷4《将苑・机形》，中华书局，1960，第89页。
③ 段熙仲、闻旭初编校《诸葛亮集》卷3《便宜十六策・治国》，中华书局，1960，第60页。
④ 段熙仲、闻旭初编校《诸葛亮集》卷3《便宜十六策・治国》，中华书局，1960，第61页。
⑤ 段熙仲、闻旭初编校《诸葛亮集》卷4《将苑・将器》，中华书局，1960，第79页。
⑥ 段熙仲、闻旭初编校《诸葛亮集》卷4《将苑・人和》，中华书局，1960，第99页。
⑦ 段熙仲、闻旭初编校《诸葛亮集》卷4《将苑・戒备》，中华书局，1960，第86页。
⑧ 段熙仲、闻旭初编校《诸葛亮集》卷4《将苑・应机》，中华书局，1960，第94～95页。

能够做到出其不意。类似的说法在《诸葛亮集》中较为多见，如“军以奇计为谋，以绝智为主”①，“以其祸出不图，变速非虑也”②，等等。至于诸葛亮的“心战”，则是这三点融合的产物，既做到了天人合一，又做到了有备无患，方才出奇制胜。

应权通变，指决策者能够顺应机宜，采取变通的措施，这一观念集中体现在蜀汉对吴蜀关系的处理中。诸葛亮作为蜀汉的丞相，从跟随刘备之时起，就为蜀汉制定了战略方针。《隆中对》中已经指出，“孙权据有江东，已历三世，国险而民附，贤能为之用，此可以为援而不可图也”，并强调要“外结好孙权，内修政理”。③ 诸葛亮的这一战略方针在实践中也得到了体现，其背后反映的正是他的战略观。在孙权僭越称帝引起群臣不满后，诸葛亮对刘备与孙权的结盟之举进行评价，认为这是刘备“应权通变，弘思远益”④ 的结果，也是他对自身政治战略的实践，而“应权通变、弘思远益”正是其战略观恰如其分的体现，在强调“变”的同时能够从长远考虑问题。联合一切反曹力量，变劣势为优势，掌握战略主动权。⑤

二　诸葛亮政治哲学的来源

对诸葛亮政治哲学来源的分析，可从两个方面着手，即人生阅历的积累与对前贤理论的汲取。

（一）人生阅历的积累

诸葛亮政治哲学的形成，与其人生阅历有密切关系。诸葛亮的阅历与其政治哲学的形成之间，主要有两点值得关注，一是他个人的学习经历，二是他对自己周遭环境的评估。

在投靠刘备之前，诸葛亮人生前 26 年的学习生活经历，主要分为幼年家乡时期与寓居荆州时期。汉灵帝光和四年（181 年），诸葛亮出生于

① 段熙仲、闻旭初编校《诸葛亮集》卷 3《治军》，中华书局，1960，第 68 页。
② 段熙仲、闻旭初编校《诸葛亮集》卷 4《将苑 · 应机》，中华书局，1960，第 95 页。
③ 段熙仲、闻旭初编校《诸葛亮集》卷 1《草庐对》，中华书局，1960，第 1 页。
④ 段熙仲、闻旭初编校《诸葛亮集》卷 1《绝盟好议》，中华书局，1960，第 15 页。
⑤ 施光明：《诸葛亮军事思想研究》，《南都学坛》1989 年第 3 期。

琅琊郡阳都县（今山东省临沂市沂南县），属东汉官宦之后，年少早孤，转由叔父诸葛玄抚养。诸葛亮幼年生活的琅琊一带，自古文化发达，“所保留的东夷文化在春秋、战国时与齐文化、鲁文化、楚文化交融吸收，形成以经世致用为特点的文化，即以儒学为主，也不排斥法家、黄老之学”①，汉代的琅琊地区还是当时全国最大的易学中心②，这样的文化背景与氛围，对诸葛亮产生了潜移默化的影响。

东汉末年，诸葛玄官至豫章太守，朝廷派朱皓取代其出任豫章太守后，朱皓从扬州刺史刘繇处借兵赶走诸葛玄，诸葛玄遂携诸葛亮等投奔旧友荆州牧刘表。刘表于初平元年（190 年）出任荆州刺史（后改为荆州牧），樊邓战役后直到刘表去世前，“于时天下虽乱，荆州安全”。③ 此外，刘表任职期间“爱民养士”④，“开立学官，博求儒士”⑤，荆州成为士人的避难之所。如《三国志》卷 21《王粲传》载：“士之避乱荆州者，皆海内之俊杰也。”⑥荆州成为东汉末年的全国学术中心，思想氛围极为活跃，形成了荆州学派，司马徽、宋忠、王粲等名士均汇集于荆州。“荆州学派的形成和发展与刘表息息相关，在汉末三国这样一个动乱的时代，在刘表的治理下，荆州安定、富庶的环境使得大量人才聚集，在刘表的发起和带动下，最终形成了以讲《易》为主的荆州学派。”⑦ 诸葛亮在刘表创办的“学业堂”中读书，接触的是当时较为先进的思想。建安二年（197 年）诸葛玄病故，诸葛亮（17 岁）开始了在隆中长达十年的“躬耕陇亩”生活。在此期间，诸葛亮与博陵崔州平、颍川徐元直、颍川石广元、汝南孟公威等人交好，与他们进行思想观念上的交流自是必不可少。

诸葛亮政治哲学的形成，也与他对自己周遭环境的评估有关。诸葛亮是汉司隶校尉诸葛丰之后，诸葛丰因弹劾权臣被免官。“诸葛亮少年时代

---

① 王瑞功主编《诸葛亮志》，山东人民出版社，2009，第 16 页。

② 张崇琛：《汉代琅邪地区的学术氛围与诸葛亮思想的形成》，《中国典籍与文化》1995 年第 1 期。

③ 《三国志》卷 15《刘馥传》注引《晋诸公赞》，中华书局，1959，第 465 页。

④ 《后汉书》卷 74《刘表传》，中华书局，1965，第 2421 页。

⑤ 《三国志》卷 6《刘表传》注引《英雄记》，中华书局，1959，第 212 页。

⑥ 《三国志》卷 21《王粲传》，中华书局，1959，第 598 页。

⑦ 吴成国：《荆州学派与易学——以刘表易学思想的考察为中心》，《中国文化研究》2011 年第 4 期。

正是东汉政治最黑暗的时期，社会矛盾复杂，社会处于动荡不安的状态。”[①] 兴平元年（194 年）四月，曹操为报曹嵩、曹德被杀之仇进攻陶谦，军队“略地至琅琊、东海，所过残灭”，诸葛亮（13 岁）家乡应遭受了战乱之苦。[②] 诸葛玄本担任豫章太守，但在汉末政治斗争中被新任太守朱皓赶走，只好于荆州避难。诸葛亮的这些境遇，让他对东汉末年的政局有了更为清醒的认知。特别是在荆州期间，诸葛亮与社会上层交往密切，在隆中也与普通百姓一样参与耕作。诸葛亮在隆中之时好为《梁父吟》，其内容为：

> 步出齐城门，遥望荡阴里。里中有三坟，累累正相似。
> 问是谁家冢？田疆古冶氏。力能排南山，又能绝地纪。
> 一朝被谗言。二桃杀三士。谁能为此谋？国相齐晏子。[③]

《梁父吟》是流传于山东一带的民谣，即诸葛亮家乡的小调。文中提及的“二桃杀三士”，指春秋时期齐国的宰相晏婴，设计杀死恃功而骄的公孙接、田开疆、古冶子三员大将的故事。对照汉末的社会现实，诸葛亮借《梁父吟》以表达自身愿辅佐明君为东汉朝廷铲除乱臣的志向，就像他“每自比于管仲、乐毅”。[④] 为了实现这一志向，诸葛亮潜心思考治国之道，其政治哲学即在这一前提下形成。

（二）对前贤理论的汲取

诸葛亮广涉儒家、道家、法家、兵家等的经典书籍并从中汲取思想养分。《三国志》注引《魏略》：“亮在荆州，以建安初兴颍川石广元、徐元直、汝南孟公威等俱游学，三人务于精熟，而亮独观其大略。”[⑤] 与三人的“务于精熟”相较，诸葛亮的“观其大略”成了其别具特色的读书法，他“读书只看其主要的大致的内容，把握精髓与实质，对细节尤其是章句文字

---

① 柳春藩：《诸葛亮评传》，中国青年出版社，1997，第 3 页。
② 《资治通鉴》卷 61《孝献皇帝丙》，中华书局，2013，第 2016 页。
③ 袁志福编《中国历代将帅诗词译注》，陕西人民出版社，2005，第 126 页。
④ 《三国志》卷 35《诸葛亮传》，中华书局，1959，第 911 页。
⑤ 《三国志》卷 35《诸葛亮传》注引《魏略》，中华书局，1959，第 911 页。

不做要求”。[①] 所以，诸葛亮在研习前人经典之时，能够博览群书，抓住要领，这也成为诸葛亮政治哲学的重要来源。综观诸葛亮的政治哲学，其中很多理论的形成建立在其对前贤理论的汲取之上。

在诸葛亮的政治哲学中，其多引用前贤言论来对自身的观点进行佐证，并集中体现在其所著的《便宜十六策》中。诸葛亮将先王之道作为自身政治哲学的重要组成部分。在论述治国之要时，诸葛亮强调“非先王之法服不敢服”[②]，借《孝经》之言，辅助论证自己的言论，认为要遵守先王礼法之道。先王之道是先秦儒家政治哲学的重要内容，诸葛亮对先王之道的强调与推崇，在诸多地方都可以体现出来，如“是以尧、舜之君，远夷贡献”，“尧举逸人……以致太平”，“自五帝三王至圣之主，德化如斯”[③]，等等。在诸葛亮处理君民关系的理论中，视听之政与治人之道是两个重要的方面。视听之政是诸葛亮处理君民关系的重要着眼点之一，为了论证民意的重要性，诸葛亮引用了诸多前贤言论，如借《老子》第四十九章“圣人无常心，以百姓心为心”，强调“听察采纳众下之言”的重要性；引《尚书·泰誓》：“天视自我民视，天听自我民听”[④]，说明君王行事要遵从百姓意见。此外，在论述治人之道时，诸葛亮同样借《孝经》中“陈之以德义而民与行，示之以好恶而民知禁”，强调君主应该如何教民；《老子》第三章“不贵难得之货，使民不为盗；不贵无用之物，使民心不乱”[⑤]，同样被借用来论证应该如何教民。

在诸葛亮政治哲学中，也有一些理论背后暗含着前贤思想。诸葛亮的政治哲学含有易学思想的因素。《周易》是一部包含政治、军事、经济、文化等思想内容的经典，其社会功能如《四库全书总目提要》所论：“《易》道广大，无所不包，旁及天文、地理、乐律、兵法、韵学、算术，以逮方外之炉火，皆可援《易》以为说，而好异者又援以入《易》，故《易》说

① 宗瑞仙、吴庆：《论诸葛亮读书“观其大略”——兼及汉魏之际学术走向与荆州学派》，《中国石油大学胜利学院学报》2011 年第 1 期。

② 段熙仲、闻旭初编校《诸葛亮集》卷 3《便宜十六策·治国》，中华书局，1960，第 61 页。

③ 段熙仲、闻旭初编校《诸葛亮集》卷 3《便宜十六册·治军》，中华书局，1960，第 64 ~ 67 页。

④ 段熙仲、闻旭初编校《诸葛亮集》卷 3《便宜十六策·视听》，中华书局，1960，第 62 页。

⑤ 段熙仲、闻旭初编校《诸葛亮集》卷 3《便宜十六策·治人》，中华书局，1960，第 64 页。

愈繁。”[①] 诸葛亮从《周易》中获得的天文、地理、乐律、兵法、韵学、算术等易学智慧，成为其政治哲学的重要组成部分。诸葛亮还注重法治对国家治理的重要价值，强调法治与德治的结合：完善奖惩制度、注重肃正纲纪、坚持公正执法等，无不体现出法家思想的要义。凡此种种，不胜枚举。

总之，诸葛亮政治哲学中对前贤理论的掌握，不拘泥于某一流派，而是综各家之法，为其所用，他在《论诸子》中有言："老子长于养性，不可以临危难。商鞅长于理法，不可以从教化。苏、张长于驰辞，不可以结盟誓。白起长于攻取，不可以广众。"[②] 诸葛亮对各家之法的评价，可谓鞭辟入里。诸葛亮师古而不泥古，能够对前贤理论进行理解和发挥，并进一步深化而融入到自己的政治哲学理论中来。

三 诸葛亮政治哲学的影响

诸葛亮政治哲学的影响大致可从三个方面进行分析，分别为对蜀汉政权的影响、对后世王朝的影响、对当代中国的影响。

（一）对蜀汉政权的影响

诸葛亮与刘备在隆中相见后，诸葛亮的政治生涯正式开启。此后，诸葛亮跟随刘备创业，其政治哲学也成为蜀汉政权的指导理论。

诸葛亮对蜀汉政权正统观的认定，成为该政权得以存在的根基。蜀汉以继承汉统为名却偏居一隅，基于这种特定条件，蜀汉的创业者和守成者们一反以往"王者必居天下之中"[③] 的正统观念，始终彻底坚持和宣传"刘氏正统"，并将之奉为蜀汉的立国之本。[④] 蜀国在招徕人才之时，也将是否认同蜀汉的正统性作为重要标准。在《又与张裔蒋琬书》中，诸葛亮言：

① （清）永瑢等撰《四库全书总目提要》卷1《经部一·易类一》，载王云五主编《民国万有文库本》第1册，商务印书馆，1931，第2页。

② 段熙仲、闻旭初编校《诸葛亮集》卷3《便宜十六策·视听》，中华书局，1960，第47页。

③ （清）王先谦撰《荀子集解》，沈啸寰、王星贤点校，中华书局，2012，第470页。

④ 王瑰：《"中原正统"与"刘氏正统"——蜀汉为正统进行的北伐和北伐对正统观的影响》，《史学月刊》2013年第10期，第37页。

“此人（姜维）心存汉室，而才兼于人，毕教军事，当遣诣宫，觐见主上。”[1] 姜维心存汉室，而蜀汉继承汉统，姜维的观念与蜀汉的正统性相合，这成为蜀汉对之进行招揽的重要考量因素。但是，这一观念毕竟与传统的中原正统观念相左，成为其他政权认定蜀汉必亡的依据。邓艾灭蜀后，在“报刘禅降书”中说：“自古圣帝，爰逮汉、魏，受命而王者，莫不在乎中土。”[2] 邓艾作为曹魏将领，认为于中土受命而王是曹魏的正统性所在，也是蜀汉政权最终灭亡的重要原因。

诸葛亮的政治哲学，成为蜀汉政权治国理政的理论指导。蜀汉政权对诸葛亮政治哲学的践行，在一些具体政策措施上得到体现。《三国志》卷35《诸葛亮传》载：

> 诸葛亮之为相国也，抚百姓，示仪轨，约官职，从权制，开诚心，布公道；尽忠益时者虽仇必赏，犯法怠慢者虽亲必罚，服罪输情者虽重必释，游辞巧饰者虽轻必戮；善无微而不赏，恶无纤而不贬；庶事精练，物理其本，循名责实，虚伪不齿；终于邦域之内，咸畏而爱之，刑政虽峻而无怨者，以其用心平而劝戒明也。[3]

这段话对诸葛亮担任丞相期间的所作所为进行了记载。对待官员，诸葛亮精简官职，权时制宜；赏善罚恶，对尽忠职守、坦诚认错的官员给予奖赏，对触犯法令巧言令色的官员给予重罚；对待民众，诸葛亮抚恤民众、教民礼仪。正是凭借“用心平而劝诫明”，即用心公平、劝诫严明，诸葛亮最终受到全国百姓的敬畏与爱戴。而诸葛亮这些对待官员与百姓的方式，正与其政治哲学相契合，是对其政治哲学的践行。例如，在对官员的任命上，诸葛亮强调要注重选贤举能，这与刘备招徕人才的思想相契合，因此蜀汉才将如诸葛亮、庞统、法正等谋士，关羽、张飞、赵云等武将纳入囊中。刘禅继位后，诸葛亮征辟姚伷为官署属员，并进文武之士，随后对这批官署属员言：“忠义者莫大于进人，进人者各务其所尚，今姚掾并存刚

① 段熙仲、闻旭初编校《诸葛亮集》卷1《又与张裔蒋琬书》，中华书局，1960，第22页。
② 《三国志》卷33《后主传》注引王隐《蜀记》，中华书局，1959，第901页。
③ 《三国志》卷35《诸葛亮传》，中华书局，1959，第934页。

柔，以广文武之用，可谓博雅矣，愿诸掾各希此事，以属其望。”[①] 诸葛亮直接指明征辟姚伷的原因，并对各位属员作出期望，希望他们能够推荐更多人才。

（二）对后世王朝的影响

诸葛亮政治哲学涉及的一些问题，如正统观、道统观、君臣观、民本观、战略观等，均是中国封建王朝较为关注的政治哲学问题。三国时期上承秦汉、下启隋唐，诸葛亮政治哲学也在政治哲学发展史上起到了承上启下的作用，并对后世封建王朝诸多方面的发展产生了重要影响。

诸葛亮为蜀汉政权确立的正统观，为后世王朝正统性的探讨与确立提供了新的路径。胡克森认为，秦朝以前的正统地位是据中原立国而获得的，晋室南渡后，中原地区为“五胡”所居，正统便逐渐转化为对华夏文化的融入和继承，而这一正统观念的转化，应源于蜀汉政权确立的正统观。[②] 三国时期存在的中原正统说与刘氏正统说两种正统观，在史籍著述中也得到反映，像陈寿《三国志》将曹魏视为正统，习凿齿《汉晋春秋》则视蜀汉为正统，这为后世政权正统性的选择提供了更多可能。至于在《三国演义》等后世以三国为题材的文艺作品中多有以蜀汉为正统的表达，则是受到儒家正统史观的影响。

诸葛亮政治哲学的其他方面，在后世王朝政治哲学的构建中也被大体继承下来。道统是“中国古人在文化学术思想上建立起来的一脉相承的统系”。[③] 诸葛亮既遵循道统，又将德治与法治作为一体融入其政治哲学中。以德治国是中国古代政治哲学的重要内容，也正是从魏晋开始，受诸葛亮等人政治哲学的影响，在儒家中出现了刑德并用、刚柔相济的主张，成为中国古代德治思想的主旋律。[④] 至于君臣观与君民观，更是后世王朝政治哲学中的重要内容。唐太宗倡导的君臣观，是中国历史上的君臣观典范，

---

① 段熙仲、闻旭初编校《诸葛亮集》卷2《称姚胄教》，中华书局，1960，第31页。

② 胡克森：《论中国古代正统观的演变与中华民族融合之关系》，《史学理论研究》1999年第4期。

③ 汪文学：《正统论：中国古代政治权力合法性理论研究》，贵州人民出版社，2019，第19页。

④ 廖才定主编《以德治国的历史光辉——中国古代德治思想和实践》，岳麓书社，2003，导言第9页。

在皇权的运作过程中，他虚心纳谏、选贤任能、整饬吏治等，这些在诸葛亮的君臣观中都能找到影子。民本思想在诸葛亮的政治哲学中占有重要地位，金耀基言：“中国之民本思想，实澈上澈下，流贯中国五千年之政治者，它确是源远流长，声势浩阔的。”[①] 乃至谢扶雅认为，“中国五千年来之政治思想，实为一气呵成，可作一幅整个图书来看，因其无非发挥一个‘民’字，故全部得称为‘民学’”。[②] 诸葛亮的民本思想，无疑是我国政治哲学发展链条上的重要一环。此外，诸葛亮战略观中对战机的把握、对天人合一理念的倡导等，在后世战争中多有体现，更得到历代帝王的称许与赞扬。

（三）对当代中国的影响

诸葛亮的政治哲学，是我国优秀传统文化的重要组成部分，在当下的中国，我们仍然需要努力挖掘诸葛亮政治哲学中的精华，推动中华优秀传统文化实现创造性转化、创新性发展。从这个维度去考虑，诸葛亮的政治哲学对当代中国也产生了一定影响。

在诸葛亮的政治哲学中，诸多价值理念都与社会主义核心价值观相契合，是社会主义核心价值观的重要思想源泉。譬如，诸葛亮的一生，是为蜀汉尽职尽责的一生，为了实现国家的统一，他始终以“兴复汉室，还于旧都”为奋斗目标，虽然他的行为不免带有历史的局限性，但就他对蜀汉的忠诚而言，正是爱国观念最为直白的表达；诸葛亮认为，君主要对贤能之臣给予奖赏，对不能够一心为民的官员则应废黜或重罚，这是他依法治蜀、公平治蜀的展现；诸葛亮强调，为君要做到务天之本、务地之本、务人之本，其背后蕴含的正是人与人、人与自然和谐统一的观念；诸葛亮强调为政应以安民为本、重视农业发展，而当下党中央坚持把解决好“三农”问题作为全党工作的重中之重，正是为了固本安民、实现乡村振兴；等等。习近平总书记强调，“中华优秀传统文化是中华民族的精神命脉，是涵养社会主义核心价值观的重要源泉，也是我们在世界文化激荡中站稳脚跟的坚

---

① 金耀基：《中国民本思想史》，法律出版社，2008，绪论第5页。

② 谢扶雅：《中国政治思想史纲》，（台北）正中书局，1954，第15页。

实根基”。[①] 今天，我们提倡和弘扬社会主义核心价值观，必须从诸葛亮政治哲学中汲取丰富营养。

结 语

政治哲学作为一种实践哲学，“它在更深刻的层面上对现实政治负责”。[②] 诸葛亮的政治哲学应蜀汉政权的发展而生，是诸葛亮个人对社会政治问题进行思考的成果。这一理论在使蜀汉政权受益的同时，也对后世王朝乃至当代中国的发展产生了一定的影响。习近平总书记曾言：“文化自信是更基本、更深沉、更持久的力量。历史和现实都表明，一个抛弃了或者背叛了自己历史文化的民族，不仅不可能发展起来，而且很可能上演一场历史悲剧。”[③] 诸葛亮政治哲学作为中国古代政治哲学重要组成部分，对其进行分析与解读，必将有益于当代。

① 《习近平主持召开文艺工作座谈会强调 坚持以人民为中心的创作导向 创作更多无愧于时代的优秀作品》，《人民日报》2014 年 10 月 16 日，第 1 版。

② 孙晓春：《政治哲学的使命及其当下意义》，《天津社会科学》2016 年第 6 期。

③ 习近平：《在哲学社会科学工作座谈会上的讲话》，《光明日报》2016 年 5 月 19 日，第 1 版。

中西政治哲学的一个隐秘差异

——以道德与法律的关联性为视角

戴茂堂　葛梦喆*

（北京师范大学哲学国际中心，北京；
中共山东省委党校哲学教研部，济南）

摘　要： 在西方，政治实践展现为一种合法性精神和合理性精神的冲动，呈现出一种推动权力结构模式理性化的过程，对于道德的关注是稀薄的，理性及其确立起来的法律基本不需要进行道德考量，法律也始终没有与道德建立起纵向上的关联与合作关系，相互分立，各行其是。如果说，道德与法律还有什么联系的话，那就是在纵向上本该处于“上线”的道德将自己“下降”为作为“底线义务”的法典，成为规范论，成为政治学的一部分，从而在横向上取得与法律之消极关联。新自然法学派、当代美德伦理的兴起是西方道德哲学为在横向上构建道德与法律之积极关联所作的富有成效的努力。在中国，没有发生和出现道德与法律该“合”该“分”的讨论。道德享有至高的地位，合德的才是合法的，法律必须接受道德的审查和证成。这是早已形成的共识。所以，道德与法律从来就处于一种统“合”状态，在横向上根本就没有被“分”离。道德与法律该“合”该“分”这个“西式”问题也就没有成为中国政治哲学的话题。中国政治哲学关注的是在统合状态下道德与法律是否在纵向上还存在谁“主”谁“辅”这个

* 戴茂堂，北京师范大学哲学国际中心教授，教育部高等学校哲学类专业教学指导委员会委员，主要研究方向为伦理学、美学；葛梦喆，中共山东省委党校哲学教研部讲师，北京师范大学价值与文化研究中心兼职研究员。

话题。这是中国政治哲学与西方政治哲学的一个隐秘差异。道德相比于法律，具有明显的价值优先性。因此，应该以道德为原点，让法律向道德靠拢，让法律道德化，而不是道德法律化，从而达致道德与法律的积极协同。这是政治哲学的真正归途。

关键词：道德；法律；政治哲学；主与辅

考察中西政治哲学的差异，可以有多个视角。在这里，本文之所以以道德与法律的关联性为视角，根本上是因为探讨道德与法律的关联性始终是中西政治哲学研究的基本主题之一甚至还是隐秘动力。只不过，西方政治哲学更多在横向上去理解道德与法律的关联性，道德与法律该“合”该“分”是其聚焦点；而中国政治哲学则更多在纵向上去理解道德与法律的关联性，道德与法律究竟谁“主”谁“辅”是其聚焦点。

一 西方：道德与法律该“合”该“分”？

在西方，法律是一切。这一点一开始就注定了西方无心在纵向上去理解道德与法律谁“主”谁“辅”的问题，似乎也决定了西方从来不会把法律作为“底线伦理”来看待。就此而言，“德主刑辅”根本上就是一个中国语境下的特殊话语，西方不可能有“德主刑辅”的思想。可是，詹世友等却认为：“中西方古代都会采用政治的全面伦理化的路径，这在政治结构比较简单，政治意识还没有达到高度自觉的时期是一种十分自然的选择，也就是说，这种路径更重视政治的道德教化功能。但是，政治的统治功能也是其本质功能，所以，在主张政治的全面伦理化的思想家那里，对法律和管理也会给予很大重视，但总的基调是德主刑辅。”① 这种理解是可疑的。

西方人相信法律，从实际上看，与西方较早冲破了血缘纽带有关。在古希腊，从告别血缘宗族社会之日起，曾经的亲人、熟人慢慢就变成了游民、陌生人，更趋向于独立人、经济人的角色。当个体的、独立的陌生人有条件通过合同或契约方式交换彼此的产品的时候，商业文明就有了最早

① 詹世友、陈赫：《伦理进入政治的三重路径》，《华中科技大学学报》（社会科学版）2018年第2期。

的可能。与此同时，遵守法律规则也有了合适的文化环境以及可能性、必要性乃至紧迫性。早期商业文明的高度发展使希腊社会很早就进入了城邦政治，而城邦最大的政治意义在于它把人从宗族社会中拽出来，消灭了那个拥有最高权力的神王，让政治话题成为公民可以在公共场所争辩的内容，让生活秩序有望建立在独立和平等的基础之上。随之而来的是，再没有谁或什么组织有权管辖全希腊，古希腊也就自然而然地闪烁出第一束民主之光，有了对法律的尊重。林林总总的城邦互不隶属，相对松散，彼此平等，法律独立，有各自的权力和义务。在希腊文中，公民、公民权和宪法源于同一个词——polis，是一个整体。每个城邦的权力是绝对的，个人只有作为城邦的公民并对城邦尽各种义务才有真实的意义。公民利益与城邦利益高度一致，不可分割。比如雅典城邦精神就鼓励每个人做“好公民”，而“好公民”就是那些行为上遵从城邦的法律规范的人。苏格拉底称得上是“典范级”的雅典好公民，黑格尔赞赏他像一尊艺术品。公元前399年春，雅典城邦的法庭指控苏格拉底有两条罪状，一是毒害青年，二是亵渎神明。他本来没有违反法律，也可以逃狱或被赎走。但他既没有选择逃狱也没有选择被赎走，而是慷慨陈词、情感激昂地反驳了法庭的指控后，毫无痛苦地接受了雅典法庭饮鸩而死的判决。他心底里把服从城邦的法律权威看得比什么都重。他骨子里认为，法律对于城邦来说永远都是必要的，违反城邦的法律是可耻的。无论是选择逃狱还是被赎走，都是蔑视城邦法律的表现。所以，苏格拉底学生色诺芬在《回忆苏格拉底》中说道：“一个好公民尊重法律。”① 在他看来，法律本身是公正的，公正的法律不会冤枉一个守法的公民。法庭判处自己有罪，其实是某些人错误地利用了法律，钻了法律的空子。如果逃狱或被赎走，那就是以恶报恶、以牙还牙，刚好违背了自己“永远不做违法之事”的诺言。为了活得正当、活得坦然，为了维护“好公民”的形象，哪怕法庭的判决并不一定公正，自己还是应当毫不犹豫地接受法律的判决。有趣的是，苏格拉底作为实现了古希腊哲学从自然哲学转向伦理学和政治哲学的哲学家，却没有从道德上为自己做任何辩护。作为城邦的公民，他至死不渝地捍卫了城邦的法律，捍卫了法律的绝对权

① 〔古希腊〕色诺芬：《回忆苏格拉底》，吴永泉译，商务印书馆，1984，第166页。

威和至高无上。

法国学者韦尔南把“城邦的建立和理性思维的诞生”称为相互关联的“两种创新”。[①] 其实，“城邦的建立”和“理性思维的诞生”是内嵌式一体共生的。既可以说是理性思维的诞生支持并维护了城邦的建立，也可以说是城邦的建立助推并激发了理性思维的形成和成熟。田海平分析说：“希腊城邦的出现和希腊城邦制度的诞生，首先意味着对远古神王政制的摧毁。在告别古代王权社会结构模式的最早时期的希腊社会大动荡中建立起来的城邦新秩序，展现了一种独特的理性立法精神。专制王权的终结给城邦生活和价值观念带来了实质性的变化。城邦精神强调的是逻各斯权威、社会政治文化生活的公开性（广场意象群）和城邦公民社会地位的相对平等。”[②] 如果说，城邦政治是西方人最早的法律实践，那么，理性权威为他们确立法律规范提供了强大的精神力量。人不仅是理性的动物，而且应该是理性的动物。因为理性代表逻各斯、规则、规律。有了理性，就有了法律制度。赫拉克利特对于理性之逻各斯精神的热爱，从本质上折射出来的是对法律的尊重、秩序的向往。苏格拉底把明智上升为理性，把理性当成神一样的权威来信奉，并认为理性才是公正的标准和法律的依据。斯多葛学派的口号是“按照本性生活”，而对人而言，本性就是理性、就是自然法。自然法几乎就等同于理性法，就是要用理性去超越血缘亲情、家族观念等在宗族习惯看来恰好是自然而然的东西。法律就是自然中固有的最高理性。在西方，自然法源于对理性的反思，一开始就带有知识论的特质，是一种在对自然的惊异感、好奇心感召下获得的关于世界的纯粹知识，是自然法则、宇宙法则的扩展，扩展到自然之外的人类社会，并成为人类社会的规则。这样的自然法恰好不带有或很少带有原初自然的痕迹，不是自然的法，而是人为的、人文的法，代表了与自然一致的正确理性，而跃升为普遍和永恒的形式法规，建立起属于人自己的逻各斯，拥有了法律的精神和法治的力量。在西方近代，政治解放运动展示为一种合法性精神和合理性精神的

① 〔法〕让－皮埃尔·韦尔南：《希腊思想的起源》，秦海鹰译，生活·读书·新知三联书店，1996，第2页。

② 田海平：《美德、信仰与契约——西方伦理精神的三大根源》，中国社会科学出版社，2020，第5页、第7页。还参看〔法〕让－皮埃尔·韦尔南《希腊思想的起源》，秦海鹰译，生活·读书·新知三联书店，1996，第2页。

冲动，呈现出一种推动权力结构模式理性化的过程。18 世纪的启蒙运动把古希腊“理性动物”的信念扩展为“理性法庭”的信念。启蒙运动是一场具有社会政治意识形态性质的理性筹划。在启蒙思想家看来，法律的真理性不需要借助于神启，只需要借助于理性。特权和专横意志在法律上并不是终决性的，根据理性的法令而诉诸更高的正义原则才是必要的。启蒙思想家最看重的是人类理性的独特实践能力，即理性能够认识和把握世上的规则与法律并将这种规则与法律运用于广大的社会生活之中。这种情况下，对于道德的关注是微弱的、稀薄的，理性及其确立起来的法律基本不需要进行道德考量，法律也始终没有与道德建立起纵向上的关联与合作关系。

对此，曹刚有不同的理解。他认为，所谓自然法是自然万物的理性法则，其实质是道德法则。从斯多葛学派开始，不少人主张道德是法律的存在根据和评价标准。霍布斯、孟德斯鸠、洛克、卢梭等人均未放弃对法律的道德确证，都主张对实在法进行价值分析、要求实在法最终要遵循基本道德原则。对主张契约论的近代启蒙思想家而言，他们都概莫能外地将道德视作国家和法律的基础，认为法权的核心和终极依据是道德权利。曹刚甚至认为，从人类最初对法律这一社会现象进行思考到近代的康德、黑格尔的法哲学，一直是以对法律的道德思考为核心的，以隐蔽形态存在的法伦理学一直把寻求法律的正义当成一个最主要的任务。① 我们认为，西方道德哲学家尤其是近代启蒙思想家最在乎的只是人的自由平等权利，最关切的是如何去建构合理性的法律、合法性的国家。卢梭最关切的也是近代启蒙思想家最在乎的，不是别的什么，而是自由与平等。而自由与平等就是他渴求的一切立法体系的最终目的。卢梭在《社会契约论》中把法律与自由、平等之间的关系用最简洁的语言给出了最明确的表述。他说：“如果我们努力探索全体人民的最大幸福——这是一切立法体系的最终目的——究竟是什么，那么，我们将发现它可以归结为两个主要的目标，即自由与平等。为什么要自由？这是因为一个人如果依附于他人了，则国家共同体就会少去这个人的力量。为什么要平等？这是因为没有平等，自由就不可能存在。”② 启蒙思想家几乎都是一批自由主义者。在他们看来，个人自由是

① 参见曹刚《法律的道德批判》，江西人民出版社，2001，第 2、8～9、27 页。

② 〔法〕卢梭：《社会契约论》，李平沤译，商务印书馆，2011，第 58 页。

最基本的人权，是人类社会最主要的价值目标，是现代民主社会的基础。国家及其法律应该充分保障个人自由，牺牲个人自由换来国家的所谓“繁荣昌盛”是没有意义的。显然，他们并不在意法律是否应该以道德为基础并开展与道德的合作。相反，在他们看来，对于法律是否应该以道德为基础的关注可能会影响乃至削弱关于人的自由平等权利的争取与获得。因此，他们更愿意把国家当成政治共同体，更强调国家的法律承担，坚守法律的底线，而不强调国家的道德义务。在他们眼中，国家可以保持价值中立，而不做善恶判断。因此，在近代政治哲学那里，道德与法律的关联性极度松散。康德明确主张法权应与道德律令划清界限。他说：“严格的权利与伦理没有任何牵连，它只考虑行为外在的方面，而不考虑行为的其他动机，因为它是纯粹的权利，不掺杂任何道德的律令。所以，严格的权利就是那种仅仅可以被称为完全外在的权利。”[①] 在近代政治哲学看来，道德与法律本无内在的亲缘性，当然可以保持一定的距离。从横向上看，道德与法律相互“分”立、各行其是，可以相安无事，完全不必联“合”在一起。

尽管法律与道德之间没有建立起横向上的关联，但为确立法律规范提供了强大精神力量的理性却对道德产生了深刻影响，使道德“下降”为另一个法庭，以至于道德在走向理性化的同时，也走向了规范化和法律化。在古希腊，亚里士多德所理解的德性是受制于理性的。他独创性地把德性区分为伦理德性和理智德性，强调伦理德性基于理智德性，理智德性是完全的德性，旨在强化获得德性、拥有幸福“正是理性的安排”的意识，是理性保证了人有节制，避免了过度和不及。因此，德性就是在理性的帮助下对应该的对象和事件，在应该的时间和地点，以应该的方式来行动，“是对中间的命中”。“德性作为相对于我们的中道，是一种决定着对情感和行为的选择的品质，它受到理性的规定，像一个明智的人那样提出要求。”[②] 西塞罗所理解的美德就是“得以完全发展的理性”。在生活中、在行为中坚定地、持续地运用理性就是美德。“享用一种基于美德的恰当生活”，就是

---

① 〔德〕康德：《法的形而上学原理——权利的科学》，沈叔平译，商务印书馆，1991，第42页。

② 〔古希腊〕亚里士多德：《尼各马科伦理学》，苗力田译，中国社会科学出版社，1990，第33、34、38、64、122页。

遵循自然万物的理性法则。[①] 伊壁鸠鲁说："凡是被判定为最好的行为，都是遵从理性正当地作成的。"[②] 在近代，生活的社会化程度极大增强，对公共事务、人际交往的规范性要求更显重要，于是西方政治哲学可以说是更大规模地走向了规范论。规范伦理不可避免地成为近代道德哲学的主流，道德具有明显政治化甚至法律化倾向。规范伦理主要有两种表现形式，一是以边沁为代表的效果论，二是以康德为代表的义务论。无论是效果论还是义务论，骨子里都是理性计算，似乎道德的合理性基于理性才能得到有效说明。这就是斯宾诺莎所说的："事物之所以善，只在于该事物能促使人们享受一种为理智所决定的心灵生活。……阻碍人享受理性的生活的事物方可称为恶。"[③]

在西方，规范伦理持续了多久就意味着道德有多久没有获得自己的独立性。在法律一统天下的情况下，对道德的肯定其实就是对理性的肯定、对规范的肯定，而很难真正成为对德性的证明。道德与法律很难达成真正意义上的合作。如果说，道德与法律还有什么联系的话，那就是在纵向上本该处于"上线"的道德将自己"下降"为作为"底线义务"的法典，从而在横向上取得与法律之消极关联。田海平说："道德的核心是对法律的尊重。七贤[④]作为城邦立法者，确立了一个新的价值秩序，其中法律代替宗族（高贵的出身）成为价值体系的核心。正义不再是由神和国王统治下的秩序，而是由法律强制下的和谐。"[⑤] 对于道德而言，这是不公的也是不幸的，这也使得西方伦理学"把道德和政治看成是一个统一体"，沦为了"改装过"的政治学。[⑥] 事实上，在古希腊，伦理学就附着在政治学门下。那个时候的城邦与其说是伦理共同体，不如说是政治共同体。这种情况导致了亚里士多德在《尼各马科伦理学》第一卷中将"不在于认识，而在于行动"

① 〔古罗马〕西塞罗：《国家篇 法律篇》，沈叔平、苏力译，商务印书馆，1999，第161、170～171、172、178页。

② 《古希腊罗马哲学》，商务印书馆，1982，第369页。

③ 〔荷〕斯宾诺莎：《伦理学》，贺麟译，商务印书馆，1983，第229页。

④ 泰勒斯、梭伦、毕达各、比亚士、克娄布鲁、奇伦、培利安德。他们因智慧出众，为希腊城邦走出混乱而建立秩序、制定法律和建立制度，从而拥有极高的社会地位。

⑤ 田海平：《美德、信仰与契约——西方伦理精神的三大根源》，中国社会科学出版社，2020，第29页。

⑥ 〔美〕阿拉斯代尔·麦金太尔：《伦理学简史》，龚群译，商务印书馆，2003，第92页。

的伦理学隶属于“一种政治学研究”。政治学属于“最高主宰的科学”“最有权威的科学”，“政治学让其余的科学为自己服务”。[①] 在《大伦理学》中，亚里士多德还说，伦理学“似乎不应是其他知识的，而是政治学的部分”。[②] 道德失去自己的纯粹性，最突出的表现为近代功利主义的兴起。功利主义的最大多数人的最大幸福与其说是一个普遍道德法则，不如说是利益最大化的算计。18 世纪著名法学家、功利主义思想家边沁认为，人类社会是动物社会，人只被自己的欲望所驱使，不会遵守任何道德法则，除非道德法则支持人追求自己的利益和欲望。在功利主义那里，如果说还有什么道德法则的话，那就是最大多数人的最大幸福这一利益原则。边沁正是通过道德的“非道德化”来完成功利主义建构的。这是规范伦理的悲哀，也是理性的悲哀。西方现当代兴起的美德伦理看出了规范伦理引发的严重后果，竭尽全力想要把伦理学的关注点从行为的规范转向行为者的德性，也就不足为奇了。规范伦理以伦理学之名出现，但其实旨在于提供一种具有强制性、法权性的行为规范体系，走的还是法律之路，遵循的逻辑依然是“你应该如何”。问题在于：凭什么“我应该这样”？安斯康姆、吉利根、麦金太尔、特朗托、斯洛特等人以不同的方式表明，对于伦理学来说，最重要的是培植行为者的德性，而不是仅仅强调人的行为对外在法律法则的遵守与服从。规则概念是“派生的”，德性概念才是“第一性的”。[③] 美德伦理的兴起是西方伦理学内部的自我发展、自我革新和自我否定，有其内在的逻辑必然性，是西方道德哲学为在横向上构建道德与法律之积极关联所作的富有成效的努力。

西方人相信法律，从观念上看，除了因为人是理性的，还因为人是恶性的。尽管人有理性这一点本身可以被理解成是人的一个优点。但是，也正是由于人有理性，人才发现了人的堕落和恶性。在西方人看来，人性恶

---

① 〔古希腊〕亚里士多德：《尼各马科伦理学》，苗力田译，中国社会科学出版社，1990，第 22、2 页。

② 苗力田主编《亚里士多德全集》第 8 卷，中国人民大学出版社，1994，第 241 页。

③ Michael Slote, *From Morality to Virtue*, New York: Oxford University Press, 1992; Michael Stote, "The Justice of Caring," *In Social Philosophy and Policy*, Vol. 15, No. 1, 1998: 171 – 195; Michael Stote, "Caring Versus the Philosophers," *In Philosophy of Education* 1999, in R. Curren (ed.), Urbana, IL: Philosophy of Education Society, 1999, pp. 25 – 35; Michael Stote, *Morals from Motives*, New York: Oxford University Press, 2001.

是一个事实。对有原罪的人来说，无论是提出“义务的道德”还是“愿望的道德”都是太高的要求。早期基督教之所以对尘世国家持有蔑视态度，就是因为尘世国家是异己的存在，是人性恶的产物和标志。奥古斯丁之所以区分上帝之城与尘世国家，就是要指明，只有上帝之城才是至善的，尘世国家是在人堕落之后形成的强制性组织，是人的创造，充满了自私、暴力统治与不平等，根本就不存在道德性。没有道德是上帝对于人的堕落的一种惩罚。与上帝之城和尘世国家的区分相伴随，“恺撒的归恺撒，上帝的归上帝”的观念日益传播开来，政治与宗教、法律与道德也从横向上被严格区别开来。将这种区别极端化的思想便是政治的非道德化的主张。近代早期对于人性恶充分认同的代表人物是马基雅维里（又可译作马基雅维利、马基雅弗利）。马基雅维里继奥古斯丁之后，在西方近代最先要求把政治与道德明确区分开来。在近代政治思想家眼中，尘世国家就是被人性恶充满了的“坏世界”，处处都是权力和利益的博弈。霍布斯主张国家的职责是守护个人的和平与安全而无须承担任何道德责任。密尔主张国家是“必不可少的恶”。[①]洛克主张国家只需要扮演好守夜人角色、成为“最弱意义上的国家”。对于马基雅维里及其后来的近代思想家们摆脱道德的制约，从而使政治获得独立的主张，马克思表示了充分肯定。他说：“从近代马基雅弗利……以及近代的其他许多思想家谈起，权力都是作为法的基础的，由此，政治的理论观念摆脱了道德，所剩下的是独立地研究政治的主张，其他没有别的了。”[②]承认“坏世界”，是讨论契约论、政治、法律的理论前提。在由人的恶性所导致的“坏世界”中，人与人之间不能建立肯定性的伦理关系，但却必须建立法律关系，以便以消极性的禁令形式对个人权利进行外在性、强制性的保护。曹刚说：“西方社会重法治，也是其文化中对人性不信任的必然结果。孟德斯鸠、洛克等创三权分立学说，直到美国将其作为一个完备的政治制度得以实现，都是建立在人性恶的假设上。”[③] 对于西方而言，既然没有“好的人”，也就不可能拥有与好人“配称的”道德，那么就要有并且必须要有“好的制度”。这是拥有“好的生活”的唯一希望。这种观点的背后

---

① 〔英〕约翰·密尔：《论自由》，许宝骙译，商务印书馆，2019，第118～120页。

② 《马克思恩格斯全集》第3卷，人民出版社，1960，第368页。

③ 曹刚：《法律的道德批判》，江西人民出版社，2001，第205页。

隐含的想法是，法律是现实的、政治的、国家的，道德是理想的、信仰的、彼岸的。于是，道德与法律可以分开，也没法合作。这实际上是对尘世国家在道德上采取了一种消极放弃的态度，这种态度深深地干扰了伦理进入政治。这导致了纯粹的、理想的道德在西方道德哲学中很长时间都没有合适的实践舞台。这是西方道德哲学最为尴尬也最为薄弱的地方，是其真正的痛点所在。

“理性”与“恶性”在人身上的奇妙组合，导致人成为有限的理性存在者。作为理性存在者，人有能力为行动建立法律规则；但是，因为人的有限与恶性，法律规则即使规约了理性存在者的“行”，但也管不住理性存在者的“心”。这就有了西方历史上意义深远的新自然法学派与新分析法学派关于道德与法律该“合”该“分”的持久争论。分析法学派奠基人奥斯丁认为，实在法最本质的特征是强制性，和法律本身的理想性、正当性、良善性是毫无关联的两个问题，在法律的适用与执行之中可以抛弃价值判断与道德推理。凯尔森认为，法律是社会组织所特有的适用于人类所有行为的技术，本身没有任何道德含义，与道德划清界限正好可以保证法律的纯粹性和自给自足性。新分析法学派代表哈特在《实证主义和法与道德的分离》的演讲中，明确主张道德与法律应该分离，至少没有必然联系，没有必要考虑法律规则是否具有内在的正义性。法律之为法律并不由法律是否合乎道德来规定，不能以法律缺少道德性而对法律的有效性进行质疑。[①] 哈特在《法律的概念》中认为，法律与道德是不可互换的术语，“道德上邪恶的规则可以仍是法律”。[②] 与新分析法学派相反，新自然法学派关注的重点是阐释法律的道德价值，努力想要从对法律正义的追寻中寻找道德与法律统合的契机。新自然法学派代表富勒主张“是”与“应当”、实然法与应然法的统一，认为“法律应当是什么”是不可回避的重大问题。他将道德分为“义务道德”和“愿望道德”。富勒指出：“如果说愿望的道德是人类所能达到的最高境界的话，那么，义务的道德则是从最低点出发。”[③] 进一步说，“义务道德”设定的是每一个人必须遵守的道德底线，明确了法律的基

---

① H. L. A. Hart, *The Concept of Law*, Oxford University Press, 1961, pp. 206 – 207.

② 〔英〕哈特：《法律的概念》，张文显等译，中国大百科全书出版社，1996，第207页。

③ Lon L. Fuller, *The Morality of Law*, Yale University Press, 1969, p. 6.

础；而“愿望道德”则是指每一个人所能达到的最好美德，显现了人类对完美社会的诉求。“愿望道德”看似与法律规定相距稍远，但却是法律应当去追求的目标。正是基于价值上的应当的考量，他主张以道德统合法律，“应当”应该指导“实然”，法律应当合乎道德，拥有道德的公正和合法性。法律的道德性表明，道德与法律不可分，法律规则是“是”与“应该”的混合体，具有道德的法律才有合法性。法律的道德性是法律成其为法律的必要条件。富勒由此批判了哈特“恶法亦法”的观点，毫不犹豫地在横向上作出了道德与法律该“合”的选择，阻止了道德与法律长期以来的“分”道扬镳。

二　中国：道德与法律谁“主”谁“辅”？

在道德与法律该“合”该“分”的问题还没有达成共识之前，对道德与法律谁“主”谁“辅”问题的讨论不可能提到议事日程上来。应该说，哈特与富勒关于道德与法律该“合”该“分”的争论为道德与法律谁“主”谁“辅”的讨论创造了条件，开辟了道路。主“分”者倾向于把法律看成政府作为最高权力者发布的训令或命令，把法治看成靠这些训令或命令来维持公共秩序的行动，甚至把政府的指导性权力当成强制性权力。因此，在主“分”者看来，道德与法律互不相容、互相排斥。而主“合”者倾向于法律应当记录与表达人们的价值期待和需要，而不应该是最高权力机关发布的训令或命令，强调法律一定会体现出社会成员的价值原则与道德关切。因此，在主“合”论者看来，道德与法律内在关联。进一步说，主“合”的主张包含“应然”的要求，更多带有价值判断的色彩；主“分”的主张中价值判断的色彩比较“稀薄”，放弃或拒绝了“应然”要求。看来，主“合”还是主“分”的问题背后就隐含了道德与法律谁主谁辅的问题，也就是要不要对法律进行道德关切的问题、要不要排斥法律思考中的价值因素的问题。在中国历史上，没有发生和出现道德与法律该“合”该“分”的讨论。道德享有至高的地位，合德的才是合法的，法律必须接受道德的审查和证成。这是早已形成的共识。所以，道德与法律从来就处于一种统“合”状态，在横向上根本就没有被“分”离。道德与法律该“合”该“分”这个“西式”问题也就没有成为中国政治哲学的话题。这样一来，中国政治哲学关注的是在统合状态下道德与法律是否在纵向上还存在谁“主”谁“辅”这个话题，明显区别于西方政治哲学聚焦的是道德与法律该“合”该“分”这个话题。这是中国政治哲学与西方政治哲学的一个隐秘差异。

中国人相信道德，从实际上看，这与中华民族捆绑着未曾崩解的自然血缘纽带，依托着不断延续的宗法社会跨入文明的门槛息息相关。血统联盟是宗法社会构成生活的基础，同一家族不同分支的成员通常比邻而居，内部流动性小，关系密切，难有冲突。只需要遵循以血亲意识为主体、以家长制为轴心的严如密网、等级森严的礼俗习惯就可以保障家族安全，化解成员冲突，根本就不需要契约和法律。在古代中国，人们常常以家庭或家族为基本单位开展活动。不是一家人也不要紧，大家可以结拜为兄弟，变成一家人。古代中国由家庭向家族演进，再由家族向宗族演进，进而组成社会，组成国家。“国”是最大的“家”，“国君”是最大的“家长”，王朝在政治上都是“家天下”。“国家”这一组词表明，“国”的政权结构和“家”的宗族结构是贯通的，这贯通的点就在于彼此都看重与接纳血缘等级关系。家国一体的架构导致了个人被架空，缺少纯粹的私人事务，商业活动受阻，法律观念淡漠。古代中国有不少重农抑商的规定，商品经济迟迟得不到发育，反映商人特殊利益的法律不曾有过。而商品经济越是得不到发育，越是产生不出将商人的利益诉求在法律中去体现的意愿。在宗族社会，重要的是激发起人们的礼义廉耻感和道德羞恶心，礼俗是“最好的武器”，是“活的法律”，而那种严格的、实在的法律制度反而不是最重要的。就算有什么法律的话，相关法律文本也隐藏着大量道德的影子，这个法也消融于礼教，被礼制所“架空”，真正的法律精神被礼俗所稀释、所取代。实际上，儒家的“礼”本身就有以严厉手段进行惩戒的某些法律功能。这在以教化万民为本的《周礼》中有明确表达。《周礼·天官·大宰》中王驭群臣的“八柄”中就包括通过惩戒以维护统治秩序的内容。如果说前期之“礼”无论是教化、熏陶，还是惩戒，主要还只针对士大夫之上的贵族的话，那么后来的“礼”不断下移，已然成为规范、管控普通人的一切活动的普遍的治民之策了。[①] 从中国法律制度史看，儒学在法典的制作中起着决定性作

① 储昭华：《庄子对儒家政道的批判及其意义》，《湖北大学学报》（哲学社会科学版）2019年第5期。

用，除了秦及汉代早期的法典外，历代法典大都出自儒者之手。儒者热心于从儒学的“经义”上对法进行学理解释，法典大多成了儒学的外在载体。也就是说，道德是道德，法典也是道德，至少是准道德。杨鸿烈在《中国法律发达史》中就曾强调，中国向来不重视道德与法律之间的边界。范忠信等认为，儒家和法家都“主张把很高层次的道德都变为法律，在立法上对人们提出了十分苛刻的要求”。[①] 以西汉董仲舒“引经决狱”为起端，经魏晋南北朝时期，“八议”“准五服以治罪”“官当”“重罪十条”等带有强烈儒家色彩的原则和制度相继入律，开启了中国道德法律化其实也是法律道德化的早期实践。其中，《北齐律》中记载的“重罪十条”，充分反映了中国历史上道德、法律混为一体的现象。“一曰反逆，二曰大逆，三曰叛，四曰降，五曰恶逆，六曰不道，七曰不敬，八曰不孝，九曰不义，十曰内乱。其犯此十者，不在八议论赎之限。”[②] 作为我国保存至今最早最完整的古代成文法典，《唐律疏议》不仅被视为中华法系定型的标志，也是一部典型的伦理化法典。在伦理化法典里，触犯了“伦”的人就是犯了“法”的人，而犯了“法”的人其实也就是触犯了“伦”的人。一个人不讲伦理与一个人无法无天，相差无几，没有两样。恰如张晋藩指出的：“以礼入法，使法律道德化，法由止恶而劝善；以法附礼，使道德法律化，出礼而入刑。凡此种种都说明了礼法互补可以推动国家机器的有效运转，是中国古代法律最主要的传统，也是中华法系最鲜明的特征。”[③] 其实，庄子当年就已经看出来，儒家期望通过“正名”确立起严格的上下有序的政治社会秩序，不可避免地会走向以君权为代表的集权和强力，“其最终演变的方向，势必是儒法合流”。[④] 在中国政治哲学中，很少出现法律与道德争“高下”、抢“地盘”的现象。道德与法律本身的“悬殊地位”就决定了二者不存在“相辅相成”的关联，更不能达到“相得益彰”的效果。道德与法律的关系甚至因为严格意义上的法律的缺席，而蜕变为道德内部的“自我循环”。所以，严格说来，道德与法律该“合”该“分”无须成为中国政治哲学的核

① 范忠信等：《情理法与中国人》，北京大学出版社，2011，第81页。

② 《隋书·刑法志》。

③ 张晋藩：《中国法律的传统与近代转型》，法律出版社，1997，第34页。

④ 储昭华：《庄子对儒家政道的批判及其意义》，《湖北大学学报》（哲学社会科学版）2019年第5期。

心议题。关于道德与法律是否具有内在关联这个在西方引起广泛而持久争论的问题，在中国不仅给予了肯定性回答，而且还不言而喻地成为讨论道德与法律谁“主”谁“辅”的前置性条件。

中国人相信道德，从观念上看，是因为中国人坚信人是善性的。与西方承认人性恶不同，中国占主流的人性论是性善论。历史上，荀子主张性恶论。《荀子·性恶篇》曰：“人之性恶，其善者伪也。”荀子关于恶是性所具、善由伪而生的观点，不仅没有形成气候，反而成为“另类”。孔子认为，人人都有仁爱之心，倾向于性善论。《孟子·告子上》相信，人皆有“可为善”的“四端”，即“恻隐之心”“羞恶之心”“恭敬之心”“是非之心”。在孟子看来，将这“四端”“扩而充之”，不仅可以演绎出“四德”，而且足以保护“四海”。宋代程颐和程颢提出“若性之理也，则无不善”，因此，“自性而行，皆善也”。[①] 朱熹在《孟子集注》中说：“性者，人之所得于天之理也。”还说：“性即天理，未有不善者也。”他在《朱子语类》又说：“性即理也，在心唤着性，在事唤着理。”明代王阳明在《传习录》中认为“心即性，性即理”，并相信“性无不善，故知无不良”。李贽通过进一步发展王阳明的“本心”与“良知”，提出了以“童心”为标志的性善论。顾宪成、高攀龙均“以性善为宗”。[②] 曾国藩沿袭宋儒思想，主张人性本善。他在《日课四条》中认为：“凡人之生，皆得天地之理以成性，得天地之气以成形。”以性善论为前提的中国政治哲学在骨子里就不可能生长出对法律制度的需求。

因为人性的恶，西方几乎不相信尘世国家有道德，因此将政治与道德切割开来，很长时间里都不允许伦理进入政治和国家。相反，在中国，伦理可以并且必须进入政治和国家。受经世致用、知行合一思想的影响，中国政治哲学反对空疏之学，热衷于将道德往应用性方面去阐发、去开掘。最典型的就是“内圣外王之道”。冯友兰说：“在中国哲学中，无论哪一派哪一家，都自以为是讲‘内圣外王之道’。”[③] “内圣外王之道”就是中国政治哲学的精髓，强调的是人不仅要人格完善而且要有社会担当。“内圣”即

① 《二程遗书》卷二四、二五。

② 《东林书院院规》。

③ 冯友兰：《三松堂全集》第5卷，河南人民出版社，2000，第7页。

道德养成，“外王”即治国安邦。只有走向“外王”，“内圣”才有意义。实现了“外王”，“内圣”才算最终完成。崇高的道德（圣）一定要转化为实践的力量（王），这是道德的政治走向和应用方向。“内圣外王之道”体现了道德与政治的合流，代表了中国思想之最高愿景。金岳霖说过，内在的圣智必须在经国济世、经世致用的外部活动中得到实现，道德哲学家必然要成为政治实践家，成为无冕之王。[①] 内圣外王、知行合一、天人合一共同支撑并孕育了中国政治哲学向往的道德与法律的“统合”形态。

当然，在这种统合形态中道德与法律的关联不是静态平行的，而是有主有辅的。这就是中国政治哲学史上著名的“德主刑辅”观念。分开来讲，“德主”说的是以德为主，即“为政以德”“礼节民心”；“刑辅”说的是以刑为辅，即“辅之以刑”“刑以防之”。统合在一起，“德主刑辅”指的是“礼法合治”“德本刑用”。也就是说，“刑”在判定和实行上只能以“德”为本根、为原点，维护“礼”的价值，仅仅充当着为统治者所倡导的“德”服务的应用工具，没有独立性。左丘明在《左传·成公·成公二年》中提到：“明德慎罚，文王所以造周也。”“明德慎罚”观念一方面认为德与刑宽猛相济，都很重要；另一方面又认为相比于刑，德尤其重要。明德就是敬德、尚德，慎罚就是刑法适中，谨慎使用刑法，不滥杀无辜，不乱罚无罪。《论语·里仁》有云：“君子怀德，小人怀土；君子怀刑，小人怀惠。”在孔子的理解中，“德”与“刑”在价值排序上“主辅”有差，可比之于君子与小人“上下”有别。《论语·为政》说：“为政以德，譬如北辰，居其所而众星拱之。”这算得上是儒家秉持“以德为主”的经典论述。《论语·为政》又说：“道之以政，齐之以刑，民免而无耻；道之以德，齐之以礼，有耻且格。”这道出了儒家以德为主、辅之以刑的缘由。到了西汉中期，董仲舒将德刑与阴阳四时相比附，提出了“阳德阴刑”的思想。天地万物皆由阴阳之气演化而来，阳代表刚，阴代表柔。阴阳相互对应而不对立，德刑也就相互包含且相反相成。《春秋繁露·天辨在人》曰：“刑者德之辅，阴者阳之助。”汉以后各代，不断引礼入法，使得道德、法律观念互相渗透，但在纵向上以德为主的格局没有发生实质性的变化。朱熹不仅完整地接受

① 参见《金岳霖学术论文选》，中国社会科学出版社，1990，第359页。

了孔子的“德主刑辅”观念，而且直接提出“明刑弼教”。《朱熹大全·戊申延和奏札一》说：“昔者帝舜以百姓不亲，五品不逊，而使契为司徒之官教以人伦：父子有亲，君臣有义，夫妇有别，长幼有序；又虑其教之或不从也，则命皋陶作士，明刑以弼王教。”在中国政治哲学史上，“阳德阴刑”“明刑弼教”是“德主刑辅”的变化形态，但其中不变的是以德为要、辅之以刑这一德“先”刑“后”的价值秩序。“刑”实施的前提是事先对民众进行过德礼的相关教育。若教育不成，则施以刑罚。即“教而后诛”。如果百姓都事先未经历过德礼的教育，就施加刑罚，那是故意构陷百姓犯罪。这就是孔子所说的：“不教而诛谓之虐。”当然，“主辅”的顺序与“先后”的顺序实际上是同一个顺序。正是因为德主刑辅，才会德先刑后。这显然是在纵向上对道德与法律之关联性的一种价值考量。

在古代中国，法律没有自己的位置，在“德主刑辅”及其变化形态“阳德阴刑”“明刑弼教”的称谓中全都以“刑”代”法”就可以反映出来。《尔雅·释诂》说：“刑，法也。”《说文解字》曰：“法者，刑也。”中国古人把“法”与“刑”当成一而二、二而一的存在。“自秦汉以来，刑律为历朝首要的法典。在古代中国，律学几与法学划等号。很多中国法制史的教科书也都是以刑法为主，兼及其他法律规范。”[①] 从造字来看，金文的“刑”，左边是“井”中加一点，表示套在头上的木枷，右边是一把“刀”，表示用刀砍杀披枷戴锁的罪人。这样的“刑”就是“刑罚”，倾向于表达限制性、义务性和禁止性的规范，具有明显的暴力色彩，凸显的是法所具有的惩罚功能这一消极面。《荀子·强国》说：“刑范正。”《韩非子·奸劫弑臣》说：“正明法，陈严刑，将以救群生之乱，去天下之祸。”还说：“夫严刑者，民之所畏也；重罚者，民之所恶也。故圣人陈其所畏以禁其邪，设其所恶以防其奸。是以国安而暴乱不起。”这些理解将法本来具有的保护个人权利这一积极面抛弃了，完全忽略了关乎民权的民法等法典的意涵。家国一体的架构悬空了个人，也消解了私权。这是对法的“降格”。江畅认为：“值得注意的是，传统社会的法律主要是惩罚性的刑法，其目的只是惩罚破坏社会伦理秩序的犯罪行为，而不是保护国民个人的权利，量刑的随

① 聂鑫：《中国法制史讲义》，北京大学出版社，2014，第159页。

意性也很大，没有程序法，没有程序公正的观念。从严格意义上说，传统社会没有法治，只有礼治，刑法只不过是实现礼治的一种极端手段。"[①] 这就是说，本来应该由法律、由国家来保护的个人权利，反而成为限制、禁止甚至清除的对象。这与西方社会形成巨大反差。在希腊、罗马、日耳曼等语族里面，"法"字不但与"刑"字无关，而且其本身也不含有刑罚的意思。西语中的"法"可以同时作"权利""法权"的理解，其目的在于制约国家的公权力、维护社会的公平正义、使个人身心免于伤害。在中国，由于法与刑、"法律"与"刑罚"不能有效区分，法律功能被严重弱化，法律精神被严重遗忘。这从一个侧面反映了中西政治哲学具有决定意义的文化差异。梁治平认为："中国的法即是刑与西方的法等于权利这两组特殊公式可以看作是具有决定意义的文化特征。"[②]

明朝中叶以后，中国社会经济出现了一些新因素，商品经济发展，资本主义萌芽产生，推动思想领域形成了中国自己的"文艺复兴"或"启蒙运动"。旧道德不断被质疑，法律的重要性不断被抬高。不过，真正来说，以 1954 年新中国历史上第一部宪法诞生为标志，我国才逐步确立并巩固了国家的国体、政体、根本政治制度、基本经济制度和各方面的重要制度，走上了依法治国的道路。《关于全面推进依法治国若干重大问题的决定》更是开启了中国法治新时代。在这期间，道德与法律的"主辅"关系发生了根本性的"翻转"。有人认为："一切以法律为准绳，表明了法律在社会生活的一切重要领域中处于至高无上的地位。……法律规范制度从根本上指导、保证和加强对道德规范的遵守，使道德规范充分发挥作用。"[③] 有人还认为："政治法律制度作为社会控制的硬件，直接制约着道德的存在内容及其效力。道德只有服从政治法律制度，并与之并行不悖，道德的实存才成为可能。"[④] "道德在法治社会的治理中难以与法律比肩，仅居于次优越地

① 江畅：《中国传统价值观及其现代转换》（上卷），社会科学文献出版社，2020，第 300 页。

② 梁治平：《寻求自然秩序中的和谐——中国传统法律文化研究》，中国政法大学出版社，2002，第 58 页。

③ 姚俭建、叶敦平：《无形的历史隧道——观念的变革与当代中国的社会发展》，上海人民出版社，1994，第 232 页。

④ 曾钊新、李建华：《道德心理学》（下卷），商务印书馆，2017，第 58 页。

位。”[①] 如此等等，不一而足。显而易见，这是一种法律优先论，充满了对法律的盲目的乐观主义倾向和对道德的误解、贬损甚至歧视。不仅法律“摆脱了”道德的监控，而且道德“沦为了”法律的“附庸”。针对道德与法律出现的主辅关系的颠倒，邓晓芒严肃地指出：“以道德原则作为法律原则去强制每个人的自由意志，将带来不可估量的恶果，它将使人丧失自己作为道德选择的资格，使道德本身变得虚伪，最重要的是：它彻底否定了人作为一个自由存在者的尊严，因而也否定了一切道德。”[②] 法律优先论的不足是，让道德趋向于法律，实际上是让道德向法律协同，在价值选择的导向性和方向性上将法律与道德的秩序颠倒了，具有明显的逆反性，只能算是糟糕的消极协同。正如康德所说：“想通过强制来实现一种以伦理目的为准的制度的立法者真是糟透了。”[③]

三 归途：道德与法律积极协同

西晋陈寿的《三国志·吴书·孙奋传》曰：“明镜所以照形，古事所以知今。”考察中西政治哲学发展的历史，可以发现，古代中国把道德看得高于、重于法律，倾心于内在约束与人格完善而疏远法律，选择了德主刑辅，聚焦个人的德性养成；古代西方尽管无意把法律看得高于道德，但倾心于外在约束与制度完善，道德还是选择了与法律保持着基本的距离，自行发展，自娱自乐，甚至可有可无。总体而言，古代中国强调从个人身上挖掘治理实践所需要的德性元素，而当代中国却把法治确定为治国理政的基本范式；古代西方强调从社会方面挖掘治理实践所需要的制度元素，而当代西方却开启了复兴德性伦理的运动。换一个角度看，中国经历了一个从关注个人德性修养向关注社会制度构建的“由内向外”的运动轨迹，而西方经历了一个从关注社会制度构建向关注个人德性修养、“由外向内”的运动轨迹。这就是中西政治哲学史上特别重要的“反向运动”。徒善不足以为政，徒法不足以自行。中西政治哲学史的“反向运动”既可以理解为是对

---

① 李建华：《现代德治论：国家治理中的法治与德治关系》，北京大学出版社，2015，第144页。
② 邓晓芒：《灵之舞：中西人格的表演性》，东方出版社，1995，第133页。
③ 〔德〕康德：《单纯理性限度内的宗教》，李秋零译，商务印书馆，2012，第93页。

单一的法治或片面的德治的“自我否定”，也可以理解为是对道德与法律协同推进的“内在呼唤”。

从否定的意义上讲，“道德与法律协同”的基本含义是指，在处理道德与法律的关联问题时，不能顾此失彼，不能相互替代，更不可偏废。二者之间并不构成相互否定、相互抵消的关系。道德与法律协同，顾名思义，反对的就是德、法“分治”，或德、法“单治”。道德与法律不可分离。西方政治哲学在道德与法律该“合”该‘分”问题上长期处于争执状态，以至于出现了法律拒绝道德的情况，这是极其危险的。当然，道德与法律协同，不是主张在道德与法律之间做“平行处理”、“机械相加”或“等量齐观”，而是既超越把法律与道德绝对二分的单向思维，又不至于无端抬高法律而贬损道德，或无端赞美道德而忽略法律；既表达对法律的合理诉求，又维护道德的积极力量，最终收获综合效果，取得“乘数效应”。

从肯定的意义上讲，“道德与法律协同”的基本含义是指，道德与法律相辅相成、合作共赢、协同发力，对规范社会行为、调节人际关系、维护公共秩序共同发挥重要作用。道德与法律不仅彼此契合，因为道德与法律相互内嵌，法律是成文的道德，道德是内心的法律。而且互生互长、相互补充、“相须而成”，因为道德与法律存在相互应援的关联，在道德的支持下，法律才能有效地实施；在法律的约束下，道德才能顺利地践行。说起法律与道德的相互应援，庞德说道：“当道德自身对应受保障的利益无法维持时，则就会诉求于法律形式，致使相关的道德理念和原则融入法律。”[①]“对于一个社会来说，任何目标的实现，任何规则的遵守，既需要外在的约束，也需要内在的自觉。”[②]“法是他律，德是自律，需要二者并用。如果人人都能自觉进行道德约束，违法的事情就会大大减少，遵守法律也就会有更深厚的基础。”[③]在道德与法律协同中，法律是准则，具有威慑力和惩处力，必须时时刻刻遵循；道德是基石，具有感召力和引导力，必须时时刻刻铭记。法律可以“安天下”，其核心职能是对权力的限制，为社会营造良好的秩序；道德可以“润人心”，其核心职能是对德性的滋养，为人间

① 〔美〕罗斯科·庞德：《法律与道德》，陈林林译，中国政法大学出版社，2003，第155页。

② 习近平：《之江新语》，浙江人民出版社，2007，第13页。

③ 《习近平关于社会主义文化建设论述摘编》，中央文献出版社，2017，第138页。

提供高贵的精神。

对“道德与法律协同”的全面完整把握，既指道德与法律有“合”有“分”，具有张力结构，又指道德与法律有“主”有“辅”，具有价值秩序。“协同就是要有统有分、有主有次。”[1]“统得好”，可以使德治与法治有序运转，提升整体效能，避免各自为政。“分得好”，可以激发德治与法治各自的主动性、积极性和创造性。如果不能在道德与法律该“合”该“分”上达成共识，就会取消道德与法律协同；如果不能在道德与法律谁“主”谁“辅”上达成共识，就会影响道德与法律协同的取向。当下，人们在前一个问题上已经基本达成共识，而在后一个问题上还存在两种声音。第一种声音认定，法律的重要性高于或大于道德，道德与法律协同只能以法律为主，在取向上由道德向法律协同；第二种声音认定，道德的重要性高于或大于法律，道德与法律协同只能以道德为主，在取向上由法律向道德协同。第一种声音主张法“主”德“辅”，以法律“统合”道德，把法律置于道德之上，提倡道德法律化，误将法律的强制力当成了法治优先的根据，导致道德与法律之间出现价值失序和逻辑错位，最终不能达致道德与法律的积极协同。道德法律化的过程是从“应然”到“实然”的过程，是道德自由和道德信仰不断衰减、不断弱化的过程，是从道德向法律“往下协同”的过程。因此，属于道德与法律的消极协同。遗憾的是，道德法律化拥有较高的呼声和众多的接受者。

实际上，良法是善治的前提。法律自身必须是道德的，才能成为良法。道德保证了法律的良善。德沃金在其最有影响力的著作《认真对待权利》中倡导权利以道德为基础的法律理论，主张道德是矫正法律的更高层次的标准，应当根据道德对法律进行评判。他认为，政府应在道德的基础上制定法律，甚至认为权利就是一种道德。德沃金认为，“法理学问题的核心是道德原则问题，而不是法律事实或战术问题”，在建构一个鼓励而非削弱道德社会的法律制度的过程中，法律必须接受道德的指引，充分反映政治道德与个人道德。作为道德的权利可以确保法律不会许可政府和个人去做违反道德的事情，并监督政府和个人对其行为负道德责任。他提出

---

① 《习近平谈治国理政》第3卷，外文出版社，2020，第169页。

"政治道德"这个概念，支持从道德的角度构建法律制度，并为自己的建构承担道德责任。德沃金相信，理性可以检验政府及其制定的法律是否符合道德。在他看来，"我们尊重道德的要求，不是因为什么人告诉我们这样做，而是因为我们自己相信它们是'真理'"。[①] 如果人们能够从心底里将道德看成"真理"，就会在内心里觉得任何违法行为都是对道德的亵渎，这样就能做到自觉守法。德沃金对"权利""义务""规则"等法律概念作出了深刻分析，并且是带着道德批判色彩的深刻分析，非常有利于建构起从法律走向道德的积极协同。法律的制定和实施必须参考道德关怀的观念，并与其进行有机结合。法律的"铁面无私"并不意味着可摒弃道德良心，执法人员以一种更高的道德要求去引导情感，才能克服司法实践中普遍存在的情感缺席，完美地实施法律。因此，公正的判决不仅仅是法律层面上的胜利，也是一项了不起的道德成就。

道德在逻辑上优先于法律，法规本身的合理性根据只能从道德中寻找。曾任英国法律与社会哲学协会主席的米尔恩说："没有法律可以有道德，但没有道德就不会有法律。这是因为，法律可以创设特定的义务，却无法创设服从法律的一般义务。一项要求服从法律的法律将是没有意义的。它必须以它竭力创设的那种东西的存在为先决条件，这种东西就是服从法律的一般义务。这种义务必须，也有必要是道德性的。"[②] 只有从"法律是道德的底线"这个意义上看，法律才会显示出它的限度来。这限度表现在，法律至多能让人守住道德的底线，但阻止不了世风日下、道德滑坡。郭齐勇就说过："法律只能提供社会稳定的最低条件，可以但不能最终解决社会公正、社会正义的问题，不能维系世道人心，尤其不能使人安身立命。"[③] 如果说，法律是做人的底线，那么，道德是做人的上线，境界不同。从纵向上来看，道德可以为法律奠基，而法律不可以为道德奠基。罗国杰等指出："道德是法律的基础，没有道德的法律，只能是建筑在沙滩上的建筑物，是

① 参见〔美〕罗纳德·德沃金《认真对待权利》，信春鹰等译，上海三联书店，2013，中文版序言第21～24页。

② 〔英〕A. J. M. 米尔恩：《人的权利与人的多样性——人权哲学》，夏勇、张志铭译，中国大百科全书出版社，1995，第35页。

③ 郭齐勇：《守先待后：文化与人生随笔》，北京师范大学出版社，2011，第55页。

不可能稳固的。”① 道德相比于法律，具有明显的价值优先性。因此，应该以道德为原点，让法律向道德靠拢。法律应该道德化，而不是道德应该法律化。这样，才能达致道德与法律的积极协同。至此，政治哲学才实现了真正的归途。

① 罗国杰、夏伟东：《论“以德治国”》，《求是》2001 年第 15 期。

社会治理共同体的共同体想象*

周谨平**

（中南大学哲学系，长沙）

摘　要：党的十九届四中全会审议通过的《中共中央关于坚持和完善中国特色社会主义制度推进国家治理体系和治理能力现代化若干重大问题的决定》，明确提出要“建设人人有责、人人尽责、人人享有的社会治理共同体”。形成共同体想象对于社会治理共同体建设而言至关重要。共同体想象有助于社会治理共同体成员的身份感知、责任分担与利益共享。社会治理共同体的共同体想象之所以可能，关键在于共同生活为共同体想象提供了历史记忆、共同价值为共同体想象提供了共识基础、共同参与为共同体想象提供了群体感知。要构建社会治理共同体的共同体想象，我们必须以多元参与建立共同体身份想象、以协同合作构建共同体群体想象、以互利互惠构建共同体团结想象。

关键词：社会治理共同体；认同；共同体想象

随着我国国家治理体系与治理能力现代化不断推进，我国社会正经历从管理向治理的深刻转型。如果说传统社会管理表现出政府一元中心、权力从上而下垂直传达的模式特点，社会治理则表现出多中心网络化的结构

---

* 该文系湖南省教育厅科学研究重点项目“国家治理体系与治理能力现代化的政治伦理研究”（项目编号：22A0012）的研究成果。

** 周谨平，中南大学哲学系教授，中南大学文学与新闻传播学院副院长，主要从事政治哲学、经济伦理等领域的研究。

特征。党的十九届四中全会审议通过的《中共中央关于坚持和完善中国特色社会主义制度 推进国家治理体系和治理能力现代化若干重大问题的决定》，明确提出要“建设人人有责、人人尽责、人人享有的社会治理共同体”。党的二十大报告将“发展壮大群防群治力量，营造见义勇为社会氛围，建设人人有责、人人尽责、人人享有的社会治理共同体”。作为完善社会治理体系的根本任务。要建设社会治理共同体，就必须维护共同体的团结、强化共同体的凝聚力。促使社会成员产生、筑牢社会治理共同体的想象是社会治理共同体建设的关键环节，也是社会治理共同体稳定发展的坚实保障。

一　社会治理共同体为何需要共同体想象

社会治理共同体是在社会治理过程中缔结的协同合作组织，该共同体的建设期待所有社会成员的积极参与、协作共享，自觉担负社会治理的责任。参与的自主、自觉与自愿是社会治理共同体的本质特征。毋庸置疑，我们的社会存在广泛的多样性和多元性。作为个体的存在，每位社会成员都有自己的成长经历、兴趣偏好、价值选择和利益诉求。如果人们都寓于自己狭隘的私人视野，将自我利益最大化作为行为选择的准则，那么就难以避免人际矛盾与冲突。虽然个人与个人、个人与社会之间存在相辅相成的一致性，但在特定条件下，由于社会资源的限制，个人之间、个人与社会之间也经常发生价值冲突与利益矛盾。要形成社会治理共同体、维系共同体的和谐秩序，就必然要求人们超出私人视域，站在社会整体的高度主动协调、化解矛盾、以积极的道德态度参与治理过程。形成共同体想象对于社会治理共同体建设而言至关重要。

首先，形成共同体想象有助于社会治理共同体成员的身份感知。共同体有别于其他的社会组织，除了实现特定的社会目标，共同体还具有家庭般的温情。在共同体中，人们之间的相互联系不源于个人利益的斤斤计较，也不来自社会逻辑的推演谋划，而源于建立在互信与忠诚基础之上的归属感。恰如鲍曼所言，“它没有为冷静地计算、轮番地思考周围社会究竟把什么东西冷冰冰地、一本正经地看成是‘合乎情理’的空间。而且这恰恰是冷若冰霜的人们为什么梦想那一迷人的圈子并希望用它的规模和标准来改变其他冷酷的世界的原因”。[①] 鲍曼认为，在共同体之中，人们对于相互支持和帮助的期待不取决于任何现实的结果，只依系于人们作为共同体成员的身份。那么，我们如何拥有稳定的身份感知呢？社会治理共同体是庞大的共同体，所有社会治理的参与者都是共同体的成员，共同体的大门向所有社会成员敞开。因此，这又是一个动态的，不断丰富、壮大的共同体。显然，任何共同体成员都无法与所有其他成员建立深入的人际交往。相反，我们作为个体的交往对象是极为局限的，那么我们又如何识别其他的共同体成员，并且在对他人的识别中深化自己的共同体身份认知呢？安德森在论及民族这一共同体时就指出：“它是想象的，因为即使是最小的民族的成员，也不可能认识他们大多数的同胞，和他们相遇，或者甚至听说过他们，然而，他们相互联结的意象却活在每一位成员的心中。”[②] 社会治理共同体与民族共同体类似，我们需要通过共同体想象刻画出共同体成员的普遍意象，以此来识别自我身份、辨别自我与他者。更为重要的是，社会治理共同体是中华民族共同体的子系统，具有民族共同体的特点。与民族共同体一样，社会治理共同体也需要清晰的边界。如若共同体的边界模糊，无法在共同体成员和他者之间厘定清晰的界限，共同体也就失去存在的价值。共同体想象将为我国社会治理的参与者提供具象化的标志，成为共同体身份定位的坐标，让自己共同体成员身份得以完整、清晰地呈现出来。

其次，共同体想象有助于社会治理共同体成员的责任分担。责任分担实质上是交往、合作的过程。社会治理共同体的责任一方面来源于治理目标的设定，另一方面则源自共同体的内部关系。就治理目标而言，共同体成员唯有尊重、接受并认同目标，才会自觉地承担相应责任。问题在于，作为个人的治理成员如何确信他人像自己一样愿意担负责任甚至为之作出奉献和牺牲？如果我们不能确认他人会承担如自己一样的责任或者怀疑他人担负责任的态度，我们就可能陷入“囚徒困境”。就内部关系而言，人与人的共同体成员身份产生了相互理解、相互信任、相互帮助的责任。这种

---

① 〔英〕齐格蒙特·鲍曼：《共同体》，欧阳景根译，江苏人民出版社，2003，第6页。

② 〔美〕本尼迪特克·安德森：《想象的共同体——民族主义的起源与散布》，吴叡人译，上海人民出版社，2011，第6页。

基于共同体身份所建立的关系决定了：我要与哪些人协同治理？我以何种方式、承担何种程度的共同责任？要促使人们承担这种责任，前提是对相互关系的确认。无论是共同体目标赋予的责任还是内部关系产生的责任，都需要共同体想象的加持。因为我们难以保证所有社会成员在责任的认知水平和分担贡献层面都保持一致。事实上，人们对于责任的理解、对承担责任的态度必定存在个体差异。只有形成共同体想象，我们才能为自己担负责任提供强大的内在动力，而不去比较、计算他人与自己的差别。共同体想象帮助人们将共同体想象为按照一定时间顺序而统一运动的主体。对于特定的共同体成员而言，“他也不知道在任何特定的时点上这些同胞究竟在干什么。然而对于他们稳定的、匿名的和同时进行的活动，他却抱有完全的信心”。[①] 共同体让人们产生对于其他共同体成员行为的确定性，从而激发自己共担责任的热情。正如卡普兰所言：“我们对于责任的想象总是与我们的共同体义务相关，共同体认知在责任行为和义务中都扮演着重要角色。”[②]

再次，共同体想象有助于社会治理共同体成员的利益共享。社会治理的过程既是社会成员同心协力、共担责任推进社会发展、实现社会目标的过程，也是互利互惠、利益共享的过程。我国自改革开放之初就提出了以先富带动后富、最终实现共同富裕的整体目标。党的二十大报告明确指出中国式现代化的本质要求是“坚持中国共产党领导，坚持中国特色社会主义，实现高质量发展，发展全过程人民民主，丰富人民精神世界，实现全体人民共同富裕，促进人与自然和谐共生，推动构建人类命运共同体，创造人类文明新形态”。“实现全体人民共同富裕”成为中国式现代化的时代使命。要实现共同富裕，就必须使所有社会治理共同体成员分享社会治理成果，相互之间建立牢固的利益共享机制。我们为何要与他人共享利益？与哪些人共享利益？是实现社会治理共同体“人人享有”的核心问题。我们与其他社会成员共享利益的理由主要源自：其一，人际相互依赖关系；其二，合作共赢机制；其三，依据身份产生的特殊联系。就相互依赖关系

---

① 〔美〕本尼迪特克·安德森：《想象的共同体——民族主义的起源与散布》，吴叡人译，上海人民出版社，2011，第24页。

② Abraham Kaplan, “Moral Responsibilities and Political Realities,” *Policy Sciences*, No. 14, 1982: 206.

而言，随着社会分工的精细化，人们都不能脱离他人和社会、仅凭一己之力实现利益目标。但是对于个人而言，感知对他人的依赖则会遭遇认知局限的挑战。虽然我们在日常生活中都分享着他人的劳动成果（我们的吃、穿、住、行都借助他人的劳动成果满足自身需求），但分享的形式往往是通过个人经济行为（比如购买），这就容易让人们产生利益满足完全源自我的努力的幻象。建立社会治理共同体的想象则可以帮助人们从社会治理的宏大视野看待自我与他人的内在关联，深刻认识自我与其他治理成员的相互依存关系。就合作共赢而言，也面临同样的考验。特别是在社会治理过程之中，作为个体存在的自我如何确信他人与自己怀有同样的合作意愿？倘若人们对于他人的治理合作持有消极的道德姿态，那么就可能削弱社会分享的意愿。社会治理共同体的想象为人们之间达成合作共赢提供了稳固的认知基础，强化了相互之间的合作信心。就依据身份产生的特殊联系而言，共同体想象赋予了人们相互关怀的身份共识。显然，我们与他人共享利益的理由并不完全取决于大家在利益创造中的贡献，特殊的人际关系也是利益分享的重要原因。在家庭之中，我们并不依据正当性原则分配利益，而是强调彼此的关爱与奉献。在社会治理共同体之中，有的社会成员因为特殊原因陷入贫困，他们可能也无法高效地参与治理协作、创造社会价值。但我们并不能对他们的困境熟视无睹，而是应该通过利益分享帮助他们走出困顿。共同体想象将拉近大家相互之间的距离，促使成员之间产生类似家庭的情感，从而超越功利计较、共同搭建互利互惠的心理桥梁。

二 社会治理共同体的共同体想象何以可能

社会治理作为多元协同的交互过程，需要治理成员齐心协力、共同参与。在社会治理之中，我们既奔赴共同的目标、担负共同体的责任，又面对共同的困难、迎接共同的挑战。然而，社会治理参与的多元性又必然导致共同体的个体多样性。在社会生活之中，每位成员都有各自的利益需求、价值取向、人生理想。这就决定了社会治理共同体也必然存在矛盾与冲突。要维系、巩固社会治理共同体，使之具有应对危机、不断发展的动力，就必须形成共同体想象，筑牢共同体成员的集体认同。之所以鲍曼对于共同体有一种悲观的判断，认为它可能遭受“西西弗斯的痛苦将与坦塔罗斯的痛苦结合起来制造更多的痛苦”①，根本原因在于共同体在现实中可能会由于自我与他者的冲突而陷入撕裂状态。那么社会治理共同体是否可以形成稳固的共同体想象呢？答案是肯定的。

首先，共同生活为共同体想象提供了历史记忆。社会治理共同体兼有自然形成与人为构建的特质。社会治理共同体是中华民族共同体的子系统，与民族共同体存在广泛的交集。因此，社会治理共同体并非无本之木，而是有着深厚的共同体传统。这就决定了社会治理共同体的成员能够共享悠久的历史传统与生活记忆，成员之间表现出显著的同质化特点。虽然社会治理共同体是围绕当前阶段社会建设目标而建构的，但更是在社会治理实践中自然形成的。中国特色社会主义建设的各个阶段都进行了社会治理的探索与实践，并且形成了富有时代特征的治理模式，治理成员在其中养成了共同的参与方式、合作形式。因此，社会治理共同体有着强大的历史逻辑，是对以往社会治理组织的继承和发展。社会治理共同体的历史性让共同体成员之间拥有天然的亲近感和相互认同感，赋予了人们共同的记忆。

共同生活让人们相互之间产生了“时间上的一致”（temporal coincidence）观念。虽然个体直接交往的共同体成员非常有限，但共同生活产生的记忆让人们确信在相同的时间中，我们拥有着共同的活动，从而将共同体视为有着固定行为模式的运动实体。就如安德森对民族想象的描述“一个社会学的有机体遵循时历规定的节奏，穿越同质而空洞的时间的想法，恰恰是民族这一理念的准确类比，因为民族也是被设想成为一个在历史中稳定地向下（或向上）运动的坚实的共同体”。根据时间一致的观念，“他也不知道在任何特定的时点上这些同胞究竟在干什么。然而对于他们稳定的、匿名的和同时进行的活动，他确抱有完全的信心”。② 历史记忆让人们洞悉共同体持之以恒的期待以及成员之间的联结方式，从而激发人们为实现共同体愿景努力，就如贝淡宁所言：“这一社群除了将我们与过去联结，还将带领我们走向未来，即指成员们努力地实现此社群以往经历中蕴含的理想和愿

① 〔英〕齐格蒙特·鲍曼：《共同体》，欧阳景根译，江苏人民出版社，2003，第16页。

② 〔美〕本尼迪特克·安德森：《想象的共同体——民族主义的起源与散布》，吴叡人译，上海人民出版社，2011，第23～24页。

景，坚信他们的努力是为社群的共同利益做贡献。”①

其次，共同价值为共同体想象提供了共识基础。达成共识是共同体超越内在差异，达成一致性的基本机制，这对于社会治理共同体而言也是如此。共同体共识主要借助两种方式，一种是基于强力的统摄，另一种是源自共同体成员的自主协商。传统社会管理过度依赖于自上而下的权力垂直管辖模式，政府成为唯一的管理主体且通常以行政命令的方式对社会进行统一指挥。这一模式在特定的历史时期具备时代的合理性，但也暴露出明显的缺陷。政府因为自身理性有限性往往难以对快速复杂的社会变化作出及时回应，并且在权力的统揽中也承担了难以承受的责任。社会治理并非一种既定的范式，而是一种动态、不断完善的过程。社会治理旨在党委领导、政府负责之下最大限度地激发社会活力，以社会多元共治的方式弥补单一权力主体理性的局限，从而顾及所有社会成员的利益，契合社会复杂性的内在需求。因此，社会治理共同体的共识既遵循党中央的决策、指引，又依据内部协商谋求最大公约数。价值理解和判断在共同体共识中扮演着至关重要的角色。施特劳斯在论证政治哲学的必要性时指出，当我们走进公共生活，我们就必然追问：何种生活方式是好的。一旦我们追求好的生活，我们就进入了价值的世界。对于共同体而言，唯有确立善的理念、建立善的标准、形成对于善的共同理解，才能在共同善的引导下进行制度设计、作出公共决策。

我们处于多元文化的时代，人们的价值取向、价值判断也充分表现出多元特点。虽然罗尔斯提出了“重叠共识”的方法，利用词典式排序决定共同体的价值秩序，但共识的有效前提在于人们价值体系的同质性。假设人们都来自完全不同的价值群体，持有大相径庭的价值观念，相互之间的价值选择很可能难以有重叠之处，共识也就难以达成。要就共同体的善达成普遍理解，我们就需要跨越多元价值的鸿沟。社会治理共同体相较于其他形式的共同体，业已形成了稳定的价值体系。社会主义核心价值观和社会主义核心价值体系的确立与构建不仅提炼了我国社会的价值内核，而且为人们对于价值的理解提供了明确的内涵。社会主义核心价值观与社会主

---

① 〔加〕贝淡宁：《论社群政治》，薛冰洋译，《当代中国价值观研究》2021 年第6 期，第70 页。

义核心价值体系植根于我国悠久的历史文化传统，植根于马克思主义系统理论，植根于中国特色社会主义建设实践，是社会治理共同体的价值引领与价值支撑。它们为社会治理共同体的共识提供了基本的价值标准框架，从而有效避免价值矛盾、消弭价值分歧。

最后，共同参与为共同体想象提供了群体感知。共同体是普遍主义与特殊主义的结合体。就共同体与外部的关系而言，其表现出明显的特殊主义倾向。毫无疑问，如果某一共同体与其他共同体享有同样的标志特征，那么这一共同体就面临被同化、分解的危险。换言之，共同体的存在以自我与他者的区分为前提，一旦前提崩塌，共同体也就走向消亡。我们需要在共同体与他者之间划出清晰的界限。而在共同体内部，又含有普遍主义的内在诉求。共同体的行为模式、价值体系、伦理原则、规范制度需要得到共同体成员的普遍认可和接受，从而使共同体成为有机统一的整体。共同体既是抽象的又是具体的，在抽象意义上，任何共同体都在组织形式、成员关系、身份认同等方面享有相似的性质特点；在具体意义上，任何共同体都是独特的，富有特殊性的文化气质、历史传统、价值内核、组织目标等要素。要形成共同体的想象，我们就必须建立彰显共同体特性的群体感知。我们必须系统回答共同体成员两个基本问题——我属于哪个共同体，为什么归属这个共同体？建立群体感知则是回答上述问题的关节所在。

社会治理共同体虽然从属于中华民族共同体，但却有着自身特定的使命和组织形式。社会治理共同体是围绕社会治理所构建的共同体，对于社会治理的参与成为该共同体生活的核心内容，担负治理责任和使命也成为该共同体的群体标志。成为社会治理的参与者，在社会治理中发表自己的意见和诉求、与其他共同体成员通过协商合作达成治理决策，是人们建立该共同体群体意识、产生群体归属感的根基。我国社会治理是以“党委领导、政府负责、民主协商、社会协同、公众参与、法治保障、科技支撑”的方式开展的，因此我国社会治理共同体与其他国家的社会治理共同体有着根本区别。与西方完全建立在个人自由基础上的社会治理机制不同，我国的社会治理强调多元主体的协同、不同主体扮演各自角色，共同推进社会发展。显然，社会治理共同体在某种意义上属于功能性共同体，具有戴维·米勒所描述的工具性联合体（instrumental association）的性质。米勒认为在工具性联合体中，人们的联合有着明确的利益目的。① 这就决定了社会治理共同体的内部人际关系既充满家庭般的温情，又契合社会分工合作的工具性需要。在共同体成员的相互关心，以及对社会治理角色的扮演中，人们将深化对社会治理共同体的群体理解，并且产生群体归属感。这种归属感将成为人们共同体身份定位的重要坐标，从而形成共同体想象。

三　如何构建社会治理共同体的共同体想象

要构建社会治理共同体的共同体想象，就必须强化社会成员的参与感、认同感、归属感，夯实共同体在成员心中的鲜明形象。

首先，以多元参与建立共同体身份想象。参与是成员认同与归属的基础，也是共同体想象的现实根源。对于成员而言，社会治理共同体的特质、生活方式都依赖于在参与中感受、体验，并且在参与中定位自己的共同体身份。特别对于具有明确社会功能的社会治理共同体而言，治理参与是凸显共同体身份、扮演共同体角色的根本路径。

其一，铺筑社会治理多元参与的通道。社会治理是动态持续的过程，核心在于保证每位社会成员有效合作、共同作出治理决策。这就需要实现治理过程中的权力下沉，积极发挥基层组织的社会治理作用，特别是强化社区治理。社区正逐渐成为治理的基本单元，社区自治是促进人们参与治理的重要机制。其二，建立平等的治理协商机制。社会治理需要共同体成员充分表达自己的意愿和利益诉求，通过共识谋求利益的协调统一，从而在治理过程中顾及所有共同体成员的权益。任何单一社会主体的认知总是有限的，人们基于不同的成长经历、价值偏好、社会角色会产生不同的需求，也会导致对于社会生活的不同理解。如果我们的治理话语被特定的群体所垄断，就必然会在治理中出现偏颇，将某些群体的偏好置于优先地位，忽视其他群体的意志、要求。同时，特定群体的认知局限将极大增加社会治理风险，群体认知偏差可能引发社会危机、破坏治理的健康秩序。另外，如果某些群体的需求长期无法得到充分满足，他们就会产生对于共同体的

① David Miller, *Principles of Social Justice*, Harvard University Press, 2003, p. 27.

游离感，甚至形成脱离共同体的冲动，造成共同体内部的紧张。维系社会治理共同体的和谐关系，就必须让所有成员的话语都被平等尊重和关照。罗尔斯之所以构建“无知之幕”，就是希望人们在不确知自己社会身份、地位的条件下进行沟通，从而保证社会原则的公正性。但在真实的社会生活中，我们无法屏蔽人们的身份信息，处于社会有利地位的群体也往往拥有更强的社会影响力，在治理话语中占据优势地位。要保证协商平等，我们在社会治理过程中就需要通过制度安排消解特定群体的话语优势，特别要倾听处于社会不利地位群体的声音。金里卡对于当前的社会结构作出了判断，他认为政治哲学的主题已经从如何保证多数人的权利转向如何确保少数人的权利。“多数人（至少是多数男性公民）早已获得了基本的公民权利和政治权利。从20世纪五六十年代的黑人民权运动开始，许多急迫的政治问题都围绕着历史上受压迫的少数群体的权利。”[①] 在社会治理中也是如此，有效的治理重点在于如何让处于社会不利地位者也能平等参与协商，在治理过程中发出自己的声音。其三，搭建有效的公意决策平台。治理参与的最终目的是影响治理决策。倘若治理参与无法形成决策甚至无法对社会决策产生本质影响，参与就将流于形式。能否将自己的主张、意愿有效输入社会决策之中，也直接决定着人们的参与意愿。我们要进行公共决策制度的创新，改变以往政府部门决策的一元模式，在治理过程中建立多元主体共同决策模式，使公共意见成为社会决策的主要依据。在决策过程中要特别注重利益相关者的参与，让他们的声音直接传递到公共决策之中。而且，由于治理的过程性特点，我们需要对决策的效果进行持续评估和反馈，凭借治理协商将公共意见不断输入决策过程、不断调整和优化决策方案，保证社会治理的公共性和开放性。

其次，以协同合作构建共同体群体想象。协同合作是社会治理共同体的主要行为模式，也是共同体成员相互交往的重要形式。在协同合作中，共同体成员分担社会治理的责任，建立对于社会治理共同体的群体认同。个人主义通常被认为站在共同体主义的对立面，本内特（Bennett）早在20世纪70年代就发现了个人主义倾向对共同体的严峻考验。他指出，20世纪

① 〔加〕威尔·金里卡：《当代政治哲学》，刘莘译，上海译文出版社，2015，第48页。

六七十年代的美国社会就是个人主义主导的社会，人们倾向于在更小的共同体中重构自己的群体认同，因为人们更追求自我小群体的自主，而忽视了他人的权利以及与他人的联结。[①] 社会治理共同体是涵盖所有治理参与者的庞大共同体，其中也表现出“陌生人”社会的特点。社会治理参与者众多，无法使所有成员都相互深入了解、建立紧密的私人联系。那么，我们如何在“陌生人”社会中达成群体想象？唯有从与其他共同体成员的交往、合作中才能唤起我们的共同体意识。协同合作既是社会治理与传统管理的根本区别，也是形成社会治理共同体想象的有机组成部分。尤为重要的是，协同合作不仅是社会治理的路径选择，同时也塑造社会治理共同体的特质，为社会治理共同体想象提供具象素材。

社会治理共同体的协同合作以公共理性为支撑。在社会治理中，如若大家都寓于狭隘的私人视野，总是追求自我利益最大化，就无法协调自我与其他共同体成员、与共同体整体的矛盾。在共同体中，人不是原子式存在的个体，而是镶嵌于社会关系之中的并与他人保持有机内在联系的成员。这就必然要求人们在协同合作中超越私利，站在共同体的整体立场作出行为选择，以公共利益的达成作为合作的基础。也只有借助公共理性，我们才能意识自我与共同体之间的内在关联，从而产生群体意识。社会治理共同体的协同合作有赖于成员之间的相互信任。如张康之所言：“行为主体之间的信任关系是合作的前提，或者说，在人的社会交往中，越是健全的、和谐的交往活动，越是包含着信任关系。”[②] 这就需要通过社会治理制度的安排保障人们会恪守相互合作的契约（无论正式还是隐含的契约关系），让人们可以对他人的合作行为怀有预期和信心。一旦信任崩塌，人们就无法建立高效的合作关系，社会治理共同体也就面临分离的危险。社会治理共同体的协同合作以互爱为纽带。我国社会治理共同体与其他形式的治理共同体相比，有着更强的稳定性。根本原因在于我国社会治理共同体作为中国特色社会主义建设共同体的子系统，表现出马克思主义意识形态的显著特征——相互友爱，友善也是我国社会主义核心价值观的基本内容。因此，

---

① John W. Bennett, “Communes and Communirarianism,” *Theory and Society*, No. 2, 1975: 63 - 64.

② 张康之：《社会治理的历史叙事》，北京大学出版社，2006，第 283 ~ 284 页。

社会治理共同体的协同合作并不完全取决于功利性的合作结果。依系于互爱的协同合作不仅让共同体变得更加温暖，而且更加深了人们对于群体的向往和认同。

最后，以互利互惠构建共同体团结想象。如上文所述，社会治理共同体有着“工具性联合体”的性质，人们在社会治理之中既实现公共利益，又实现个人利益和自我价值。团结对于共同体而言至关重要，当共同体成员积极承担团结义务，并且深切感受到共同体团结的时候，人们的共同体身份意识和群体归属意愿才会更加强烈。利益回馈虽然不是共同体唯一的团结要素，但在共同体团结中扮演着不可或缺的角色。假设某些共同体成员在治理过程中无法满足利益诉求，就会产生退出共同体的冲动。当共同体成员在利益分配中产生不公平感时，也会加剧共同体内部的矛盾和冲突。可见，在共同体成员之间形成互利互惠机制对于共同体团结而言何等重要。同时，在社会治理共同体成员之间建立互利互惠的关系也是实现人人享有的应有之义。

其一，在社会治理共同体的利益分配中，我们要充分肯定共同体成员所作出的贡献，使人们能够享有“应得”利益。罗尔斯、德沃金为我们提供了“应得”利益的范畴，金里卡将之概括为“敏与志向、钝于禀赋”。[①] 罗尔斯、德沃金认为，凡是人们根据自己的人生理想和自身努力所获得的社会资源都具有道德正当性。在社会治理共同体中，成员之间在治理参与态度、治理贡献程度方面也必然存在差异。那些对社会治理抱有更大热情，在社会治理过程中付出辛勤劳动、取得突出成效的成员理应享有更多的利益分配份额。其二，在社会治理共同体的利益分配中，我们必须为人们治理能力培养提供基本保障。社会治理需要能力的支撑，缺乏治理参与能力，就无法实现治理目标及在共同体中分担责任。因此，社会治理共同体的利益分配需要确保共同体成员都具有平等培养治理能力的机会。为人们提供治理能力培养所需的基础性社会资源，实现治理福利均等化，是社会治理共同体团结的内在要求。其三，在社会治理共同体的利益分配中，我们要促进治理资源的“正向流动”。所谓“正向流动”就是从资源享有更多的成

① 〔加〕威尔·金里卡：《当代政治哲学》，刘莘译，上海译文出版社，2015，第74页。

员向相对资源较少成员的流动。社会治理共同体作为兼具工具理性与价值理性的共同体，不但有着特定的社会功能，更有作为共同体的温情与关怀。这就决定了社会治理共同体的利益分配不能只依据单一的标准和原则。将贡献或者成果视为唯一分配依据，就难以避免陷入“优绩主义”误区，也无法切实达成利益共享。在共同体中，还存在一个重要的利益分配标准——需要。作为社会治理共同体的成员，我们应该感知他人的需要，自愿满足他人的需要。对他人需要的感知是比谋取利益共赢更为稳定的互惠机制。由于社会资源的有限性，即便在共同体内部，也难以在任何条件下都形成人际间正和博弈关系。要维系共同体团结，我们就不能限于从类似自由主义正义的观念看待利益分享。对于身处困境的共同体成员，哪怕他们没有建立与其他成员的有效合作，我们也不能对他们的困难视而不见，而应以积极的态度帮助他们脱离窘境。当人们对自我需要的群体关怀抱有信心，就会紧密团结在一起，加固对社会治理共同体的团结想象。

·西方政治哲学·

近代德国三大社会阶层的结构变迁及德性特质

靳凤林*

（中共中央党校哲学部，北京）

摘　要：近代德国在极短的时间内完成了由落后农业国向现代工业国的转变，这就使得其权力、资本、劳动三大社会阶层的内在构成和德性特质与英、法、美等资本主义国家相比，呈现出自身的鲜明特色。其中，王室成员、军人和容克贵族构成极端强势的国家权力阶层，尼采的权力意志哲学极大地满足了这一阶层的根本愿望，并从思想深处预言了德意志帝国主义和法西斯主义的诞生。高度依附国家并采取行业垄断方式经营企业的资本阶层，将马克斯·韦伯《新教伦理与资本主义精神》视为德国资本主义独特性、合法性与合理性的依据，该书的理论主张对德国资本主义的内在品格及其未来命运产生了深远影响。在工业化和城镇化快速推进中诞生的工业无产阶级与容克资产阶级展开了持续不断的激烈斗争，诞生了马克思主义的无产阶级革命理论，之后伴随国内外形势的变化，以和平改良主义和议会斗争为主要手段的社会民主党逐步占据工人运动的主导地位。

关键词：德意志民族；权力；资本；劳动

---

* 靳凤林，中共中央党校哲学部教授，中国伦理学会副会长，主要从事政治伦理、生死伦理和比较伦理的研究工作。

俾斯麦领导的德国民族统一运动，在政治层面彻底摧毁了1815年以来德意志各个诸侯邦国的全部旧有关系，在保留普鲁士王朝强大政治势能的同时，又孕育着称霸欧洲和拯救世界的精神内核。与此同时，统一后的德国在19世纪的最后30年，迅速经历了英国100多年才完成的工业革命，逐步由一个农业生产占优势的落后国家转变为一个高效率的现代化工业大国。伴随工业革命的快速推进，德国的经济结构、社会结构和阶级结构也在发生着根本性转变，这种政治统一率先完成、工业革命迅猛跟进、阶级结构急剧嬗变的局面，使得德国权力、资本、劳动三大社会阶层的内在构成和德性特质也在发生着重大变迁，这标志着一种不同于英、法、美的具有浓厚德国特色的现代化发展道路正式生成，而这一道路的不断开拓和延展，对20世纪的欧洲和人类历史产生了深刻而广泛的影响。

一 权力阶层的无限膨胀与尼采的超人哲学

自1861年普王威廉一世即位到1888年去世这27年间，由俾斯麦宰相辅佐，德国在国家主义至上原则的指引下，首先，通过军队体制的变革完成了军国主义国家的建构过程。威廉一世是欧洲历史上第一个穿军服的国王，以此充分彰显军人在国家中的地位。与此同时，他还把全国居民的日常生活纳入军事化管理之中，在其统治末期，国家年收入700万塔勒，其中600万用于军队建设，军队人数由其执政初期的3.8万人扩增至8.3万人。[①]其次，通过行政体制改革建构了以军队体制为核心的国家治理体系。这一体系主要包括军粮供应体系和财政管理体系，为了保证庞大军队的粮食供应，德国在中央设立“军粮总局”，各地方设立相应机构和办事人员；与“军粮总局”相平行的机构是“国家财政管理局”，开辟各种税收渠道（如盐税、啤酒税等），保证军队和其他国家机器的正常运转。此外，在城市和乡村自上而下设立市政、村政管理委员会代替原有的各种自治组织，接受国家的严格控制；帝国虽然也有议会机构（上院和下院），名义上是人民的代议机构，但实际权力极小，只不过是为中小资本阶层代表提供一个合法

① 丁建弘：《德国通史》，上海社会科学院出版社，2002，第96页。

讲坛而已。最后，通过大陆法系的改革完成国家司法体系的重构。设立单一的中央集权制的司法系统，每州设立一个中心法院，使用统一的司法程序，将国家法律汇编成法典，全国统一使用。① 通过上述军队体制、行政体制、司法体制三位一体的制度变革，德国建构起庞大高效的官僚体制，并形成一个以王室为核心、以军人和容克贵族为主要成员的极端强势的国家权力阶层。

威廉一世 1888 年以 91 岁高龄去世后，其身患喉癌的儿子弗里德里希三世继位，99 天后去世，其 29 岁儿子威廉二世 1890 年登上皇位，他上台伊始，就逼迫“年高德勋”的俾斯麦宰相辞职，开辟了德国著名的“威廉时代”。尽管威廉二世早年在英国和德国的大学生活中受到过自由主义思想的影响，但后来在普鲁士近卫军中接受训练，逐步养成了唯我独尊、刚愎自用的性格，他把军营纪律置于一切道德和自然法则之上，认为德国的光荣集中体现在新兵齐步走时动作的绝对准确上，人们普遍认为普鲁士历代国王身上的专制主义、神秘主义、军人主义、官僚主义、独断主义等品质，全都集中到了他的身上，并被其发挥得淋漓尽致。他表面上宣称要继续执行威廉一世和俾斯麦时期的内外政策，亦即“路线照旧”，实际上却在以“全速前进”的方式执行一种“新路线”。这种“新路线”集中体现在他所制定的“世界政策”上，德国工业的迅猛发展加剧了它与英法帝国主义国家间经济发展的不平衡，德国要求重新瓜分世界市场和殖民地。在威廉二世看来，如果说 19 世纪初期普鲁士在同奥地利的斗争中上升为德意志大国，中期在同法国的斗争中上升为欧洲大国，那么在 19 世纪末期就是同英国进行较量，最终上升为世界强国。而英国最大的优势是强大的海军力量，为此，威廉二世于 1898 年让军事部门制定了庞大的海军建设方案，计划在 17 年内使德国海军舰队数量翻一番，陆军的规模和质量也要实现跨越式发展。在他看来，在国际舞台上，国家的权力必须由一支组织良好的军队来体现，而战争则是上帝制定的优胜劣汰的基本法则。② 与上述“世界政策”相适应，19 世纪末在德国权力阶层内部的军界和政府各级官员中，一种民族沙文主义思潮迅速蔓延开来，1894 年德国成立了“泛德意志协会”，该协会鼓

① 杨光斌：《政治变迁中的国家与制度》，中央编译出版社，2011，第 217 页。

② 丁建弘：《德国通史》，上海社会科学院出版社，2002，第 279 页。

吹要联合世界上所有德国人，组建一个庞大的泛德意志国家，由伟大的德国统治世界，大力支持威廉二世在欧洲和海外推行强权政策，并将扩张的矛头指向巴尔干、土耳其和亚洲（中国），掀起一波在世界范围内瓜分殖民地的新热潮。

最能体现德国权力阶层精神特质的道德哲学当属在这一特殊时代产生的尼采（1844~1900 年）的权力意志哲学。首先，尼采对德国社会普遍存在的传统价值观予以猛烈攻击，其矛头直指基督教。他在其《反基督》中认为，德国乃至整个欧洲主流的价值观是建基在基督教之上的，基督教道德是一种奴隶道德，其善恶观的出发点是保护弱者，从而造成了人们谦卑和顺从的劣根性，压抑了人的生命力和创造力，这种价值观既无精神、理性、思维，也无灵魂、意志和真理，由之，他宣布“上帝死了”，从而彻底推翻人们心目中基督耶稣这个最崇高最完美的形象。① 其次，既然上帝已死，圣神不复存在，这个世界该由谁来统治呢？尼采将叔本华的悲观厌世主义改变为积极进取的唯意志论，认为“权力意志”才是世界的本原，这种意志是一种不受传统观念和理性思维束缚的超出善恶界限的生命的本能冲动，它作为一种巨大无比的力量，生生不息，不知疲倦，一直推动着人类世界的发展与进步，例如：生物界的弱肉强食、适者生存就是权力意志的具体表现。这个世界必须要有体现这种权力意志的“超人”来统治，这类超人就是人间少数出类拔萃者，包括天生的统治者和天才的艺术家等。超人的诞生一是要有优良的家世和血统；二是在智力和体魄上需经过超强的意志磨炼，永远保持一种有追求、有目标、有创造的状态，永远居高临下地统帅和俯瞰着人间的善恶；三是要在战争中接受锻炼，学会在战争中引领群众和锻造群众，要像马基雅维利所说的那样，懂得不择手段地运用一切来达到自己的目的。② 可见，尼采的道德哲学极大地满足了 19 世纪末德国权力阶层乃至整个德意志民族的愿望，从思想深处预言了帝国主义和法西斯主义的诞生，之后，被德意志极端民族主义者（如希特勒之流）加以改造和利用，并一度奉为德意志民族至高无上的生存哲学。

---

① 刘小枫编《尼采与基督教》，田立年等译，华夏出版社，2014，第 85 页。

② 〔德〕弗里德里希·尼采：《权力意志——重估一切价值的尝试》，张念东、凌素心译，商务印书馆，1998，第 470 页。

二 资本阶层的强弱不均与韦伯的新教伦理

在19世纪早期和中期，当英、法、美现代性工商业迅猛发展，以大资本家和大工业家为主的资本阶层开始呼风唤雨，主导整个国家经济、政治和社会生活时，德国还处于十分落后的状态，在大中城市中，小手工业者和小商人阶层占据着城市人口的多数，如恩格斯所言，这些小店主、裁缝、鞋匠、木匠等，必须仰赖宫廷、贵族及国家公务人员的惠顾才能得以生存，否则就会破产。[①] 但到19世纪后半叶，在威廉一世和铁血宰相俾斯麦的领导下，德国终于完成了民族统一，1871年正式建立德意志帝国后，作为后发国家的德国，借助英、法、美的技术和经验迅速掀起了工业革命的高潮。俾斯麦为了确保帝国的统一，把军事工业作为优先发展方向，其中军事交通运输被认为是保证国家长期统一的重要保障，铁路建设尤其受到重视，几乎主导了德国工业化的整个过程，1879～1885年，普鲁士开始将各州的私营铁路和州营铁路国有化，1870年德国铁路有18560公里，到1890年时已增至41818公里，密密麻麻的铁路网把德国紧紧地箍在一起，德国铁路里程升为欧洲之冠，到19世纪末，铁路业已成为国家收入的主要来源。[②] 铁路的发展创造了足够大的国内需求，猛烈地刺激了煤炭开采、钢铁冶炼、机械制造等行业的高速发展，德国煤炭产量从1875年的4781万吨，升至1890年的8929万吨，超过法国，稳居欧洲第二位；1875年德国生铁产量为203万吨，1914年为1400万吨，超过英国的1020万吨，成为世界第一。[③] 与此同时，德国的电气工业、化学工业、光学工业也逐步成为世界之首，伴随大工业的快速发展，与之密切相关的银行业、保险业、证券业等金融行业也获得了急剧的扩张。到1910年时德国工业生产总值占世界工业生产总值的16%，德国已经成为名副其实的现代化世界工业大国。[④]

德意志经济的高度工业化，使得德国新兴资本阶层呈现出不同于英、

---

① 《马克思恩格斯文集》第2卷，人民出版社，2009，第356页。

② 〔美〕戴维·兰德斯等编著《历史上的企业家精神——从古代美索不达米亚到现代》，姜井勇译，中信出版社，2016，第351页。

③ 丁建弘：《德国通史》，上海社会科学院出版社，2002，第227页。

④ 丁建弘：《德国通史》，上海社会科学院出版社，2002，第273页。

法、美资本阶层的独有特质。首先，德国资本阶层大多采用行业垄断方式经营企业，与国家形成了高度依附性关系。大工业生产的高度集中直接导致了大量企业联合体的出现，其在德国被称为卡特尔，即各独立企业以行业之间的契约协定为基础，按照市场份额来进行生产，以便减少价格竞争，通过独占性影响提高盈利水平。1896 年德国卡特尔有 260 家，1911 年增至近 600 家，钢铁、电气、化工行业被几十家巨型企业所垄断，到纳粹时期，政府不仅在工业领域实施卡特尔，在商业领域也禁止开设小型批发零售商店，通过巧取豪夺，把小店主合并到大型垄断性百货商场，废除了价格竞争。之所以出现上述局面，与德国国家干预经济的历史传统密不可分，因为 19 世纪 70 年代后，德国政府制定了大量保护关税的政策，实行出口补贴，特别是通过高利润的军事订货来扶持和强化垄断经营，以便形成强大的国际竞争力。其次，由于德国大工业根源于军事需要，资本阶层中的众多工商业精英普遍信奉军事威权主义精神。在企业管理过程中充满浓重的普鲁士军国主义作风，军队要求士兵进行的军事操练，在德意志各类国营和民营企业中广泛盛行，即使在个别时段或环节实施民主化管理手段，但也仅被视作形式上的权宜之计，直到“二战”之后很长时间，德国企业盛行的这种反民主态度才被英美的多元化企业管理文化逐步取代。

由于德国的统一主要是以俾斯麦为代表的德意志容克贵族依靠武力打出来的，其国家治理体系和治理能力要稍逊于英、法、美等资本阶层主导下的先进国家，而德国资本阶层要想取代容克贵族获得国家的政治领导权，就要证明自己有能力、有勇气、有资格和更有捍卫自己文明的责任感。但问题是当时的德国资本阶层还远没有达到足够的政治成熟。为此，德国亟须创造出一套超越英、法、美等国的具有普遍价值意义的理论体系，用它来指导资本阶层担当起德意志民族复兴的重任，以便实现德意志资本力量在海外大力扩张的宏伟目标。而此时德意志著名社会学家马克斯·韦伯（1864 ~ 1920 年）通过其经济学、政治学、法学、宗教学等世界范围的比较研究担起此大任。特别是在其《新教伦理与资本主义精神》一书中，他致力于西方尤其是德国资本主义的独特性、合法性、合理性研究，并将这种研究与德国传统的新教伦理资源有机地结合起来，以此深入诠释欧洲特别是德国资本主义的内在品格及其未来命运。他认为德国的新教伦理赋予了德国乃至整个欧美资本阶层所独有的精神特质。①经济理性主义。资本主义市场经济要求资本阶层必须学会算计，当然，这种算计不是针对个别人的算计，而是要详细核算成本投入和效益产出之间的比例，追求经济利润的最大化。②天职观。基督新教伦理认为上帝许诺给人的唯一生存方式，不是要人以苦修的方式超越世俗性道德，而是要人们完成他在现世生活中上帝赋予的神圣责任和义务，新教徒毕生工作的最重要目的之一就是合乎理性的组织劳动，为人类提供丰富的物质产品。③新型禁欲观。基督新教同样倡导禁欲，但它不是让人们将禁欲生活局限在修道院内，而是让人们一生必须与上帝保持一致，俭朴、纯净、优雅、舒适、心灵充实构成了新教徒所追求的理想生活模式，一个人财产越多，越要经得住禁欲主义生活态度的考验。④紧迫的时间感。教堂上空按时敲响的钟声养就了教徒们认真计算时间的习惯，对时间的焦虑激发了基督徒充分利用时间，立志追求进步的紧迫感，新教徒把虚掷时光当作万恶之首，鼓励人应当异常勤勉地将所有精力投入到自己所从事的职业活动中，以认真负责的态度对待自己的工作。[①] 韦伯由此证明，只有西方社会所具有的基督新教文化资源才能引领整个人类迈向现代社会，而东方的中国、印度和阿拉伯国家不具备上述文化资源，故无法自发地实现现代化，必须在西方上述普遍主义文化资源的刺激和引领下，才能走上现代社会的光明坦途。正因如此，我们说韦伯为德国资本阶层能够在世界范围内扩展其政治空间、文化空间和价值空间提供了充足的理论证明，也正是由于他对德国和欧美资本阶层的文化忠诚，使其著作在现代世界的文化斗争中获得了超越时空的稳定性经典地位。

三　劳动阶层崛起中的英雄品格及迅猛裂变

德国统一后在极短的时间内完成了工业革命，这就使得德国的经济结构、社会结构也在短期内发生巨大改变，随之带来了德国劳动阶层内部构成及其德性特质的深刻嬗变。德国经济结构的转变具体表现在三个方面。①工农业比例。1871 年德国人口约 4106 万，其中农村人口 2622 万，占 63.9%，到

① 〔德〕马克斯·韦伯：《新教伦理与资本主义精神》，于晓等译，生活·读书·新知三联书店，1987，第 32 页。

1890 年德国总人口 4943 万，农村人口占 53%，城镇人口占 47%，而到 1900 年，德国总人口 5637 万，农村人口占 45.7%，城镇人口已占 54.3%。②三大产业就业结构。第一产业（农业类）的就业比例 1871 年为 51%，1890 年为 41%，20 世纪初为 36%。第二产业（工业类）与之相对应的是 28%，35%，38%，第三产业（服务业）没有太大变化。③投资结构比例。德国统一后的 1871～1874 年，总投资额为 20.4 亿马克，农业占 10.3%，工商业占 32.6%，铁路占 23.8%，城市建设占 33.2%；到 1896～1899 年，总投资额为 53.8 亿马克，农业投资只剩 9%，工商业投资达 54.5%。[①] 透过以上经济结构具体数字的变化，不难看出，到 19 世纪末德国已经彻底转化为一个工业化国家。德国工业的高速发展敲响了传统家庭农业的丧钟，农村经济转化为工厂化的大农业，小块农地转化为工业化的大农场，大批小农破产，到 19 世纪 90 年代，出现了从东部农业区向西部工业区的人口流动大潮，大批农民流向大城市并被彻底无产阶级化。1871 年德国城市人口有 1479 万，到 1910 年时已达到 3897 万；1850 年时德国 10 万人口以上的城市只有 3 个，分别是柏林、汉堡、慕尼黑；1910 年时 10 万以上人口的城市已增至 45 个，单是柏林人口就增至 373 万，城市居民的快速增长不仅改变了德国城乡人口比例，也彻底改变了德国劳动阶层的内部构成。[②]

伴随工业化和城镇化的快速推进，工业无产阶级的队伍迅速壮大，据统计，1895 年工业企业中的产业工人为 590 万，到 1907 年已达至 846 万。从整体状况上看，这一时期德国工人阶级的劳动强度极大，但工资收入却远远低于英、法国家的同类工人，德国工人的极端贫困和巨大苦难提高了他们同大资本阶层和容克贵族阶层斗争的革命积极性，劳资冲突和反抗政府压迫的工人运动此起彼伏，使德国各大城市迅速成为继巴黎公社失败后欧洲国际工人运动的中心，为国际无产阶级的革命斗争树立起光辉的榜样，也正是在这一时期德国涌现出了一大批杰出的工人运动领袖，如马克思、恩格斯、拉萨尔、倍倍尔、李卜克内西等，他们分别从理论研究、政治运动、经济要求等各个战线上带领工人阶级同时展开斗争。恩格斯曾对德国工人运动同欧洲其他国家工人运动做过比较研究，他认为德国工人运动存

① 丁建弘：《德国通史》，上海社会科学院出版社，2002，第 235 页。
② 丁建弘：《德国通史》，上海社会科学院出版社，2002，第 238 页。

在两大优越之处。一是他们属于欧洲最有理论修养的工人，由于受到马克思主义哲学、政治经济学、科学社会主义理论的重大影响，德国工人的理论感深入到了他们的血肉之中，不像法国、西班牙、意大利工人那样，容易受到蒲鲁东主义、巴枯宁主义错误理论的迷惑。二是从时间上看，他们是站在英国、法国工人运动肩上发展起来的，能够直接利用英国、法国工人运动用很高代价换来的经验，从而避免他们当时容易犯的那些错误。[①] 正是由于德国工人所处的上述有利地位，后起的德国工人运动站到了国际无产阶级革命的前列，并去经受各种出乎意料的严峻考验和重大事变。

面对工人阶级激烈持久的反抗运动，以俾斯麦为代表的德国容克资产阶级采取了多种措施予以应对，一方面采取各种高压政策，颁布各种反对工人运动的法律，强行解散许多活跃的工人阶级政党，如1878年议会通过所谓“非常法”，对进行社会主义宣传的各种组织、出版物和集会活动进行限制，规定可不按法律手续对相关人员予以逮捕和放逐，可随时宣布戒严；另一方面又制定广泛的保险制度和法律，来逐步满足工人阶级的部分要求，以便削弱日益强大的工人运动，如德国于1883年颁布了《疾病保险法》，1884年颁布了《意外灾害保险法》，1889年又颁布了《残疾和老年保险法》，以此维系和稳定容克资产阶级的统治地位。面对容克资产阶级的上述统治策略，德国各类工人阶级政党也在不断经历着斗争的考验，在不同历史时期，由于工人领袖们的社会出身不同、理论认识差别和实践经验各异，形成了工人运动不同的战略和策略。如马克思恩格斯在《共产党宣言》中强调的那样，社会的经济生产决定其上层建筑和意识形态结构，人类历史就是一部阶级斗争史，今天西欧资本主义生产方式已接近成熟，无产阶级只有通过暴力革命来解放全人类，最后才能使自己从资产阶级的压迫中解放出来。但在经历了1848～1849年革命失败后，马克思、恩格斯和他的战友们几乎都流亡国外，德国的工人运动在容克资产阶级的高压和利诱下也在不断地发生着裂变。马克思去世之后，特别是“非常法”取消之后，德国原来的各种社会主义工人党取得合法地位，德国工人运动内部开始发生分裂，如1891年10月埃尔富特成立德国社会民主党，以考茨基、伯恩施坦

① 《马克思恩格斯文集》第2卷，人民出版社，2009，第218页。

为代表的工人领袖们，开始将和平改良主义和议会斗争手段作为劳动阶层的主要斗争策略，之后这种思想逐步占据德国工人运动的主流。

到 1914 年时，德国容克资产阶级同奥匈帝国、意大利组成同盟国集团，法、俄、英组成协约国集团，开始了 20 世纪初人类历史上的第一次世界大战。从本质上讲，这次大战就是全球范围内现代工业资本主义民族经济扩张力之间的大碰撞，各国为了争霸世界，将本国的各个社会阶层全部拉下水，在长期的民族沙文主义和军国主义思想熏染下，德意志最终充当了大战挑起者的角色。其间，德国的权力、资本、劳动等各个社会阶层，也在普遍的战争狂热鼓舞下直接参与其中。

消极自由与积极自由的概念辨析

——兼析伯林价值多元主义的悖论

刘清平*

（武汉传媒学院电影与电视学院，武汉；

复旦大学社会科学高等研究院，上海；）

摘　要：伯林有关消极自由与积极自由的区分在概念界定上存在某些模糊混乱之处，其既否定了二者在实然层面的两位一体，也未能看到二者在政治领域都关涉如何划定个人自由与管控自由的共享边界这个要害问题。结果，他在试图用消极自由矫正积极自由、用多元主义消解一元主义的过程中，非但说不清这条边界在哪里，反倒流露出凭借价值多元主义的无原则包容取消正义一元主义底线的倾向，没有察觉到这种理论失误会导致纵容不义的严重后果。因此，我们有必要通过揭示伯林价值多元主义的内在悖论，确立不可害人的正义底线作为一元主义理念的终极地位。

关键词：伯林；消极自由；积极自由；个人自由；管控自由；多元主义；一元主义

以赛亚·伯林在《两种自由概念》里阐释的“消极自由”与“积极自由”的区分，由于试图解答西方自由主义思潮面临的某些难题，在全球学界引起了迄今还在延续的热烈讨论，可以说是近些年来政治哲学领域最引人注目的争议问题之一，其势头甚至盖过了他同样高度关注、意义也更重

* 刘清平，哲学博士，武汉传媒学院电影与电视学院教授，复旦大学社会科学高等研究院教授，主要研究方向为中西文化比较、道德政治哲学。

要的自由意志与决定论的关系问题。本文试图通过对这篇文章的批判性分析，指出伯林两种自由概念理论的模糊混乱之处，揭示他倡导的“价值多元主义”潜含的自败悖论。

一　消极自由与积极自由的两位一体

伯林开篇指出，由于“自由是个意思含混不清、怎么解释都成的术语”，他不准备探讨这个变幻莫测的字眼的历史，也不打算深究它被赋予的两百多种含意，只想和前辈思想家一样在“政治含意”上区分消极自由与积极自由。[①] 不过，或许正是未能首先从实然性语义视角厘清自由概念的缘故，他在试图从应然性政治视角区分两种自由的时候，才生成了种种模糊混乱。[②]

值得注意的是，伯林后来在《自由论》的《导论》里回应学界批评的时候认为，《两种自由概念》的最初版本在“最通常含意”上把自由理解成“不存在阻碍人的意欲得以实现的障碍”“不受阻碍地去做自己意欲的事情”，是个“实实在在的错误”，并改口主张：“自由的基本含义是，如果人们被囚禁或从字面上讲被奴役，他们就失去了自由。”[③] 但很奇怪，即便在这样的事后反思中，这位自由主义大师好像也未能察觉到一个简单的逻辑事实：这些有关自由的概念界定之间非但没有任何冲突，相反后来的定义还是从最初的定义中推演出来的，因而与其说是“基本”的，不如说是“派生”的：当某个人由于别人的阻碍（也包括被囚禁或奴役）无法去做自己意欲的事情时，他就失去了（人伦关系中）的自由。考虑到伯林在界定自由概念的时候就是这样模糊不清，他在进一步区分两种自由的时候陷入了更严重的理论混乱，也就不再出人意料了。

其实，倘若接受了伯林最初给出的最通常含意上的“自由”定义，把它理解成人们“不受阻碍”地“随心所欲”的行为或状态，我们就不得不

---

① 〔英〕以赛亚·伯林：《自由论》，胡传胜译，译林出版社，2003，第189页。出于行文统一的考虑，本文引用西方论著的中译文会依据英文本或英译本略有改动，以下不再注明。

② 刘清平：《两类需要视角下的实然与应然关系》，《当代中国价值观研究》2021年第1期。

③ 〔英〕以赛亚·伯林：《自由论》，胡传胜译，译林出版社，2003，第34~36页。

承认一个明显的结论了：如果在伯林自己说的“免于”（free from）和“趋于”（free to）的原初意思上进行区分的话，消极自由与积极自由根本不像他声称的那样，是两个涉及人类历史不同内容的不同概念。毋宁说，它们始终是两位一体的：“不受阻碍”体现了任何自由的消极一面，“随心所欲”体现了任何自由的积极一面；两个方面只有不可分离地结合在一起，才能构成日常生活中的现实自由。众所周知，杰拉尔德·麦卡勒姆在《消极自由与积极自由》里批判伯林的区分时，已经从一个角度指出这种两位一体了：“X 在摆脱 Y 去做（或不做、成为或不成为）Z 上是（或不是）自由的。”①

不过，要想比麦卡勒姆更深入地揭示这种两位一体的基础，我们就有必要在此引入好坏善恶的价值因素了：由于“需要—想要—自由意志”对于好坏价值的决定性效应，以及“好”意味着“坏的缺失”、“坏”意味着“好的缺失”的对应性关联，“趋于（目标）”的积极自由总是在于实现主体认为值得意欲的好东西，“免于（障碍）”的消极自由总是在于避免主体讨厌反感的坏东西（尤其是那些阻止主体得到好东西的障碍），两者因此总是水乳交融地合二为一，不可能在相互分离之后还孤立存在。实然性人性逻辑的头号原则“趋好避坏”，也是这样植根于人们追求现实自由的各种行为之中的，以致不管是谁，也不管具体的规范性立场如何，都一定是以不受阻碍地达成自己意欲的好、免于自己讨厌的坏作为人生在世的基本内容的。②

从这里看，让伯林觉得棘手的“自由是不是价值或有什么价值”的难题也就迎刃而解了：在实然意思上说，任何人只有在自由中才能趋于他意欲的好东西，免于他反感的坏东西，以至于他的自由对他来说总是同义反复地构成了一种“好”的价值，如同伯林引用的密尔（穆勒）的话所表明的那样：“唯一配得上自由这个名称的，就是以自己的方式追求自己意欲的好。”③ 其也是在这个意思上说，自由虽然如同伯林主张的那样只是多种价

① Gerald C. MacCallum, “Negative and Positive Freedom,” *The Philosophical Review*, Vol. 76, No. 3, 1967: 314.

② 刘清平：《人性逻辑与语义逻辑的统一——有关若干情态助动词的语义分析》，《学术界》2021 年第 3 期。

③ 〔英〕以赛亚·伯林：《自由论》，胡传胜译，译林出版社，2003，第 195 页。

值中的一种价值，但同时又是一种能够涵盖所有其他价值的总合价值，因为一旦让“免于”和“趋于”的抽象形式充满了丰富的好坏内容，人生在世的所有其他价值就可以归结到“自由”这种价值那里了，以至于我们有理由给出下面的实然性命题：“自由是人的本质。”①

所以，从实然视角看，人的自由根本不可能将自身分裂成两个孤立的种类，仿佛一种是仅仅免于障碍却不趋于任何目标的消极自由，另一种是无须免于任何障碍而仅仅趋于某个目标的积极自由。相反，人生在世的任何自由，其中也包括伯林区分的消极自由与积极自由在内，统统是既要消极地免于坏同时又要积极地趋于好的自由：一方面，我达成了某种具体好（如大快朵颐），也就等于避免了缺失这种好的某种具体坏（如免于饥饿）；另一方面，只有避免了障碍之坏（排除了阻止进食的负面因素），我才能达成值得意欲的目的之好（享受大快朵颐的饮食自由）。于是，一旦依据伯林自己给出的最通常含意上的概念界定，澄清了自由一词的核心语义，我们会发现，他在西方前辈思想家的基础上精心构思的消极自由与积极自由之分，从一开始就缺乏实然性的基础，因为二者并非两种各自独立存在的不同自由，而是任何自由都会同时包含的两种因素。

二　个人自由与管控自由的共享边界

伯林开始时是这样提出下面两个在政治含意上“明显不同”的问题的：消极自由的问题是“主体（某个人或某群人）会或应当在什么范围内不受别人干涉地做他能做的事，成为他能成为的人”，积极自由的问题是“什么或谁是能够决定某个人做这件事而不是那件事，成为这样的人而不是那样的人的管控或干涉来源”。② 这一节先来考察伯林所谓消极自由问题的几个混乱之处。

头一个混乱之处在于，虽然这两个问题都在自由概念的前述核心语义上增加了人际关系的管控内涵，我们却不能依据伯林的抽象界定“政治自

① 刘清平：《人是有需要的存在者——人生哲学的第一命题》，《南京社会科学》2021年第3期。

② 〔英〕以赛亚·伯林：《自由论》，胡传胜译，译林出版社，2003，第189页。

由是指一个人能够不受别人阻碍地从事行为的范围”[①]，就断言它们位于政治层面，理由有二：第一，非道德领域也有人际管控的现象，如老师指导学生写论文，师傅教徒弟学手艺等，不一定就有人伦关系的政治含意；第二，道德领域也有某些缺乏政治含意的人伦管控现象，如张三鼓励李四助人为乐，妻子指责丈夫不关心孩子学习等。严格说来，只有道德领域内诉诸强制力予以实施、不服从就会受到制度性惩罚的人伦管控才是位于“政治”层面的，并因此与同样属于道德领域，但通常不诉诸制度化的强制力，位于“德性”层面的人伦管控区别开了。遗憾的是，伯林虽然很强调人际强制的因素，但主要还是彰显了它与我自己跳不到三米高、失明了不能阅读、没钱无法旅游这类“主体能力的自我限制”之间的差异，却没有深入辨析政治自由与德性自由的微妙异同。当然，这也不是伯林独有的失误；直到今天，西方学界特别是均等主义的一个严重缺陷，仍然是不分青红皂白地把这两种自由混为一谈，乃至将“尊重人权”直接等同于“满足需要”。[②]

第二个混乱之处在于，按照第一节的分析，伯林所谓的消极自由问题本身就包含消极和积极两方面的因素，根本不像他自己认为的那样只是消极的：消极因素就是伯林说的某个人“不受别人干涉”的自由因素[③]，积极因素则是伯林说的某个人在这种消极因素的基础上“做他能做的事，成为他能成为的人”的自由因素。换言之，某个人不愿在消极层面遭受别人的干涉之坏，恰恰是为了在积极层面达成自己意欲的目的之好；不然的话，消极地“免于干涉之坏”对他来说就没有什么实质意义了。例如，从实然视角看，在马路上飙车的人们之所以努力免于交通法规或警察的干涉，就是因为他们想要尽情享受超速驾驶的刺激体验。

第三个混乱之处在于，倘若与伯林所谓的积极自由问题关联起来看，他所谓的消极自由问题的主语和焦点似乎有些变幻不定：如果说他开始时的表述还比较清晰，是指“某个人或我在什么范围内可以不受别人干涉地

---

① 〔英〕以赛亚·伯林：《自由论》，胡传胜译，译林出版社，2003，第189页。

② 刘清平：《全球正义的悖论解析——从满足需要与尊重权益的鲜明反差谈起》，《江西社会科学》2020年第1期。

③ 这里有必要先把伯林加进来的“某群人”排除在外，否则就会一个混乱还没有澄清，又卷入另一个混乱了。

做什么”的话，后来的某些表述如“政府在什么范围内干涉我”等[①]，却与他所谓“什么或谁才是决定某个人做什么的管控来源”的积极自由问题搅和在一起了，作为主语的不再是“某个人”或“我”而是“政府”，因此彰显的与其说是某个人或我作为主体可以免于别人（包括政府）管控的消极自由，不如说是政府作为主体可以随意管控某个人或我的积极自由。至于伯林后来在《导论》里的重新表述——“我在什么范围内被统治”的消极自由问题和“谁统治我”的积极自由问题[②]，又把两个问题的焦点分别放在了同一个我“被统治”的“范围”和“主体（谁）”上，因而更是让人如堕五里雾中：这里讨论的究竟是“我”享有的自由呢，还是统治着我的“什么或谁”享有的自由呢？难道消极自由问题只关注我被统治的“范围”，却不关注我被统治的“主体”是“谁”吗？既然我无论被哪个“主体（谁）”统治，都会存在被统治的“范围”问题，伯林指认的二者“明显不同”的分离又是怎么可能的呢？它们岂不是同一个问题的两个不同方面，分别涉及我被统治的“主体（谁）”和“范围”，所以总是无法分离地紧密交织在一起的吗？遗憾的是，伯林并没有设法回答这些与他有关两种自由的区分直接相关的重要问题。

澄清了这些混乱后，我们就能把伯林不加辨析地当成消极自由问题的两种不同表述——“我在什么范围内享有免于别人管控的自由”和“别人在什么范围内享有管控我的自由”区分开，当成同一个问题的两个不同方面来考察了：在政治哲学领域，前者可以称作“个人自由的边界问题”，后者可以称作“管控自由的边界问题”，两者之间既有微妙的差异，同时又不可分离，应当联系起来考察。事实上，正是在这样讨论所谓的消极自由问题时，伯林提出了如何“划定私人生活领域与公共权威领域的边界”这个引发了热烈讨论的重要问题，并以“大鱼的自由就是小虾的末日”的比喻，指出了它虽然牵涉不同的“主体”，聚焦点却是同一条人伦自由的“边界”的实质。[③] 所以，倘若抓住了这个要害，某些乍看起来让人头疼的棘手问题，就不难找到答案了。

---

① 〔英〕以赛亚·伯林：《自由论》，胡传胜译，译林出版社，2003，第198页。

② 〔英〕以赛亚·伯林：《自由论》，胡传胜译，译林出版社，2003，第40页。

③ 〔英〕以赛亚·伯林：《自由论》，胡传胜译，译林出版社，2003，第192页。

首先，如同个人自由的边界问题一样，管控自由的边界问题也同时包含消极和积极两方面的因素：尽管它字面上彰显了别人想要自由地“管控我”的积极因素，却又直接建立在别人想要“免于讨厌之坏”的消极基础上：别人是看不惯我的行为，不愿让这些行为发生的缘故，才会诉诸制度化的强制力积极干涉我的行为，以求维系他们自己觉得可欲的秩序。其实，就连某些主体“多管闲事”的举动，也潜藏着“尽管我干涉你没什么好处，但就是反感你这样做”的避坏动机，如同张三看不惯李四的穿着就严厉指责李四，想迫使他改变装扮那样。

其次，理解了两个问题都关涉人伦自由的边界这个要害，它们的答案也就不像伯林渲染的那样难以找到了：尽管站在不同规范性立场上的人们肯定会得出不同的应然结论，但从实然视角看，既然两种自由归根结底共享着同一条边界，那么，一个人把个人自由的边界设定在哪里，也就会相应地把管控自由的边界设定在哪里，反之亦然。例如，按照古往今来许多思潮都认同的“不可害人”的重叠共识①，个人自由和管控自由的共享边界其实就是依据这个原则划出的正义底线：倘若我的行为守住了这条底线，没有坑人害人，我就享有充分的个人自由，无论是谁都无权干涉；反之，如果我的行为是在坑人害人，违反了这条底线，无论是谁都有权管控，阻止和惩罚我的不义行为。比方说，从这种应然视角看，虽然飙车者希望尽情享受超速驾驶的刺激体验，但由于这样做对他人的生命安全构成了严重威胁，所以警察就有理由按照交通法规强行制止其行为；相比之下，无论张三多么讨厌李四的装扮，但由于这种穿着没有侵犯任何人（包括张三）的应得权益，所以张三并没有理由强制李四改变。

反讽的是，伯林也就此指出：“我们必须维持最低限度的个人自由。……这种含意的自由就是‘免于的自由’，也就是在变动不居却又可以辨认的边界内不受干涉。……我们是否有正当的理由强制其他人？密尔认为我们无疑有这种权益。既然正义要求每个人都有资格拥有最低限度的自由，我们自然应当约束其他人，必要时还可以强制执行，不许他们剥夺任何人的最低限度

① 刘清平：《“义政”和“善政”的统一——先秦墨家视域下的政治发展概念》，《人文杂志》2021 年第 8 期。

自由。”① 对此有必要补充的是：第一，假如伯林从开始起就这样把“我可以在什么范围内免于别人干涉”的个人自由边界问题与“我可以在什么范围内干涉别人行为”的管控自由边界问题放在一起考察，而不是用某些绕来绕去的表述遮蔽了焦点，事情或许就不至于混乱到难以收拾的地步了；第二，不可害人—尊重权益的正义底线旨在维系的并非西方学界常说的充满误导性的“最低限度的个人自由”，而是一切符合这条底线的个人自由，因此可以说涵盖了坑人害人的不义行为之外十分广阔的行为空间；第三，按照这条正义底线，“私人生活领域（私域）”与“公共权威领域（公域）”的区分同样带有误导性，模糊了关键的一点：违反正义的行为即便发生在“私域”，任何人都有权制止；符合正义的行为哪怕发生在“公域”，也没有人可以干涉。举例来说，夫妻关系的大多数内容无疑属于隐私范畴，可一旦发生了违反正义底线的家暴事件，它立刻就成了公权力有理由积极干预的公共领域了；相比之下，倒是拿所谓的隐私权当借口掩盖家暴的做法，突破了个人自由和管控自由的边界，属于应当受到谴责和惩罚的不义举动。在这个意思上说，“私权（益）”与“公权（力）”的区分似乎要比“私域”与“公域”的区分更精准一些。

综上所述，由于未能围绕自由概念的核心语义打好实然基础，伯林在讨论消极自由的问题时，已经制造了一些模糊混乱，既没有看到它同时包含的趋于值得意欲之好的积极自由因素，也没有强调其要害在于个人自由与管控自由的共享边界，结果不仅自己陷入了“因为没想清楚，所以说不清楚”的窘境，同时也将后世研究者引入了歧途，从而再次证明了一条浅显的道理：尤其对于学者来说，话应当说清楚，不然不如不说。毕竟，以己昏昏是很难使人昭昭的。②

三　自我主导与管控他人的微妙区别

不幸的是，在伯林那里，说不清楚的理论混乱并没有止步于消极自由问题，还绵延到了积极自由的问题上，并且变得更严重了。

第二节分析消极自由问题的第三个混乱时业已提到，积极自由问题的最

① 〔英〕以赛亚·伯林：《自由论》，胡传胜译，译林出版社，2003，第194～195页。

② 刘清平：《维特根斯坦前期哲学中的事实与价值悖论》，《南国学术》2021年第2期。

初表述“什么或谁才是决定某个人做什么的管控来源”存在主体不明、焦点不清的缺陷，因为它在实质意蕴和语法结构上更类似于“政府在什么范围内干涉我”的问题，强调的不是“我”想要自由地趋于值得意欲之好的积极因素，而是“什么或谁”可以自由地管控“我”的积极因素。特别是伯林辨析积极自由含意的另一段话——“如果我们试图回答的问题是‘谁统治我’或‘谁告诉我要成为或做什么，不要成为或做什么’，不是‘我要自由地做或成为什么’，自由的积极含意就显现出来了”[①]，更是令人莫名其妙：何以“我要自由地做什么”不是以“我”为主体的积极自由问题，反倒像“谁统治我”或“谁告诉我要做什么”这类与“政府在什么范围内干涉我”差别不大的问题，才是以“我”为主体的积极自由问题呢？在后面的问题中，“我”岂不是恰恰受到了“谁”的统治，应当听命于“谁”，因而它们彰显的其实是“谁”统治或管控“我”的积极自由，而不是“我”作为主体从心所欲的积极自由吗？于是，诸如此类的言不及义就让积极自由问题变得更晦涩了，弄不清楚它的主体究竟是“我”呢，还是统治或管控我的“谁”？

诚然，伯林接下来讨论积极自由的问题时，就转而宣布它的主体是“我”而不是统治我的“谁”了。不过，他似乎还是没有察觉到自己表述上的模糊笼统，反倒又以笼统模糊的方式和盘托出了积极自由的多重内涵，结果让这个概念几乎沦为了一个大杂烩，差不多像他自己嘲笑过的“自由”一词一样“怎么解释都成”，从而生成了国内外学界至今依然难以厘清的诸多混乱。[②] 例如，在指出“‘自由’的‘积极’含意源自个人想要自我主导的意愿。我希望我的生活和决定取决于我自己，而不是取决于任何外界的力量”，并承认“自我主导的自由和不受别人阻碍地作出选择的自由表面上看是两个逻辑上相距不远的概念——只是同一件事的消极和积极言说方式”后，伯林接下来却改口强调，二者在历史上朝着不同的方向发展，最后甚至演变成了直接的冲突，集中表现在：如果人们首先把理性等因素看成占支配地位的“真实”自我，用它们约束欲情等“虚假”的自我，然后再将这类自我主导的单一意志强加在其他人身上，逼着其他人同样诉诸“为了大我放弃小我”的方式追求“更高”自由的话，这类打着“理性”“有机

① 〔英〕以塞亚·伯林：《自由论》，胡传胜译，译林出版社，2003，第199页。

② 马华灵：《积极自由的三副面孔》，《探索与争鸣》2019年第4期。

体”“正义”“平等”“幸福”“进步”等旗号的强制性管控，就会导致对其他人的欺凌和压迫，以致落入否定消极自由、造成人格分裂的悖论。[①] 下面我们就来一层层地辨析伯林这些颇受当前学界推崇的论述的模糊混乱之处。

首先，由于伯林在此赋予积极自由的核心语义是“我是自己的主人，不是任何人的奴隶”，自我主导的积极自由问题显然只能用他否决的“我要自由地做什么”的方式表述出来，却无法用他认可的那些方式表述出来：“什么或谁才是决定我做什么的管控来源”“谁统治我”“谁告诉我要做什么”，因为后面这些表述恰恰在某种程度上把“我”看成了“什么或谁”的奴隶，而没有强调自我主导的一面。事实上，在伯林赋予的其他内涵里，积极自由或者偏重于“我”的某些部分（如理性心灵）对于其他部分（如感性欲情）的管控干涉，或者偏重于理性主导的“我”对于未能实现理性主导的其他人的管控干涉，却看不出外在地管控或统治着“我”的“什么或谁”的蛛丝马迹。不错，我们也能把“我”的理性心灵等理解成这些表述指认的“什么或谁”，但这种理解又会遮蔽“我”作为拥有自由意志、能够自我主导的主体对于自己的所作所为理应承当的自主责任（伯林在《自由论》的其他文章里努力抗拒决定论的头号目的，正是要彰显这种源于自由意志的自主责任[②]），而把它抽象地归因于无主体的“理性”“有机体”“平等”“幸福”“进步”等，反倒让“我”变得无责一身轻了。无须细说，这种误导在理论和现实中会造成比言不及义严重得多的负面后果。

其次，伯林指认了积极自由问题的“自我主导”内涵后，虽然也承认它与消极自由问题的“免于干涉”内涵在逻辑上的两位一体，但接着又继续坚持它与消极自由问题的“明显不同”，尤其在历史上是朝着另一个方向发展的，结果再次割断了两个问题在政治领域的内在关联，并让这种关联原本具有的“个人自由与管控自由的边界何在”的核心意蕴以及私权与公权的关系问题也变得隐而不显了。事实上，在围绕积极自由问题展开的长篇讨论中，伯林的注意力几乎没有指向“我如何免于别人干涉地实现自我主导”的问题，而是首先指向了“我如何通过自我主导实现自我管控”的

---

① 〔英〕以赛亚·伯林：《自由论》，胡传胜译，译林出版社，2003，第200～204页。

② 刘清平：《在屈从中自败的自由意志——伯林自由观的悖论解析》，《同济大学学报》（社会科学版）2017年第5期。

问题，结果陷入了理论自败：自我主导下的自我管控无论诉诸怎样的伦理德性，在不涉及人伦关系的时候都是个人修养的“私域”之事，与政治层面的“公域”没有实质性的关联；所以，倘若有人硬要强行干涉我在伦理德性方面自我主导的个人修养，就有可能突破不可害人的正义底线，凭借他的管控自由侵害了我的个人自由。

以伯林抨击的“理性解放的积极学说”为例：倘若我在理性心灵的指导下成功地管控了我的感性欲情，只做理性心灵意欲去做的事情，甚至以理性的名义压制了我的想象力和癖好试图追求的种种非理性因素，迫使它们为理性心灵的要求让路，那么，即便这种理性主导的积极自由的确让我退隐到了内心城堡里，甚至产生了“无法拥有的东西就不必意欲”的“酸葡萄心理”①，其他人尽管有理由对我提出忠告或建议，却依然没有正当的理由强制性地管控我的自主选择，甚至没有正当的理由谴责我滑向了禁欲的深渊。原因很简单：这是我自己喜欢吃的酸葡萄，没有侵犯其他人的应得权益。不管怎样，考虑到伯林曾明确指出“正义要求每个人都有资格拥有最低限度的自由”，他在此试图干预人们在个人修养方面的最低限度自由，的确有点出人意料。

最后，在讨论了积极自由问题的个人修养一面后，伯林又讨论了“我”凭借“公共参与”的积极自由途径，将自己的自我主导方式强加给其他人的另一面。他指出，主张“自由在于理性主导”的人们往往认为，这种用“真实”自我压倒“虚假”自我的理性主导同样适用于其他社会成员，因此要求他们也以这种方式实现理性主导的自我管控，乃至“为了社会本身的好处”把自己用理性智慧构思出来的计划强加给全社会，让人们在付出不幸和死亡的代价后，提升到一个据说没有这种强制就不可能达到的新高度。② 从某种意思上说，伯林开始时一方面以“某个人或某群人”作为消极自由问题的主语，另一方面又以“什么或谁”作为积极自由问题的主语，或许就是想为这种特定的语境埋下伏笔：就像“我”自己的理性心灵能够作为“什么或谁”统治或管控“我”一样，“我”也能作为“什么或谁”统治或管控“我”身处其中的“某群人”，两者都属于“自我主导下的管控

① 〔英〕以赛亚·伯林：《自由论》，胡传胜译，译林出版社，2003，第209~215、225页。

② 〔英〕以赛亚·伯林：《自由论》，胡传胜译，译林出版社，2003，第214~215、221~222页。

干涉”，却没有察觉到这种对于“个体”与“群体”不加辨析的牵强附会，有可能把一个简单的问题复杂化到了剪不断理还乱的地步。[①]

毋庸讳言，与个人修养的一面不同，积极自由问题的这一面的确有着鲜明的政治含意，并且与同样具有政治含意的消极自由问题有所不同，其彰显的不是“我如何免于别人的强制性干涉”，而是“我如何趋于强制性地干涉别人”——用伯林自己的话说就是：主张消极自由的人“想要约束的是权威本身”，主张自我主导的积极自由的人则“想要把权威握在自己手里”。[②] 然而，恰恰由于这一点，它的要害依然在于前面指出的“个人自由与管控自由的共享边界在哪里”，并且因此还与“我如何免于别人的强制性干涉”的问题构成了一枚硬币的两面，而不在于伯林言不及义地表述的“什么或谁才是决定我做什么的管控来源”“谁统治我”“谁告诉我要做什么”等——用他自己转述的贡斯当的话说就是：“主要的问题不是谁来行使权威，而是无论谁来行使权威应当有多大。”[③] 同时可以指出的是，在现代社会里，个人自由与管控自由的主体的确不像古代社会那样，分别属于被管控者（被统治者）与管控者（统治者）两个阶层，而是有可能会聚在同一个“我”身上，因为每个成员在作为被管控者的同时，也可以作为管控者对其他成员行使管控自由，就像普通人举报官员腐败那样。于是，在这样的澄清后，我们就有理由肯定：伯林针对这类自我主导的强制性管控展开的激烈抨击，的确依据他自己也提到的“自由只以不伤害他人为界限”的正义标准[④]，这揭示了西方历史上某些打着“理性”“有机体”“平等”“幸福”“进步”等旗号坑人害人的不义现象。事实上，正是这些洞见，赋予了他的两种自由概念理论独树一帜的深刻内涵，使之成为 20 世纪后半叶政治哲学热烈讨论的焦点之一。[⑤]

但很不幸，在这个最有原创性的问题上，伯林依然没能逃脱由于模糊混乱而陷入自败的理论宿命。尽管其已经引入了“自由只以不伤害他人为界限”的正义标准，但他还是反复表达了自由边界难以划定的苦恼焦虑，似乎

---

① 〔意〕Ian Carter：《积极自由和消极自由》，侯学宾译，《法理学论丛》2016 年第 9 卷。
② 〔英〕以塞亚·伯林：《自由论》，胡传胜译，译林出版社，2003，第 239 页。
③ 〔英〕以塞亚·伯林：《自由论》，胡传胜译，译林出版社，2003，第 236 页。
④ 〔英〕以塞亚·伯林：《自由论》，胡传胜译，译林出版社，2003，第 233 ~ 234 页。
⑤ 王建勋：《“积极自由（权利）”的迷思》，《交大法学》2013 年第 2 期。

不知道答案就在手边：只要守住了不可害人这条不可突破的底线，无论自我主导的个人自由，还是强制他人的管控自由，就都是正义的。结果，他几乎把满腔怒火全都发泄到了“理性”“有机体”“平等”“幸福”“进步”这些堂皇的旗号上，却不仅在某种程度上遗忘了“我”作为管控自由的主体为此理应承担的自主责任，而且遗忘了坑人害人这个无论个人自由还是管控自由都应当全力防止的不可接受之恶，最终严重偏离了正义的底线。这一点尤其表现在：虽然伯林也曾指出“正义要求每个人都有资格拥有最低限度的自由”，他接下来依然稀里糊涂地将“正义”与“理性”“有机体”“平等”“幸福”“进步”等因素并列，说成是造成了强制他人这种“不义”现象的重要根源，却没有意识到，倘若真正守住了不可害人的正义底线，无论自我主导的个人自由，还是强制他人的管控自由，都不会走向不义。就此而言，伯林两种自由概念理论的最深刻之处，同时也可以说是它的最糊涂之处。

四 一元主义与多元主义的反差对立

伯林在富于原创性地讨论了政治层面上被他说成积极自由实际上是管控自由的问题后，又将其中的模糊混乱延展到了一元与多元的关系问题上，不分青红皂白地宣称一元主义理念就是导致不义专制的终极根源，结果遮蔽了“不可害人”作为一元主义正义底线的至上地位，非但没法清晰地回答“个人自由与管控自由的边界究竟何在”的要害问题，同时也导致他倡导的“价值多元主义”潜含着默许突破这条正义底线的不义行为的隐秘契机，因而可以说这构成了他的两种自由概念理论的致命缺陷。

应当承认，伯林批判的许多一元主义理念，在现实生活中付诸实施时的确会走向不义专制。例如，想要操纵其他社会成员的人主张，“只有我的目的才是终极而神圣的”；相信“自由在于理性主导”的思想家认为，各种道德和政治问题“必定有一个并且只有一个”真正的理性答案；某些“以正义为事业”的自由派“不承认人们基本需要的多样性”；等等。[①] 不过，在由此出发指责“康德及其同类型的理性主义者并不认为所有目的都有同

① 〔英〕以塞亚·伯林：《自由论》，胡传胜译，译林出版社，2003，第207、216、235页。

等价值”的时候[①]，他似乎就偏离正道而步入歧途了。问题在于，尽管人们的基本需要无可置疑的是多种多样的，并作为人生在世的原初起点赋予了人们的各种目的丰富多彩的价值内涵[②]，我们却没有理由在实然或应然的意思上宣称，所有这些目的都有同等的价值，乃至以相对主义的口吻断言“目的无高低”。情况恰恰相反：人们在现实生活中面临各种价值的抵触冲突时，势必会分别赋予这些目的高低不同的实质性权重；否则的话，他们就无法基于自由意志、按照人性逻辑作出取主舍次、行对拒错的自决选择，展开自己的人生轨迹，实现自己的人生目的。简言之，要是人生的所有目的都有同等价值的话，人生在世也就等于没有目的可言了。

尤为反讽的是，伯林可以说是20世纪最看重价值冲突以及自决选择的一位西方思想家，不像某些富于浪漫幻想的哲人那样，试图从和谐完美的理想状态或子虚乌有的无知之幕中寻找自由和权益理论的基础。在《导论》里为两种自由概念理论辩护的时候，他精辟地指出：“他们无法逃辟选择的一个更核心的理由（这个理由在日常的意义上是概念性的，而不是经验性的）在于，目的是相互冲撞的，人不可能拥有一切事物。由此可以得出的结论是，那种有关所有价值都无须失去或放弃、所有理性意愿都能真正满足的理想生活的经典观念，不仅是乌托邦式的，而且是自相矛盾的。于是，选择的需要，亦即为了某些终极价值牺牲另一些终极价值的需要，就成为人类困境的一个永久特征。”而在此之前概括自己的立场时，他甚至还声称：“一个人的消极自由的范围取决于有什么门和多少门向他敞开，敞开的前景和程度如何。这个公式不可推进得太远，因为并非所有的门都有同等的重要性。”[③] 撇开其中将消极自由的范围归结于选择的机会而不是防止不可接受之恶的误导之处不谈，伯林显然清醒地意识到，处在各种目的或价值相互冲突的现实场景中，人们不可避免地要为了实现某些价值放弃另一些价值，从而分别赋予它们不同的重要性；否则的话，假如他们真的坚持“价值无优劣”的相对主义态度，只会像布里丹之驴那样，面对两堆等质等量等距离的干草不知道如何取舍，最终在束手无措、无所适从中活活饿死。

---

① 〔英〕以塞亚·伯林：《自由论》，胡传胜译，译林出版社，2003，第225页。

② 刘清平：《人是有需要的存在者——人生哲学的第一命题》，《南京社会科学》2021年第3期。

③ 〔英〕以塞亚·伯林：《自由论》，胡传胜译，译林出版社，2003，第49、46页。

然而，正是伯林精辟揭示的这种在冲突中作出选择的内在机制，决定了他倡导的多元主义的荒诞无稽：按照多元主义理念，由于若干不同目的都同等具有终极性的“元”，即便在冲突情况下，人们也不得不采取“所有价值都不可失去或放弃”的态度，将它们统统视为神圣不可侵犯的东西保留下来，而不可为了某个“元”牺牲其他“元”，否则就会堕入偏激独断的一元主义了。可是，按照伯林自己揭示的上述机制，这样的多元主义理念，无论叫作价值多元主义还是自由多元主义、文化多元主义还是多元文化主义，面对冲突时都会落入布里丹之驴的困境，实践中根本行不通：假如不可兼得的若干价值都有同等神圣的终极价值，人们岂非只能在束手无措中无所适从，不知道如何取舍？相比之下，只有按照一元主义理念展开权衡比较，为了某个终极性的“元”不惜放弃其他那些非终极的“元”，人们才能在无可规避的现实冲突中，找到一条虽然属于“艰难痛苦的选择”，但毕竟能够摆脱“两难”局面的可行出路。

从这个角度看，伯林批判的那些造成了不义结局的一元主义理念，其实质就是把自己认同的某种终极性价值（如“理性”“有机体”“平等”“幸福”“进步”等）凌驾于不可害人的正义底线上，要求人们为了前者放弃后者，以致不惜违反正义。有鉴于此，根本否定这类一元主义理念的唯一可行途径，只能是针锋相对地坚持以这条正义底线为内容的一元主义理念亦即“正义一元主义”，要求人们在出现冲突的所有情况下，都必须放弃其他那些看起来神圣不可侵犯的价值目的，无条件地遵守不可害人这条唯一的正义底线，谴责和惩罚各种坑人害人的行为。然而，伯林在富于原创性地揭示某些一元主义理念走向不义专制的同时，却矫枉过正到了因噎废食的地步，居然连正义底线自身的一元主义终极地位也一并否定了，结果通过倡导价值多元主义，陷入了自我坎限的深度悖论。也是在这个意思上说，价值多元主义的致命伤，不在于它只能用一元主义的独断方式坚持自己理念的方法论自相矛盾，因此在逻辑上说不通（它原本应当把一元主义也当成多元之一纳入自身，却由于将“多元”视为“主义”的悖论，而不得不采取一元主义的独断态度，把与自己对立的那些一元主义理念排斥在自身之外①），而首先在于其规范性立场

① 邓晓芒：《伯林自由观批判》，《社会科学论坛》2005年第10期。

的实质性自相矛盾，因此在实践中会自败：由于否定了正义底线的一元主义终极地位，将其仅仅当成多元之一，价值多元主义会自觉不自觉地允许人们在冲突中为了维护其他“元”不惜放弃不可害人的正义底线，以致容忍坑人害人的不义行为。

例如，就像其他多元主义者一样，伯林也以对于“同等终极的价值”持有“宽容”的价值多元主义态度为傲，甚至主张它是文明人区别于野蛮人的特征，认为一元主义总是粗鲁地采取清除对立诉求的不宽容手段解决问题。[①] 不过，他似乎没有意识到，如同他批判的那些一元主义理念一样，这类貌似高尚的多元宽容也有可能打着“文明”“人道”的旗号，连某些违反了正义底线的不义行为也一并宽容了。无论如何，在称赞了多元主义的“人道”后，伯林紧接着就承认：“人们最终还是会在众多终极价值之间做出选择的。”[②] 有鉴于此，倘若取消了正义底线的一元主义终极地位，仅仅在多元主义架构里把它当成与其他“终极”价值平起平坐的一个“元”，我们如何确保人们在现实冲突中不会为了“理性”“有机体”“平等”“幸福”“进步”“宽容”“文明”“人道”这类“终极性”的“元”，否定不可害人的正义底线之“元”，以致落入坑人害人的不义结局呢？

相比之下，倘若扬弃了“最低限度的个人自由”的误导性说法，我们反倒会看到：并非价值多元主义或任何多元主义，而是只有正义一元主义才能在不可害人这条唯一的终极性底线上，充分肯定多样性价值的丰富性和生命力，因为它以独断态度否定的仅仅是坑人害人的不义行为，却对这条边界之外的广阔空间里存在的所有价值统统采取承认和尊重的宽容立场。换言之，正义一元主义对于坑人害人的不义行为一点也不宽容，而是坚定地加以拒斥，但对于除此之外的其他一切行为则毫无例外地持有宽容的态度：只要没有坑人害人，怎样都行。就此而言，正义一元主义与各种多元主义的实质性分水岭，当然不在于宽容还是不宽容人生在世的多样性价值，而仅仅在于在怎样的终极性底线上宽容怎样的多样性价值：各种多元主义都有可能宽容坑人害人的不义行为，却对不可害人的正义价值抱有不宽容的独断态度；唯有正义一元主义才会在绝不宽容坑人害人的不义行为的独

---

① 〔英〕以塞亚·伯林：《自由论》，胡传胜译，译林出版社，2003，第56、244～246页。

② 〔英〕以塞亚·伯林：《自由论》，胡传胜译，译林出版社，2003，第245页。

断基础上，宽容其他一切多样性（而非多元化）的人生价值。[①]

毋庸讳言，在现实生活中，许多冲突往往发生在不同人们的应得权益之间。所以，在这类情况下，的确会出现让伯林感到痛苦甚至恼火的“边界究竟划在哪里”的难题。事实上，在指出“并非所有的门都有同等重要性”后，他紧接着就以“众门无高低”加上“机会最大化”的折中口吻声称：“如何在任何一个具体的情境中使机会最大化，这的确是个折磨人的问题，无法用任何一种固定的规则来解决。……在终极价值无法调和的情况下，从原则上说，是不可能发现快捷的解决方法的。”[②] 然而，我们显然没有理由因此就在无奈之际采取八面玲珑的圆融态度，将不可害人的正义底线抛到九霄云外，却遗忘了下面这个无论在逻辑中还是在实践中都能够并且可以贯彻到底的一元主义理念：即便在“同等绝对、不可通约的价值冲突”中，我们也应当始终坚持这条足以为包括个人自由和管控自由在内的所有自由划定边界的正义底线，不然就会用貌似宽容的“多元”否定了最低限度的“自由”，结果让所谓的“自由—多元主义”同样掉进自我坎限的坑里。

综上所述，伯林的两种自由概念理论虽然的确揭示了某些一元主义理念的专制弊端，从而作出了不容抹杀的原创性贡献，但由于在消极自由和积极自由的概念界定上存在种种模糊混乱之处，他在试图用消极自由矫正积极自由、用多元主义消解一元主义的过程中，始终找不到几乎是明摆在那里的清晰答案，反倒流露出凭借多元主义的无原则包容取消一元主义正义底线的扭曲倾向，而没有察觉到这种逻辑不自洽的严重失误会让他倡导的价值多元主义在实践中走向纵容不义的自败深渊。考虑到由于这种价值多元主义的推波助澜，21 世纪西方的均等主义思潮正在越来越明显地陷入某些具有黑色幽默意味的深度悖论，我们今天尤其有必要揭示伯林在这个问题上的致命失误，在拨乱反正中真正树立不可害人的正义底线作为一元主义理念的终极地位。

---

① 刘清平：《道德相对性与道德相对主义的张力——从实然与应然的互动视角看》，《湖北大学学报》（哲学社会科学版）2022 年第 1 期。

② 〔英〕以塞亚・伯林：《自由论》，胡传胜译，译林出版社，2003，第 46 ~ 47 页。

罗尔斯正义理论的转向：政治哲学的视角

吴秀莲[*]

（华中师范大学马克思主义学院，武汉）

摘要：本文以罗尔斯的两本政治哲学著作《正义论》和《政治自由主义》为基础，梳理和阐述罗尔斯正义理论前后变化的具体表现和主要观点，分析转向的原因，并试图运用政治哲学的基本价值理念对这一转向进行评价，以图对罗尔斯的正义理论有更深入的了解。本文的基本结构大致分为三部分。第一部分，分析阐释《正义论》中正义对道德依赖的表现：一方面，在其理论主旨和倾向上，强调作为公平的正义，即强调对于弱势群体的倾斜与关照，以实现社会的公平正义；另一方面，从论证方法上，罗尔斯主要引用康德和亚里士多德的相关道德理论对其正义理论进行论证，表明其前期的正义理论是道德的正义。第二部分，《政治自由主义》中关于正义的政治性解释。通过前后对比的方法，阐述罗尔斯是如何重构其正义理论的，揭示道德地位的变化及其表现。第三部分，对罗尔斯正义理论转向的评价。本文承认罗尔斯正义理论的转化具有一定的现实合理性，同时指出让政治脱离道德的价值追求和道德证明，是有其重大的局限性的。这种局限性一方面与罗尔斯关于道德观念的理解，即罗尔斯将道德与道德的完备性学说相混淆有关；另一方面，本文从政治哲学的本质出发，坚持认为政治必须以正义为价值追求，这种正义不应该也不可能

* 吴秀莲，华中师范大学马克思主义学院哲学系副教授，华中师范大学政治学部政治哲学研究中心研究员，主要研究方向为伦理学原理、西方伦理学、政治哲学等。

完全排除道德的支撑。

关键词：罗尔斯；正义理论；道德；政治

何为政治哲学？政治哲学中政治与道德的关系如何？这既是一个历史问题，也是一个现代常新的问题。纵观西方政治哲学史，善与正义一直是政治学的终极价值追求，这一趋势从马基雅维利开始发生变化，政治开始脱离道德，朝一种单纯的管理科学和统治术发展。马基雅维利宣称，统治者为了达到政治治理的目的可以不择手段，这一转变在政治学上被称为“马基雅维利主义”。尽管如此，近代以降的政治学也并没有完全抛弃道德的价值旨归，以霍布斯、洛克的政治理论为代表的建立在社会契约论基础上的经典政治学，其最终目的都是实现人的自由，政治学仍然没有摆脱对道德的价值追求，并以此形成了现代西方社会的价值基础。政治学和政治哲学也以公平、正义作为其终极价值目标，从而带有浓厚的道德色彩。

正是在这一社会环境和文化氛围中，罗尔斯的《正义论》以“公平的正义”为其正义理论的内核，凸显了平等对于正义的基础性意义，从而使得其正义理论带有浓厚的道德色彩。罗尔斯的正义理论受到了来自社会各界的广泛关注和认可，也招致了众多的质疑和批评，由此，罗尔斯后期对其正义理论进行了修正，将道德的基础性地位从其正义理论中剔除，使得正义不再建立在道德，而是建立在政治的基础之上。罗尔斯正义理论的转向既表明了社会时代的变化，也再次印证着政治哲学内部政治与道德关系的争论与摇摆。由罗尔斯的转向所引发的关于政治哲学本质的界定，以及由此所导致的关于政治与道德关系的讨论，在20世纪末与21世纪初也引发我国学界的广泛关注与讨论。罗尔斯的正义理论是如何建构起来的，又是如何实现从道德正义向政治正义的转化，如何看待和评价这种转化，是本文研究和讨论的核心内容。

一 《正义论》中正义对道德的依赖

罗尔斯前期的正义理论对道德的依赖，首先表现为其正义理论对平等的强调，罗尔斯将自己的正义理论命名为“作为公平的正义”，强调对弱势群体的倾斜从而实现整个社会的相对公平。其次，罗尔斯对其正义理论的论证也主要诉诸康德和亚里士多德等经典的道德理论和道德学说，从而使得罗尔斯前期的正义理论具有浓厚的道德意味。

（一） 作为公平的正义

作为现代正义理论的重要阐述者之一，罗尔斯的正义理论的显著特征就在于强调公平即正义。与诺齐克强调权利即正义不同，罗尔斯的正义理论被称为“作为公平的正义”。罗尔斯所谓的公平，就是要对处于不利地位的人们即弱势群体给予相应的帮助，从而实现整个社会的相对平等，并将这一正义理念落实到社会的基本结构和制度安排以及各种具体的社会实施方面。为了突出这一观点，罗尔斯开篇就以“作为公平的正义”为标题，概括全书的主旨与核心，并通过理论设想—制度安排—目的阐述的结构安排，对这一观点进行反复的论证和说明。

在理论层面，罗尔斯首先通过原初契约和无知之幕的设置，论证了人们选择“作为公平的正义”这一政治原则的必然性和必要性。为了论证这一观点，罗尔斯采用了原初状态的假设和无知之幕的思想实验。他假定在原初状态下，没有人知道他在社会中的地位，不知道他在先天的资质、能力、智力、体力等方面的运气，也不知道他特定的善观念或他的特殊的心理倾向，甚至也不知道社会的经济政治状况，以及所达到的文明和文化水平。[①] 在作出这些假定之后，罗尔斯宣称：“正义原则是在一种无知之幕后被选择的。”[②] 为什么要设置无知之幕而不是让人们在现实生活中、在知晓一切现实条件下作出真实的选择呢？罗尔斯的解释是，这可以保证任何人在原则的选择中都不会因自然的机遇或者社会环境中的偶然因素得益或受害，从而保证正义的原则是“一种公平的协议或契约的结果”。[③]

人们在无知之幕后所选择的正义原则有何优势，原初状态的人们为什么一定会选择罗尔斯的两个正义原则，而不是功利主义的原则作为整个社会的基本原则呢？为此罗尔斯通过与功利主义的原则进行比较，论证了人

① 〔美〕约翰·罗尔斯：《正义论》，何怀宏等译，中国社会科学出版社，1988，第131页。
② 〔美〕约翰·罗尔斯：《正义论》，何怀宏等译，中国社会科学出版社，1988，第10页。
③ 〔美〕约翰·罗尔斯：《正义论》，何怀宏等译，中国社会科学出版社，1988，第10页。

们选择正义原则的必然性和合理性。罗尔斯指出，功利主义允许为了一部分人的较大利益或者整体利益的较大净余额而牺牲另一部分人的平等权利和自由。而原初状态下的每一个人之所以加入契约，目的就是维护自己的自由和权利，能够获得比在自然状态下独自生活所更好、更便利的生活。功利主义的原则与人们的初衷相违背，从而是不被选择的。罗尔斯所倡导的两个正义原则，即平等原则和差别原则，不仅拒绝为了一部分人的较大利益牺牲另一部分人的平等权利，而且要使每一个人包括处境较差的人的生活变得更好，从而必然会被人们所选择。正是由于正义原则强调平等，尤其强调对处于不利地位群体的更多的关照，从而成为原初契约中人们的必然选择；而功利主义则忽视甚至否定平等的基础性地位，从而必然不会被人们所接受，哪怕是平均功利主义也是如此。

罗尔斯“作为公平的正义”原则的具体内容是什么，作为其核心，平等在现实社会中是如何体现的呢？紧接着，罗尔斯在《正义论》第二章，通过两个正义原则和两个优先原则详细阐述了正义原则的基本内容与特征，并在第四章和第五章分别阐述了正义原则在社会政治制度和经济制度方面的贯彻与体现。第一原则强调的是：每一个社会成员对社会所能提供的基本的自由权利的享有是一律平等的，所以又称为“平等原则”。罗尔斯所列举的基本自由主要包括政治的、思想的、良心的和机会方面的自由和权利，以及西方社会所普遍公认的财产的自由和权利，还包括宪法和法律所赋予公民的人格尊严方面的自由和权利。这些基本的自由是全体公民平等享有，而不容任何不正当的理由加以剥夺的。如果说第一原则主要适用于社会基本自由的话，那么第二原则主要适用于收入和财富的分配，以及那些不能在社会中被普及的权力地位及机会（比如由于各方面条件的限制，只有部分社会成员能够接受大学教育），以及有些职位只能被部分人占有的情况，由于无法平等分配，而可能导致差异甚至不平等。对于这些不能平等享有的权利和自由，罗尔斯主张以正义的第二原则（第二原则又包含两个原则，即差别原则和机会平等原则）来弥补由客观原因而导致的天然的不平等，从而降低不平等的发生概率，使结果尽量趋向于平等，因为完全的平等是不可能实现的。

为了尽量减少现实中的不平等，尽可能实现公平平等，罗尔斯还在两

个正义原则之间进行了排序，提出了“两个优先原则”。[①] 第一个优先原则即基本的政治自由对社会经济和效益的优先。为此，罗尔斯强调：第一个正义原则以词典式词序优先于第二个原则，即公民对基本自由平等享有，优先于任何经济和社会效益的考虑，任何社会的或部分人的巨大经济效益也补偿不了公民对基本自由的享有。例如，如果让部分公民降身为奴，能够使得部分人甚至整个社会获得极大的便利和效益，也是不可以的，因为它违背了正义的第一个优先原则。第二个优先原则是指第二个正义原则中“机会的公平平等”优先于“差别原则”。这里的意思是说，所有社会基本善，包括自由和机会、收入和财富及自尊的基础，都应该被平等分配，如果不能平等，就必须有利于最不利者。言下之意，如果有些职位和机会固定的分配给某些社会成员或阶层，也许会产生更大的社会效益，但这些职位和机会首先必须公平地向所有社会成员开放，否则就是不正义的。只有在让所有成员都能平等享有这些机会的前提下，才能适用第二个原则，即差别原则。而差别原则的规定本身也是倾向于公平的，因为社会的和经济的平等的安排，应使得它被适合于每一个人的利益，最终的评价标准，就是要使处于社会最不利地位的人获得最大利益。只有这样，整个社会才能获得最大利益而不损害任何一个人的利益，从而是最公平的。这个方法颇类似于让一个小女孩分蛋糕的游戏规则，只有让其成为最后一个拿蛋糕的人，这个游戏才是最公平的。

罗尔斯不仅从理论和制度安排的层面阐述了作为公平的正义的含义和表现，而且引用西方国家所普遍采用的累进税、遗产税制，以及在学校教育方面的政策倾斜等政治实践，来论证其正义原则的科学性和合理性。

（二）对具体道德理论的依赖

罗尔斯通过对两个正义原则和两个优先原则的强调，使其“作为公平的正义”在内容上具有强烈的道德色彩，而且其对正义理论的论证也是高度道德化的，主要通过援引康德、亚里士多德等的经典的道德理论对其正义理论进行论证。

---

① 〔美〕约翰·罗尔斯：《正义论》，何怀宏等译，中国社会科学出版社，1988，第302~303页。

尽管对功利主义的批判有所保留①，但从总体上看，罗尔斯的正义论及其论证仍然是偏康德式的，或者说是在康德道德理论的基础上融入了功利主义的部分元素。作为康德道义论的继承者，罗尔斯首先采用了康德的"人是目的"及人的主体性等基本的道德观点，来论证其正义理论中"平等"的正当性。在《正义论》中，罗尔斯公开承认："存在着一种对派生出平等自由原则的正义观的康德式解释……这个解释建立在康德的自律概念上。"② 在《正义论》第77节"平等的基础"中，罗尔斯在论证自由的优先性时提出：为什么要给处于不利地位人平等的公民权，并给予他们最惠者待遇呢？罗尔斯明确表示："道德人格是使一个人成为权利主体的充足条件是一个带根本性的问题。"③ 意思是：只要一个人拥有基本的道德人格，就应该赋予其作为道德主体的权利，这对于罗尔斯的正义理论的建立具有基础性意义。并且这种道德人格所赋予人的主体地位，不能因其践行道德的实际能力而有所增减，"尽管一些个人可能具有参差不齐的正义感能力，这一事实也不是剥夺具有较低能力的人享受充分正义保护的权利的理由。只要能达到最低程度，一个人就有权获得同其他任何人同等的平等自由"。④ 例如，一个智力或身体残疾的人或者婴儿，并不具有履行相应的道德义务的能力，但并不能由此而剥夺其作为平等主体的权利和自由，否则就会使公正的制度面临巨大的危险。因为造成人们履行道德能力失败的是不公正的社会环境或偶然因素，正如由于同样因素的"所得"不是道德上的"应得"一样。

至于人们要问：一个不具有道德能力、不能正常履行道德义务的人，为什么要将其当作目的，赋予其平等的道德主体地位？对于这一点，罗尔斯同样采用了康德式的回答——绝对命令。罗尔斯明确宣称："正义原则也是康德意义上的绝对命令。……按照正义原则行动也就是按照绝对命令行

① 比如罗尔斯原初契约中的人是追求自身利益最大化的理性的人；又如罗尔斯对其正义理论稳定性的论证也部分运用了人们趋利化的人性现实，以及在对人的审慎的合理生活计划的论述中，还用到了功利主义的计算方法。

② 〔美〕约翰·罗尔斯：《正义论》，何怀宏等译，中国社会科学出版社，1988，第241页。

③ 〔美〕约翰·罗尔斯：《正义论》，何怀宏等译，中国社会科学出版社，1988，第495页。

④ 〔美〕约翰·罗尔斯：《正义论》，何怀宏等译，中国社会科学出版社，1988，第495页。

动。”[①] 无条件地将人当作目的王国的成员，而不是像功利主义那样，仅仅根据其所产生的社会效益和功利来衡量其价值，这是罗尔斯正义原则区别于功利主义原则最重要的标志，也使得罗尔斯的正义理论带上了浓厚的康德色彩，具有了深厚的道德根基。

正是因为罗尔斯无条件地把人当作目的，而不仅仅是手段（这同时也赋予了人的“自尊”一种基础性的地位），自尊成为一种“基本善”。罗尔斯指出，两个正义原则公开给予人们的自尊以较大的支持，并通过平等自由和差别原则，“每个人的利益都被包括在一种互惠互利的结构中，这种在人人努力的制度中的公开肯定支持着人们的自尊”[②]，保证了人们的自我价值感。功利原则更强调同情和仁爱，要求某些人为了整体的较大利益而保持自己对整个生活过程的较低期望，并为了比自己利益更宽泛的利益作出牺牲。这种把一部分人当作另一部分人或社会整体手段的做法，既否定人作为目的的主体地位，又不利于人们的自尊和互尊，从而既是不现实的，又是不合乎道德的。

自尊作为一种基本善，这不仅是康德道德观点的逻辑结论，也是自亚里士多德以来西方道德哲学的基本共识。罗尔斯不仅以康德的理论为自己的正义理论奠基，而且援引亚里士多德主义原则来论证正义原则的合理性。罗尔斯详细论述了亚里士多德主义原则：“如其它条件相同，人们总是以运用他们已经获得的能力为享受，能力越是得到实现，或所实现的能力越是复杂，这种快乐就越增加”[③]，“人们做某些事情越熟练，从中获得的快乐就越大，在两件他们能做得同样好的活动中，他们更愿选择需要做更复杂和微妙的分辨力的活动”。[④] 亚里士多德主义原则将“自我实现”和“自我完善”作为人的重要使命和人的某种德性，是古希腊哲学目的论世界观和对德性功能性定义在人性中的反映。亚里士多德主义原则不仅重视和承认人的自尊，而且会尊重并期望他人同样的自我实现，从而使得亚里士多德的理论带有较强的理想主义的色彩，也被称为完善性的道德学说。

---

① 〔美〕约翰·罗尔斯：《正义论》，何怀宏等译，中国社会科学出版社，1988，第243～244页。

② 〔美〕约翰·罗尔斯：《正义论》，何怀宏等译，中国社会科学出版社，1988，第171页。

③ 〔美〕约翰·罗尔斯：《正义论》，何怀宏等译，中国社会科学出版社，1988，第413页。

④ 〔美〕约翰·罗尔斯：《正义论》，何怀宏等译，中国社会科学出版社，1988，第413页。

总之，无论是就内容还是对正义原则的论证，罗尔斯早期的正义理论充分展示并延续了西方政治学自古希腊以来的善治的根本宗旨，从而具有浓厚的道德色彩。在《正义论》中，罗尔斯依赖道德来论述其正义理论，在学界引起了很大的反响，受到了来自诺奇克、桑德尔以及麦金太尔等人的批判。

这些批判有对其理论观点的批判，也有对其论证方法的批判。其中，诺奇克对罗尔斯正义理论中的平等主义思想进行了抨击，其认为罗尔斯基于结果与目的的不平等，对富人征高税从而补贴穷人的想法，违反了程序正义的基本原则①，是对富人正当权益的侵犯，是一种典型的“杀富济贫”的行为，其对罗尔斯所主张的福利国家的相关理论和实践也提出了反对意见。诺齐克也批评了罗尔斯关于“天赋的应得”的观点。针对罗尔斯所主张的“人们由于较好的出身和较高的社会地位所带来的所得不是道德上的应得”，诺齐克则认为只要不侵犯到任何别人的（洛克）权利，那么，人们不管是对其自然资质，还是对来自其自然资质的东西的占有都是有权利的。不管这种自然资质从道德的观点看是不是任意的。② 诺奇克主张自由对平等的优先性，强调个人权利不可侵犯。德沃金也认为罗尔斯的差异原则只关心社会地位低的群体，而忽略了其他群体的利益需求，从根本上来说是不公平的，更谈不上正义。德沃金着重对罗尔斯关于人们单一的理性选择的假设提出了批评，认为罗尔斯的契约论，不顾人性多样化的现实，是一种不切实际的幻想，从而其理论也不能在实际生活中得到论证。麦金太尔则对罗尔斯无知之幕的设置表示质疑，认为应将个人行为置于传统社会文化背景中。桑德尔也认为罗尔斯原初状态的设立是不合理的，甚至完全脱离了社会现实，其对原初状态的规定具有很大的抽象性和虚拟性。针对来自各方的批评，罗尔斯接受并回应了部分批评者的意见，并对自己的正义理论进行了相应修正，并着手重构其正义理论，从而形成了其后期重要著作《政治自由主义》。

---

① 在诺齐克看来，只要人们的财富遵循了正义的三原则，即持有的正义、转让的正义和矫正的正义，那么人们对财产的持有就是正义的。

② 参见〔美〕罗伯特·诺齐克《无政府、国家与乌托邦》，何怀宏等译，中国社会科学出版社，1991 年，第 228 页。

二 《政治自由主义》中正义的政治性解释

在谈到其写作意图时，罗尔斯明确指出："《政治自由主义》的一个主要目标，是想讨论秩序良好的公平正义的社会是如何通过一种政治的正义观念来获得理解的，而且，一旦它适合于理性多元论的事实，又是如何受一种政治的正义观念规导的。"① 在《政治自由主义》的写作过程中，罗尔斯时时不忘与《正义论》做参照，通过纠正和比较前期正义理论的不足，来阐述后期作为政治的正义理论。

比较《正义论》和《政治自由主义》两本书的基本框架与主要内容，可以看出，罗尔斯前后正义理论在核心理念、适用范围及其论证的框架方面基本保持一致，而在关于正义的理论基础、论证的方式和对实现正义的公民要求方面有较大变化。

（一）从道德的正义到政治的正义

从对正义理论的论证看，罗尔斯从前期的主要依赖道德的论证，转为到后期力图摆脱道德的基础性地位，将正义建立在政治的基础之上。在谈到写作意图时，罗尔斯明确指出："在《正义论》中，一种普遍范围的道德正义学说没有与一种严格的政治正义观念区别开来。在完备性的哲学学说、道德学说与限于政治领域的诸观念之间也未做任何对比。"② 由于现代社会不仅具有一种完备性宗教学说、哲学学说和道德学说之多元化特征，而且具有一种互不相容然而却又合乎理性的完备性学说之多元化特征，其中的任何一种完备性学说（包括道德完备性学说）都不能得到公民的普遍认肯，并且要特别警惕政治对任何一种完备性学说的依赖。由此，罗尔斯对其正义理论和建构方式进行了反思与重构，并明确表示：政治自由主义所关注的是一个政治的正义问题，而不是一个道德的至善问题③，强调道德哲学不再是政治自由主义普遍关注的问题。罗尔斯还进一步指出：如果说政治正

① 〔美〕约翰·罗尔斯：《政治自由主义》，万俊人译，译林出版社，2000，导论第 23 页。
② 〔美〕约翰·罗尔斯：《政治自由主义》，万俊人译，译林出版社，2000，导论第 3 页。
③ 〔美〕约翰·罗尔斯：《政治自由主义》，万俊人译，译林出版社，2000，导论第 12 页。

义的观念是一个道德观念的话，那它也是为一个特殊主题即政治制度、社会制度和经济制度所创造出来的道德观念。[①] 言下之意，不仅道德不能成为政治的基础，而且道德判断还参照一定社会的政治、经济和社会制度，尤其是立宪制度，道德不再是正义的判断标准，而且“善理念必须是切合政治的”。[②] 由此，道德的基础地位从罗尔斯正义理论中被剥除，正义不再建立在道德基础上，而是在面对社会多元的事实以及在公民理性基础上，达成一种重叠共识，实现一种政治基础上的正义。从而实现了从“道德建构主义”向“政治建构主义”的转向[③]，这也是罗尔斯后期以“政治自由主义”作为其理论标志和书名的主要原因所在。

（二） 对原初契约的修正

罗尔斯正义理论的转向，不仅体现在罗尔斯对其正义的理论基础的论证上，也体现在对其原初契约的修改和对理想公民的预设上，由此罗尔斯的正义理论从前期到后期发生了根本转向。为了实现这种转向，罗尔斯在方法论上对原初契约条件下“无知之幕”的设定及其单一理性选择进行了修正。

在《正义论》中，罗尔斯对达成契约的人们进行了“无知之幕”的设定，即参与原初契约的人处于无知之幕背后，他们对现实一切特殊事实都一无所知，而唯独知道他们的社会受着正义环境的制约，并且大家都有着同样的希望和追求，即喜欢较多的而非较少的基本社会善。为此，他们在原初状态下的选择也是基本相同的：“处在原初状态中的人们试图接受那些尽可能地促进他们的目标体系的原则。他们通过努力为自己赢得最高指标的基本社会善。”[④]

不仅如此，罗尔斯关于人性的假设还具有明显的统一的道德倾向：公民“个人被看作能够履行道德权利并担负道德义务的个人”，并认为他们都适合于“该学说所具体规定的每一种美德的所有动机的支配”。[⑤] 言下之意，

---

① 〔美〕约翰·罗尔斯：《政治自由主义》，万俊人译，译林出版社，2000，导论第 11 页。
② 〔美〕约翰·罗尔斯：《政治自由主义》，万俊人译，译林出版社，2000，导论第 7 页。
③ 罗尔斯等：《政治自由主义：批评与辩护》，万俊人等译，广东人民出版社，2003，第 9 页。
④ 〔美〕约翰·罗尔斯：《正义论》，何怀宏等译，中国社会科学出版社，2009，第 143 页。
⑤ 〔美〕约翰·罗尔斯：《政治自由主义》，万俊人译，译林出版社，2000，导论第 32 页。

在前期的正义理论中，公民个人都具有统一的道德属性，并且都接受了亚里士多德到康德的德性观念："各方既不想赠送利益也不想损害他人，他们不受爱或宿怨的推动。他们也不寻求相互亲密，既不妒忌也不虚荣。"① 从而原初契约中的选择也是单一的，每个人在追求自身利益最大化的同时，也会考虑他人的利益，会从最不利者的最大利益方面考虑问题。正如小女孩"分蛋糕"时，会尽力将蛋糕分割均匀，每一个人都不会冒很大风险，从而尽最大可能保持公平。为此，每个人都是一个天生公平的人，从而也必然会选择罗尔斯的正义原则，而不是其他。

在批评者看来，罗尔斯将所有人都设想成单一理性的人，这不仅否认了人性多元论，也忽视甚至否认了价值多元的社会事实。事实上，在现代多元的社会中，人们的价值选择是多元的而不是单一的，并不能排除个人为了某种特殊的爱好，而选择与众不同的方案或生活计划的可能性。比如，现代社会异性恋是大多数人的性取向和性选择，但并不能排除极少数人放弃异性恋而选择同性恋和同性婚姻的可能性。因此，罗尔斯关于人的单一理性的人性假设是过时的，也是武断的。

面对人们的批评，罗尔斯承认："这种合乎理性却又互不相容之完备性学说的多元性事实——即理性多元论事实——表明，在《正义论》中我所使用的公平正义之秩序良好社会的理念是不现实的。"② "因为它所依赖的是一种抽象的个人观念，其所运用的是一种个人主义的、非社会的人性理念。"③ 罗尔斯意识到：现代民主社会不仅具有一种完备性宗教学说、哲学学说和道德学说之多元化特征，而且有一种互不相容然却又合乎理性的诸完备性学说之多元化特征。为此，在后期的正义理论中，罗尔斯更多考虑了价值多元和文化多元的事实，兼顾各种道德的、宗教的观点之间的差异，并在此基础上，设定各方都能接受的社会基本结构，确定社会的制度和法律。因此，社会的基本结构不能只基于某一种道德的、宗教的完备性学说之上，而是在社会多元事实的基础上，依据人的公共理性进行选择，将正义理论的达成看成社会多元事实基础上所达成的重叠共识。

---

① 〔美〕约翰·罗尔斯：《正义论》，何怀宏等译，中国社会科学出版社，2009，第143页。

② 〔美〕约翰·罗尔斯：《政治自由主义》，万俊人译，译林出版社，2011，导论第4页。

③ 〔美〕约翰·罗尔斯：《政治自由主义》，万俊人译，译林出版社，2011，导论第17页。

（三）“理想公民”的提出

为了在多元事实社会条件下达成“重叠共识”，罗尔斯提出了“理想公民”的概念。根据罗尔斯的观点，要成为理想公民需要满足三个方面的要求：基本的道德能力、公共理性和必备的公民美德。

首先，在多元社会中的人们要达成重叠共识，需要具备两种基本的道德能力，即正义感和形成合理的善观念的能力，这一点与正义论是一致的。罗尔斯所谓的“合理”一方面包含合理的判断和推理的能力，另一方面也包含具有道德认同和公共认同的能力，以及履行社会公正义务的能力。而所谓的“合理的善观念”既要排除对人的完全利他主义假设，也不把人设想为极端自私自利的，而是为了自身的合理的利益，从而寻求公平互惠、正当合理的政治制度。为此也需要公民的社会正义感。公民基本的正义感既是正义理论达成的前提和基础，也是维护和保持正义制度稳定性的主观条件。需要注意的是这种正义感只能是基于宪法和法律的正义感，即公民的正义感是基于政治的正义，而不是某种道德或者宗教的正义感。在《政治自由主义》中，罗尔斯反复强调：政治的正义要警惕某种除了政治的正义之外的，出自某种共同体主义或者理想主义正义感的诱惑，因为无论是社群主义还是共同体主义，都假定了某种终极目的，并依据于某种完备性学说。而政治正义的理念是一种松散的、排除任何一种完备性学说的正义的理念，从而拒绝对某种完美理想和绝对真理的渴望，防止这种理想主义诱使人们产生更大更深的社会联合的理想。

其次，具有公民社会所必备的“公共理性”能力。所谓“理性能力”是指理性地判断、思考和推理的能力，这一点在《正义论》中更多地表现为公民对自己审慎的合理生活计划的选择上，而对公共事务的选择和考虑较少。无知之幕的设置，使得人们无法像在真实社会条件下那样有更多的选择与考虑，人们的审慎的合理性，仅仅表现为要获取个人的最大利益。而《政治自由主义》中的理想公民，不仅追求利益最大化，还要更多地关心公共事务，正如罗尔斯反复强调的那样，“个人被看作是自由而平等的公民，是享受着公民身份之政治权利和政治义务的现代民主社会的政治个人”。关注社会正义，是合格公民应具备的公共理性，这种公共理性就是现

代社会的公民所拥有的一种理性能力和理性气质。这种理性既包括认知，也包括行动中为了达到一定的目的而采取审慎且公正的方式和手段的气质与禀赋，罗尔斯称其为“最合适之正义观念”。公共理性适用于公民社会，具有公共性特征，而非仅仅考虑个人利益的、自私自利的狭隘的工具理性。因之，公共理性的两个基本特点是：第一，它对全体公民和社会的根本政治问题具有某种强制性；第二，它非但不限制个人的理性和各种社会组织如大学和教会的言论自由，相反，它把这些非公共的理性或市民社会的理性，看作现代民主社会建立公共理性所需要的条件与资源。

最后，“重叠共识”的达成，还需要具备必要的公民美德。面对价值多元的社会事实，具有公共理性的人们如何才能真的达成共识呢？如何处理公民自由与政治权威的关系？如何面对人们之间不同的价值选择呢？罗尔斯一方面求助于“公共信任”，另一方面要求公民具有宽容等政治美德。罗尔斯强调，当遇到政治权威和公民言论自由的冲突时，要树立社会全体公民对公共理性的“公共信任”——要让他们相信，公共理性不仅是社会政治理想和价值的最基本表达，也代表着他们自己最基本的政治理想和善观念。而面对不同的政治理论、社会观点，罗尔斯则强调，要承认与宽容各种观点（但不包括非理性和反理性的学说与观点），在承认各方观点基础上，达成宪法共识，宪法是重叠共识达成的政治基础。这一点与前期的正义理论是一样的。在其前期的正义理论中，罗尔斯也反复强调了正义原则的首要性，其他道德观念包括正义感的形成和善观念，都必须在正义制度和正义原则的条件下存在。作为现代公民社会基础的只能是政治文化，包括国体、政体、政治制度、组织结构等，而对各种道德的、宗教的完备性学说，只能采取理解同情和宽容的态度。因为各种完备性学说，包括宗教的、道德的完备性学说，都只能被看作现代社会的“背景文化”或“日常生活文化”，而不能是政治文化本身。并且公民美德也只能是政治正义的必要补充，而不是正义的基础。至此，道德的基础地位被从正义论中剔除出去，政治取而代之成为罗尔斯正义理论的合法基础。

三　对罗尔斯正义理论转向的评价

罗尔斯对其正义理论的修正，兼顾了现代社会价值多元的事实，将正义从人们的道德认同扩展为一种多元理性的重叠共识，将其正义理论从过度依赖道德，转向政治的正义，迎合了政治哲学的现代发展，同时也遭到人们的质疑与批评。关于这一转向的批评主要集中于两点：一是对罗尔斯关于道德理解的批评，认为罗尔斯将道德与完备性道德学说混为一谈；二是对罗尔斯关于政治与道德关系观点的批评，认为罗尔斯关于正义对道德的摆脱是不正确的，并进而认为，正义理论完全摆脱道德的支持是不可能的。

（一）混淆道德与完备性道德学说的概念

弗斯特认为，罗尔斯之所以反复强调要摆脱正义对道德的依赖，根本原因就在于罗尔斯不能将道德与完备性道德学说区分开，将道德等同于完备性学说，其对道德的理解是狭隘的、片面的，从而导致了其理论的内部冲突。在弗斯特看来，道德本身是一个非常宽泛的概念，其外延比完备性道德学说要宽泛得多，一切制度、法律、宗教、习俗，都有可能成为道德观念的来源。而完备的道德学说，则仅仅是某种具体的道德理论，并以追求道德上的至善为最终目的。比如亚里士多德的"自我实现"理论和康德的"自律"理论，都是典型的关于道德的完备性学说，但却不能代表道德的全部。道德不仅包含这些典型的道德的完备性学说，而且还包含更多的关于道德现象和德性的观点。如果将道德的概念仅仅等同于某种道德的完备性学说，就缩小了道德概念的外延。正是因为罗尔斯不能很好地区分道德和完备性道德学说，他才特别强调要让正义摆脱道德，但这却让自己陷入自相矛盾之中。因此，罗尔斯所要摆脱的实际上是某些具体的完备性道德学说，而并非道德本身。在弗斯特看来，人们普遍拥有道德自主，这种道德上的主体意识不仅应该保留，而且也应当成为政治上主体意识的核心。这不仅是政治哲学的核心理念，也是整个人类基本的道德理念。正如罗尔斯自己所承认的：如果整个人类普遍无道德，让社会的正义屈从于某种权威，那么，人类生活在这个地球上没有任何意义。可见，在人类整个发展过程中，道德是一种基本的价值，所以"人类必定具有一种道德本性"。①罗尔斯关于道德的矛盾态度，也反映了西方政治哲学中关于政治与道德之

① 〔美〕约翰·罗尔斯：《政治自由主义》，万俊人译，译林出版社，2011，导论第50页。

间密切而复杂的关系，并且总体来看，政治是无法完全摆脱道德的。

（二） 不可回避的道德因素

纵观西方政治哲学的发展，可以看出政治与道德的关系经历了一个由合到分的变化过程，其中以马基雅维利为这种转变的标志和分解线。马基雅维利之前，尽管政治学很早就从哲学和伦理学中分离出来，但总体来说，政治的目的都是实现道德上的善。

在西方哲学史上，首先将政治与道德统一起来的是柏拉图。在《理想国》中，柏拉图依据灵魂的性质，对城邦中的不同阶层设置了不同德性，分别表现为：哲学王应具备智慧的美德，武士阶层应具有勇敢的德性，广大劳动者则应具备节制的德性。而社会各阶层各尽其能、各安其分，整个城邦的正义德性就得以实现。为此，城邦善与个人善是内在统一的，正义既是一种政治价值，又是一种道德或德性概念。正义既是政治学的最高境界，也是哲学王的终极追求。在《国家篇》中，柏拉图将灵魂、美德与政治的三个阶层一一对应，在这一基础上，统治者如果拥有哲学智慧，就能够充分发挥自身能力，让其统治之下的城邦为民众充分发挥自身才能提供条件，最终实现国家社会的正义。政治哲学的目的就是为国家和法律寻找正义的道德基础。正如柏拉图所说，“善的理念是最大的知识问题，关于正义等的知识只有从它演绎出来的才是有用的和有益的”。[①] 可见，在柏拉图观念中，政治要以道德为建构目标和导向，道德始终贯穿于整个社会发展过程。

亚里士多德在创立政治学和伦理学的时候，也将两门学科归为一类，其意图是：伦理学研究个人的善，而政治学研究城邦整体的善，两者共同服务于人类的最高追求即实现人的幸福。在亚里士多德看来，正义既是城邦国家建立和运行的基础，也是评价城邦国家政治行为正当性的标准。他认为城邦优于家庭和个人，制度正义作为城邦国家的政治美德，在一定程度上优先于家庭美德和个人美德[②]，从而政治是个体形成道德的基础。但是亚里士多德同时又认为，一个人要想能够参与城邦的政治生活，首先必须

---

① 〔古希腊〕柏拉图：《理想国》，郭斌和等译，商务印书馆，1986，第260页。

② 苗力田主编《亚里士多德全集》第9卷，中国人民大学出版社，1994，第6～7页。

具有德性。由此道德也就成为政治的基础。可见，在亚里士多德这里，虽然出现了政治与道德的一定程度的分化，但是总体上，政治与道德还是统一的，道德的善是城邦政治的终极追求。这种统一也一直延续到中世纪的神学政治学。

在中世纪，由于一切都服务于神学，世俗国家、法律、个人，最终目的是要趋向上帝，信仰上帝。而上帝则是全能全善的代名词，整个中世纪的伦理学和政治学，根本来说就是要教人向善，最终实现从世俗之城向全善的上帝之城的导引。现实的一切政治、道德、法律等，都是为了来世能进入极乐、极善的世界。

近代以来，随着科学技术的发展，以及文艺复兴和宗教改革的推进，政治学逐渐从神学的束缚中解放出来，政治学更多地关注和调节人们的世俗利益与冲突，政治的管理功能和统治的功能越来越突出。为了有效地实现这种统治和管理，政治学往往更加强调手段的有效性，传统政治所追求"善"与"正义"逐渐弱化。马基雅维利甚至公开宣称，为了统治的目的，最高统治者可以不择手段，将政治完全变成一种统治者手中的权术，这被称为"马基雅维利主义"。自此，政治学几乎完全背离了初衷：由追求城邦整体的善与正义，而沦落为仅仅对社会政治问题的经验主义的探究和讨论，甚至变成了统治者的阴谋和权术。

马基雅维利开启了政治与道德分离的先河，但却并没有斩断政治与道德之间的紧密联系。近代以来的西方经典政治学理论"契约论"的建立，不仅其前提具有一定的道德性——以自由为核心的天赋人权观念，而且其政治实现的最高价值追求：自由、平等、博爱，仍然是一种人道主义的价值关怀和价值追求，这一价值追求源自近代的文艺复兴和启蒙运动。正是在这一人道主义的价值引领下，康德发出了"人是目的"这一近代人本主义的最高呼声，也得到了近代几乎一切哲学、伦理学，甚至政治、法学的拥护和支持，纷纷将其作为近代启蒙精神的最高境界，并将其贯穿于西方所有的政治制度和法律中。现代西方国家普遍实行福利制度，对弱者的关心和同情，不得不说是在这一道德理念下的一种普遍的政治表达和社会实践。而罗尔斯的正义理论，则是以理论的方式，对这一理念的制度表达和政治论证。

可见，尽管罗尔斯后期反复强调，要将正义建立在政治而非道德的基础上，但是这种转变仍然是非常有限的。无论是其前期的《正义论》还是转向后的《政治自由主义》，罗尔斯都没有完全脱离道德的支撑和论证，而是对政治的道德论证留有余地。罗尔斯自己也承认，“政治的正义观念乃是一种规范性和道德的观念，而且政治的领域和其他的政治观念也是如此”。[①] 面对人类社会发展过程中经常出现的战争与一些无底线行为，罗尔斯也表示，如果人们普遍无道德，让社会的正义屈从于某种权威，那么，人类生活在这个地球上没有任何意义。罗尔斯由此得出结论“我们必须从这样一种假设出发：即，一合乎理性的正义之政治社会是可能的，惟其可能，所以人类必定具有一种道德本性”。[②] 可见，在罗尔斯的正义理论中，道德是不可能被排除的，也是不可取代的。

① 〔美〕约翰·罗尔斯：《政治自由主义》，万俊人译，译林出版社，2000，导论第 27 页。
② 〔美〕约翰·罗尔斯：《政治自由主义》，万俊人译，译林出版社，2000，导论第 50 页。

“闸门模式”与商谈民主

——关于哈贝马斯程序主义法治理论的重构与检视*

孙国东**

（复旦大学社会科学高等研究院，上海）

摘　要：作为当代西方“为马克思主义填补法学空区”的旗帜

---

* 本文由国家社科基金项目“当代西方马克思主义法治理论研究”（项目批准号：17BFX015）的结项成果第七章修改而成。对我个人而言，本文具有特殊的意义。在其商谈民主理论中，哈贝马斯提出了著名的“双轨模式”（the two-track model），但他对“双轨模式”的具体理解经历了从更直观的“围攻模式”（the siege model）（1988 年）到更精致的“闸门模式”（the sluices-gate model）（1992 年）的细微变化。可能是由于哈贝马斯的这一思想流变太过精微，国内外关于哈氏法哲学或商谈民主的研究论著和论文，要么以其早期的“围攻模式”为范型，要么以其后期的“闸门模式”为基础，鲜少留意到这一细微变化。我本人出版的一本由博士学位论文修改而成的专著，则属于前者。尽管我在写作博士学位论文时已读到哈氏在《柏林共和国》（*A Berlin Republic*）一书中的自我提示线索（参见拙著《合法律性与合道德性之间：哈贝马斯商谈合法化理论研究》，复旦大学出版社，2020，第 214 页），甚至也在其《在事实与规范之间》自我反思的相关段落中作了阅读标记，但我竟鬼使神差般地错过了进一步深究的机会。在后来出版专著的初版（2012 年）和增订版（2020 年）时，我“一而再、再而三”地错过了修订的机会。直到拙著增订版出版后，当我再次研读哈氏“双轨模式”的相关文献之时，我才意识到自己的这一严重疏忽。因此，趁着为承担的一个项目而撰写关于哈贝马斯法治理论的章节的机会，我重新梳理了哈氏从“围攻模式”到“闸门模式”的演变逻辑，以作为对此前论说的修订。现在回想起来，之所以出现这一疏漏，与我当时研究哈贝马斯的三个倾向紧密相关。如众所知，哈贝马斯后期的政治哲学和法哲学思想非常复杂，如果不对其早期思想有所了解并借助二手文献，是不可能搞懂的。我当时就形成了这样两种研究倾向：一是试图从其早期的相关思想入手，把握其政治哲学和法哲学学说；二是大量借助国内外著名的二手研究文献。此外，我还不满足于对哈贝马斯思想“大而化之”的印象化解读，总希望能形成较为简洁和深刻的总结性论断（此为第三种研究倾向）——“基于围攻论的‘双轨模式’”“实践理性的多态论”等此类概括，就是在这样的旨趣下形成的。正是这三种倾向的相互作用，让我在忽视哈贝马斯思想流变的基础上形成了过于武断的论说。是故，我把本文中的这个迟来的修订，视为我个人学术生涯中的一次值得终生警醒的“自我救赎”，以警醒自己在包括思想史研究在内的学理考辨中时刻保持敏感、细致和严谨。

** 孙国东，复旦大学社会科学高等研究院教授、副院长，主要研究领域为法哲学、社会—政治理论。

性人物，哈贝马斯的法治理论以其对法律之"商谈之维"的揭示和对现代法律之两重性——法律之事实性与有效性之间的张力——的洞察为逻辑起点。哈氏把人权（私人自主）与人民主权（公共自主）之间的关系理解为"同源互构"关系，把法律（现代形式法）与道德（后习俗道德）的关系理解为"互补"关系，并力图以程序主义的"商谈原则"把两者结合起来。正是基于这种理解，他从商谈理论的视角对权利体系和"法治国"诸原则进行了理论重构。同时，哈氏把法治与民主内在地结合了起来，形成了"闸门论"的商谈民主模式。以马什为代表的激进左翼、以卢曼为代表的右翼及以雷格和博曼为代表的"家族内部"对哈贝马斯法治理论的批判，均揭示了其程序主义法治理论的学理限度。

关键词：法治国；商谈民主；权利体系；程序主义；闸门模式

引　言

1887年，针对奥地利法学家门格尔试图以"十足劳动收入权"、"生存权"和"劳动权"等三项基本权利实现社会主义全部政治目标的主张，由恩格斯指导、考茨基执笔，两人联名发表了《法学家的社会主义》一文予以批驳。该文尽管对门格尔极尽批判和嘲讽，但还是肯定了其论述中"唯一有用的方面"，即它作为"前车之鉴"启示我们：无产阶级及其政党要学会"在纲领中用权利要求的形式来表述自己的要求"，并基于自己所处的实际情况，"从自己的纲领中造出一种新的法哲学来"。[①] 在很大程度上可以说，20世纪以来由法兰克福学派第一代成员诺依曼（Franz L. Neumann）和基希海默（Otto Kirchheimer）所开启的西方马克思主义的"法治转向"，就响应了恩格斯的上述号召，力图建构符合马克思主义精神的法治传统。西方马克思主义对法治的重视，在"二战"后特别是"后冷战时代"臻至顶点，其中法兰克福学派第二代领袖哈贝马斯在《在事实与规范之间》（1992年）中所建构的法治理论堪称集大成之代表。

① 《马克思恩格斯全集》第28卷，人民出版社，2018，第631页。

早在1963年发表的《自然法与革命》一文中，哈贝马斯即对马克思主义对法律和法治的忽视进行了反思，由于对适用于资产阶级国家进行了意识形态批判，并对自然权利的基础进行了社会学消解，马克思比黑格尔走得更远，使得合法律性观念和自然法的意图本身对马克思主义来说长期名誉扫地，从而使得自然法与革命之间的联系被消解了。① 1990年，哈贝马斯在《社会主义在今天意味着什么?》一文中，又对经典马克思主义进行了系统的理论反思。在他看来，马克思和他的直接传人关于社会主义的想象，“植根于早期工业主义的原初背景和有限规模中”。这使得它具有一个典型缺陷，就是对法律的严重忽视：

> 由于马克思把民主共和国理解为资产阶级社会中国家的最终形式……他对其制度保留了一种纯粹的工具性态度。《哥达纲领批判》明确地告诉我们，马克思把共产主义社会理解为民主唯一可能的实现形态。在这里，正如他早些时候对黑格尔国家学说的批判一样，自由完全在于“将国家从一个叠加在社会上的机构，转变为一个完全从属于社会的机构”。但他没有再谈论自由的制度化方式；他无法想象超越——他预测在“过渡时期”具有必要性的——无产阶级专政的其他制度形式。②

在哈氏看来，马克思主义缺乏令人满意的法学传统，使得法兰克福学派第一代主要成员——他所谓的“老法兰克福学派”——所具有的三个最大缺陷之一，即是“对民主传统和宪政国家传统的低估”：“在政治理论层面，老法兰克福学派从未认真对待过资产阶级民主。”③ 正是对马克思主义法学传统之薄弱的深刻体认，哈贝马斯在以“沟通行动理论”（Theory of Communicative Action）为社会批判理论建构了系统的规范性基础以后，开始全面进入法哲学领域，力图建构与社会批判理论传统——特别是“激进民主”传统——相适应的法治理论。

---

① J. Habermas, *Theory and Practice*, trans. by John Viertel, Cambridge: Polity Press, 1973, p. 113.

② J. Habermas, “What Does Socialism Mean Today? The Rectifying Revolution and the Need for New Thinking on the Left,” *New Left Review*, No. 183, 1990: 12.

③ See J. Habermas, *Autonomy and Solidarity: Interviews with Jürgen Habermas*, in Peter Dews (ed.), London: Verso, 1992, pp. 98 - 99.

鉴于国内论者对哈贝马斯法治理论的把握仍多停留在"大而化之"的印象化解读层面，本文拟从他对法律"商谈之维"的洞察及关于现代法律之两重性的揭示入手：（一）把握哈氏对权利体系和"法治国"（Rechtsstaat）诸原则的理论重构；（二）明确哈贝马斯"商谈民主"（discourse democracy）理论对法律之民主合法性的定位；（三）重构其程序主义法治理论的内在理路；（四）借助三种不同思想立场的批评意见检视其学理限度。

一 法律的"商谈之维"与法律的两重性

对法律的"商谈之维"与法律之两重性——法律的"事实性"和"有效性"之间的张力——的揭示，构成了哈贝马斯包括法治理论在内的法哲学思想的逻辑起点。其中，对法律的"商谈之维"的揭示，使得哈氏可以把法律纳入相对于"理论性商谈"（theoretical discourses）的"实践性商谈"（practical discourses）的范畴；对法律的"事实性"（法律作为行动系统）和"有效性"（法律作为知识/符号系统）之间张力的洞察，则使他进一步揭示了法律之"商谈之维"的运作逻辑——两者一道，为哈氏基于商谈论视角的法治理论建构奠定了认知前提。

（一）法律的"商谈之维"

在20世纪80年代以前，哈贝马斯尽管关注过法律问题，但受卢曼式系统理论的影响，他始终把法律（特别是司法辩论过程），视为以谋取"成功"为导向的"策略行动"（strategic action）的表现形式。受德国著名法学家、"法律论证理论"的代表人物阿列克西（Robert Alexy）的影响，他最终改变了自己的看法，开始把法律视为适用于道德—实践问题的"实践性商谈"的特殊表现形式。

在《沟通行动理论》第1卷中，他曾这样回顾自己的认识历程："我早些时候将法庭诉讼视为一种策略行动。我已经被罗伯特·阿列克西的下述观点说服：所有制度形式的法律论证，都必须被视为实践性商谈的一个特例。"①

---

① J. Habermas, *The Theory of Communicative Action*, *Vol. 1*: *Reason and the Rationalization of Society*, trans. by Thomas McCarthy, Boston: Beacon Press, 1984, p. 412, note 49.

他进一步写道：

> （与司法商议、法律原则审查、法律评论等其他类型的司法讨论一样），法庭上的论据（arguments）与一般的实践性商谈的区别在于：它受到现行法律的约束，同时还要受到法律诉讼秩序的特殊限制，而该诉讼秩序考虑到了争议当事人对被授权之裁决的需要和导向成功的取向。同时，法庭上的论据包含了只能基于道德论据模式——一般是关于规范性标准之正当性讨论的模式——才能把握的基本要素。故，所有的论证，无论是与法律和道德问题有关，还是与科学假说或艺术作品有关，都需要同样的基本组织形式——这种组织形式使得争辩性的手段（the eristic means）服务于通过更好论据力量发展“主体间性确信”（intersubjective conviction）的目的。①

如果法律过程可被视为“实践性商谈”的一个特例，那么，法律理论就可以运用哈贝马斯的“沟通行动理论”予以理论重构，即可以用“商谈”的方式检验并兑现其关于法律规范之“正当性”的有效性要求。

在《在事实与规范之间》中，哈贝马斯基本延续了这一理论取向，但其作出了更为精致和精确的理论建构。这主要体现在他进一步作出的两个著名区分上：一是关于“证成性商谈”（discourses of justification）与“运用性商谈”（discourses of application）的区分；二是关于“法律商谈”（legal discourse）与“道德商谈”（moral discourse）的区别。

哈贝马斯关于“证成性商谈”与“运用性商谈”的区分，借自于贡特尔（Klaus Günther）。哈氏最早在伦理学（道德哲学）领域作出了这个区分，但是该区分在法律理论上表现得更为明显。所谓“证成性商谈”，是指涉及（法律）规范之证成的商谈，即主要与立法活动相联系的商谈；所谓“运用性商谈”，是指关涉（法律）规范之运用的商谈，即主要与法律实施（司法活动）相关联的商谈。哈氏曾这样解释为什么在“证成性商谈”之外，还需要“运用性商谈”：

① J. Habermas, *The Theory of Communicative Action*, *Vol.* 1: *Reason and the Rationalization of Society*, trans. by Thomas McCarthy, Boston: Beacon Press, 1984, pp. 35 – 36.

> 有效的规范之所以具有抽象的普遍性，乃因为它们只能以一种去情境化的（decontextualized）形式经受住普遍性的考验。但在这种抽象的表述中，它们只能无条件地运用于这样一种标准：其显著特征从一开始就作为运用条件被整合进了规则的条件性要素中。此外，规范的每一次证成，必然要受制于某种有限的（即具有历史情境性、对未来而言具有狭隘性）的观点。故此，它不可能已经明确考虑到了所有的显著特征，而这些特征在未来某个时间将表征着不可预见的个别情况的复杂构成。是故，规范的运用本身就需要进行论证性的澄清。在这种情况下，不能再通过普遍化原则确保判断的公正性；毋宁说，实践理性必须以适当性原则［appropriateness（*Angemessenheit*）］为依据。这里必须确定的是，根据尽可能详尽设想之情况的所有相关特征，哪些已经被接受为有效的规范在特定情况下是适当的。①

关于“证成性商谈”与“运用性商谈”的区分，在法律领域表现得更为突出。这乃是因为，立法属于典型的“证成性商谈”，而法律适用（司法）属于典型的“运用性商谈”。不过，根据哈贝马斯的理解，立法活动并不专属于立法机关，行政和司法机关亦具有造法的功能；同样，法律适用（司法）不专属于司法机关，立法机关和行政机关也会遇到法律规范的运用问题。在哈氏看来，规范的证成和运用，分别涉及不同的论证逻辑。这种差异体现在证成性商谈和运用性商谈的沟通形式上，它们须以不同的方式在法律上实现制度化。

> 这种类型的商谈需要一个角色组合，在这个组合中，各方（必要时还包括政府检察官）可以在作为法律共同体之公正代表的法官面前陈述案件的所有有争议的方面。此外，它还要求对责任进行分配——根据这种责任分配，法院必须在一个广泛的法律公共领域中证明其判

---

① J. Habermas, *Justification and Application: Remarks on Discourse Ethics*, trans. by Ciaran P. Cronin, Cambridge, Cass.: The MIT Press, 1994, pp. 13 – 14.

决的正当性。相比之下，在证成性商谈中，原则上只存在参与者。①

“道德商谈”与“法律商谈”的区分，在哈贝马斯的法哲学中可能具有更为重要的意义。在20世纪80年代建构“商谈伦理学”时，哈氏尽管阐发了商谈伦理学的两个著名原则［“U原则”，即“普遍化原则”（principle of universalization）和“D原则”，即“商谈原则”（principle of discourse）］，但是他却把借自于康德的“普遍化原则”作为基础，同时涵盖了道德规范和法律规范的证成。不过，他的弟子韦尔默（Albrecht Wellmer）和哲学家泰勒（Charles Taylor）等人的批评，让他最终认识到并非所有法律规范都可以满足“普遍化原则”的高要求，从而不能把法律规范的证成还原为道德规范的证成。故此，哈贝马斯开始调整“普遍化原则”与“商谈原则”的关系，把后者作为包括道德规范和法律规范在内的所有行动规范的证成原则，而把前者定位于道德领域，即作为道德规范的证成原则。在法律领域，“商谈原则”最终以“民主原则”——“商谈民主”——的形式体现出来：“我引入了一种对道德和法律的差异漠不关心的商谈原则。该商谈原则旨在通过法律制度化的方式，以民主原则的形态呈现出来。民主原则赋予立法程序合法的力量。其核心思想是民主原则源于商谈原则与法律形式的相互渗透。”②

源于对法律规范与道德规范之差异的深刻体认，哈贝马斯区分了“法律商谈”与“道德商谈”。与其“实践理性多态论”（实践理性包括道德理性、伦理理性和实用理性三种形态）相一致，哈氏认为，法律商谈除了诉诸道德理由外，还涉及伦理理由和实用理由；相应地，它包括道德商谈、伦理—政治商谈和实用商谈三种商谈形态及必要条件下的妥协（公平妥协）。“法律商谈不能在现有规范的封闭空间中自我运作，而必须对其他来源的论据保持开放。特别是，它必须对在立法过程中产生的实用理由、伦理理由和道德理由保持开放，并将这些理由捆绑在法律规范的合法性诉

① J. Habermas, *Between Facts and Norms*: *Contributions to a Discourse Theory of Law and Democracy*, trans. by William Rehg, Cambridge, Mass.: MIT Press, 1996, p. 172.

② J. Habermas, *Between Facts and Norms*: *Contributions to a Discourse Theory of Law and Democracy*, trans. by William Rehg, Cambridge, Mass.: MIT Press, 1996, p. 121.

求中。"①

法律商谈所涉及的理由类型如表1所示。

表1 法律商谈的理由类型

商谈类型/公平妥协	理由类型	适用问题	适用原则
道德商谈	道德理由	公民权利体系的确立	"正当性"（rightness）原则
伦理—政治商谈	伦理理由	（亚）文化共同体集体认同的确立	"本真性"（authenticity）原则
实用商谈	实用理由	具体技术性问题	"目的合理性"（purposive-rationality）原则
公平妥协	/	给定时间内无法达成共识的问题	受实践理性原则制约

资料来源：作者自制。

如前所述，哈贝马斯在《沟通行动理论》中曾借用阿列克西的观点，把法律商谈视为以"道德商谈"为范型的实践性商谈的一个特例。不过，在《在事实与规范之间》中，与区分"法律商谈"与"道德商谈"相一致，他不再把法律商谈视为道德商谈的特例。他明确指出：

> 专门用于法律法规（legal statues）的证成性和适用性商谈，不必仅仅作为道德证成性和适用性道德商谈的特例引入进来。人们不再需要引入外延逻辑来区分法律商谈和道德商谈。法律商谈并不因为它们与现有法律的联系而被限制为道德命令或道德许可的子集而表征着道德论证的特例。毋宁说，它们从一开始就指向了民主制定的法律，并且在不属于学理反思问题的范围内，它们本身在法律上是被制度化的。②

在哈氏看来，现代条件下的法律商谈基于民主原则本身已在法律上实

① J. Habermas, *Between Facts and Norms*: *Contributions to a Discourse Theory of Law and Democracy*, trans. by William Rehg, Cambridge, Mass.: MIT Press, 1996, p. 230.

② J. Habermas, *Between Facts and Norms*: *Contributions to a Discourse Theory of Law and Democracy*, trans. by William Rehg, Cambridge, Mass.: MIT Press, 1996, p. 234.

现了制度化，其制度化的方式依靠我们在下一节将要谈到的权利体系来体现。质言之，在现代条件下，法律商谈、民主原则与权利体系是相因相成的。

（二）在事实性与有效性之间：法律的两重性

哈贝马斯关于法律有一个核心观点，即认为现代法律具有“两重性”：现代法律是同时具有“事实性”与“有效性”，并在两者之间保持某种张力的整合媒介。

在哈贝马斯看来，法律的这种“两重性”，内在于语言运用中的“事实性”与“有效性”之间的张力。日常的语言运用，都会围绕“有效性主张”（validity claims）展开，这种“有效性主张”主要包括三个方面：对应于“客观世界/自然世界”的“真理性”（truth）、对应于“社会世界”的“正当性”和对应于“主观世界”的“真诚性”（sincerity）。然而，在语言运用中，无论是“真理性”“正当性”，还是“真诚性”，都不仅仅体现为它们在事实上的客观存在，更包括受众对这种事实性的承认，即具有“向我们证明了的有效性”。以“真理性”为例，“一个获得证成的真理性主张，应该允许其支持者用理由来对抗可能的反对者提出的反对意见；最终，她应该能够获得整个阐释共同体的理性同意”。①

内在于语言运用中的事实性与有效性之间的张力，在法律领域同样存在。这乃是因为，法律秩序的存在有赖于“对规范性的有效性主张的承认”。② 正是沿着这样的思路，哈贝马斯区分了法律有效性的两个向度：①法律的事实有效性或社会有效性，即法律得到接受；②法律的规范有效性，或法律的合法性（legitimacy），即法律具有合理的可接受性（rational acceptability）。“法律规范的事实有效性，取决于它们被实施的程度，进而取决于人们期待承受者实际上接受他们的程度。”“制定法（statues）的合法性，最终是根

① J. Habermas, *Between Facts and Norms*: *Contributions to a Discourse Theory of Law and Democracy*, trans. by William Rehg, Cambridge, Mass.: MIT Press, 1996, p. 14.

② See J. Habermas, *Between Facts and Norms*: *Contributions to a Discourse Theory of Law and Democracy*, trans. by William Rehg, Cambridge, Mass.: MIT Press, 1996, p. 17.

据其规范的有效性主张是否可以根据商谈兑现来衡量的——归根结底这取决于它们能否通过合理的立法程序制定出来，或者至少可以从实用、伦理和道德的角度获得证成。"① 法律的规范有效性，独立于其事实有效性；但是，其事实有效性，却会受到规范有效性的影响："事实上的有效性或事实上遵从因承受者对合法性的信念而异，而这种信念又基于规范可以获得证成的假设。"②

在其法哲学论说中，哈贝马斯常常以"法律的实证性"与"法律的合法性"、"强制"与"自由"、"事实性强制"与"合法的有效性"等具体表述，来呈现"事实性"与"有效性"之间的张力在法律领域的具体表现，同时把它们在司法领域的表现理解为"法律的确定性"与"法律的合法运用"、"自洽性与裁决"与"合理的可接受性"之间的张力。

与"事实性"与"有效性"之间的张力相一致，法律在功能上亦具有两重性：法律作为"行动系统"与法律作为"知识/符号系统"。作为一种"行动系统"，法律是以金钱为导控媒介的经济系统和以权力为导控媒介的行政系统的组织手段；作为一种"知识/符号系统"，法律亦是以"生活世界"为背景的道德—实践理性的一种表现，其仍需从生活世界基于"沟通行动"的共识形成机制中获得合法性渊源。与"后传统的道德"一样，现代法律（哈氏称其为"形式法"）也是一种知识/符号系统，并与道德共享着同一种"后习俗的"（post-conventional）道德意识结构，即普遍主义的、基于原则的道德意识结构。但是与"后传统道德"不同的是，现代法律还是一种刚性的行动系统，为社会成员设定了具有强制性的行动规范。"后传统道德只代表一种文化知识，而法律除此之外，还在制度层面上具有约束力。法律不仅是一个符号系统，而且也是一个行动系统。"③ 早在1973年出版的《晚期资本主义的合法化问题》中，哈贝马斯就认识到了法律与道德

① J. Habermas, *Between Facts and Norms: Contributions to a Discourse Theory of Law and Democracy*, trans. by William Rehg, Cambridge, Mass.: MIT Press, 1996, pp. 29 – 30.

② See J. Habermas, *Between Facts and Norms: Contributions to a Discourse Theory of Law and Democracy*, trans. by William Rehg, Cambridge, Mass.: MIT Press, 1996, p. 30.

③ See J. Habermas, *Between Facts and Norms: Contributions to a Discourse Theory of Law and Democracy*, trans. by William Rehg, Cambridge, Mass.: MIT Press, 1996, p. 107.

这一区别。在1981年出版的《沟通行动理论》第1卷中，哈氏在批判韦伯的法律合理化时，已基本提出了法律集行动系统与知识/符号系统于一身的论断。在他看来，韦伯只看到法律作为行动系统的一面，即“仅仅从目的合理性的角度来看待法律的合理性，并将其理解为与经济和国家行政中的认知—工具合理性之表现相类似的事物”。但是，法律亦是一种知识/符号系统：“与新教伦理一样，现代法律也是后传统道德意识结构的体现。法律系统是一种回应了道德实践理性之形式的生活秩序。”①

与“事实性”与“有效性”之间的张力相一致，法律同时与“系统整合”（systemic integration）和“社会整合”（social integration）相关联，是两者之间的整合媒介。前者的整合机制是“交换和权力机制”，是经济系统以金钱为媒介、行政系统以权力为媒介达致的整合；后者的整合机制是“共识形成机制”，是由生活世界以语言为媒介达致的整合。评价这两种整合形式的标准亦各有不同：“社会整合是根据自我认同和集体认同的内在稳定和持存之批评标准予以考量的，并且这种自我认同和集体认同依赖于行动者所归于自身的东西；系统整合则是按照系统相对于其环境之边界的外在稳定和持存的标准来加以评价的。”② 作为系统与生活世界之间的一种制度化媒介，法律同时与现代社会的三大整合媒介——权力、金钱和语言——紧密相关。“金钱和权力这两个系统整合的媒介，都通过法律制度化被锚定在生活世界的秩序中，而生活世界转而又通过沟通行动实现了社会整合。通过这种方式，现代法律与所有三种整合资源都联系在了一起。通过要求公民公开使用其沟通自由的自决实践，法律从社会团结的源泉中汲取了社会整合力量。”③

走笔至此，我们不妨把现代法律的两重性——事实性与有效性之间的张力列入表2：

---

① See J. Habermas, *The Theory of Communicative Action, Vol. 1: Reason and the Rationalization of Society*, trans. by Thomas McCarthy, Boston: Beacon Press, 1984, p. 254.

② J. Habermas, “A Reply,” in Axel Honneth & Hans Joas (eds.), *Communicative Actions: Essays on Jürgen Habermas's The Theory of Communicative Action*, trans. by Jeremy Gaines and Doris L. Jones, Cambridge: Polity Press, 1991, p. 252.

③ J. Habermas, *Between Facts and Norms: Contributions to a Discourse Theory of Law and Democracy*, trans. by Williiam Rehg, Cambrige, Mass.: MIT Press, 1996, p. 40.

表2　法律的事实性与有效性

	语言使用	法律有效性的向度	法律领域的表现	司法领域的表现	法律属性	社会整合的类型
事实性	有效性主张的事实有效性	事实有效性/社会有效性	法律的实证性/强制/事实性强制	法律的确定性	法律作为行动系统（经济系统和行政系统的组织手段）	系统整合
有效性	获得受众认可的有效性主张	规范有效性	法律的合法性/自由/合法的有效性	法律的合法运用	法律作为知识/符号系统（凝聚生活世界的共识）	社会整合

资料来源：作者自制。

二　对权利体系与"法治国"诸原则的商谈论重构

在《在事实与规范之间》的第三章和第四章，哈贝马斯从商谈理论的视角对权利体系和"法治国"诸原则进行了理论重构。这种理论重构，既构成了哈贝马斯法治理论的核心内容，亦大体与他关于法律之"事实性"与"有效性"的张力的论述对应了起来："对权利体系的描述似乎追踪了哈贝马斯基本区分的'有效性'方面，而对法治国的描绘则发展了哈贝马斯与'事实性'相关联的法律制度和实证维度。"①

（一）对权利体系的商谈论重构

哈贝马斯对法治的商谈论重构，旨在重构我们对"现代法律秩序的自我理解"。哈氏这种重构，主要包括两方面的理论构件：对权利体系的重构和对"法治国"诸原则的重构；其中，"权利"构成其重构的起点。正如他指出的，"公民要想通过实在法合法地调节他们的共同生活，就必须彼此赋予对方权利"。②

① Hugh Baxter, *Habermas*: *The Discourse Theory of Law and Democracy*, Stanford: Stanford University Press, 2011, p. 63.

② See J. Habermas, *Between Facts and Norms*: *Contributions to a Discourse Theory of Law and Democracy*, trans. by Williiam Rehg, Cambrige, Mass.: MIT Press, 1996, p. 82.

尽管哈贝马斯对权利体系的重构，总体上对应着法律的有效性面向，但是权利体系本身亦体现了法律的事实性与有效性之间的张力。在哈氏看来，这乃是因为，法律通过对“个人自主”（private autonomy）与“公共自主”（public autonomy）、“人权（基本权利）”与“人民主权”之权利体系的确认，“将我们首先以法律之实证性与合法性的张力遭遇的事实性与有效性之间的张力操作化了”。① 哈氏对权利体系的重构，不仅意在揭示私人自主（人权）与公共自主（人民主权）之间的张力，而且旨在呈现它们之间的“同源”（co-original）关系。因此，在重构权利体系之前，他首先阐述了私人自主（人权）与公共自主（人民主权）之间的“同源”关系。在哈氏看来，既有论说之所以无法洞察它们之间的“同源”关系，乃是因为它们无法厘清法律与道德的关系——现代理性法学说甚至在道德与法律之间设定了一种等级关系。因此，在建构了私人自主（人权）与公共自主（人民主权）之间的“同源”关系之后，哈氏又把道德与法律的关系阐发为一种“互补”关系。

哈贝马斯对现代法律秩序“自我理解”的重构，始于对两种学理传统的解读：19 世纪的德国民法学说和以卢梭、康德为代表的现代理性法理论。遵循康德和德国民法传统，哈氏认为，个人权利构成了私人自主的基础，即如果法律是合法的，那么个人决策的范围必须得到保护。遵循卢梭，哈氏把人民主权或民主立法的理念作为合法性的来源：法律秩序是合法的，乃因为它的规范是由其承受者创制的。这就体现了哈贝马斯所谓的“公共自主”（或称“公民自主”“政治自主”）。② 在哈氏看来，康德（包括德国民法学说）以倾向于自由主义的立场，把人权（私人自主）视为道德性的自我决定的表达，并将其作为法律合法性的基础；卢梭以倾向于公民共和主义的立场，把人民主权（公共自主）视为伦理性自我实现的表达，并将其作为法律合法性的基础。但是，他们都未能以均衡的方式把握人权（私人自主）与人民主权（公共自主）之间相互交错的关系。从商谈理论的视

① J. Habermas, *Between Facts and Norms: Contributions to a Discourse Theory of Law and Democracy*, trans. by Williiam Rehg, Cambrige, Mass.: MIT Press, 1996, p. 129.

② Hugh Baxter, *Habermas: The Discourse Theory of Law and Democracy*, Stanford: Stanford University Press, 2011, p. 63.

角出发，我们可以把"自我立法"理解为"法律的承受者同时也是他们权利的创制者"，这样就可以把私人自主与公共自主之间的"同源性"揭示出来了："人权的实质就在于，为那些使人民主权具有约束力的意见和意志形成之商谈过程的法律制度化提供正式条件。"①

关于法律与道德的关系，哈贝马斯的出发点是：在后形而上学的证成层面，法律和道德规则同时区别于传统的伦理生活，并作为两种不同但互补的行动规范并存。因此，我们必须抽象地理解康德那里的"实践理性"和"自主"概念，从而使其可以根据存在争议之规范的类型而具有不同的特定含义：作为道德原则的含义与作为民主原则的含义。在哈氏看来，如果我们不再像康德那样对理性和自主概念进行道德主义的狭隘理解，那么康德式的法律原则就失去了它的中介功能；相反，理性和自主概念有助于澄清法律规则不同于道德规则的形式方面。哈氏强调：体现于公民的民主自决实践中的人权，必须从一开始就被视为法律意义上的权利，尽管这些权利具有道德内容。② 经由这种理解，哈贝马斯力图消解康德在道德与法律之间设定的等级关系。在他看来，现代条件下的实践理性和自主同时与民主（人民主权）和法律（人权）相关联：它们不仅会以"公共自主"（民主）和"私人自主"的样态体现出来，而且这种自主（特别是私人自主）是由人权予以保障的，而人权尽管具有道德内容，但更应被视为法律上的权利。

在哈贝马斯看来，法律（现代形式法）与道德（后传统/后习俗的道德）形成了一种互补的关系。

> 由于实证性地有效、合法地制颁出来并且可以提起诉讼，法律可以为那种在道德上进行判断和做出行为的人，免除完全基于个人良知的道德在认知、动机和组织上的要求。如果我们从经验结果中得出结论，法律可以弥补道德的弱点，而道德要求很高却只能提供认知上不

---

① J. Habermas, *Between Facts and Norms: Contributions to a Discourse Theory of Law and Democracy*, trans. by Williiam Rehg, Cambrige, Mass.: MIT Press, 1996, p. 104.

② J. Habermas, *Between Facts and Norms: Contributions to a Discourse Theory of Law and Democracy*, trans. by Williiam Rehg, Cambrige, Mass.: MIT Press, 1996, p. 105.

确定的和动机上不可靠的结果。[①]

“后传统/后习俗的道德”在道德判断的认知、道德践行的动机和道德实施的组织等方面均具有不确定性，而法律只考虑其承受者的自由选择，抽象掉了约束其自由意志的能力；只考虑行动者之间的外在关系，抽象掉了生活世界的复杂性；只满足于对规则的服从，还抽象掉了服从规则的动机。因此，法律不仅像“后传统/后习俗道德”那样是一种知识/符号系统，它还是一种具有强制力的行动系统。[②] 但是，“道德可以通过与之仍有着内在关联的法律系统延伸到所有的行动领域，包括那些以系统的方式独立出来并由媒介导控的互动领域，这些互动领域可以为行为者解除除了普遍遵守法律之外的所有道德期待的负担”。[③]

哈贝马斯对权利体系的重构，旨在调和人权（私人自主）与人民主权（公共自主）之间的“同源”关系，以及道德与法律之间的互补关系。他调和的方式，就是引入他所谓的“商谈原则”（“D”原则）。这一商谈原则，是与后习俗的证成层次相适应的，它对道德与法律之间的区别保持中立，即同时适用于道德和法律规范的证成。所谓“商谈原则”，即“唯有所有可能受影响的人作为理性商谈的参与者都可以（could）同意的那些行为规范，才具有有效性”。[④]

正是从“商谈原则”所调和的人权（私人自主）与人民主权（公共自主）之间的“同源”关系以及道德与法律之间的互补关系出发，哈贝马斯阐发了与法律的合法性紧密相关的三大类、五种权利范畴。

第一大类是确保私人自主的权利，具体包括三种权利范畴：（1）古典自由权（基本的消极自由），即“以政治自主的方式予以阐明，并由享有尽可能多的平等个人自由的权利所产生的那些基本权利”；（2）受到保护的公

---

① J. Habermas, *The Inclusion of the Other*: *Studies in Political Theory*, in C. Cronin & P. D. Greiff (eds), Cambridge, Mass.: The MIT Press, 1998, p. 256.

② J. Habermas, *Between Facts and Norms*: *Contributions to a Discourse Theory of Law and Democracy*, trans. by William Rehg, Cambridge, Mass.: The MIT Press, 1996, p. 112.

③ J. Habermas, *Between Facts and Norms*: *Contributions to a Discourse Theory of Law and Democracy*, trans. by William Rehg, Cambridge, Mass.: The MIT Press, 1996, p. 118.

④ J. Habermas, *Between Facts and Norms*: *Contributions to a Discourse Theory of Law and Democracy*, trans. by William Rehg, Cambridge, Mass.: The MIT Press, 1996, p. 107.

民权（与成员资格有关的权利），即"以政治自主的方式予以阐明，并由依法志愿联合之社团中的成员身份产生的那些基本权利"；（3）法律程序上的权利，即"由权利的可诉性（actionability）和以政治自主的方式阐明个体法律保护而直接产生的那些基本权利"。① 哈贝马斯认为，"在下述意义上，上述基本权利保证了我们现在所说的法律主体的私人自主：这些主体在其法律承受者的角色中相互承认对方，并因此相互授予一种可据以主张权利并使这些权利相互对抗的地位"。②

与其程序主义的立场相一致，哈贝马斯并未对第一大类权利（即前三种权利）的具体内容进行细节性的具体建构，而强调它们是公民以商谈参与者身份"以政治自主的方式予以阐明"的。这种定位，既延续了哈贝马斯关于公共自主与私人自主"同源互构"关系的立场，亦限定了确保私人自主的权利作为"未赋值的占位符"（unsaturated placeholders）的地位："它们更像是指导宪法制定者的法律原则"，"必须由一个政治立法机构根据不断变化的情况加以解释和具体塑造"。③

第二大类权利，是确保公共自主的政治权利，即确保法律主体获得其法律秩序之创制者角色的权利。其对应的是第四种权利范畴：（4）"公民享有平等机会参与形成意见和意志形成过程的那些基本权利——在这一过程中，公民践习政治自主，并通过该过程制定出具有合法性的法律。"④

哈贝马斯还谈到了为前两大类权利提供社会、文化和生态条件的第三

---

① J. Habermas, *Between Facts and Norms: Contributions to a Discourse Theory of Law and Democracy*, trans. by William Rehg, Cambridge, Mass.: The MIT Press, 1996, p. 122.

② J. Habermas, *Between Facts and Norms: Contributions to a Discourse Theory of Law and Democracy*, trans. by William Rehg, Cambridge, Mass.: The MIT Press, 1996, p. 107.

③ J. Habermas, *Between Facts and Norms: Contributions to a Discourse Theory of Law and Democracy*, trans. by William Rehg, Cambridge, Mass.: The MIT Press, 1996, p. 126, 125. 在哈贝马斯看来，确保私人自主的这类权利可以因时随势地有所不同，从而形成"对同一种权利体系的具有情境依赖性的解读"（*ibid.*, 128.），但前提是需要公民以公共商谈的方式予以阐明或"赋值"，而不能由政治当局以独白或专断的方式予以克减（derogate）。正因把确保私人自主的权利视为"未赋值的占位符"，哈贝马斯为私人自主之制度和实践形式的多样化，进而为"多元现代性"（multiple modernities）保留了想象和探索空间——这与罗尔斯这样的自由主义者因对此类权利的实质性的自由主义建构而形成的"单一现代性"（single modernity）立场判然有别。

④ J. Habermas, *Between Facts and Norms: Contributions to a Discourse Theory of Law and Democracy*, trans. by William Rehg, Cambridge, Mass.: The MIT Press, 1996, p. 123.

类权利，即社会、文化和生态权利：(5)“提供这样一些生活条件的基本权利，也即只要公民在当前情况下有平等的机会利用（1）至（4）中所列的公民权利就能使社会上、技术上和生态上的保障成为必要的生活条件。”①

在哈贝马斯看来，前四种权利是“获得绝对证成的”（absolutely justified）权利，第五种权利的证成则是一种“获得相对证成的”权利。这种“相对性”体现在：它们是服务于公民私人自主和公共自主的；唯有当它们为“利用私人自由和参与性政治权利的平等机会提供了社会、文化和生态先决条件”之时，才能获得证成。②

（二）对法治国诸原则的商谈论重构

哈贝马斯对法治的重构，本身包含了事实性与有效性之间更普遍的张力。其中，哈氏对权利体系的重构，对应的是法律之“有效性”的方面，规定了任何现代法律具有合法性所需要的规范性条件。哈氏所阐述的权利是“未赋值的占位符”，而不是具体的法律权利，即它们被视为引导合法立法的条件，而不是实在法的要素。哈氏关于法治国的重构，则体现了法律之“事实性”方面，旨在阐明为了使法律秩序具有合法性，必须在实在法中规定各种制度安排。故此，它指向了法律的实证性。哈氏对法治国的描绘，涉及他所描述的抽象权利类别通过实在法具体实施所需要的制度、程序和机制。③

哈贝马斯之所以要从商谈论视角对法治国进行重构，乃因为他把法律当作“沟通权力”（communicative power）转化为“行政权力”的媒介，并借此确保法律的合法性：

> 沟通权力向行政权力转化的特征在于，在法律授权的框架内赋予权力（empowerment）。这样一来，我们就可以把法治国的理念一般性

---

① J. Habermas, *Between Facts and Norms: Contributions to a Discourse Theory of Law and Democracy*, trans. by William Rehg, Cambridge, Mass.: The MIT Press, 1996, p. 123.

② See J. Habermas, *Between Facts and Norms: Contributions to a Discourse Theory of Law and Democracy*, trans. by William Rehg, Cambridge, Mass.: The MIT Press, 1996, p. 134.

③ See Hugh Baxter, *Habermas: The Discourse Theory of Law and Democracy*, Stanford: Stanford University Press, 2011, p. 82.

> 地解释为这样的要求：由权力代码导控的行政系统与立法性的沟通权力相联系，并保持不受社会权力（即特权利益维护自身的事实性力量）的不合法干预。行政权力不应以自己的方式自我繁殖，而只应允许其从沟通权力的转化中再生产出来。①

从商谈论的视角出发，哈贝马斯将法治国的诸原则重构为以下两个不同层次的原则：

位于第一层次的，是四个基础性的原则。首先是①"人民主权原则"，即所有政府权力都来自人民，个人享有平等机会参与民主意志形成的权利与公民自决的法律制度化实践相结合。与对人民主权的商谈论理解有关，又可以推演出另外三个基础性原则：②由独立的司法机构保障的对个体的全面法律保护原则；③要求政府服从法律和司法审查（以及议会监督）的原则；④国家与社会相分离的原则，其目的是防止社会权力直接转化为行政权力，即不首先通过沟通权力形成的"闸门"（sluice-gates）而径直转化为行政权力。②

在哈贝马斯看来，除了第四个基础性原则外，其他三个基础性原则又可以分为相应的子原则。与"人民主权原则"相适应的，有五个子原则：①"议会原则"，即建立商议和决策的代议机关，以使立法权转移至公民总体，确保有关政策和法律有理由和有约束力之决定的商议和决策过程是面对面进行的；②"多数决原则"，即以多数决原则作为议会机构中的决策模式；③"政治多元主义原则"，即商谈的逻辑在代议机关内外产生了政治多元主义原则，使得议会的意见和意志形成必须锚定在对所有政党、协会和公民开放的公共领域中出现的非正式沟通中；以及④"保障公共领域自主性的原则"和⑤"不同政党之间竞争的原则"。③

与"对个体的全面法律保护原则"相适应的，有两个子原则：①"司

---

① J. Habermas, *Between Facts and Norms: Contributions to a Discourse Theory of Law and Democracy*, trans. by William Rehg, Cambridge, Mass.: The MIT Press, 1996, p. 150.

② See J. Habermas, *Between Facts and Norms: Contributions to a Discourse Theory of Law and Democracy*, trans. by William Rehg, Cambridge, Mass.: The MIT Press, 1996, pp. 169 – 170.

③ See J. Habermas, *Between Facts and Norms: Contributions to a Discourse Theory of Law and Democracy*, trans. by William Rehg, Cambridge, Mass.: The MIT Press, 1996, pp. 170 – 171.

法机关受既有法律约束的原则”；②与独立司法机构的具体任务、运作模式和受保护地位有关的原则。[①]

与“要求政府服从法律和司法审查（以及议会监督）的原则”相适应的，有两个子原则：①“行政的合法律性原则”，确保将行政权力的运用与民主制定的法律相结合，从而使行政权力完全从公民共同产生的沟通权力中再生；②“禁止内务专断行事原则”（principle of prohibiting arbitrariness in domestic affairs），即授权行政部门发布有约束力的法令需要专门的行政法进行规范。[②]

哈贝马斯对法治国诸原则的商谈论重构，旨在阐明这样一种观念：法治国的组织最终应服务于一个共同体政治上自主的自我组织，而该共同体已经以权利体系将自己构成一个依照法律自由和平等联合起来的联合体。

> 法治国的机构应该确保具有社会自主性的公民有效践习其政治自主。具体而言，此类机构必须完成两件事。一方面，它们必须使合理形成的意志的沟通权力出现，并在政治和法律程序中获得具有约束力的表达。另一方面，它们必须通过法律纲领（legal programs）的合理运用和行政执行，让这种沟通权力在整个社会中流通，从而通过稳定预期和实现集体目标来促进社会整合。[③]

三　法律的民主合法性：“闸门模式”与商谈民主

哈贝马斯对法治国的商谈论重构，把法治与民主内在地结合了起来。这种结合的关键是，他从法律的“民主合法性”（democratic legitimacy）入手，通过“商谈民主”或“商议民主”（deliberative democracy）的建构，把法律

① See J. Habermas, *Between Facts and Norms: Contributions to a Discourse Theory of Law and Democracy*, trans. by William Rehg, Cambridge, Mass.: The MIT Press, 1996, pp. 172 – 173.

② See J. Habermas, *Between Facts and Norms: Contributions to a Discourse Theory of Law and Democracy*, trans. by William Rehg, Cambridge, Mass.: The MIT Press, 1996, pp. 173 – 174.

③ J. Habermas, *Between Facts and Norms: Contributions to a Discourse Theory of Law and Democracy*, trans. by William Rehg, Cambridge, Mass.: The MIT Press, 1996, p. 176.

的合法性建立在已由法律制度予以保障的"公共商谈"基础之上。哈氏对"商谈民主/商议民主"的理解，总体上形成了一种著名的"双轨模式"（two-track model），即以生活世界为背景的公共领域中的公共商谈形成的非正式"沟通权力"，与正式的国家机关的政治权力（行政权、司法权特别是立法权）并立而行，但是前者对后者构成了制度化的约束："商议政治沿着两条不同层次的意见和意志形成轨道运行：一条是宪政轨道，另一条是非正式的轨道。"① 不过，哈氏对"双轨模式"的具体构想，经历了一个细微的变化，即从基于"围攻模式"（the siege model）的"双轨模式"，转向了基于"闸门模式"（the sluices-gate model）或"泄闸模式"（the sluice model）的"双轨模式"。这种转变的实质，是哈贝马斯力图以更丰富的商谈民主回应行政和司法机关日益增加的造法功能。

（一）法律合法化与"围攻模式"

在1988年发表的《作为程序的人民主权》一文中，哈贝马斯最早系统阐发了基于"围攻模式"的"双轨模式"。在他看来，在公共领域形成具有公共商谈的公共意见"只能间接有效，即通过广泛改变态度和价值观来改变制度化意志形成的参数"。"沟通权力是以围攻的方式行使的。它影响政治系统中判断和决策的前提，但并不打算征服该系统本身。因此，它的目的是用被围困的堡垒所能理解的唯一语言来断言其迫令（assent its imperatives）：它对行政权力可以工具性地予以处理但应为其法律结构（juridical structure）无法忽视的一系列理由负责。"② 在《公共领域的结构转型》1990年版的序言中，哈氏重申了他关于"围攻论"的立场："商谈产生一种沟通权力，但并不取代行政权力，只是对其施加影响。影响局限于创造和取缔合法性。沟通权力不能取缔公共官僚体系的独特性，而是'以围攻的方式'对其施加影响。"③

---

① See J. Habermas, *Between Facts and Norms: Contributions to a Discourse Theory of Law and Democracy*, trans. by William Rehg, Cambridge, Mass.: The MIT Press, 1996, p. 314.

② See J. Habermas, *Between Facts and Norms: Contributions to a Discourse Theory of Law and Democracy*, trans. by William Rehg, Cambridge, Mass.: The MIT Press, 1996, pp. 485, 486 – 487.

③ 〔德〕哈贝马斯：《公共领域的结构转型》，曹卫东等译，学林出版社，1999，第28页。为使行文统一，此处引证分别将"话语""交往权力""管理权力"改为"商谈""沟通权力""行政权力"。

在哈贝马斯构想的这种基于“围攻模式”的“双轨模式”中，“社会权力”、“沟通权力”、“行政权力”以“沟通权力”为中心，并以“合法化系统”（立法权）为中介，形成了一种“合法权力的传递结构”（见图1）。① 在哈氏看来，市民社会领域自发地形成的是一种“社会权力”，即“阻止其他个体和团体追求其利益的能力。通常，这种能力不是均衡地分配的。在这种情形下，一方当事人可以干预其他人（策略上有效的）的利益追求，或当事人之一可以针对他人强施自己的利益”。② 因此，社会权力本身需要公共领域中的“沟通权力”的过滤，从而促进对其权力潜力的不平等分配进行缓冲和中立化。唯有经由“沟通权力”过滤的“社会权力”，才能以非正式的公共意见和意志为政治权力的运行提供合法性基础。同时，“沟通权力”并不直接对“行政权力”产生影响，而是通过“围攻”以立法机关为核心的“合法化系统”，并通过立法权对行政权的制约，间接地对“行政权力”施加影响：一方面，公共领域非正式的“无主体沟通”对政治系统中的“合法化系统”（包括议会机关、政治选举和党派竞争在内的民主的意见和意志形成过程）施加影响；另一方面，在议会这样“对社会问题的察觉和论题化最具有开放性的”机构内部亦存在广泛的商议，进而确保遵循议会意志而运行的行政权力尽可能体现沟通权力。用哈氏的话来说，“唯有当其（为了对行政权力进行安排和控制）影响到行政权力而不意图取代或接

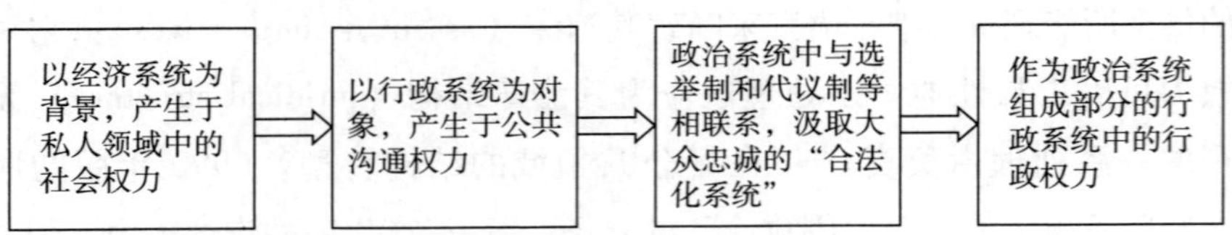

图1 “围攻模式”的合法权力传递结构

资料来源：作者自制。

① 参见孙国东《合法律性与合道德性之间：哈贝马斯商谈合法化理论研究》，复旦大学出版社，2020，第213～214页。

② J. Habermas, “Theorie der Gesellschaft oder Sozialtechnologie?” in J. Habermas & N. Luhman (eds.), *Theorie der Gesellschaft oder Sozialtechnologie-Was Leistet die Systemforschung*, Frankfurt: Suhrkamp, 1971, p. 254. 转引自 Erik Oddvar Eriksen & Jarle Weigard, *Understanding Habermas: Communicative Action and Deliberative Democracy*, London: Continuum International Publishing Group, 2004, p. 172。

管它们之时，在政治领域实现的意见的‘影响’以及经由以公共领域为平台的民主程序形成的沟通权力才是有效的”。[①]

（二）商谈民主：从“围攻模式”到“闸门模式”

在《在事实与规范之间》中，哈贝马斯对“双轨模式”的构想从此前的“围攻模式”转向了“闸门模式”。在该书第九章，哈氏主要结合现代行政权运行的变化，反思了“围攻模式”的缺陷。在他看来，在所有国家机关中，最需要对法律的约束力不足进行补偿的领域是政府行政。在专家治国论的模式中，行政机关仅限于作出实用性的决定。然而，在现代服务性行政中，不断积累的问题需要“对集体利益进行权衡，在相互竞争的目标之间作出选择，以及对个别情形进行规范性评价”。[②] 而这些问题在规范上中立的解决问题的专业框架内无法解决，只能在证成性和运用性商谈中予以理性对待。因此，必须在程序法上为效率导向的行政决策设置一个“合法化过滤器”（legitimation filter）。正是基于这种认识，哈氏指出：

> 我关于以民主方式“围攻”国家机器堡垒的意象（image），具有误导性。只要政府在实施公开的法律纲领时无法避免诉诸规范性理由，它就应该能够以沟通的形式，并按照符合宪法合法性条件的程序，执行这些行政立法步骤。这意味着超越了提供信息之特殊义务的政府“民主化”，将从内部补充对行政的议会控制和司法控制。[③]

在1995年出版的《柏林共和国：关于德国的著作》（*A Berlin Republic*: *Writings on Germany*）中，在回答“闸门模式”是否隐含着关于系统与生活世界不同关系的论述、是否具有更广泛的民主内涵的疑问时，哈贝马斯作出了这样的回答：

---

① J. Habermas, *A Berlin Republic*: *Writings on Germany*, trans. by Steven Rendall, Lincoln: University of Nebraska Press, 1997, p. 135.

② J. Habermas, *Between Facts and Norms*: *Contributions to a Discourse Theory of Law and Democracy*, trans. by William Rehg, Cambridge, Mass.: The MIT Press, 1996, p. 440.

③ J. Habermas, *Between Facts and Norms*: *Contributions to a Discourse Theory of Law and Democracy*, trans. by William Rehg, Cambridge, Mass.: The MIT Press, 1996, p. 440.

> 当时，在提出公民通过利用沟通权力对公共行政的官僚权力进行“围攻”的意象时，我的目的是反对古典的革命理念：占有并摧毁国家权力。公民无约束的沟通权力，应当通过——就像罗尔斯借用康德的话所说的——“理性的公共运用实现”。……但是，围攻模式太过失败主义（defeatist）了，至少如果你以这种方式理解权力分工，从而把运用法律的行政和司法机关所接近的理据（grounds），局限于立法机关在证成其决定中全部动员起来的理据的时候是这样。今天，需要规范的事项，常常是政治立法者无法充分地提前予以调整的内容。在这样的情形下，就需要行政机关和司法机关赋予它们以具体的形式，以继续推动法律的发展，并且这使得证成性商谈而非运用性商谈成为必要。然而，为了具有合法性，这种隐性的附属立法（subsidiary legislation），亦要求不同形式的参与——民主的意志形成的一部分，必须进入行政活动自身，并且创造附属法律的司法活动必须在一个对法律进行批判的更广泛论坛中为自己提供证成。在这方面，闸门模式假定了某种比围攻模式更广泛的民主化过程。①

简言之，在哈氏看来，“围攻模式”预设了立法对行政和司法的线性控制得到完美落实，但这并不符合现代法律秩序的运行现状。因为现代行政和司法越来越自主，其实际具有“附属立法”的造法功能，面临着未获民主监控的“合法化赤字”。

哈贝马斯的“闸门模式”，借自于其弟子、同属他为写作《在事实与规范之间》而成立的法学理论研究小组成员的伯恩哈德·彼得斯（Bernhard Peters）。在《事实与规范之间》中，哈氏遵循彼得斯的建议，认为宪法系统的沟通与决策过程沿“中心—边缘”轴线分布，由“闸门”系统构成，涉及两种问题解决模式。

位于中心的，是具有正式决策权和事实性特权的政治系统，包括议会、

① J. Habermas, *A Berlin Republic*: *Writings on Germany*, trans. by Steven Rendall, Lincoln: University of Nebraska Press, 1997, pp. 135 – 136. 此处的译文依据另一个英译本稍作调整：M. Carleheden & R. Gabriëls, “An Interview with Jürgen Habermas,” *Theory*, *Culture & Society*, Vol. 13, No. 3, 1996: 3 –4.

政治选举和政党竞争在内的"合法化系统"。其中，议会对社会问题最为敏感，但解决问题的能力较弱。在行政机关的外圈，形成了一个"内部边缘"，由具有自治权或监督权和立法权的机构构成，包括大学、公共保险系统、专业机构和协会、慈善组织、基金会等。

与整个中心领域相对的，是由"接受者"（customers）和"供给者"（suppliers）组成的"外部边缘"。其中，"接受者"是指在不甚透明的社会部门中履行协调功能的机构，包括在公共机构和私人组织、商业协会、工会、利益集团等中间出现的复杂网络；"供给者"则是指对社会问题发表意见、提出广泛要求、阐明公共利益或需要，从而试图影响政治进程的团体、协会和组织，主要包括代表团体利益的组织；具有党派政治目标的社团；像专业学会、作家学会和激进专业人员团体等文化组织；公共利益团体；教会或慈善组织。在哈氏看来，这种"外部边缘"是一种"真正的边缘"，"这些形成意见的协会，专事于处理问题和做出贡献，一般来说旨在产生公共影响，它们属于由大众传媒主导的公共领域的市民社会基础设施"。[①] 我们不妨把"闸门模式"中"中心—边缘"的具体构成列入表3。

表3 "闸门模式"中"中心—边缘结构"的具体构成

<table>
<tr><th></th><th colspan="2">"中心—边缘结构"的具体构成</th></tr>
<tr><td>中心</td><td colspan="2">政治系统的中心（具有正式决策权和事实性特权的机构）：行政、司法和包括议会、政治选举和政党竞争在内的"合法化系统"，即民主的意见和意志形成过程</td></tr>
<tr><td></td><td colspan="2">内部边缘（行政机关外圈形成的具有自治权或国家委托的监督权和立法权的机构）：大学、公共保险系统、专业机构和协会、慈善组织、基金会等</td></tr>
<tr><td rowspan="2">边缘</td><td rowspan="2">外部边缘</td><td>"接受者"（在不甚透明的社会部门中履行协调功能的机构）：在公共机构和私人组织、商业协会、工会、利益集团等中出现的复杂网络</td></tr>
<tr><td>"供给者"（对社会问题发表意见、提出广泛要求、阐明公共利益或需要，从而试图影响政治进程的团体、协会和组织）：市民社会组织，包括代表团体利益的组织；具有党派政治目标的社团；像专业学会、作家学会等文化组织；公共利益团体；教会或慈善组织</td></tr>
</table>

注："中心"与"边缘"的分割线之所以在"内部边缘"边框中间，是因为"内部边缘"既属于"中心"也属于"边缘"，是"中心"与"边缘"的过渡地带。

资料来源：作者自制。

① J. Habermas, *Between Facts and Norms: Contributions to a Discourse Theory of Law and Democracy*, trans. by William Rehg, Cambridge, Mass.: The MIT Press, 1996, p. 355.

在哈贝马斯构想的这种基于“闸门模式”的“双轨模式”中，位于“边缘”（特别是“外部边缘”）的市民社会和公共领域中由公共参与和公共商谈形成的非正式的“沟通权力”，与位于“中心”的正式的“政治权力”（立法权、行政权和司法权）双轨并行；但前者通过对后者所包含的各种“闸门系统”（system of sluice）倾注公共意见，而对后者进行常态性的民主监控，从而使其权力运行具有充分的合法化基础。

> 有约束力的决定要想具有合法性，必须由从外围开始的沟通之流（communication flows）来导控，并通过民主和宪法程序的闸门，这些闸门位于议会组织或法院的入口处（必要时，也可以在执行行政工作的部门的出口处）。这是排除这样一种可能性的唯一方法：行政组织的权力和影响着中心区域的中介结构（intermediate structures）的社会权力，具有相对于在议会组织中发展起来的沟通权力的独立性。①

“闸门模式”中“边缘”与“中心”的关系如图 2 所示。

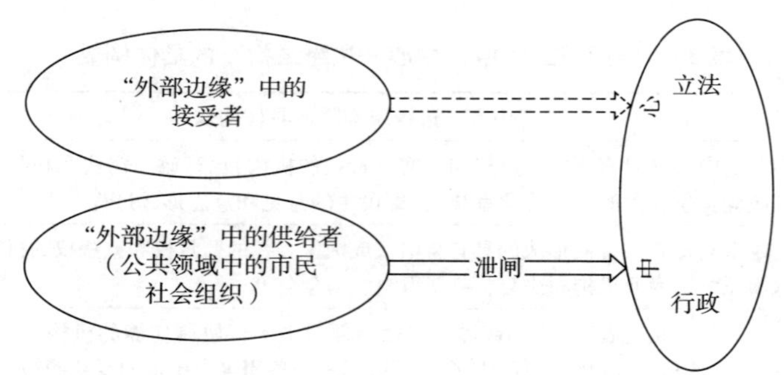

图 2 “闸门模式”中“边缘”与“中心”的关系

资料来源：作者自制。

在哈贝马斯构想的“闸门模式”中，“外部边缘”中的“接受者”（在公共机构和私人组织、商业协会、工会、利益集团等中出现的复杂网络）与“供给者”（公共领域中进行公共商谈的市民社会组织），均通过位于政

① J. Habermas, *Between Facts and Norms: Contributions to a Discourse Theory of Law and Democracy*, trans. by William Rehg, Cambridge, Mass.: The MIT Press, 1996, p. 356.

治系统中心的“闸门系统”倾泄公共意见。不过，“由于其具有非正式、高度分化和错纵交织的沟通渠道”，后者“构成了真正的边缘”①，其与中心的互动亦构成了“闸门模式”的主要方面。正是基于这种考虑，图2把“接受者”与政治系统中心的关系以虚线显示，把“供给者”与中心的关系用实线呈现出来。

从“围攻模式”到“闸门模式”，最具实质性的变化，的确是哈贝马斯所说的承诺了“更广泛的民主化过程”。这主要体现在：公共领域形成的“沟通权力”对行政权力（包括司法权力）的约束，不再以立法权（“合法化系统”）为中介，它们实施的“造法”活动，开始经由它们所具有的民主的意见和意志形成的“闸门系统”，即位于“法院的入口处（必要时，也可以在执行行政工作的部门的出口处）”的“闸门系统”，接受位于“（外部）边缘”的公共领域中的公共商谈——特别是“证成性商谈”——的约束。“公共领域中的沟通循环，尤其容易受到社会惰性的选择性压力的影响；然而，由此产生的影响力只有通过民主程序的闸门，并渗透进由宪法组织起来的整个政治系统中，才能转化为政治权力。”②

四　代结语：关于哈贝马斯程序主义法治观的学理检视

从对法律的“商谈之维”和现代法律的“两重性”（事实性与规范性）的揭示出发，经由对权利体系和“法治国”诸原则的理论重构，哈贝马斯最终为我们系统建构了一种程序主义的法治观。这种程序主义的法治观，把法治与民主内在地结合了起来，承诺了一种程序主义的人民主权观，并最终以“基于闸门模式的双轨模式”呈现为一种基于“商谈民主”的法治模式。

（一）统合“形式法治”与“实质法治”的程序主义法治观

哈贝马斯的这种程序主义法治观，力图以“商谈原则”为基础，把

① J. Habermas, *Between Facts and Norms*: *Contributions to a Discourse Theory of Law and Democracy*, trans. by William Rehg, Cambridge, Mass.: The MIT Press, 1996, p. 356.

② J. Habermas, *Between Facts and Norms*: *Contributions to a Discourse Theory of Law and Democracy*, trans. by William Rehg, Cambridge, Mass.: The MIT Press, 1996, p. 327.

“形式法治”与“实质法治”内在地统合起来。由于强调法律的事实性（社会有效性、实证性、强制性、确定性等），哈贝马斯式的程序主义法治高度尊重了“合法律性”原则，从而顺应了作为现代法治基础的“形式法治”原则。但同时，由于凸显了法律的有效性（规范有效性、合法性等），它亦把法律的合法性作为法治的基础，并以“商谈原则”为基础，把可容纳道德内容（由“道德商谈”确保）的程序合理性作为法治的基础，从而亦具有“实质法治”的内涵。

在哈贝马斯看来，现代法治仍应以“形式法治”为基础，但有赖于“形式法治”与“实质法治”的相互交错；其规范性条件是：立法程序将基于“程序普遍性”（商谈参与主体的普遍性）的法律商谈制度化，而法律商谈本身又可容纳道德性商谈。就前者而言，这乃因为“唯有当法律规范创制和适用的程序也是合理产生的，即具有道德—实践意义上的程序合理性，以合法律性为中介的合法性才成为可能”[①]；就后者而言，这乃因为“基于合法律性的合法性归功于两种程序——法律过程与遵循着自身的某种程序合理性的道德论证过程——之间的相互交错（interlocking）”。[②] 故此，哈氏很大程度上形成了一种“基于形式法治观的实质法治观”。

哈贝马斯的这种“基于形式法治观的实质法治观”，是与其“基于合法律性的合法性”模式相呼应的——两者均以体现“程序合理性”（procedural rationality）或程序主义人民主权观的“商谈原则”为基础，实现了“形式法治”（合法律性）与“实质法治”（合法性）的相互交融。在这个意义上，我们既可以把哈氏以“程序主义法治观”统合“形式法治观”与“实质法治观”的努力，解读为他以“程序合理性”统合“形式合理性”和“实质合理性”的理论构想在法律领域的表现，亦可以将其解读为法律的事实性与有效性之间的张力——现代法律的“两重性”——在法治领域的表现，而哈贝马斯回应和化解这种张力的出路，即是以“商谈民主”体现出来的一种程序主义民主观。

---

① J. Habermas, “Law and Morality,” trans. Kenneth Baynes, in S. M. McMurrin (ed.), *The Tanner Lectures on Human Values*, Vol. 8, Salt Lake City: University of Utah Press, 1988, p. 230.

② J. Habermas, “Law and Morality,” trans. Kenneth Baynes, in S. M. McMurrin (ed.), *The Tanner Lectures on Human Values*, Vol. 8, Salt Lake City: University of Utah Press, 1988, p. 230.

（二）对哈贝马斯程序主义法治观的批判

哈贝马斯的程序主义法治观提出后，面临着左右两翼及"家族内部"的批判。以下三种从不同思想立场展开的学术批判，揭示了哈氏程序主义法治观的学理限度。

一是以马什为代表的激进左翼对哈贝马斯的批判。在《非正义的合法律性：对哈贝马斯法律哲学的一种批判》（*Unjust Legality: A Critique of Habermas's Philosophy of Law*）一书中，马什从激进左翼的立场批判了哈贝马斯对资本主义社会不平等的忽视。马什直言不讳地指出："哈贝马斯和我的确不是生活在同样的社会世界。"我们的确需要民主，但"我们生活在一个种族主义、性别主义、异性恋主义的资本主义社会，这一社会性质不仅与民主而且同正义和人类的福祉在结构上相抵牾"。① 马什列举了哈贝马斯所面临的十三大矛盾或问题，包括：程序主义范式与资本主义现实之间的矛盾；民主与资本主义之间的矛盾；《在事实与规范之间》与早期作品（如《合法化危机》《通向一个合理的社会》）关于合法化论述的矛盾；政治参与权与社会文化生态权利之间，及权利的垂直起源与水平起源之间的矛盾；对资本主义社会在社会、理论和经验上不充分的理论化；沟通行动隐含的乌托邦抱负与其资本主义表现之间的矛盾；公共领域的完全民主要求与资本主义公共领域的现实和可能之间的矛盾；在事实性和有效性与真实矛盾之间的概念协调的矛盾；对晚期资本主义所有不正义方面的现代主义和意识形态性的证成；哈贝马斯声称其程序性模式不与任何特定社会相联系与其或隐或显地与资本主义社会相联系之间的矛盾；对权利体系不充分的法律建构，导致并强化了从第五章到第八章不充分的社会经验解释；对自由主义—共和主义之争的不充分克服；资本主义与法治之间的矛盾；等等。②

尽管马什的批判充满了对哈贝马斯的误解和偏见，但他其实对哈贝马斯提出了一个挑战：在晚期资本主义社会，如果不对资本主义制度进行正

---

① James L. Marsh, *Unjust Legality: A Critique of Habermas's Philosophy of Law*, New York: Rowman & Littlefield Publishers, Inc., 2001, p. 2.

② See James L. Marsh, *Unjust Legality: A Critique of Habermas's Philosophy of Law*, New York: Rowman & Littlefield Publishers, Inc., 2001, pp. 179 – 184.

统马克思主义的“政治经济学批判”，单单一个程序主义的“沟通共同体”（communicative community），何以真正保证政治与法律秩序的合法性特别是其道德上的可接受性？

二是以哈贝马斯一生的论敌、德国社会理论家卢曼（Niklas Luhmann，1927～1998年）为代表的右翼对哈贝马斯的批判。1992年9月，在美国卡多佐法学院举行的一场关于哈贝马斯《在事实与规范之间》的专题研讨会上，卢曼作了题为《影响到每个人的事务》（*Quod Omnes Tangit*）的发言。该文对哈氏的法律合法化理论进行了激烈的批判，其批评意见主要包括四个方面：其一，哈氏对事实性与有效性之间张力的描述，是一种混乱的描述；其二，法律实践并不能实现商谈原则所要求的那种理想状态：影响到每个人的事务要求获得所有受到影响的人的一致同意；其三，哈氏基于商谈民主的合法化理论过于重视立法过程，不符合当下的通行观念；其四，哈氏对理性和合法化的规范性理解缺乏一种反讽（irony）观念，最好的选择还是系统理论的客观主义路径。①

抛开哈贝马斯与卢曼在学术旨趣（批判理论 *vs.* 保守立场）、理论视角（观察者与参与者协调起来的视角 *vs.* 观察者视角）与研究路径（“系统—生活世界的二元论” *vs.* 系统理论）的区别不论，卢曼的系统理论及其批判立场事实上为哈贝马斯的程序主义法治观提出了一个难题：在复杂社会的背景下，将法治定位于可容纳“实质法治”的“形式法治”基础之上，进而维系于基于“闸门模式”的商谈民主，究竟可以在多大程度上确保对约简现代社会的复杂性具有根本意义的法律系统的自主性？

三是以雷格和博曼为代表的“家族内部”的批判。在其合著的《商谈与民主》一文中，雷格和博曼以“批判的修正者”姿态对哈贝马斯的程序主义法治观（商谈民主观）进行了批判和修正。在他们看来，哈氏的“双轨模式”，至少包含如下三个关于论证的假设：其一，就全体一致在政治领域具有可能性而言，哈氏必须假定：在不同类型的商谈之间，不存在任何棘手的冲突；其二，哈氏的商谈民主至少在原则上允许全体一致的同意表

---

① See Niklas Luhmann, “Quod Omnes Tangit: Remarks on Jurgen Habermas's Legal Theory,” trans. by Mike Robert Horenstein, in Michael Rosenfeld & Andrew Arato (eds.), *Habermas on Law and Democracy: Critical Exchanges*, California: University of California Press, 1998, pp. 159－169.

明：公民们总是能够把争议的合理商谈面向与其要求妥协的面向清楚地加以区分；其三，哈氏强烈地假定存在有关正确答案的理想化聚合。在他们看来，这些假设对商谈参与者作出了过高要求，从而会削弱商谈民主理论回应复杂社会的能力。为此，他们提供了一个较弱版本的商谈民主理论。这一理论建立在三个较弱的假设之上：首先，在多元化的社会中，商谈类型之间的冲突进而有关某个问题需要何种主张的争论是不可消除的；其次，民主的商议并不要求人们就如何区分问题的不同方面达成一致意见；最后，只要对所有的理由开放和包容，甚至不完全的商议也能代表一种基于较弱观点的认识论收益。为此，商谈必须满足如下三个条件：其一，非正式与正式商议的商谈结构使得不合理和站不住脚的论据较不可能决定商议的结果；其二，结构化的决策程序允许人们有可能修正论据、决定甚至程序，而这种修正要么具有被击败立场的特征，要么增加了上述立场被倾听的机会；其三，商议性的决策程序具有广泛的包容性，从而使得少数人可以理性地期待：他们在迄今仍不能具有影响力的很多方面影响着未来的结果。①

雷格和博曼对哈贝马斯要求强烈共识或一致（人们在正确答案上理想化聚合）的批判，与托马斯·麦卡锡对哈氏预设了"存在一个正确的答案"的批判有着紧密的关联。麦卡锡指出：

> 哈贝马斯的程序主义将合法性与公正性（impartiality）相联系，进而与合理的商谈和公平的妥协相关联。由于不同类型的商谈（实用的、伦理的和道德的）在他看来都能就相关问题的正确解决达致某种形式的合理一致，基于程序的合法性就与基于合理可接受性的合法性联系了起来；商谈程序形式上正确的结果，亦获致了实质上合理可接受性这样一个假设。但是，伦理—政治性分歧大体上并不总是可以达致一个正确的答案的，就像妥协一样，对它们的程序化解决也并不总是——甚至理想地说——对所有当事人都具有基于同样实质性理由的可接受性。它们有时对某些成员而言只具有间接的可接受性，即作为程序上正确

① 参见〔美〕雷格、博曼《商谈与民主：〈在事实与规范之间〉中合法性的正式与非正式基础》，载孙国东《合法律性与合道德性之间：哈贝马斯商谈合法化理论研究》，复旦大学出版社，2020，第346～357页。

或正当的结果而具有可接受性。[①]

抛开哈贝马斯对“共识”或“一个正确答案”的预设不论，雷格和博曼的上述批评意见，其实对哈氏的程序主义法治理论提出了一个挑战：基于商谈原则的程序主义法治观，如何将商谈理论中的分析合理性转化为商谈实践中的政治可行性？

① Thomas McCarthy，“Legitimacy of Diversity：Dialectical Reflections on Analytic Distinctions，” in Michel Rosenfeld & Andrew Arato（eds.），*Habermas on Law and Democracy*，California：University of California Press，1998，pp. 146 – 147.

·博士研究生论坛·

隐秘而伟大的权威：从霍布斯到奥克肖特

潘梦璐*

（东北师范大学政法学院，吉林长春）

摘　要：霍布斯的《利维坦》论述了自然状态下的个体如何转让权利、订立契约、建立国家的可能，留下了主权权威与个人权利之关系的百年争论。跨越三个世纪，为对抗政治中的理性主义，奥克肖特回到霍布斯哲学，探索公民联合的权威宪制。但是，公民联合因缺乏共同目标而遭到质疑。如果结合“利维坦”的隐而不显的特性，人们或许更易理解公民联合不谈目标的政治实践。奥克肖特着力发掘隐秘而伟大的权威，为保护自由个体道德作出了理论贡献。

关键词：奥克肖特；公民联合；霍布斯；权威

在西方政治哲学中，权力和权利之间的关系是研究者们聚讼不下的重要议题。具体来看，在现代国家中，权力常常与公共、政府、国家等相关，权利的主体则主要是作为个体的公民，权力的扩张伴随着权利的收缩，因而，权力和权利之间似乎形成了一种此消彼长的竞争关系。循此思路，要想保护个人权利，就得限制公共权力，确有不少研究者是这样主张的。

英国政治哲学家奥克肖特（也可译作欧克肖特）也十分关注公民个体，然而他却没有使用时下流行的政治话语，而是选择了“权威”作为其公民

* 潘梦璐，东北师范大学政法学院讲师，清华大学社会科学学院博士，研究方向为政治学理论、西方政治思想史。

联合的重要属性，开展一系列讨论，既打击了理性主义政治，又伸张了自由个体道德。但是后来，奥克肖特所提出的避及目标的公民联合也招致了批评，如公民联合是没有作为的、不切实际的甚至是反政治的。①

如何理解奥克肖特公民联合的构想，其合理性在何处？研究者或可从霍布斯哲学中找到答案。奥克肖特的公民联合并不是软弱无力的，而是像“利维坦”那样隐而不显，它要遵循法治的限制条件，寻求自由和权威的平衡。本文的第一部分将简述霍布斯的主权和臣民的关系；第二部分将说明奥克肖特对霍布斯公民哲学的解释和演化；第三部分将分析奥克肖特公民哲学，借用利维坦的构想回应人们对奥克肖特的批评，最后重思权威的意义。

一　霍布斯《利维坦》中的主权与臣民

《利维坦》被誉为“英语写就的最伟大的政治哲学著作”。② 霍布斯以其精妙的语言、严谨的思维将其关于“利维坦”（即国家）的构想展现出来。在霍布斯的笔下，个人在欲望、嫌恶等激情的影响下行动，其中，恐惧是关系到人类是幸福还是苦难的重要因素，“使人倾向于和平的激情是对死亡的畏惧”。③ 在自然状态下，个人相互猜忌、各自为战，随时有生命危险。最终，人们决定走出自然状态，制定和平的约定，建立伟大的“利维坦”，“通过这样的方式保全自己，并因此得到更为满意的生活”。④

（一）“利维坦”之显：主权权威

为了摆脱肮脏、不安的自然状态，相互疑惧的个人不得不寻找联合的出路。但是，少数人的联合只会引起力量不均的侵略战争，依然走不出自然状态。人们迫切需要一个强大的力量，它会寄托所有人和平的希望——这就是伟大的“利维坦”，即“一大群人相互订立信约，每人都对它的行为

① 如：大卫·凯特尔（David Kettler）、阿奇尔（J. R. Archer）、谢尔顿·沃林（SheldonWolin）、汉娜·皮特金（Hanna Pitkin）等人都批评过奥克肖特的政治哲学。详见本文第三部分。

② Michael Oakeshott, *Hobbes on Civil Association*, Indianapolis: Liberty Fund, 2000, p. 3.

③ 〔英〕霍布斯：《利维坦》，黎思复、黎廷弼译，商务印书馆，2012，第97页。

④ 〔英〕霍布斯：《利维坦》，黎思复、黎廷弼译，商务印书馆，2012，第128页。

授权，以便使它能按其认为有利于大家的和平与共同防卫的方式运用全体的力量和手段的一个人格”。[1]

根据霍布斯的定义，“利维坦”建立后，出现了主权者与臣民。其中，主权者是被授权和担负责任的一方，臣民是渴望和平并转让权利的一方。首先，主权者要承担重要的职责：对内维护国家和平，对外抵抗敌人侵略。尤其在生死存亡之际，主权者必不辱使命，发挥其强大的力量，震慑人心，稳定秩序。“利维坦”的主权就如令人忌惮的海兽利维坦一样强大。

霍布斯将主权国家分为以力取得的国家与按约建立的国家。以力取得的国家，顾名思义就是通过武力威慑而建立的国家，个人可能因害怕生命受损或遭到监禁而臣服于主权者。不过，在建国后，主权者确实应该尽到职责。在国家中，主权具备最高的权力，“人们允许权力不受限制……政府可以做任何事情，而且不会出错”。[2] 一切事务都要经由主权定夺，臣民不能无故损害、剥夺主权。主权以宗法和专制的方式实现交接，有利于和平与稳定。

按约建立的国家则是个体推举出主权者，向其转让权利，为其授权，达成信约。根据统治者的多寡，可以进一步区分出君主国家、贵族国家、民主国家及其变体。无论采取哪种政体，霍布斯明确了主权权力必须是完整的。在霍布斯看来，主权分割是内战的根源，必须竭力规避风险。1641年斯特拉福德（Strafford）遭迫害，1649年查尔斯一世被处决，这些历史事件可能加深了霍布斯对于主权的执念：使他更坚定地捍卫主权权威。[3]

在霍布斯笔下，主权特别需要保障：第一，臣民不可废黜主权，否则便是背信弃义的；第二，臣民不能以取消主权为借口，解除对主权的服从[4]；第三，人们应欣然接受主权的决定，因为它们是获得了大多数臣民同意的。主权不仅不能被随意剥夺，而且涵盖了国家事务的方方面面，包括立法、司法、审查、甄选、赏罚、媾和、宣战等内容。

---

① 〔英〕霍布斯：《利维坦》，黎思复、黎廷弼译，商务印书馆，2012，第132页。

② Rex Martin, “Hobbes and the Doctrine of Natural Rights: The Place of Consent in His Political Philosophy,” *The Western Political Quarterly*, Vol. 33, No. 3, 1980: 390.

③ Michael Green, “Authorization and Political Authority in Hobbes,” *Journal of the History of Philosophy*, Vol. 53, No. 1, 2015: 45.

④ 〔英〕霍布斯：《利维坦》，黎思复、黎廷弼译，商务印书馆，2012，第134页。

霍布斯偏爱主权事出有因。首先，在逻辑上，霍布斯对战争状态与“利维坦”进行了鲜明的对比：“任何政府形式可能对全体人民普遍发生的最大不利跟伴随内战而来的惨状和可怕的灾难相比起来或者跟那种无人统治，没有服从法律与强制力量以约束其人民的掠夺与复仇之手的紊乱状态比起来，简直就是小巫见大巫了。”[①] 也就是说，只要想一想悲惨的战争状态，那么无论采取何种政府形式，人们都愿意接受它，因为主权是安全、和平、稳定的。其次，在历史上，英国面临严重分裂和内战，“霍布斯将矛头指向英格兰教会……主教宣称能决定其教义和祈祷仪式，从根本上挑战国王的权力”。[②] 在英国，王权和教权的斗争激烈，霍布斯以陆地上的怪物“贝希摩斯”指代教权，以海洋中的猛兽“利维坦”表示主权，二者针锋相对，主教及教会就是挑战主权、引起混乱的罪魁祸首。霍布斯必须伸张主权权威，他指出主权“对于宗教和世俗两方面与言论及行动有关的一切都具有最高权力”。[③]

不管是以力取得的国家，还是按约建立的国家；不管是君主国家，还是贵族国家、民主国家；不管是从理论逻辑上，还是从历史现实上，霍布斯都十分重视伟大的“利维坦”的主权权威。为了保障个人的安全与权利，伟大的“利维坦”诞生，它终止战乱、保护和平，在必要时显现自己的威严。

（二）“利维坦”之隐：法律与臣民

关于“利维坦”的故事尚不完整，还有一个部分——臣民的自由与法律的限制。首先，自由的原意是“没有阻碍的状况，我所谓的阻碍，指的是运动的外界障碍”。[④] 自由一词主要用于形容人，指人不受阻碍地做他愿意做的事情。霍布斯认为，个人本来就是自由的（自然状态中的人），个人可以根据自己的欲望或嫌恶行动，做自己的事情。

在“利维坦”中，自由发生了微妙的变化。“正如人们为了取得和平并由此而保全自己的生命，因而制造了一个人为的人，这就是我们所谓的国

① 〔英〕霍布斯：《利维坦》，黎思复、黎廷弼译，商务印书馆，2012，第141页。

② 〔英〕保罗·西沃德：《〈贝希摩斯〉简介》，载〔英〕托马斯·霍布斯：《贝希摩斯——英国内战缘由史》，李石译，北京大学出版社，2019，第viii页。

③ 〔英〕霍布斯：《利维坦》，黎思复、黎廷弼译，商务印书馆，2012，第443页。

④ 〔英〕霍布斯：《利维坦》，黎思复、黎廷弼译，商务印书馆，2012，第162页。

家一样，他们也制造了称为国法的若干人为的锁链。”① 法律的出现意味着人不能像自然状态那样随心所欲，人的行为会受法律的限制。因而，行为可以被进一步区分：有的行为被法律禁止，如果去做就是违法；有的行为并未受到管束，依然属于个人自由的行为。从自然状态到国家，自然的自由转变为臣民的、政治的自由②，法律与臣民的自由相关联。

一方面，法律必须对个人的行为加以限制，这是为了更好地维护和平与稳定。虽然自由是美好的，但是如果不加限制，每个人享有绝对的自由，随心所欲地做自己想做的事情，那么人类世界只会陷入战争状态。例如为了获得某物，人们争得头破血流；为了占据某块土地，人们烧杀抢掠等。在没有强大、公正的主权之前，绝对的、毫无限制的自由更可能引发灾难。

个人选择服从主权，因为主权可以为其提供应有的保护。法律可以禁止或者惩罚犯罪，如杀害、虐待、殴打、强奸、抢劫、贪污、诈骗等，降低人们的受害风险。政府还可以征税，建立治安队、警察、军队等机构，提供安全保障。需要明确，法律对个人自由施加限制，这种限制只是手段，其目的是保护生命安全——臣民将权利托付给国家就是为了自我保护。

另一方面，法律并未管理所有的行为，给个人留有一定的自由行动的空间。“那些既没有被命令也没有被禁止的事情几乎肯定有无数多件，每个人都可以按自己的意志去做或者不做什么。”③ 制定和服从法律是为了保护自身，而非其他目的。法律无意关注也不会禁止那些没有伤害旁人的行为，这些就是个人自由的空间了。

在这个意义上，霍布斯提出了臣民自由。“臣民的自由是……从建立主权的目的——臣民本身之间的和平和对共同敌人的防御——中去推论。”④ 自然状态中的人也是自由的，但那是不同的自由。在主权建立后，个人转让了自己的权利，以获得安全稳定的秩序，在法律的限制条件下自由行动。除了法律禁止的行为，其他行为不受限制，都是自由的。国家就像利维坦一样，只有在危机时才现身。如果风平浪静，利维坦只潜蛰于大海中，人

① 〔英〕霍布斯：《利维坦》，黎思复、黎廷弼译，商务印书馆，2012，第164页。

② Alan Ryan, *The Making of Modern Liberalism*, UK: Princeton University Press, 2012, p. 181.

③ 〔英〕霍布斯：《论公民》，应星、冯克利译，贵州人民出版社，2003，第141页。

④ 〔英〕霍布斯：《利维坦》，黎思复、黎廷弼译，商务印书馆，2012，第169页。

们依然可以享有个人自由。

（三）何去何从：主权与臣民的关系

在霍布斯的构想中，为了捍卫和平、维护稳定，主权具有至高无上的权威，具有一切事务的决定权。法律是“专对原先有义务服从的人发布的那种人的命令……除开国家以外就没有人能制定法律”。[①] 臣民必须臣服于国家，不可以随意违背主权命令，或者试图废除主权。与此同时，臣民又享有“对国家无害且对公民的幸福生活甚为根本的自由”[②]，个人只要不犯法，不做法律禁止的行为，就是自由的。

然而，霍布斯关于主权权威、臣民自由的论述却在研究者那里引起了争论，它们似乎是相互矛盾的，甚至有人感叹主权和个体就像在进行零和博弈。[③] 这场争论的双方各执一词，非要在二者间分出胜负。要么主张权威才是最重要的追求，要么试图寻找个体优先的证据。

一方面，有的研究者认为，霍布斯是站在为主权权威辩护的立场上讨论主权与个体关系的。如施特劳斯称，在不同政体之间，霍布斯显然更加支持君主制[④]，这意味着，现代的个人自由并非霍布斯最为珍视的价值。任剑涛指出，如果将霍布斯放置在近代政治哲学中，就不难发现，霍布斯致力于解决国家如何强大的问题，到洛克那里才关注国家如何规范的问题。[⑤] 即霍布斯关注国家主权的强大，而非规范政府、限制权力。迈克尔·格林立足霍布斯的时代背景，强调霍布斯是在目睹英国处死君王后，才格外重视主权权威的地位的，霍布斯不希望类似的悲剧再次上演。[⑥]

另一方面，随着时间的推移，渐渐出现了一批认为霍布斯是支持个人自由与权利的阐发者。如艾伦·莱恩主张，霍布斯提出了智识的、道德的、

---

① 〔英〕霍布斯：《利维坦》，黎思复、黎廷弼译，商务印书馆，2012，第206页。

② 〔英〕霍布斯：《论公民》，应星、冯克利译，贵州人民出版社，2003，第142页。

③ James Read, "Thomas Hobbes: Power in the State of Nature, Power in Civil Society," *Polity*, Vol. 23, No. 4, 1991: 507.

④ 〔美〕列奥·施特劳斯：《霍布斯的政治哲学》，申彤译，译林出版社，2012，第71页。

⑤ 任剑涛：《建国的三个时刻：马基雅维利、霍布斯与洛克的递进展现》，《社会科学战线》2013年第2期，第189页。

⑥ Michael Green, "Authorization and Political Authority in Hobbes," *Journal of the History of Philosophy*, Vol. 53, No. 1, 2015: 45.

政治的个人主义，是个人主义的坚定支持者。[①] 大卫·戴岑豪斯认为，梳理霍布斯的“自然法”可以发现，人们往往只关注第1~2条，而忽视了其他自然法，第3~10条是关于道德心理学的，第11~19条是关于法律秩序的，它们都体现出霍布斯对个人权利的重视。[②] 哈伦布鲁克则从臣民的反抗入手，指出社会契约有退出机制，如果主权者不能保护臣民，臣民就可以进行反抗。[③]

以上研究者试图在霍布斯的主权权威与个人自由之间分出高下，结果不外乎：主权权威才是决定性的，或者个人自由更值得重视。不过，也有研究者试图调和二者的关系。如马修·霍耶从臣民与主权者的美德出发，综合考虑了霍布斯的意图，指出霍布斯既想要告诉臣民如何服从主权者，又想要指导主权者如何进行合法地统治。[④] 这不失为一次有价值的尝试。综上所述，在霍布斯政治哲学中，主权权威与臣民个体的关系仍是一个复杂的、有待解决的问题。

二 为《利维坦》注解：公民联合之权威

现在，我们已经对霍布斯哲学中关于主权与个体的争论略知一二。时光一转来到20世纪，英国哲学家奥克肖特正为政治中的理性主义深感担忧。理性主义使政治家一心追求集体目标，践踏个人自由；也使思想家只注重技术知识，弘扬意识形态，忽视政治的暗示。有鉴于此，奥克肖特试图到霍布斯处寻找思想资源，毕竟霍布斯曾公正地讨论了近现代历史中的个体性历程。[⑤]

奥克肖特将霍布斯哲学的主题定为人类的普遍困境，即被激情所左右的个体相互竞争、彼此为战的自然状态，解决之道在于权威至上、自由法

① Alan Ryan, *The Making of Modern Liberalism*, UK: Princeton University Press, 2012, p. 186.

② David Dyzenhaus, "Hobbes and the Legitimacy of Law," *Law and Philosophy*, Vol. 20, No. 5, 2001: 472-473.

③ Christopher Hallenbrook, "Leviathan No More: The Right of Nature and the Limits of Sovereignty in Hobbes," *The Review of Politics*, Vol. 78, No. 2, 2016: 196-199.

④ Matthew Hoye, "Obligation and Sovereign Virtue in Hobbes' Leviathan," *Law and Philosophy*, Vol. 20, No. 5, 2001: 45.

⑤ 〔英〕迈克尔·奥克肖特：《哈佛演讲录——近代欧洲的道德与政治》，顾玫译，上海文艺出版社，2003，第23页。

治的公民联合。奥克肖特重释权威的特性及来源、法治的联合、个体的道德等。此举既为“权威与自由何以协调”的霍布斯难题提供了答案，也为日后奥克肖特构建自己的公民哲学打下了基础。

（一）公民联合单一至上的权威

奥克肖特从霍布斯的人性公理中推导出国家诞生的可能：“缔约者授权产生统治者正是契约的目的，缔约者按照契约结合为一个人格，成为臣民，将自己从人人自危的战争状态中解脱出来。这个人造人被称为国家（Commonwealth 或 *Civitas*）。”① 他尝试将霍布斯的国家阐释成自己心目中理想的公民联合的样子。首要的是，国家应该具有单一至上的主权权威。

主权权威主要体现在法律上：“权威一经确立，只有主权者有权制定、执行、裁决法律问题。”② 主权不仅要将法律公之于世，而且必须明确国家法律出自主权的意志。奥克肖特注重权威的单一至上，这样的国家才强大，才能获得稳定的秩序。如果一国之内出现两个权威，可能使臣民误以为存在两个国家，权威混乱可能导致国家分裂或内战。③

奥克肖特设身处地地站在霍布斯所处的 17 世纪英国的时代背景之下。那个世界充斥着危险，有人主动加入战斗、魂断战场，也有人遭遇劫掠、流离失所。国家分裂，若干派别，如保守派、改革派、专制派、立宪派、独立派等争斗不止，旧有的权威一落千丈，国家亟待单一至上的主权回归。奥克肖特的阐释符合霍布斯想要结束战争、走向和平的愿望。

霍布斯将国家视作“一大群人相互订立信约，每人都对它的行为授权，以便使它能按其认为有利于大家的和平与共同防卫的方式运用全体的力量和手段的一个人格”。④ 奥克肖特十分重视此处被授权的人格，即作为代理的公职（office）。“尽管公职可能被一个或多个在职者占据，但是，在官方言行中，它应该保持单一（single）、至上（sovereign）的特性。”⑤

奥克肖特认为，首先，国家公职可能被一个或多个在职者占据，霍布

① Michael Oakeshott, *Hobbes on Civil Association*, Indianapolis: Liberty Fund, 2000, p. 43.

② Ian Tregenza, *Michael Oakeshott on Hobbes*, UK: Imprint Academic, 2003, p. 101.

③ 这主要是针对当时英国的君权和神权之争而言的。

④ 〔英〕霍布斯：《利维坦》，黎思复、黎廷弼译，商务印书馆，2012，第 132 页。

⑤ Michael Oakeshott, *Hobbes on Civil Association*, Indianapolis: Liberty Fund, 2000, p. 42.

斯设想的可能是君主制政府，也可能是贵族制、民主制政府，这是不确定的，奥克肖特并不想揣测霍布斯的偏好；其次，无论是哪种政体，无论统治的人数多少，主权都应该具有单一至上的权威，它不能被派系分裂，也不能任由人挑战，得是最高的特性才行。

这是奥克肖特注解《利维坦》的一个特色：在霍布斯的原文中，确实存在几种按约建立的国家（君主国家、贵族国家、民主国家等）。其他学者往往关注霍布斯对不同政体的论述，着力将霍布斯塑造成为君主专制的辩护人，因而霍布斯的形象是逆时代的、负面的；奥克肖特的解读则有意弱化政体问题，甚少提及，而是从权威出发，分析主权的单一至上性。

奥克肖特试图打破人们对于霍布斯的固有印象，即为君主的绝对专制背书。其他研究者主张，霍布斯极力推崇全能的君主制。奥克肖特却使读者相信“没有任何证据表明，霍布斯构想的是全知全能的政府”。[①]“理性没有给出终极的答案，我们应该重视权威的统治。”[②] 霍布斯政治哲学是关于主权权威的哲学，其重点是如何统治（how，是否权威），而非谁去统治（who，君主还是议会）。

因此，尽管其他研究者指责霍布斯是专制主义的，但是奥克肖特却不以为然：霍布斯倡导主权单一至上不等于支持专制暴政，也不是践踏个人自由。奥克肖特将霍布斯哲学的重点定位为“权威”，将理论议题从“政体形式”（君主制、贵族制、民主制）转向“政府特性”（权威地统治）。他试图证明，国家是单一至上的公民联合，它有充足的权威让民众服从，并维持和平与稳定。

（二）公民联合的法治与自由

奥克肖特认为，在公民联合中“不存在意志和谐，不存在共同意志，不存在公共善；它的一体性只在于代表的单一性，只是以代表的意志代替许多相互冲突的意志”。[③] 虽然代理人的权威单一至上，但是这个主权可以

① Elizabeth Corey, *Michael Oakeshott on Religion, Aesthetics and Politics*, Columbia and London: University of Missouri Press, 2006, p. 201.

② Michael Oakeshott, *Hobbes on Civil Association*, Indianapolis: Liberty Fund, 2000, p. 44.

③ Michael Oakeshott, *Hobbes on Civil Association*, Indianapolis: Liberty Fund, 2000, p. 65.

是君主、贵族或者代表会议。公民联合的重点不在于政府形式（具体某种政体），而在于权威特性（单一至上）。

进一步的，奥克肖特将霍布斯的国家解读为一种法治的公民联合，主要关注国家如何在法律的基础上保障个人自由（即法治国家与个人自由）。真正的自由不是为所欲为（无障碍地进行任何活动），自由也需要适当的限制，如市民法对违法行为的管制和惩罚。虽然法律对行为提出了限制条件，但这并不等于个人完全失去自由，而是联合者在和平条件下享有自由。法律被臣民广泛知晓和遵守，规制着国家正义，保护着个体臣民。[①]

公民联合的法律有适当的管辖范围，虽然主权者可以“利用法律来约束（regulate）人的行为，但它不会也不能指示（prescribe）人的行为”。[②]只要臣民遵纪守法，那么法律规定就不会妨碍个人自由。法律只提供适当的行为限制条件，而不是指示臣民的具体行动（一言一行），法律的作用没有那么大。所以，公民联合为个人留下了广阔的自由空间。

可以说，在公民联合中，法无禁止皆可行。“臣民的自由源自法律的沉默……他们享有来自契约的具体形式的自由，即霍布斯所谓的真正的自由。”[③] 法律只针对部分有害行为令行禁止，而在法律规定范围外，臣民可以自由地行动，这才称得上是真正的臣民自由。总之，奥克肖特将霍布斯的臣民的、政治的自由解读成了法治保障的自由。

公民联合是奥克肖特理想的人类联合模式，但是这并不是说它就是完美的。奥克肖特也承认，公民联合不是什么至善完美之选。“它是消极的恩赐，它只能让被追寻的事物成为可能。”[④] 公民联合无法向公民作出共同目标的承诺，无法百分百确保公民过上幸福的生活，它只能减少人们在追求福祉时遇到的阻碍。[⑤] 对于个体公民来说，加入公民联合是一种可欲而又可取的选择。

---

① Kenneth McIntyre, *The Limits of Political Theory*: *Oakeshott's Philosophy of Civil Association*, UK: Imprint Academic, 2004, p. 148.

② Michael Oakeshott, *Hobbes on Civil Association*, Indianapolis: Liberty Fund, 2000, p. 48.

③ Michael Oakeshott, *Hobbes on Civil Association*, Indianapolis: Liberty Fund, 2000, p. 48.

④ Michael Oakeshott, *Hobbes on Civil Association*, Indianapolis: Liberty Fund, 2000, p. 79.

⑤ Elizabeth Corey, *Michael Oakeshott on Religion*, *Aesthetics and Politics*, Columbia and London: University of Missouri Press, 2006, pp. 200 – 201.

奥克肖特试图证明霍布斯并非专制的鼓吹者。虽然霍布斯倡导主权权威单一至上，但是他也强调法律提出的限制条件。法律不会完全指挥个人采取什么行动，只会提供限制性的行为条件，只是禁止那些伤害他人的恶劣行为。而在法律禁止的范围之外，公民有多种不同的行为选择，可以自由自在地生活。在这个意义上，“奥克肖特将霍布斯视作以独特个体为起点的伦理学家，宣称霍布斯提供了关于个体道德的最深刻的哲学阐释”。①

（三）《利维坦》：文明神话与传统暗示

《利维坦》被视作英语写就的最伟大的政治哲学著作，引起了广泛的关注和讨论，包括霍布斯使用的研究方法。当时，霍布斯在科学界也结交了不少朋友，如伽利略、笛卡尔、培根等，他对科学产生了浓厚的兴趣，在他的政治哲学中也采用类似的方法，如分解—综合方法、几何原理等。他试图构建出一种研究人类行为的善与恶的科学的道德哲学，并以此为傲。②

霍布斯的尝试收到了不同的反馈。有的研究者赞同他的做法，认为他是近代科学唯物主义的先锋；有的研究者则认为他的尝试失败了，科学和哲学并未结合得很好。如施特劳斯就指出，科学只是霍布斯政治哲学的表征，其真正的道德基础是一种人本主义道德，这种哲学基础是先于欧几里得和伽利略的科学原理的。③ 霍布斯确实试图灵活应用自己接触到的知识，但是他的尝试并没有达到预想的效果。

奥克肖特赞同，霍布斯的重要成就并不是在科学方法上，而是在公民哲学上。奥克肖特将霍布斯的国家解读为公民联合。在公民联合中，主权单一至上是必要的，它有利于法律的执行、和平的持存、正义的彰显；另外，公民联合必须保障个体自由与权利，法无禁止皆可行。公民联合的法律并不指示所有的人类行为，只提供行为所需遵守的限制条件，将更多的自由还给公民个人。

在奥克肖特眼中，《利维坦》不仅是一部哲学著作，更是一部文学著

---

① Efraim Podoksik, *In Defense of Modernity: Vision and Philosophy in Michael Oakeshott*, UK: Imprint Academic, 2003, p. 173.

② 〔英〕霍布斯：《利维坦》，黎思复、黎廷弼译，商务印书馆，2012，第 122 页。

③ 详见〔美〕列奥·施特劳斯《霍布斯的政治哲学》，申彤译，译林出版社，2012，第八章。

作，一部关于文明的神话。“霍布斯的想象是一种创造神话的力量。《利维坦》是一个神话。”① 在他看来，人类一直处在模糊的梦境当中：此前，这个梦境被上帝的神话所主导，一切秩序皆由上帝而定，上帝具有神圣的权威；后来，霍布斯撰写了《利维坦》，提出了人类的普遍困境和解救之道，重新编织了一种个人主义的文明神话。

可以发现，《利维坦》被奥克肖特称为“梦境”“神话”“文学”。在旁人看来，这些概括都和精准的科学没有什么关联。不止如此，奥克肖特还指出科学的不足：“科学将人们从梦中叫醒，破坏神话，如果科学的课题实现了，那么人们会发现自己从深刻的黑暗中醒来，被可怕的失眠控制，这比做噩梦还难受。”② 这可能是因为，奥克肖特观察到科学对政治哲学的入侵，并逐渐形成政治中的理性主义，损害了个人自由。因此，奥克肖特希望《利维坦》不那么科学、精确。

奥克肖特将霍布斯的国家解读为主权权威与个人自由协调相伴的公民联合，将其打造为个人主义的神话。同时，他也从中获得了政治传统的暗示：“霍布斯通过契约路径人为建立的统一国家，其出发点是体现在每个人与每个人的契约关系中的双边形式性联合（societas），而终点则是体现在绝对性的共同代表身上的，实现和平与安全这一集体保存目的的实质统一体(universitas)。”③ 追随霍布斯的步伐，奥克肖特继续构建自由而权威的公民哲学。

三　奥克肖特公民哲学中的权威与道德

在霍布斯的影响下，“奥克肖特越发关注个体问题、法律秩序问题、现代政府职司问题等”。④ 他日积月累、笔耕不辍，终于将自己对公民哲学的

---

① Michael Oakeshott, *Hobbes on Civil Association*, Indianapolis: Liberty Fund, 2000, p. 15.

② Michael Oakeshott, *Hobbes on Civil Association*, Indianapolis: Liberty Fund, 2000, p. 160.

③ 李猛：《通过契约建立国家：霍布斯契约国家论的基本结构》，《世界哲学》2013 年第 5 期，第 104 页。奥克肖特公民哲学的两个重要原创性概念是公民联合（civil association/*societas*）、事业联合（enterprise association/*universitas*）。

④ Efraim Podoksik, *In Defense of Modernity: Vision and Philosophy in Michael Oakeshott*, UK: Imprint Academic, 2003, p. 173.

思考展现在《论人类行为》中。他从自我设定、自我表露的个体开始，认为个人具有道德实践的能力；个人生活在理想的公民联合中，这种联合遵循副词性的法律，具有特定的权威宪制。但是，奥克肖特后来遭到了不少批评，例如公民联合缺乏目标，软弱无力，不吸引人等。对此，研究者或许可以回到霍布斯哲学那里找到答案，公民联合像"利维坦"一样有着隐而不显的权威。

（一）人的个体倾向与道德

奥克肖特公民哲学始于对人类行为的分析。奥克肖特写下了他的定义："为了回应他们所理解的偶然处境，行为人做出了他们的自我表露和自我设定。为了达到想要的结果，行为人动用选择的情感，做出这样（而非那样）的言行选择。"[①] 人类行为由理解、自我设定、自我表露、道德实践等部分构成。

首先，人类具有理解能力。从对霍布斯的解读可知，"理性"并非人与人的差别（即 A 有理性，B 没有理性），而是人与其他动物的差别（即人有理性能力，其他动物没有）。奥克肖特继承了霍布斯的观点，提出了"理解"的问题。人类具有思维能力（intelligent），可以理解自己所处的境地，也可以理解其他人的行为和处境，并作出回应。在具体情境中，每个人都在理解其他人、理解所处的世界，也不断被其他人所理解。

进而，奥克肖特又提出自我设定（self-enactment）、自我表露（self-disclosure）。[②] 自我设定是个人对处境的理解和设想。在进入场景时，个人会综合以往的回忆、经验、期望等深思熟虑，在若干不同的选择中决定一个行动，人的行动不是单一的、必然的。自我表露是个体针对外界和他人作出的自己行动的表达。即个人的行动受外界的影响，可能需要其他人的理解、配合，因此需要进行说服、解释等自我表露。大体上，自我设定关乎人的行为动机，自我表露涉及人的行为表现[③]，它们共同作为人类行为的组成部分。

---

① Michael Oakeshott, *On Human Conduct*, Oxford: Clarendon Press, 1975, p. 86.

② Michael Oakeshott, *On Human Conduct*, Oxford: Clarendon Press, 1975, p. 41.

③ Kenneth McIntyre, *The Limits of Political Theory: Oakeshott's Philosophy of Civil Association*, UK: Imprint Academic, 2004, p. 72.

因此，人类行为没有明确的目标或绝对的指向。尽管人可以通过深思熟虑后再行动，但是他也无法确定其他人作何回应，可能一切进展得顺利，也可能会遭遇波折，而后，他会进入新的偶然处境，产生新的理解，作出新的行动。人的处境在不断变化，理解也在不断改变。因此可以说，人类行为是依具体情况而定的、偶然的、选择多样的、自由自在的。①

奥克肖特作出这样的论述是想要表达，人类行为（包括政治活动）应该是人的自由选择，而不该被谁安排、规定。个体行为的偶然自由与理性主义的共同目标是相悖的，人为制定的抽象目标只会损害个人自由。另外，在政治学说中，诸如社会意识、集体思想、人性本质等理论都是不可靠的，它们是抽象的、不完整的、以偏概全的解释。

每个人都是独特的个体，具有道德实践能力。道德实践不是指导手册中的教条，它就像语言一样自然而然地流淌，只有个人真正地进入到情境中说话才能掌握。奥克肖特提醒道："道德实践不是为了帮助人实现可欲的、实际状况的工具。"② 道德实践要排斥外在的、共同的实际目标。人类行为本就是它自己的目的，而不能成为实现其他目的的手段，这样才能保障自由个体道德。

（二）法治权威的公民联合

奥克肖特所刻画的行为人是为了实现愿望而自我设定、自我表露的自由人。然而，个人不是孤立地生活在世界上的，还要与他人共处，这就涉及人与人之间的关系（conduct inter homines），需要对处境及其他人的理解、回应与反思。自由的个人经过同意加入公民联合。在公民联合中，个体的行为需要遵守一定的限制条件，即法律（*lex*）。

奥克肖特理解的法律（*lex*）可不同于以往的法律（law）。法律（*lex*）具有副词性（adverbial）的权限范围。奥克肖特以刑法条款为例：法律并不禁止击杀（killing）、点火（lighting），只禁止蓄意谋杀（killing murderous-

① 这里的"偶然"（contingent）意思是，当两件事情一起发生，它们之间发生了偶然地触及（touch），这只能说明它们不排斥对方的存在，有可能同时发生，而不能说明它们有必然的关联。所以奥克肖特认为，那些声称发现了因果关系、科学规律的理论家是靠不住的，他们错误地将偶然当作了必然。

② Michael Oakeshott，*On Human Conduct*，Oxford：Clarendon Press，1975，p. 80.

ly)、恶意纵火（lighting a fire arsonically）。[①] 人们在烹饪时杀鸡、杀鱼，在停电时点蜡烛，在奥运会点圣火都是合法的。但是，因纠纷而蓄意杀人放火则是违法的，法律禁止这样的行为。

副词性的法律可以防止政府进行过度干预，损害自由个体道德。法律不可能穷尽所有的行为选择，不能做到全知全能，它只能在副词性上禁止一部分不良行为。副词性使法律的作用范围有限，它只负责维持良好的社会秩序，不对公民的个人生活指手画脚。因此这种法律可以较好地平衡自由与和平、稳定之间的关系。

在此基础上，奥克肖特提出了公民联合的权威宪制。首先是公民联合的司法职能。副词性的法律不是凭空而来的，而是从具体的情境、日常的实践中积累的。在联合中，法官根据矛盾双方的证据和说法，作出公正的判决，解释法律规则，其司法经验进入到法律体系中，法律变得更完善。其次是立法职能，即立法部门酌情修订法律（如法律的管辖权或具体条文，或废除过时的法律等）。最后是行政职能，公民联合需要有强制力的部门执行司法判决，或在部分领域提供公共服务。在联合中，司法、立法、行政等部门依据副词性的法律行事，构成了权威的宪制关系。[②]

与公民联合相对，奥克肖特还提出了追求共同目标、实际利益的事业联合。事业联合，顾名思义就是把政治变成经营管理的事业，由领袖制订统一的计划、共同的目标，发出强硬的指令，控制所有的行动，深入日常的生活，包括政治、经济、文化、思想等各个方面，如曾经的法西斯主义。事业联合主导下的国家极力贬抑个体权利与个人自由，联合者必须绝对忠诚于共同事业，不惜一切代价，乃至自我牺牲，这可能带来深重的灾难。因而，奥克肖特反对将事业联合特性作为现代国家的主导特性。

虽然奥克肖特赞扬公民联合，批评事业联合，但是这并不是他想要事业联合彻底消失。用一句话来概括事业联合与公民联合的关系：逻辑的对

---

① Michael Oakeshott, *On Human Conduct*, Oxford: Clarendon Press, 1975, p. 58.

② 不难发现，在奥克肖特心中，公民联合政府的职能排序是：司法、立法 > 行政。而且政府的行为必须遵循捍卫个体自由的副词性法律。奥克肖特的灵感来源于英国近代的普通法传统。详见 Andrew Sullivan, "Intimations Pursued: The Voice Practice in the Conversation of Michael Oakeshott," Ph. D. diss., Harvard University, 1990, p. 249。

立不等于历史的对立[①]，在逻辑上，事业联合与公民联合是针锋相对的，充满矛盾的；在历史上，它们却不可能单独地存在，二者相伴相生、此消彼长。也就是说，在现实中，要么情况是公民联合为主，事业联合为辅；要么情况是事业联合为主，公民联合为辅。但是，不可能只有一种特性单独存在。

（三）质疑：公民联合的无能为力

奥克肖特在他的公民哲学中提出了公民联合与事业联合两种特性，并在论述中表现出了一定的偏向。公民联合建立在法律基础上，个人行为只需遵守副词性的形式条件，在法律禁止的范围外皆是自由的，这符合现代政治自由个体道德的发展走向。而事业联合建立在共同目标的追求上，联合者沦为实现目标的手段，个人自由遭到蔑视和损害，这应该引起人们的警惕。奥克肖特的理论获得了一些认同，同时也遭到了一些批评。

针对《政治中的理性主义》，大卫·凯特尔指出，奥克肖特扭曲了政治经验，脱离了时下流行的讨论，他根本就不知道人类是什么，人类的生活是什么样的。[②] 阿奇尔不认同奥克肖特对理性主义的看法，他声称理性主义这一说法过于宽泛，奥克肖特反对理性主义的政治，实际上否定了现代政治。[③] 这些研究者认为，理性主义是现代政治的必要部分，将它作为批判对象的做法是错误的。

针对《论人类行为》，谢尔顿·沃林批评奥克肖特是反政治的，他将公共善、分配正义、参与、平等、至善等热门议题排除出政治讨论的范畴，尤其在饥荒、人口过剩、资源稀缺等具体问题上，他的哲学理论是不合适的。[④] 皮特金认为，奥克肖特不允许国家涉及分配正义等问题，无视广大贫穷者的利益，他的理论是惨无人道的，它总体上是对政治的否定。[⑤] 还有其

---

① 〔英〕迈克尔·欧克肖特：《信念论政治与怀疑论政治》，张铭、姚仁权译，上海译文出版社，2009，第45页。

② David Kettler, "The Cheerful Discourses of Michael Oakeshott," *World Politics*, Vol. 16, No. 3, 1964: 487.

③ J. R. Archer, "Oakeshott on Politics," *The Journal of Politics*, Vol. 41, No. 1, 1979: 156.

④ Sheldon S. Wolin, "The Politics of Self-Disclosure," *Political Theory*, Vol. 4, No. 3, 1976: 322 - 323.

⑤ 详见 Hanna Pitkin, "Inhuman Conduct and Unpolitical Theory: Michael Oakeshott's On Human Conduct," *Political Theory*, Vol. 4, No. 3, 1976: 301 - 320。

他批评，它们表达的意思不外乎：第一，像公民联合这样无目标的政府不可能存在，理性主义、事业联合已成大势；第二，即使这样的政府出现，因为它无所作为，所以对民众没有吸引力。

对于这类批评，首先，我们需要澄清一点：奥克肖特从没有说过要建立一个完全的公民联合的国家。公民联合关系是一种理想的人类联合关系，但是纯粹的公民联合是不可能实现的。在历史上、在现实中，相对乐观的状况是一个国家的政府以公民联合特性为主，以事业联合特性为辅，进行统治活动。奥克肖特身上没有批评者赋予他的那种野心，他只是提出了一种可能的方案。

当然，奥克肖特也承认，理性主义（事业联合）在现代欧洲国家中占了上风，但他不愿意就这样接受理性主义，而是感到忧虑。“事业联合特性严重地打击了现代欧洲的公民机构。”① 民主议会失去了监督功能，变成利益群体争权谋利的工具；法律不再是本意上的法律，而沦为集体事业的手段；公民言说的词语遭到了败坏，人们对国家、民主、自由、正义等的理解变得扭曲。奥克肖特看到了其中的危害，所以要批评事业联合特性，伸张公民联合特性。

对于批评者普遍关注的福利分配问题，奥克肖特可能也不是不食人间烟火的，只是这并非公民哲学论辩的焦点所在。而且，社会正义本身是一个棘手的问题，在讨论此类问题时，理论家可能不自觉地把哲学讨论变成利益协商的指导条款，越过公民哲学的边界，变成某种分配的理性主义学说，奥克肖特想避免这种情况。但是，公民联合是否软弱无力、无人向往，依然是值得商榷的问题。

（四）回应：公民联合的隐而不显

作为保守的自由主义者，在理性主义全面侵袭时，奥克肖特担忧集体对个人的倾轧，但又苦于政治词语受到玷污、词不达意。因此，他回到霍布斯那里探寻个人主义之本。在《霍布斯论公民联合》中，奥克肖特指出了霍布斯宣扬个体性道德，进一步论述了公民联合的细节，如最小国家、

① Michael Oakeshott, *On Human Conduct*, Oxford: Clarendon Press, 1975, p. 312.

法治政府、理性有限等。可以说，在阐发霍布斯哲学时，奥克肖特已经为公民哲学进行了铺垫。

在《论人类行为》中，奥克肖特明确指出，公民哲学是关于自由个体道德的理论。他将权威作为政治研究的议题，关注政府职能（如何进行统治），提出公民联合与事业联合的紧张关系。为了捍卫自由个体道德，奥克肖特倡导以公民联合为主的权威宪制国家。这种政府不可以对公民强加共同目标，只能以副词性法律的形式提出限制条件，从而平衡主权权威与个人自由的关系。然而，这样的公民联合却遭到了批评，被质疑软弱无力、无人向往。

现在，立足于自由个体道德，本文想要提供一个新的视角（“利维坦”），它或许可以回应上述质疑。利维坦本是存在于神话中的海兽，它体型巨大，经常隐藏在海中，令人望而生畏。霍布斯以“利维坦”来表示他心中的国家：一方面，在秩序混乱时，国家主权足够强大，保护人们的安全，发挥震慑作用；另一方面，在秩序稳定时，国家不会随意干扰日常生活，法无禁止处皆是自由。总体上，国家权威是隐而不显的，就像利维坦一样，不鸣则已、一鸣惊人。

在这个意义上，公民联合的构想与利维坦颇为相似，它能力强大却隐而不显。奥克肖特哲学不是毫无主张、反对政治的。在打击犯罪、维护稳定、捍卫和平方面，公民联合是必须发挥作用的。奥克肖特所设想的公民联合也不是不强大，而是在稳定的情况下，它的权威没有必要显现，频繁、随意地彰显存在感反而可能扰乱正常生活，损害个人自由。隐而不显不等于真的毫无力量，公民联合只是不常将自己的力量示人。

可能也有人发现了，奥克肖特似乎不太关注权力（power）问题，或者说，他不像关注权威那样关心权力。因为在他的理解中，权力表示现代国家及其政府的操控力，主要来自国家所掌握的控制技术，如电话、计算机、广播、户籍、文档、军队、警察等。[①] 随着时代的发展，这些控制技术已经是国家的基本配置，因而也没必要把它当作特别的要素去专门讨论。相比之下，有的国家有权威统治，有的国家却缺乏权威，这才是关乎现代政治发展的重要议题。

---

① 详见 Michael Oakeshott, *On Human Conduct*, Oxford: Clarendon Press, 1975, pp. 194 – 195。

此外，作为神兽，利维坦只出现在传说、神话中，它是神秘的、可望而不可即的。纯粹的公民联合就像利维坦那样，只出现在遥远的梦境中，它是无法实现的。在现实中，公民联合与事业联合相伴而行、此消彼长，谁也不能独立地存在，谁也不能完全地战胜对方。所以，即使奥克肖特向往完全的公民联合国家，他也只能倡导以公民联合为主、事业联合为辅的国家，他试图以此保护自由个体道德。

余论：重思隐秘而伟大的权威

回顾现代欧洲国家的历史，奥克肖特从中归纳出了公民联合与事业联合两种特性。事业联合是为了实现共同目标、增进共同利益而产生的，受其影响，政府以强大的控制手段指示成员的所有行动，它是损害个人自由的。与之相反，公民联合是依据副词性法律而建立的联合关系，公民联合的政府只提供行为限制条件，其权威是隐秘而伟大的，强调法无禁止皆可为，为个体行动留有充足的选择空间。

奥克肖特对这两种联合的区分，是基于法律的统治和基于目标的管理的区分，是将公民个人视作目的还是手段的区分，是对权威和控制力量的区分。奥克肖特将政治研究的要点转移到政府的职能和特性上，转移到自由与权威的和谐共存上，他试着为现代政治哲学正本清源，让人们了解真正的权威的政治。在这个意义上，奥克肖特对现代国家构建作出了重要理论贡献。

回到开篇提出的问题，奥克肖特提出了基于公民联合特性的权威宪制，尽管这在有的研究者眼中是软弱无力、脱离现实的，但是仔细梳理分析就会发现，奥克肖特的苦心孤诣在于还原权威的政治传统，保护真正的道德实践。尽管他的理论尝试可能并不完美，尽管他无法提供一个最终的方案，但是他的尝试依然是有价值的，他向人们释放了一种信号：现代国家及其政府还存在缺陷，理论家应该继续潜心探索公民哲学，探索这门关于人的学问，为世界发展贡献自己的一份力量。

从政治哲学的视角看社会平等的内外困境*

陶志强**

（湘潭大学哲学系，湘潭）

摘　要： 20世纪70年代以来，随着政治哲学的复兴，平等重新回到社会主流价值观的原则确立范围之内，然而自由主义学派却在市场环境中将其解释为过程中的程序正义，从本质上使平等沦为了市场竞争中不平等结果的点缀。从政治哲学的角度，对在社会中面临困境的社会平等进行重构，将能够有效澄清自由主义对平等的曲解，重新确立起更符合平等实质的社会价值规范。

关键词： 政治哲学；平等主义；自由主义；市场

在过去的50年间，学术界围绕着平等问题从未停止过争论。罗尔斯在1971年出版的《正义论》一书中，明确将自由和平等确立为正义的两大基础，对平等的不同解读，不仅是一种道德上的情感倾向，而且也代表了一种强烈的政治立场。罗尔斯主张在“差别原则”的基础上实行国家福利主义，构建起制度上的平等；诺奇克则更加保守，主张纯粹程序上的形式平等，通过形式上的平等来拒绝结果上的平等诉求；德沃金将责任引入到平等的概念中，他认为一旦人们对初始资源达成了满意的平等分配，那么人们就应该在其后的选择中为自己的行为完全负责，即使这可能导致不平等的结果；G. A. 柯亨则将对运气的规划引入平等的概念中，强调结果上的平

---

* 本文系湖南省研究生科研创新项目“G. A. 柯亨的分析马克思主义平等观及其批判”的研究成果。

** 陶志强，湘潭大学哲学系博士研究生，研究方向为政治哲学。

等，在他看来可能导致结果不平等的运气选择，依旧是不正义的，应该被平等主义所摒弃；相较于其他学者在程序或是结果上对平等主义的关注，阿马蒂亚·森更加主张人们在获取能力上的平等，他认为真正的平等在于人们是否具备获取与其他人同样目的的能力。

以上观点，基本代表了主流学术界在程序、责任、运气和能力方面对平等主义的解读，从各自不同的主张出发，平等原则在社会生活领域所显示的内容也完全不同。自政治哲学复兴以来，学者往往将对平等主义的解读，置于政治的规范性框架之内。然而，仅考虑规范条件情况下的平等主义的合乎理性似乎是不够的，“改造道德至少要包括改造社会环境，改造社会制度，尤其是改造政治”。[①] 不管是自由主义者还是平等主义者都往往武断地作出结论，将概念上的平等从历史实践中的分离开来，仅考虑逻辑上是否存在自洽的可能性，忽视了平等作为一项社会原则的实质性意义。实际上，按照他们对平等主义的解释，承认罗尔斯、诺奇克等自由主义者对平等主义的解释，就不存在严格意义上的平等主义；承认柯亨等平等主义者对平等主义的解释，严格意义上的平等主义也是不可能的。

毫无疑问，对平等主义的追求已经成为当代社会最核心的价值原则之一。对平等主义的捍卫，不仅仅是一种道德上的优势，也是一项复杂的社会运行结构。然而，在平等主义的实践过程中，平等一词本身就面临多种质疑，因为，平等表明了对已经存在的分配方式的某种程度上的改变。首先，从社会的整体意义而言，这种基于平等的分配方式，必须证明其自身的必要性，否则对其投入社会整体资源就缺乏合理性。其次，将平等作为一种结果的判断，必须回答其自身在政治生活和日常生活中是何以可能的。

一　政治制度中平等主义的影响及其危机

工业革命之后，工人阶级逐渐壮大，他们寻求改善工作环境、提高薪资待遇、缩短工作时间等诉求的意识不断旺盛，在与平等主义思想结合之后，一种国家制度层面的福利平等主义应运而生。现代福利主义最早可以

① 何怀宏：《公平的正义——何怀宏解读罗尔斯〈正义论〉》，山东人民出版社，2002，第53页。

追溯到德国，工业革命在德国的蓬勃发展，加快了德国城市化进程，市民阶层力量空前壮大。19 世纪后半叶德国相继颁布了《法定疾病保险》《法定事故保险》等一系列法令，在欧洲首先以国家制度的形式，建立起了早期的福利主义制度。1929 年波及世界的资本主义经济危机，构成了福利主义繁荣的历史条件，第二次世界大战之后，为解决凯恩斯在《就业、利息和货币通论》中发现的有效需求不足的问题，欧美国家纷纷建立了自己的福利主义制度，加强国家对市场的控制。西方国家之所以如此重视福利主义制度的建立，主要基于以下理由。

福利主义一定程度上缓解了资本主义的内在矛盾。资本主义生产方式在扩张过程中，必然伴随着“生产相对过剩”的增加，这是资本主义经济的本质特征，马克思通过对 19 世纪经济危机的深入研究，指出“生产过剩”的本质就是社会化大生产与生产资料私人占有之间的矛盾。一方面，在以工业革命为核心的社会化大生产方式下，资本主义的生产方式要求市场的无限扩大。而贫富差距的分化，必然导致占人口绝大多数的市民，需求旺盛却无力消费；而少数富裕阶层对商品的消费却不能满足资本主义市场扩张的欲望，这就从根本上导致了资本主义危机的爆发。另一方面，随着工业革命的推进，市民社会力量不断壮大，工人运动风起云涌，西方早期充满血与火的资本的原始积累方式，已经不适应资本主义发展的新情况。福利主义思想与社会运动的结合，促使西方资本主义政府提高工人福利待遇、缩小社会贫富差距，这在一定程度上扩大了消费市场，缓和了资本主义的内在矛盾。

福利主义强化了社会改良派的力量。“二战”以后在工人运动和社会主义国家的压力下，西方国家进一步完善普选制度和议会政治，加强了统治阶级与公民的联系。公民通过选票表达自己的政治诉求，福利主义承诺成为政党能否上台以及持续执政的重要筹码，和平的改良主义成为国家政治的主流。福利主义的推行，一定程度上缓和了社会矛盾，暴力革命的可能性在西方世界大大降低，资本主义制度对福利主义的吸收逐渐成为一种普遍的“社会共识”，福利主义国家的建立，既代表社会民主化运动的胜利，也表明了一种普遍的民主化对社会改良的益处。

福利主义成为政府宏观干预的有效手段。在 1929 ~ 1933 年的“大萧条”期间，以放任自由为核心思想的新古典经济学理论，暴露了自亚当·斯密以来该理论在实践上的重大缺陷。新古典经济学理论认为，充分的市场竞争能够最大化调动市场参与者对利益的追求，由此产生的市场内在驱动力，将使社会经济运行保持在最佳状态；所有的经济问题都能通过市场的自发调节行为，实现资本扩张和劳动力充分就业的双重目标。以萨伊、李嘉图等人为代表的经济理论家否认市场内部滋生的生产过剩和劳动力就业不足问题，他们提出“生产给产品创造需求”，即市场的生产自身就创造需求本身，放松了人们对资本主义生产相对过剩的警惕，放任了危机的扩大。“大萧条”使政府认识到，仅靠市场自身的自由竞争，无法解决其所孕育的内在危机。凯恩斯的国家干预理论，为西方资本主义政府应对“大萧条”提供了理论支持，该理论认为失业产生的根源是由于“有效需求不足”，当社会上商品供应的总价格等同于社会商品需求的总价格时，就实现了供需平衡；而当需求方的购买能力缺乏时，就产生了“有效需求不足”，而“在达到充分就业这点以前，资本之生长并不系乎消费倾向之低，反之，反因其低而遭遏制；只有在充分就业情形之下，消费倾向之低，才利于资本生长”。[①] 因此，针对该问题，凯恩斯提出政府应主动干预市场行为，以此来实现社会总产品的供需平衡，消除经济危机。福利主义思想是凯恩斯国家干预理论的重要组成部分，当市场参与主体缺乏对未来经济预期的信心时，其所采取的投资策略将更加保守，减少在市场生产和消费上的投入，进一步加剧社会总体失业情况；政府对国家福利主义的使用，促进了社会资源有目的性的再分配，增强了市场信心，推动了生产和消费行为的持续进行，缓解了“生产相对不足”的矛盾。

然而，福利主义并不能从根本上解决“生产过剩”问题，卢卡奇指出“资本主义的自然规律的确不可避免地要导致它的最终危机”。[②] 福利主义制度的推行，只能最大限度地迟滞资本主义经济危机到来，随着危机的到来，庞大的福利主义支出又成为社会运行的沉重负担。20 世纪 70 年代，随着美国等西方主流国家经济“滞胀”危机所带来的全球恶性通货膨胀，哈耶克、

① 〔英〕凯恩斯：《就业利息和货币通论》，徐毓枏译，商务印书馆，1997，第 321 页。

② 〔匈〕卢卡奇：《历史与阶级意识——关于马克思主义辩证法的研究》，杜章智等译，商务印书馆，1995，第 371 页。

弗里德曼等新自由主义者反对政府对市场的强制干预，主张自由竞争、自由贸易和自由发展。许多学者纷纷指责福利国家制度的建立加重了政府的债务负担，严重拖累了社会经济发展，各国纷纷削减了福利支出。在新自由主义崛起的背景下，罗尔斯通过对功利主义的批评，提出了他自己的福利平等主义主张，与功利主义简单地将社会福利相加不同，他认为社会整体福利状况是否合理的标准，取决于社会中那些处境较差者的福利水平。因此，罗尔斯主张福利主义行动，应当以促进处境较差者的福利提升为目标。

2010 年爆发的“希腊主权债务危机”被视为“福利主义”失败的标志性事件，削减福利的改革方案，得到越来越多人的认同。不可否认，福利制度的确增加了政府财务支出，但福利主义对国家经济失败的影响程度需要重新商榷。实际上，政府腐败、管理效率低下、经济结构失衡、金融主权缺失等问题，显然需要对国家经济失败负更主要的责任。中国社会科学院欧洲研究所课题组指出“德国和北欧福利国家一直执行审慎、健康的财政政策，在经济周期上升阶段努力削减赤字，甚至达到财政盈余，从而在经济衰退时为财政自动稳定器发挥作用和推出财政刺激措施留下了充裕的回旋空间”。[①] 福利制度成为国家经济失败的替罪羊，因此对福利平等主义的批判缺乏充足的合理性。

罗尔斯的福利平等主义通过“差别原则”将福利主义提升到了政治正义的维度，强调可以通过福利主义的再分配形式，实现社会的整体平等。但是，罗尔斯并没有对这种基于“差别原则”的福利平等主义的“社会的基本好”的程度作出清晰的定义，何怀宏认为“这与功利主义的复杂计算相比就是一种巨大的简化”[②]，但这也给我们自由解读留下了空间。按照罗尔斯的看法，只要是有利于处境最不利者境况的改善，那么由此采取的行动就是合理的。而这种提升，也许并不能彻底改变弱势者的生存困境，同时该方案也没有考虑到处境一般者的福利情况。理查德·阿内森认为“罗

① 中国社会科学院欧洲研究所课题组：《希腊主权债务危机的由来及其对中国的影响》，《欧洲研究》2010 年第 4 期，第 1 ~ 16、159 页。

② 何怀宏：《公平的正义——何怀宏解读罗尔斯〈正义论〉》，山东人民出版社，2002，第 121 页。

尔斯主要的社会福利思想建议社会应关注某些基本社会资源的分配。因此，他的立场是对如何衡量人们生活水平的基于资源的理解的变种”。[①] 通过罗尔斯的理论，自由主义者一方面为拒斥政府宏观干预找到了理论依据，另一方面又为政府削减福利提供了解释的空间。正如程宝良所评价的“新福利主义总是孤立地、静态地看待经济效率与伦理评价、自由市场与政府干预、个人偏好与社会排序等矛盾，局限在新古典经济学的学术范式中”。[②]

在自由主义者看来，福利主义依托于政府的税收机制，较高的福利必然伴随着更高的税收负担，当经济快速发展时期，这种模式尚能维持，一旦经济增长乏力或陷入危机，福利支出首先遭到削减。然而，在经济困难时期，穷人在已经遭受严重生存困境的处境下，却在教育、医疗、社保等方面得到更少的支持，这是不合理的。市场竞争中的优胜者，已经以一种非完全典型的平等（不考虑个体在天赋、运气上的差异）获得了优势，在穷人遭遇困境的同时，他们却以更少的付出置身事外。法国著名经济学家皮凯提对法国2400万家庭的收入结构进行研究后指出，“没什么钱的退休人士和失业人士：平均来说，薪资只占他们收入不到18%，福利所得则占了将近80%”。[③] 这表明，穷人在经济困难时期更加依赖于社会福利生存，大幅削减福利的做法，显然违背了罗尔斯所说的那种福利平等主义的观点，同时也极大地加剧了社会的不公正。

不过，德沃金将责任纳入平等主义的评价体系中，进一步加剧了这种判断的复杂性，在他看来穷人遭遇的不幸，是否应该被补偿，应当从其所承担的责任来看。从“资源平等”的角度出发，每个人都获得了同等的资源，这些资源构成了“机会平等”的核心，因此对由选择此产生的差异化结果是否公正，应该与人们责任相关，“只有把平等理解为资源平等，自由与平等的统一性才能成立”。[④] 其中蕴含了福利主义的两种方式，正如姚大

① Richard J. Arneson, “Equality and Equal Opportunity for Welfare,” *Philosophical Studies*, No. 56, 1989: 77 - 93.

② 程宝良：《福利主义的学术演化及其借鉴意义——兼论动态福利主义》，《学术前沿》2020年第15期，第132～135页。

③ 〔法〕托玛·皮凯提：《不平等的经济学》，陈郁雯译，台湾卫城出版社，2016，第14页。

④ 〔美〕罗纳德·德沃金：《至上的美德——平等的理论与实践》，冯克利译，江苏人民出版社，2012，第188页。

志教授所言“把责任考虑在内，这意味着如果不平等应该归咎于个人的责任，那么处于不利地位的人就没有理由抱怨，从而国家也不需要对此给予补偿。对于福利主义者而言，这意味着他们应该主张的不是‘福利平等’，而是‘福利机会的平等’，因为‘机会’蕴含了选择，而人们应该对自己的选择负责”。[①] 柯亨对德沃金的该理论作出了反击，他认为德沃金仅仅将选择与结果的主观性联系在一起，忽略了选择与结果的非主观性联系。按照德沃金的观点，人们在资源均等的初始分配之下，机会均等的原则已经得到了保障。柯亨指出，仅仅只有这点是不够的，因为在市场化的竞争中，人们之间天赋和运气的差异会导致大量与主观意图无关的选择出现，而这些选择所导致的不平等结果，显然应该得到补偿。对于那些在市场竞争中遭遇不幸的人，尽管德沃金不同意给予他们福利补偿，但他提出可以通过保险的方式，将对他们的危害降到最低，不过这种方式究竟能产生多大程度的作用难以证明，Kasper Lippert-Rasmussen 指出“保险装置本质上与消除资源的不平等无关”。[②] 正如高景柱所言“罗尔斯与德沃金的平等的资源主义分析路径并没有成功地将平等与责任结合在一起”。[③]

二　市场环境中平等主义面临的困境

（一）市场环境中形式平等的理论基础

自由主义者对他们在程序正义中为平等所确立的位置，尤其感到自豪。罗尔斯提出了正义的两个原则，第一个原则“每个人对与其他人所拥有的最广泛的基本自由体系相容的类似自由体系都应有一种平等的权利”。[④] 第二个原则“社会的和经济的不平等应该这样安排，使它们①被合理地期望适合于每一个人的利益；并且②依系于地位和职务向所有人开放”。[⑤] 按照罗尔

① 姚大志：《论福利机会的平等》，《学术月刊》2015 年第 2 期，第 23 ~ 29 页。

② Kasper Lippert-Rasmussen, “ ‘Equality of What?’ and Intergenerational Justice,” *Ethicl Perspectives*, No. 3, 2012: 501 – 526.

③ 高景柱：《评当代西方平等理论的三种分析路径》，《教学与研究》2015 年第 1 期，第 89 ~ 97 页。

④ 〔美〕约翰·罗尔斯：《正义论》，何怀宏等译，中国社会科学出版社，1988，第 56 页。

⑤ 〔美〕约翰·罗尔斯：《正义论》，何怀宏等译，中国社会科学出版社，1988，第 56 页。

斯的安排，第一个原则保障了公民基本的善，包括政治自由、财产保护等权益；第二个原则调节了社会财富分配的不平等，要求所有人都有取得某项更高利益职务的机会。同时罗尔斯还对“正义二原则”的使用限制在了社会的基本结构之内，他说：“当原则述及个人或要求每一个人都从不平等中得益时，这里的人是指占据着社会基本结构确定的各种地位、职务等的代表人。”① 罗尔斯认为在他这样的安排下，每个人的自由和平等都同时得到了保障。尽管其中可能出于人们天赋的不同，而产生了不平等的因素，但这种结果上的不平等也能够弥补，因为“用于基本结构的功利主义原则要求我们最大限度地增加代表人的期望总额（按照古典功利主义观点，这总额由代表人代表的人数来衡量），这允许我们用一些人的所得补偿另一些人的所失”。②

罗尔斯认为，这样的体系囊括了社会中的正义问题，并且为正义得以实现提供了充分的合法性。从罗尔斯的第二条原则中，我们不难发现，社会中的更高利益的职位数量是有限的，那么这就意味着绝大多数人根本没有获得这些职位的可能性，更进一步思考，基于天赋的差异，更多的人则实际上并不具备获得这些职位的资格性条件。在不考虑运气对结果的影响上，罗尔斯所讲的“机会均等”原则也仅仅是一种表面的平等，实际上绝大多人显然缺乏参与竞争的机会。同时罗尔斯将正义二原则的效用，限制在社会基本结构之内，也极大地削弱了正义对不平等的补偿机制。因为除了那些发生于社会基本结构之内的不平等，应该被限制之外，在基本结构之外发生的不平等，同样也应该如此，但这却被罗尔斯有意或无意地忽略了。G. A. 柯亨批评罗尔斯，将分配正义的原则排斥在基本结构之外，这是不符合正义的内容的，他指出“谈到人们在强制性结构之内的选择，不管遵守这样一些结构的规划与否，我并没有包括这种选择在内［再说一遍，这样一些结构的选择正如每个人都同意的那样，正义的原则（也）适用于它们］，但是，那些规则却使这些选择成为开放的，因为它们既没有命令也没有禁止这些选择”。③ 根据罗尔斯的安排，在市场竞争中人们维系的是一

① 〔美〕约翰·罗尔斯：《正义论》，何怀宏等译，中国社会科学出版社，1988，第60页。

② 〔美〕约翰·罗尔斯：《正义论》，何怀宏等译，中国社会科学出版社，1988，第60~61页。

③ 〔英〕G. A. 科恩：《拯救正义与平等》，陈伟译，复旦大学出版社，2014，第106页。

种纯粹的利益关系，在这种关系中，他们追求的是如何使自己获取更多的利益，而这种以满足贪欲为前提的利益需求几乎是无限的。由于差别原则目标的正当性，基本结构并不反对这种道德层面的压迫选择，这无疑加剧了人与人之间对抗的激烈程度。柯亨指责罗尔斯“没有把它适用于对有野心的市场商人追逐私利的选择的指责之中，这种选择引起一种不平等，我认为这种不平等对贫穷者是有害的”。[①] 从实际情况来看，罗尔斯的正义理论体系，难以保障平等的实现，反而加剧了社会间整体的分配不公正。他的理论中留下了不少可以自由解释的空间，并允许了不平等的扩大，而他本人对这些情况并没有作出进一步的澄清。

G. A. 柯亨借助“个人的就是政治”的这一女权主义概念，从家庭的角度，进一步批评了罗尔斯等自由主义者在强制结构之外对正义分配原则的拒斥，并进一步揭示在基本结构之外广泛存在的不平等。女权主义认为，家庭内部的两性关系，在劳动分工和权利分配上是严重不平等的。罗尔斯的正义理论，强调在基本结构之中的竞争冲突是可以接受的，而家庭的存在却是天然反对市场竞争的，显然罗尔斯难以接受将家庭纳入基本结构之内的观点，而女权主义提出的家庭内部情况，又使他感到为难。柯亨敏锐地指出了罗尔斯的焦虑，“对如下问题摇摆不定并贯穿他的写作的整个过程：家庭是否属于社会的基本结构并因此在他看来家庭是否属于正义原则适用的地方”。[②]

自由主义者将市场竞争和分配正义分离的观点，难以达成他们所承诺的结果，处境不利的人依然长期处于困顿之中，而那些天赋较高的人将获取更多的优势，这难以为不平等提供合理性的支持，由此导致的不平等，也就不能证明其自身的正当性。在实际情况中，市场竞争带来的不平等可能比自由主义者所预测的还要更加严重。在他们的政治哲学体系中，强调的是律法基础上的程序正义，这种程序正义本质上是对律法条文的机械性执行，诺奇克将其发挥到了极致，但这保障的仅为基本结构之内的平等性问题，在强制结构难以作出规定的方面，其并不能发挥作用，正是在这里，自由主义的“差别原则”被任意曲解了。

---

① 〔英〕G. A. 科恩：《拯救正义与平等》，陈伟译，复旦大学出版社，2014，第108页。

② 〔英〕G. A. 科恩：《拯救正义与平等》，陈伟译，复旦大学出版社，2014，第107页。

（二）市场环境中女性就业竞争的不平等

男女平等是现代女权主义运动的核心议题，两性之间平等的基础，在于一方摆脱对另一方的人身依托。女性取得独立的经济权利，是实现女性人格独立的基础。中国女性的就业情况与西方国家有所不同，一般来说，在改革开放之前中国女性在劳动力领域的就业情况更加公正，女性劳动参与率超过90%，这一比例在改革开放之后逐步下降，也就是说在实行市场经济之后，中国女性就业歧视状况实际上是在恶化的，李春玲认为这主要是计划经济期间“中国政府在就业和工资分配方面推行性别平等，对女性就业采取保护和鼓励政策。经济改革开始以后，政府推行性别平等政策的力度明显弱化，国家不再扮演女性劳动力的保护者角色”。① 尽管法律已经明确禁止就业中的性别歧视，并对这种歧视制定了严苛的惩罚机制，但在劳动力市场中，针对女性的就业歧视依旧无处不在。在市场环境中，女性就业歧视完全是隐蔽性的，在对所有公民开放的职位资格的筛选中，女性更可能被排除在外，在市场自由竞争精神的要求下，这是强制性规制难以触及的地方，Barry M. Goldman 等人通过研究后指出“相对于男性，即使在拥有了能力和经验之后，女性也被系统地评价为表现较差”。② 女性在就业市场中面临的歧视，主要包括三个方面，一是在市场竞争中获取工作的难度更大；二是在市场竞争中女性获取高级职位的可能性较小；三是在同等职务下获取的薪资报酬可能更少。这主要是由于以下原因。

第一，保守主义文化下所确立的劳动分工传统。在中国的传统思想中，常常将世界的运动比作阴与阳往复，通过一阴一阳互相转换、融合，来认识世界的变化与发展，《易经》认为“一阴一阳之谓道。继之者善也，成之者性也”。③ 因此，在父权占据主流的社会中，古人视男性为阳、女性为阴，阴阳相伴而生，其中作为男性象征的阳居于中心地位，这就构成了中国古代男尊女卑的意识渊源，逐步发展为男主外、女主内的家庭结构内部劳动

---

① 李春玲、李实：《市场竞争还是性别歧视——收入性别差异扩大趋势及其原因解释》，《社会学研究》2008 年第 2 期，第 94 ~ 117、244 页。

② Barry M. Goldman et al.，“Employment Discrimination in Organizations：Antecedents and Consequences”，*Journal of Management*，No. 32，2006：786 - 831.

③ 黄寿祺、张善文译注《周易注释》（上），上海古籍出版社，2007，第 381 页。

分工，自汉以后的儒家正统思想，进一步强化了这一概念。

在西方世界中也有类似的传统，亚里士多德就将男性描述为理性的代表，将女性描述为感性的代表，前者统御着后者，后者从属于前者。一方面，女性被认为不适合从事家庭之外的生产活动，这严重地影响了市场对女性参与劳动的接受程度；另一方面，女性参与劳动生产的心理预期也较低，使得她们更倾向于家庭之中的活动。这种传统的劳动分工形式，不仅影响着市场劳资双方的心理因素，同样降低了女性接受教育的期望等职业提升的可能性。受上述情况的影响，女性往往接受的职业教育更少，在职业竞争中劣势更加明显，尤其是在薪资和更高职位的获取方面，影响更大。文化思想上导致的不平等，难以从国家政治层面解决，正如福柯所言“这个宏大的机制建立了一种渐进的、连续的、不易察觉的等级”。[①] 微观层面的权利机制的建立，不仅从肉体上而且也从精神上稳固起来，不关注道德层面的程序正义，难以对这一不平等作出合理性的辩护。

第二，生理结构差异导致的竞争劣势。在人类漫长的历史演进中，女性始终扮演着生育后代的角色，首先，这表明女性具有较长的孕期和哺乳期，在此期间女性从身体方面来说整体处于虚弱状态，难以形成连续的竞争力。其次，从心理方面来说，相对于男性而言，女性对抚育后代具备天然的心理责任倾向，她们在家庭方面的牵挂也就更多，难以彻底从家庭中抽离出来，参与市场竞争。这就导致在劳动力市场中常常形成某种固定的“典型女性形象”，使她们在竞争中处于劣势地位，正如周翠彬评论的那样“性别差异开始与人类的生存功利联系在一起。……建立在这种生存与生活中的竞争劣势很自然地就被人类发展的文化尤其是宗教文化与法律文化形成某些成见而固定下来”。[②]

市场作为一种以纯粹利益性目的而设立的结构，将人类社会的人力资源和物质资源用功利化的方式联系在一起，借此激发社会的内生性活力，其预期结果是对效率提升的追求。这一行动过程，本质上就是将人物化的全过程，人在程序化的结构中，由感性的人逐渐被划分为更加有效用或效

① 〔法〕米歇尔·福柯：《规训与惩罚：监狱的诞生》，刘北成、杨远婴译，生活·读书·新知三联书店，2012，第 343 页。

② 周翠彬：《论性别差异的法律保护》，《法学评论》2008 年第 4 期，第 25～30 页。

用低下的人力资源，最终丧失人的主体性地位。卢卡奇指出其本质说“它的基础是，人与人之间的关系获得物的性质，并从而获得一种‘幽灵般的对象性’，这种对象性以其严格的、仿佛十全十美和合理的自律性掩盖着它的基本本质、即人与人之间关系的所有痕迹”。[①] 在这种物化的评价体系之下，女性自然在市场中就缺乏强有力的竞争优势。但是，从市场功利化角度审视女性自身的生理结构上的差异，却是人类社会存在和延续所必需的，将这种归结为其自身的竞争劣势，显然是不合理的。德沃金将平等主义和责任结合在一起，在初始的资源均等分配之后，他认为人们必须为自己选择的后果承担责任。显然，德沃金的理论难以解释女性在市场中所遭受的不平等待遇，因为，这和她们的主观意图选择无关，相反她们的劣势是人类社会早期大分工的结果。G. A. 柯亨比德沃金走得更远，他强调人们不必为非自身主动选择的后果承担责任，并且他要求对这一选择所产生的后果在运气上进行补偿，克服“非自愿劣势”实现“可及优势平等”。

（三） 市场环境中城市文明与乡村文明的不平等竞争

公元前3000年，世界上第一座城市诞生在中东地区，这标志着乡村地区生产产品的剩余，及以区域商品交换为特征的聚集性城市聚落的起步。早期的城市与乡村是一种和谐共生的关系，乡村为城市提供过剩的产品，城市为乡村商品的交换提供场所及服务。然而，这种和谐随着以工业革命为核心的城市文明的迅速崛起而逐渐崩溃，城市文明愈加显现出其扩张性和攻击性，在工业力量的推动下，乡村一步步沦为城市的附庸。城市不仅疯狂吸取乡村地区的物质性资源，而且也破坏着乡村一切内生性的价值。

工业时代之后的城市文明，以强势的“主体”特性入侵乡村，构成了乡村文明危机的根源。现代城市文明，作为人类终极理性的产物，其一切内生性的运行逻辑，都紧紧围绕着效率进行，极致的理性所导致的结果，就是人自我存在的丧失。在人类尚处于康德所说的“启蒙时代”之前，人与自然的合一状态是人们对外在世界的模糊性认知下形成的，相较于“启蒙”之后理性积极改造世界的行动，这时的人们对自然的认识还处于宗教

① 〔匈〕卢卡奇：《历史与阶级意识——关于马克思主义辩证法的研究》，杜章智等译，商务印书馆，1996，第143～144页。

之中的懵懂状态。理性对情感的冲击尚未演变为人类自身存在的分裂，卢卡奇将现代城市文明的危机视作对“理智文化”的极端追求，放弃“审美文化”所导致的。马克斯·韦伯则更加清晰地提出对理性极致的追求，滥用“工具理性”构成了人类的理智与情感的分裂。

在极致理性指导下的城市文明，具备强烈的攻击性，这种对目的的功利性追求，注定了城市会不惜一切手段来侵袭乡村文明中的一切资源，以供自身的发展，并从“主体”的观念中，重新解构乡村存在的价值意义。在理性的价值评价体系中，这种行为是正当的，乡村文明所受到的不公正待遇，被认为是合乎理性目的的。这种不公正产生的原因，主要基于以下两点。

第一点，城市文明掠夺了乡村中一切自然和人力的资源。工业革命带来了人类历史上生产方式的巨大变革，巨量的商品被生产出来并急切地寻求市场和新的原料来源。乡村旧式的生产方式，完全无法与大机器的生产力匹敌，在被大机器所颠覆的乡村生产关系中，乡村被迫成为城市文明的附庸，劳动力、矿产等资源无限制地流向城市。同时在破坏自然之后，留下大量的污染和不可利用的土地，加剧了乡村生存环境的恶化，马克思指出这种生产方式的结果就是“直接地滥用和破坏土地的自然力”[①]，同时“工业和商业则为农业提供使土地贫瘠的各种手段”。[②] 失去人口和资源的乡村再也无法与城市抗衡，乡村陷入瓦解的危机。在理性主义的价值体系中，乡村往往代表着更加落后的生产区域，是应该被消灭的，乡村的消失是合理性的。但这种合乎目的性，却是以城市文明的强势而达成的，这破坏了城市与乡村的平等。城市具备更强大的生产力，不自觉地将乡村作为自身的供给端。建立在城市文明和乡村文明不平等的基础上所达成的现代世界，在市场竞争体系中，其不平等的情况则表现得更加严重。

第二点，城市文明破坏了乡村文明的价值体系。现代城市文明作为一种强势的“主体”进入到乡村中，重新定义了乡村原有的价值体系，并且使得其本身的体系濒临崩溃。在传统的乡土社会中，人们之间的联系是一种稳固的文化和价值认同上的道德关系，人与人之间的情谊、互助、公正，

① 《马克思恩格斯文集》第7卷，人民出版社，2009，第919页。

② 《马克思恩格斯文集》第7卷，人民出版社，2009，第919页。

构成了乡村文明价值的内在核心。城市文明的内在联系方式与乡村文明明显不同，结构上的规范性是它运行的逻辑内核，依靠理性所确立的律法和程序构成了人与人之间的基本联系。这种联系是以功利主义为基础的，它否认人可以依靠利他主义的精神团结协作，推崇以功利性目的的实现程度，来评价人与人之间的关系及其他们自身在社会中的价值。当基于理性的功利主义被引入乡村的时候，乡村自身的传统价值观念，也就趋于瓦解。因为，这种功利性的结果分配是不均的，在市场竞争中那些更加强势的主体，将获得社会总体资源的优先分配权，处于工业生产方式末端的乡村，获得的资源也往往低于城市。这种趋势，随着城市文明的壮大而越发明显。我国20世纪80年代实行市场经济之后，农村青年人口持续向城市流动，这些进城的青年不仅成为被城市吸取的劳动力资源，也同样扮演了将“工具理性”带入乡村的先锋角色，在巨大的物质差异面前，从内部瓦解了乡村文明内在的关系结构和价值评判，掌握更多资源的农村青年，逐渐抛弃了乡村原生文化价值，在评价体系上城市文明完成了对乡村的颠覆。在市场环境中，城市文明与乡村文明的不平等竞争关系，扩大了城市与乡村之间的差距，这种不平等实际上被以整体进步的理由所放任了。从个体之间的竞争来看，出生于乡村的个体和出生于城市的个体之间的竞争差异也被扩大了。在罗尔斯看来，这依旧是“天赋”的范畴，这种不平等应该被补偿，但实际上这种补偿对于身处其中的人来说是难以实现的，尽管可以通过对城市资源的调整，来缩小这种差异，但从过去历史的实践结果反观，全面处于劣势的乡村文明，很难达成这一目的。罗尔斯在他的理论中，并没有深入涉及这种不平等的解决方式。即使从德沃金的资源均等主义的视角来看，这也是难以实现的，因为在资源初始阶段的交易拍卖中，没有人会愿意用城市的筹码去交换乡村的筹码，后者在市场竞争中处于天然劣势。从宏观制度上来看，自由主义似乎陷入了某种制度规范上的困难，即在不涉及道德因素的前提下，实现市场的自由竞争，并且通过这种方式达成公正的结果。城市文明的蓬勃发展和乡村文明的持续衰落，实际上破坏了人们在日常生活中的平等价值，这种破坏具有经济的和文化的双重特性，造成了社会共同体的分裂。面对这种危机，柯亨主张从道德层面对市场竞争中的私利主义进行改造，他提出一种贯穿于社会交往全程的“平等主义风尚”，并且将该“风尚”作为人们一致行动的基础，以团结、互助、友爱替代社会之间的利益关系，这种方式具有积极的进步意义，正如施特劳斯对亚里士多德的评价“亚里士多德将冥思苦索的理论生活方式，无保留地置于伦理德行之上，从而无条件地逾越了国家的局限范围，以次间接地为一个可能性敞开了大门，就是，承认这样一种德行，它们其实不是政治德行，而是属于个人生活中的德行”。①

三 对平等主义的再思考

通过前文对平等面临的困境及其内在因素的研究，我们可以发现，就学术界对平等的讨论而言，不管是自由主义还是社会主义，都预设了平等的目的性前提，这就导致平等无法自证其颠覆分配方式的必要性，也就在概念上被自由派在不改变分配方式的基础上，对平等主义的内涵进行曲解留下了空间。然而，在平等主义历史实践的维度上，平等主义缺乏作为该目的的必要性，仅作为一种道德意义上的美德，却又成为平等主义实践危机的根源，这无疑是柯亨等结果平等主义者，遭受诟病的主要原因。

平等不仅是一种道德上的目的，同样是社会良性运行的必要手段，对结果正义的维持是社会长久繁荣的必要成本。政治哲学对平等问题讨论的核心，就是在预设规范性的前提下，对平等主义进行抽象性的分析和总结，进而为平等主义调节社会生活提供理论支持。我们可以在此基础上，进一步思考平等的概念本身就是多样性的，不同的时代、不同的文化和不同的区域之间对平等的诉求都有着明显的差别，并且这种差别随着存在状况的变迁也在不断地改变，妄图用一种固定的平等来规范复杂社会体系中的平等，从路径上就难以实现，“个体决不能成为事物的尺度，这是因为个体面对的是必定作为僵化事物的集合体的客观现实。个体发现这些事物是已经存在的、一成不变的。面对这样的事物，个体只能作出承认或者拒绝的主观判断”。② 马克思认为“权利决不能超出社会的经济结构以及由经济结构

① 〔美〕列奥·施特劳斯：《霍布斯的政治哲学》，申彤译，译林出版社，2012，第178页。

② 〔匈〕卢卡奇：《历史与阶级意识——关于马克思主义辩证法的研究》，杜章智等译，商务印书馆，1995，第284页。

制约的社会的文化发展"[①]，处于历史事件进程中的理论，只有在与现世环境的结合中，才能得出正确的认识。在平等主义的实践中，与历史环境相适应的动态平等的评价机制，更符合马克思主义的唯物史观。应放弃对平等主义预设的规范，根据生产力和社会文化、传统、意识、自然等存在，来重新确立平等主义在社会运行结构中的位置，强化平等作为社会必要性成本的方式意义。

在这样一种新的平等话语中，平等不再被误解为平均主义，而是作为维持社会良性运行的手段，是一种社会克服自身危机的有效形式。这种方式正如汪晖从庄子思想中引入的"齐物平等"理论，"将差异作为平等的前提，即平等不但不以取消差异为目标，反而要将差异理解为平等"[②]，"将差异理解为平等，既不是将差异编织在不平等的名相关系之中，从而将差异等同于等级性的关系；又不是将平等等同于对差异的取消"。[③] 这样不管是从宏观性的政治规制还是从微观的市场竞争中，平等主义都能被广泛接受，并且因此产生的新的社会分配形式，使其具备了实践上的合理性，实现了社会功利目的和分配正义的结合。

作为手段的平等，将平等的本质性概念和平等的实践性价值联系在一起，克服了对平等本质性的极致追求所导致的实践上的羸弱。放弃对平等本质性概念的追问，并非放弃对平等本质的坚持。平等作为被现代社会普遍接受的信念，或许有人对其可能性提出质疑，但却不能否认平等指向至善美德的正当性。以桑德尔、麦金太尔等为主的社群主义者主张以社群为核心的话语体系，他们主张"'历史主义'来挑战自由主义的'普遍主义'"[④]，提倡世界的多元化价值和诉求。孟子说人皆有"恻隐之心"，对他人困苦的无限同情是人的本性，任何追求正义事业的人，都不会对普遍发生的不平等结果心安理得。在共同体组成的社会中，只要还有人在遭受不公正、还有人在遭受非必要的苦难，那么正义的事业就应该持续推动下去，

① 《马克思恩格斯全集》第25卷，人民出版社，2001，第19页。

② 汪晖：《再问"什么的平等"？（下）——齐物平等与"跨体系社会"》，《文化纵横》2011年第6期，第98～113页。

③ 汪晖：《再问"什么的平等"？（下）——齐物平等与"跨体系社会"》，《文化纵横》2011年第6期，第98～113页。

④ 姚大志：《罗尔斯的哲学遗产》，《哲学动态》2021年第2期。

普遍意义上的合理性如是以破坏部分群体或个体的权益为代价的“善”，也难以说这实现了正义。在追求正义的漫长历史中，社会中的全体公民不仅从行动上参与，而且也在信念上得到了平等主义的教育，从柏拉图的《理想国》到孔子的“大同世界”，不同地区之间的文化、传统、思维方式存在差异，但人们对正义的总体抽象概念的想象是一致的。在社会的进程中，根植于公民心中的平等主义，已然内化为某种意识上的不自觉行动。哪些“调节原则”是正义的，哪些又是非正义的，在被提出的时候，公民就已经作出了直观的判断，正如苗大卫（David Miller）所言，在正义本身保持沉默的情况下，平等可以塑造正义的实践。通过逻辑上的诡辩，对不平等结果的辩护，从一开始就缺乏合理性基础。

当代社会，平等主义所遭遇的危机，本质上就是资本主义市场经济模式下的功利性竞争所带来的存在性“遮蔽”，人与人之间的关系退化为纯粹的交换性货币关系，这必然导致崇高目标的丧失。正如泰勒所批评的“一个分裂的社会是一个其成员越来越难以将自己与作为一个共同体的政治社会关联起来的社会。这种认同之缺乏可能反映了一种个人利益之上主义的观念，而以此观念，人们终将纯粹工具性地看待社会”。[①] 只有使平等主义成为市场竞争的道德和经济的前提，才能有效避免陷入资本主义生产方式的结构性危机之中，要实现这一目的，就必须重新认识平等主义，将平等主义与市场经济的功利主义逻辑相结合，使平等的承诺和平等的结果达成一致。

---

① 〔加〕查尔斯·泰勒：《现代性之隐忧》，程炼译，中央编译出版社，2001，第135～136页。

Abstracts

Special Monograph

Historical Materialism and Political Philosophy

Wu Xiaoming

Abstract: Historical materialism is undoubtedly closely related to the theme of political philosophy. The article tries to discuss how historical materialism can be actively developed as a basic standpoint and method on the theme of political philosophy. From the basic standpoint, the basic question to be distinguished is: is historical materialism "historical science" or "ideological mythology"? Contrary to ideology as a "false idea", historical materialism guides the essence of thoughts ideas, categories, etc. into people's real life process; Therefore, from the standpoint of historical materialism, political rights, political systems and political ideas are rooted in the social historical reality. Today's discussion on the theme of political philosophy, including the research in the name of "Marxist political philosophy", is still based on the concepts of "freedom" "justice" "fairness" and so on-such concepts have therefore become "mysterious trends", "primitive intentions", "the purpose of destiny"; However, the study of political philosophy based only on the "sacred ideas" runs counter to the position of historical materialism. The basic method of historical materialism on the issue of political philosophy requires freedom from the thinking mode of abstract universality-external reflection. The real universality is not abstract universality, but can go deep into the concrete and grasp the concrete universality. This requires appealing to the view of social historical reality, and requires the universals to be specific according to specific social conditions and historical environment. The materialization of historical materialism should be the methodological guidance for the theme of political philosophy.

Keywords: Historical Materialism; Political Philosophy; Universality; Concretion; Social Historical Reality

Principles of Political Philosophy

Regardless of West or East: National Characteristics and Problem Attribute of Political Philosophy Construction

Ren Jiantao

Abstract: The theoretical construction of modern political philosophy is carried out in the situation of a nation-state, and presented in the thinking of political philosophers on the fundamental issues of politics. As far as the former is concerned, all political philosophical constructions will naturally bear the imprint of the specific problems of the country from which they came, and bear the imprint of political philosophical concern in a country's situation. This is the national characteristic of political philosophy. In the latter case, political philosophy's understanding of all issues will reveal their general connotation, show their common faces, present their basic purposes, and reveal their human implications beyond the actual situation. This is due to the problem attribute of the construction of political philosophy. As far as the construction of political philosophy is concerned, any attempt to emphasize only one end of national characteristics or problem attributes is a neglect of the basic characteristics of modern political philosophy. It is the established theoretical situation of modern political philosophy to understand people's political situation, problems encountered and general way out in the situation of a nation-state.

Keywords: Political Philosophy; National Characteristics; Problem Attributes; Human Care

Defense and Regulation: Political Philosophy with Chinese Characteristics Based on Contemporary Practice

Shen Xiangping

Abstract: The construction of political philosophy with Chinese characteristics is to make the unconscious political philosophy in political practice reach a conscious and rational form. Based on contemporary practice, it is the absolute order of Marxist political philosophy and the call of contemporary Chinese political practice. But so far, the study of political philosophy has not really cut into contemporary Chinese practice. The defense and norm based on practice are the dual functions of political philosophy with Chinese characteristics. The balance between the two and the tension between the political philosophy of the rulers and the political philosophy of public political culture are the driving forces for the progress of Chinese political philosophy. "Chinese characteristics" calls for a more original and ontological understanding of political philosophy, that is, based on philosophical anthropology and ontology. Marx's political philosophy can be understood as a philosophy based on co-existence and aiming at human liberation and happiness about "the common way of activities of all individuals" . The characteristics of cultural publicity and social reflection of contemporary political philosophy indicate that it is increasingly embodied as a community survival strategy based on publicity. Based on the practice of the contemporary world and China, political philosophy with Chinese characteristics has at least five characteristics: the overall pattern of human social political philosophy; Highlighting the supremacy of life and the good purpose of a better life; Discussing freedom and justice in the framework of order priority; Showing the superposition of right politics, life politics and virtue politics; The essence, core and pivot lie in the political philosophy of the party.

Keywords: Political Philosophy With Chinese Characteristics; Standard; Karl Marx

On the Nature of Political Philosophy

Jiang Chang

Abstract: It is generally acknowledged that political philosophy is a discipline with its unique discipline nature, but people have different opinions on the nature of political philosophy. In fact, political philosophy is a philosophical discipline that studies political nature and its practical requirements. It focuses on political nature and its practical requirements to explore philosophical knowledge from the three levels of foundation, principle and application, which reflects the good hope of human beings and the political wisdom that enables it to be realized. Its purport is to reveal the nature and requirements of politics by reflecting and criticizing the real politics and its essence, and to demonstrate and clarify that the ultimate purpose of politics is to use political power to make the human basic community a good society that provides necessary resources for all its members to live a good life. Its fundamental mission is to reveal the nature of politics and its practical requirements, and guide realistic politics accordingly, so that it can reflect the nature of politics and its practical requirements by reflecting and criticizing realistic politics (including political theories). Political philosophy mainly has the following four main functions: criticism, construction, guidance and diagnosis. It can provide fundamental ideas and basic principles for human beings to build a reasonable social governance system, provide ideological weapons for human beings to eliminate social and political corruption and alienation, point out the direction for human beings to pursue permanent peace and universal eudaemonia, and determine the value orientation and give substantive connotation to human advanced political culture. Political philosophy does not belong to politics in the modern sense, but belongs to philosophy. It is a special discipline or special field of philosophy. Political science belongs to the object of reflection, criticism and guidance of political philosophy.

Keywords: Political Philosophy; Political Science; Politics; Country

Non-Political Political Philosophy

Li Yitian

Abstract: As a philosophical account of political affairs, political philosophy is not sufficient to recognize its normativity in the methodology. People need to know that the object of political philosophy is one unique kind of human activity, which includes the acquirement, distribution, controlling and making use of the public power. There are three major forms: to achieve the top position; to construct the basic institutions; and to establish the polity of state. The uniqueness of political activities means the distinguishment between politics and non-politics. The latter, which is composed of family and social life, called as "common life", is the primary and major part of the human life and can determine the forms and values of the former. the politics should be coherent with, care about and benefit the non-politics. And the function and aim of political philosophy should be designation and construction of the normative politics as to protect and realize the ideals of the non-politics.

Keywords: Political Philosophy; Political Activity; Non-political Activity; Common Life

Towards Peace: An analysis on the Justification and the Legitimacy of Violence: From the Perspective of Political Philosophy

Xie Huiyuan, Hai Xiang

Abstract: Peace action is always considered as an action against violence. The purpose of examining violence, from the perspective of political philosophy, is to settle the problem and maintain world peace. So we should not boss around, but should reveal the crux of it and enhance targeted research on it. My paper focuses on the topic of the justification and the legitimacy of political violence, analyzes the concept, manifestation and contemporary characteristics, clarifies its justification and legitimacy, and on this basis, try to resolve the problem to maintain peace.

Keywords: Peace; Violence; Justification; Legitimacy; Political Philosophy

Chinese Political Philosophy

On the Combination of Three Theoretical Forms of Modern Confucian Political Philosophy: Take *The Book of Great Harmony*, *Benevolence* and *Politics and Governance* as Examples

Wu Genyou, Wang Rixuan

Abstract: Modern Confucianism began with Kang Youwei, Tan Sitong, Liang Qichao and others as the representatives. On the basis of traditional Confucianism, they selectively absorbed modern western ideas and activated the inherent ideas of traditional Confucianism to create a political philosophy theory of modern

Confucianism. In The Book of Great Harmony, which is based on the traditional metaphysics of Qi-based theory, Kang Youwei built his new "Great Harmony" political philosophy theory by drawing on modern western concepts of equality and freedom. Tan Sitong, on the other hand, used the western "ether theory" to construct the political philosophy theory of "benevolence-ether-equality" in his book Renxue (Benevolence), and described his ideal society of "governance of the earth". Mou Zongsan, based on the dialectical investigation of Chinese and Western political thoughts and cultures, analyzed two different ways of political rationality, refined two important categories of political philosophy: "politics" and "governance", and put forward the ideal political model of Confucian democracy in his Politics and Governance. At the intersection of ancient and modern, China and the West, modern Confucianism has forged the new and the old, and constructed political philosophy theories that are both Chinese and of world significance. These thoughts provide valuable ideological enlightenment for the reconstruction of contemporary Chinese political philosophy theories.

Keywords: Modern Confucianism; Political Philosophy; *The Book of Great Harmony*; *Benevolence*; *Politics and Governance*

An Analysis of Zhuge Liang's Political Philosophy

Wu Chengguo, Wang Qinjiang

Abstract: Zhuge Liang's political philosophy is an important part of China's excellent traditional culture, which basically includes the orthodox view of restoring the Han dynasty and inheriting the Han dynasty, the moral view of following the Tao and ruling by both virtue and law, the ruler and ministers view of choosing the wise and capable and treating each other with kindness and courtesy, the people-oriented view of putting the people first and teaching them with courtesy, and the strategic view of reviewing the situation and responding to the power and changes. The formation of Zhuge Liang's political philosophy was based on his accumulation of life experiences, including his personal learning experiences and assessment of his surroundings, as well as on his study and learning from the political philosophical theories of the pre-Qin, Qin and Han dynasties. The influence of Zhuge Liang's political philosophy is far-reaching, not only for the establishment of Shu Han and the governance of the state, but also as an important part of the history of the development of Chinese political philosophy, and even as an important source of thought and culture for the development of contemporary China.

Keywords: Zhuge Liang; Political Philosophy; Shu Han

A Secret Difference between Chinese and Western Political Philosophy: From the Perspective of the Relationship between Morality and Law

Dai Maotang, Ge Mengzhe

Abstract: In the West, political practice shows an impulse of the spirit of legitimacy and rationality, showing a process of promoting the rationalization of the power structure model. The concern for morality is rare. Rationality and its established laws basically do not need moral consideration, and the law has never established a vertical relationship and cooperation with morality. They are separated from each other and go their own way. If there is any connection between morality and law, it is that morality, which should have been on the "line" vertically, "drops" itself into a code of "bottom line obligations", becomes a normative theory and a part of political science, thus achieving a negative relationship with law horizontally. The rise of new natural law school and contemporary virtue ethics is a fruitful effort made by western moral philosophy to build a positive relationship between morality and law horizontally. In China, there is no discussion about the "combination" and "separation" of morality and law. Morality enjoys the highest status, and what is moral is legal, and law must be examined and verified by morality. This is a consensus that has long been formed. Therefore, morality and law have always been in a state of unification and integration, and they have never been "separated" horizontally. The "Western style" issue of "integration" and "separation" of morality and law has not become a topic of Chinese political philosophy. Chinese political philosophy focuses on whether there is a topic of "who is the master" and "who is the assistant" of morality and law in the vertical under the unified state. This is a secret difference between Chinese political philosophy and western political philosophy. Compared with law, morality has obvious value priority. Therefore, we should take morality as the starting point, let the law be related to morality, and let the law be moralized rather than the morality be legalized, so as to achieve positive coordination between morality and law. This is the true return of political philosophy.

Keywords: Morality; Law; Political Philosophy; Main and Auxiliary

Community Imagination of Social Governance Community

Zhou Jinping

Abstract: "Decision of the Central Committee of the Communist Party of China on Major Issues Concerning Upholding and Improving Socialism with Chinese Characteristics and Modernizing the State Governance System and Capacity" Deliberated and Adopted at the Fourth Plenary Session of the 19th Central Committee of the CPC brought about "a community of social governance in which everyone fulfils their responsibilities and shares in the benefits" . It's very important to have image of community to construct the social governance community. Image of community helps us to have communitarian identity, take common responsibilities and share common interests. We have common historical memories about our common lives; we have common values to reach consensus; we have group belonging consciousness by participation. To construct image of social governance community, we should strengthen Multi-participation, coordination and cooperation, mutual benefit and reciprocity.

Keywords: Social Governance Community; Identity; Commuity Imagination

Western Political Philosophy

Structural Changes and Virtue Traits of the Three Social Strata in Modern Germany

Jin Fenglin

Abstract: Modern Germany completed the transformation from a backward agricultural country to a modern industrial country in a very short period of time, which made its internal composition and moral virtues of the three social strata of power, capital and labor show its own distinctive characteristics compared with capitalist countries such as Britain, France and the United States. Among them, members of the royal family, soldiers and Junker nobles constitute an extremely strong national power class. Nietzsche's philosophy of will to power greatly satisfies the basic aspirations of this class, and predicts the birth of German imperialism and fascism from the depths of his mind. The capital class, which is highly dependent on the state and operates enterprises in the way of industrial monopoly, regards Max Weber's *Protestant Ethics and Capitalist Spirit* as the basis for the uniqueness, legitimacy and rationality of German capitalism. The theoretical propositions of this book have had a profound impact on the internal character and future destiny of German capitalism. The industrial proletariat born in the rapid progress of industrialization and urbanization launched a continuous and fierce struggle with the Junker bourgeoisie, which gave birth to the Marxist proletarian revolutionary theory. Later, with the change of domestic and international situations, the Social Democratic Party, which mainly uses peaceful reformism and parliamentary struggle, gradually occupied the leading position of the workers' movement.

Keywords: German Nation; Power; Capital; Labour

A Discrimination between the Concepts of Negative Freedom and Positive Freedom: On the Paradox of Berlin's "Pluralism of Values"

Liu Qingping

Abstract: Berlin's distinction between negative freedom and positive freedom has various ambiguities and confusions in concept definition, as he not only negates their logical integration at the level of factness, but also fails to see that the key to their connection in the political field lies in how to draw a shared boundary between individual freedom and the freedom of control. In the process of trying to correct positive freedom with negative freedom and dispel monism with pluralism, as a result, he fails to clarify where the boundary is, and even shows a distorted tendency of canceling the bottom line of justice monism with the unprincipled tolerance of values pluralism, without realizing that this fatal theoretical error would lead to serious consequences of conniving injustice. Therefore, it is necessary for us to reveal the internal paradox of Berlin's values pluralism and establish the bottom line of justice of respecting human rights as the ultimate position of monism.

Keywords: Isaiah Berlin; Negative Freedom; Positive Freedom; Individual Freedom; Freedom of Control; Pluralism; Monism

On the Turn of Rawls' Theory of Justice: From the Perspective of Political Philosophy

Wu Xiulian

Abstract: Based on Rawls' two works of political philosophy, *A Theory of Justice* and *Political Liberalism*, this paper sorts out and expounds the specific manifestations and main views of the changes in Rawls' theory of justice, analyzes the reasons for the changes, and attempts to evaluate the changes with the basic value concept of political philosophy, in order to have a deeper understanding of Rawls' theory of justice. The basic structure of this paper is roughly divided into three parts: The first part analyzes and explains the manifestation of justice's dependence on morality in *A Theory of Justice*. On the one hand, in terms of its theoretical theme and tendency, it emphasizes justices as fairness, that is, it emphasizes the inclination and care for the disadvantaged groups, so as to realizes social justice; On the other hand, Rawls mainly quotes Kant and Aristotle's moral theories to demonstrates his theory of justice which shows that his earlier theory is more moral justice. The second part is the political interpretation of justice in *Political Liberalism*. This paper expounds how Rawls reconstructs his theory of justice and reveals the changes and manifestations of moral status through the method of before and after comparison. The third part is the evaluation of the changes. This paper agrees that the change is reasonable as regarding to the reality on some point. On the other hand, this paper points out that Rawls' change has its significant limitations. Firstly, he confused the concept of morality with complete theory of morality; Secondly, it is unscientific for Rawls trying to demonstrate his theory of justice disregarding of morality. This paper insists that politics must pursue justice as its essential value, which can't exclude the support of morality.

Keywords: Rawls; Theory of Justice; Morality; Politics

The "Sluice-gates Model" and Discourse Democracy: The Reconstruction and Examination of Habermas's Proceduralist Theory of Rule of Law

Sun Guodong

Abstract: As a leading scholar in the contemporary Western Marxism, Habermas's theory of rule of law starts logically with his revelation of the "dimension of discourse" of law and his insight into the duality of modern law, namely the tension between the *Faktizität* (facticity) and *Geltung* (validity) of law. Habermas understands the relation between human rights (private autonomy) and popular sovereignty (public autonomy) as "co-original", and the relation between law (modern formal law) and morality (post-conventional morality) as "complementary", and tries to combine them with the proceduralist "principle of discourse". Based on this view, he reconstructs the rights system and the principles of "rule of law" from the perspective of discourse theory. At the same time, Habermas inherently combined the rule of law with democracy, developing the theory of discourse democracy based on "sluice-gates model". The critical remarks of Habermas' theory of rule of law by the radical left wing represented by James Marsh, the right wing represented by Niklas Luhmann and the "familial dispute" represented by William Rehg and James Borman reveal the theoretical limitations of his proceduralist theory of rule of law.

Keywords: *Rechtsstaat* (Constitutional State); Discourse Democracy; System of Rights; Proceduralism; the "Sluice-gates Model"

Doctoral Forum

The Secret and Great Authority: From Hobbes to Oakeshott

Pan Menglu

Abstract: Thomas Hobbes's *Leviathan* explored how to create a Commonwealth through covenant among individuals of the natural condition, which led to an ongoing dispute over the relation between sovereign authority and natural rights. To contend with rationalism in politics, Michael Oakeshott borrowed implicit authority of the great Leviathan from Hobbes and advanced the constitutional government of civil association, which was criticized for lack of common purpose and power. if we incorporate Leviathan's implicitness into Oakeshott's analysis, it will be easier to understand the moral condition of civil association. The themes Oakeshott stressed in his interpretation of Hobbes are, for the most part, themes that animated his own philosophy. To conclude, Civil Association is an ideal authorized mode of human relationship which can be great contribution to the morality of free individuality.

Keywords: Oakeshott; Civil Association; Hobbes; Authority

On the Internal and External Predicament of Social Equality from the Perspective of Political Philosophy

Tao Zhiqiang

Abstract: Since the 1970s, with the revival of political philosophy, equality has returned to the scope of establishing the principles of mainstream social values, yet the liberal school has interpreted it as procedural justice in the process in the market environment, and essentially equality has been reduced to an embellishment of unequal outcomes in market competition. From the perspective of political philosophy, a reconstruction of the dilemma faced by social equality in society will effectively clarify the liberal misinterpretation of equality and re-establish social value norms that are more consistent with the essence of equality.

Keywords: Political Philosophy; Egalitarianism; Liberalism; Market

稿 约

《政治哲学研究》集刊由华中师范大学政治学部政治哲学研究中心主办，每年出版一辑，由社会科学文献出版社出版发行。集刊由华中师范大学政治学部政治哲学研究中心江畅教授担任主编，国内政治哲学、道德哲学领域的知名学者组成编辑委员会。本集刊坚持正确的政治导向，强化问题意识，倡导深入细致的文本研究、严密规范的论证模式、理性平和的学术讨论。本刊常设栏目：政治哲学原理、中国政治哲学、西方政治哲学、马克思主义政治哲学、博士研究生论坛、（思想对话高度上的）新书评介等。

本刊热忱欢迎广大专家学者和博士研究生就政治哲学问题踊跃投稿，文稿请按题目、作者、摘要、关键词、正文、参考文献之顺序撰写，注释为脚注。若论文为基金项目的阶段性成果，请详细列出课题名称、课题编号。字数要求：15000 字左右。文末附作者简介（工作单位、研究方向），作者的详细通信地址和电话。

本刊采用匿名审稿制度，分为外审、复审，编辑委员会终审，稿件处理时间为三个月，请勿一稿多投。本刊有对拟录用稿件作文字修改和其他技术性修改的权利。如有任何机构和个人转摘、转载、翻译、结集出版本刊发表的论文，均须事先取得《政治哲学研究》编委会的正式授权。

投稿信箱：373177563@ qq. com

联系人：李婉芝

《政治哲学研究》编委会

图书在版编目（CIP）数据

政治哲学研究. 第一辑，2023 / 江畅主编. -- 北京：社会科学文献出版社，2023.8
ISBN 978-7-5228-2250-1

Ⅰ.①政… Ⅱ.①江… Ⅲ.①政治哲学-研究-中国
Ⅳ.①D092

中国国家版本馆 CIP 数据核字（2023）第 144702 号

政治哲学研究 第一辑（2023）

主　　编 / 江　畅
副 主 编 / 熊富标　李婉芝

出 版 人 / 冀祥德
责任编辑 / 周　琼
文稿编辑 / 陈　冲
责任印制 / 王京美

出　　版 / 社会科学文献出版社 · 政法传媒分社（010）59367126
地址：北京市北三环中路甲 29 号院华龙大厦　邮编：100029
网址：www.ssap.com.cn
发　　行 / 社会科学文献出版社（010）59367028
印　　装 / 三河市尚艺印装有限公司

规　　格 / 开　本：787mm × 1092mm　1/16
印　张：20.25　字　数：321 千字
版　　次 / 2023 年 8 月第 1 版　2023 年 8 月第 1 次印刷
书　　号 / ISBN 978-7-5228-2250-1
定　　价 / 98.00 元

读者服务电话：4008918866